普通高等教育『十三五』规划教材
应用型本科院校财会专业教改系列

审计学

（第三版）

主编 郭莉 蔡竞云

立信会计出版社

图书在版编目(CIP)数据

审计学/ 郭莉,蔡竞云主编. —3 版. —上海:立信会计出版社, 2019. 1(2020. 1 重印)

ISBN 978 - 7 - 5429 - 6086 - 3

Ⅰ. ①审… Ⅱ. ①郭… ②蔡… Ⅲ. ①审计学—教材 Ⅳ. ①F239. 0

中国版本图书馆 CIP 数据核字(2019)第 023793 号

策划编辑　蔡伟莉
责任编辑　余　榕
封面设计　南房间

审计学(第三版)

Shenjixue

出版发行	立信会计出版社		
地　　址	上海市中山西路 2230 号	邮政编码	200235
电　　话	(021)64411389	传　　真	(021)64411325
网　　址	www. lixinaph. com	电子邮箱	lixinaph2019@126. com
网上书店	http://lixin. jd. com		http://lxkjcbs. tmall. com
经　　销	各地新华书店		

印　　刷	常熟市华顺印刷有限公司	
开　　本	787 毫米×1092 毫米	1/16
印　　张	24. 25	
字　　数	578 千字	
版　　次	2019 年 1 月第 3 版	
印　　次	2020 年 1 月第 2 次	
印　　数	3101—4600	
书　　号	ISBN 978 - 7 - 5429 - 6086 - 3/F	
定　　价	54. 00 元	

内 容 提 要

2010 年财政部印发了中国注册会计师协会修订后的 38 项新审计准则，并要求从 2012 年 1 月 1 日起开始实行。2016 年 12 月 23 日，财政部印发《在审计报告中沟通关键审计事项》等 12 项审计准则(新审计报告准则)。本教材根据最新修订的中国注册会计师职业准则体系编写。

该教材共分为 13 章：第一章审计概述；第二章注册会计师职业规范与法律责任；第三章审计目标与审计程序；第四章审计证据与审计工作底稿；第五章计划审计工作；第六章信息技术对审计的影响；第七章风险评估与风险应对；第八章销售与收款循环的审计；第九章采购与付款循环的审计；第十章生产与存货循环的审计；第十一章货币资金的审计；第十二章其他特殊项目的审计；第十三章完成审计工作与审计报告。

本教材内容可划分为四个知识模块：第一篇是审计基本原理，主要阐述审计的含义及种类、鉴证业务的含义及类别、注册会计师的职业规范以及法律责任、风险导向审计的重要理论等，包括审计概述、注册会计师职业规范与法律责任、审计目标与审计程序、审计证据与审计工作底稿、计划审计工作、信息技术对审计的影响这六章；第二篇是审计测试流程，主要阐述风险导向审计的审计测试流程，即风险评估与风险应对这一章；第三篇是各类交易与账户余额审计，主要阐述年度财务报表审计实务操作，包括销售与收款循环的审计、采购与付款循环的审计、生产与存货循环的审计、货币资金的审计、其他特殊项目的审计这五章；第四篇是完成审计工作与出具审计报告，主要阐述审计完成阶段的主要工作以及审计报告的类型，即完成审计工作与审计报告这一章。

总 序

自20世纪末期开始，我国高等教育步入大众化教育发展阶段。当前，我国已建成了世界上最大规模的高等教育体系。随着经济发展进入新常态，经济结构深刻调整、产业升级步伐加快、社会文化建设不断进步，党中央、国务院适时作出了引导本科院校向应用型高校转变，推动高等院校转型发展的重大战略部署，以便为生产服务一线培养出大量的、急需的高层次应用型人才。

广东金融学院创建于1950年，是一所省属公办普通本科院校。近年来，学校以"建成国内知名的应用型金融品牌大学"为发展目标，坚持"面向金融、面向地方、面向需求"的办学思路，秉承"金融为根、育人为本、应用为先、创新为范"的办学理念，不断提高办学质量，在人才培养、科学研究、社会服务等方面履行大学职能和社会责任，赢得了良好的社会声誉。

广东金融学院会计系创立于1993年。伴随我国会计市场化、国际化改革进程，以及我国会计规则体系的不断完善，会计系获得了"跨越式、可持续"的高速发展。20余年来，会计系始终立足于"培养高层次应用型会计人才"，在会计学科建设、专业建设、人才培养模式、师资队伍建设、课程建设等方面进行了积极探索，取得了可喜的成就。

教材是体现教学内容和教学方法的知识载体，是组织教学的基本工具，也是深入教学改革，提高教学质量的重要保证。教材建设是专业建设、课程建设的基本要素，也是教师教学、科研水平及其成果的重要反映。我们推出的"应用型本科院校财会专业教改系列"教材，是会计系近年来教材建设成果及应用型人才培养教改成果的集中体现。

"应用型本科院校财会专业教改系列"教材建设的指导思想及目标定位是：

(1) 坚持和服务于应用型本科会计人才的培养定位。应用型本科会计人才，是能够将会计学专业知识和技能应用于会计工作实践的高级专门人才。应用型本科院校教材建设，始终要坚持以社会人才需求为导向，坚持以本科层次的学科教育为依托，以应用型专业教育为基础，服务于高层次应用型会计人才的培养目标。

(2) 坚持"突出基础、突出应用、突出技能、突出特色"来构造教材体系和教材内容。在理论知识上，以保证系统性为前提，突出基础知识，以"应知应会"为度；在体例结构上，强化业务举例、知识链接、习题练习、实训案例等应用技能要素，以期打造出"在基础理论上弱于研究型本科、在知识体系上强于高职高专"，符合应用型本科层次会计人才培养定位的专业教材。

(3) 坚持"系统性"，兼顾"可行性"和"开放性"。坚持"系统性"，我们全面推出了财会专

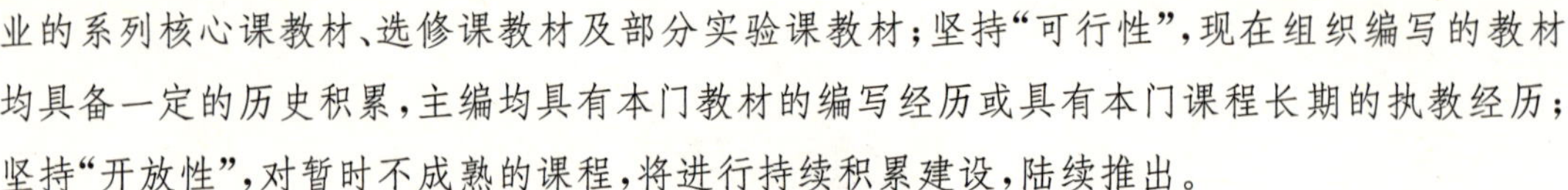

业的系列核心课教材、选修课教材及部分实验课教材；坚持“可行性”，现在组织编写的教材均具备一定的历史积累，主编均具有本门教材的编写经历或具有本门课程长期的执教经历；坚持“开放性”，对暂时不成熟的课程，将进行持续积累建设，陆续推出。

(4) 坚持、发挥金融行业特色和优势。我校有几十年金融行业办学的历史积累和优势，在金融企业会计教学和课程建设中，已形成自己的特色和优势。在本系列教材中，组织推出了《银行会计》《非银行金融企业会计》《商业银行财务管理》三套金融行业特色专业教材。

本系列教材的推出，首先得益于我们拥有的一支“双师型、双强型”专业师资团队，会计系现有19名教授、20名副教授、22名博士，教授和博士的全面参与，构成了系列教材建设的中坚力量；其次也得益于会计系在“十一五”“十二五”期间积累和取得的一系列教学成果，过去的10年间，会计系会计学专业、财务管理专业取得省级质量工程立项建设，会计学基础、会计信息系统、银行会计获得省精品课程立项建设，会计系在国家级教学实验中心建设、国家级教学实习基地建设，在人才培养模式创新，在校企协同培养班等方面取得的教学成果，均为推出本系列教材提供了基本的支撑和保证。

本系列教材的推出，凝结着全体参编人员的辛勤付出和智慧，也得到立信会计出版社同仁的大力协作和支持。同时我们深知，随着财会体制变革的不断深化，加之编写人员的水平所限，教材的不足和错误之处在所难免，恳请读者不吝赐教，多提宝贵意见，以便我们继续修订完善，不断提升本系列教材建设的质量和水平。

本书所附习题答案可致电021-64411362索取。

岳　龙

前 言

《审计学》是会计学、审计学、财务管理及其他相关专业的核心课程之一，主要教授现代审计的基本原理、基本流程与基本方法。

本教材根据最新的审计准则编写而成，具有以下几个突出特点：

1. 以注册会计师审计为主线，对现代审计学的基本原理、重要理论、审计测试流程等做了系统的阐述。

2. 为适应案例教学的需要，本教材附有与教学内容相关的知识链接、实训案例；针对实务性强的第三篇，每章正文之前放一个引例，使读者对该章的内容先有一个初步的了解。

3. 章节安排紧凑、内容精炼，每章附有大量的思考题和各类练习题，更有利于读者学习和老师组织教学。

4. 充分考虑本科教学的特点，教材内容的安排由浅到深、由易到难、循序渐进，力求做到通俗易懂。

本教材由广东金融学院会计系郭莉副教授、蔡竞云讲师任主编，设计框架，拟订编写大纲。具体分工如下：第一章至第五章、第七章和第十三章由郭莉副教授编写；第八章至第十二章由蔡竞云讲师编写；第六章由包强教授编写。初稿完成后，经过反复审阅修改，最后由主编负责修订、总纂和定稿。

由于作者水平有限，书中难免存在疏漏之处，恳请读者批评指正。

编　者

模拟试卷一

模拟试卷二

目 录

第一篇 审计基本原理

第二篇 审计测试流程

第三篇 各类交易和账户余额的审计

第四篇 完成审计工作与出具审计报告

第一篇

审计基本原理

第一章 审计概述

章前导引

教学目标

本章主要介绍审计的产生与发展、审计的含义及种类、鉴证业务的含义及类别。通过学习，学生应理解并掌握审计产生的原因、审计发展的阶段、审计的含义与分类、鉴证业务的含义及其类别。

第一节 审计的产生与发展

一、注册会计师审计的产生

无论在中国还是在西方，政府审计的产生都要早于注册会计师审计和内部审计。在西方国家审计发展史上，注册会计师审计占主导地位。注册会计师审计是商品经济发展到一定程度时，随着企业财产所有权与经营权分离，基于经济监督的需要而产生的。通常认为，注册会计师审计产生于资本主义工业革命时代，而其萌芽则可以追溯到16世纪。

16世纪，威尼斯城的航海贸易日益发达并出现了早期的合伙企业。在合伙企业中，通常只有少数几人充当执行合伙人，负责企业的经营管理，其他合伙人则只出资而不参加经营管理。非执行合伙人需要了解合伙企业的经营情况和经营成果，执行合伙人也希望能证实自己经营管理的能力与效率，因此双方都希望能从外部聘请独立的会计专业人员来承担查账和监督工作。这些会计专业人员所进行的查账与监督，可以被看作是注册会计师审计的最初萌芽。

现代民间审计产生并得到初步发展的历史进程是在英国完成的。18世纪的英国发生了工业革命，资本主义经济迅速发展，产业规模日益扩大，独资或合伙性质的企业已经不能满足经济发展的需要，在这种情况下，股份公司应运而生，并在英国以极快的速度发展起来。股份公司的这种组织形式，导致了企业的所有权与经营权进一步分离，大多数股东都不再直接参与企业经营管理，经营管理者便有可能为谋取私利而损害股东和债权人的利益。由于信息不对称的客观存在，股东只有借助反映公司财务状况和经营成果的会计报表才能了解公司经营的详细情况。但是，要从会计报表中得到真实可靠的会计信息，也并不是一件容易的事情。因此,股东和债权人迫切需要对企业经营者的经济活动进行监督。

1720 年,爆发了民间审计史上著名的“南海公司破产事件”,揭开了民间审计走向现代的序幕。当时的南海公司以虚假的会计信息吸引了大量投资,导致其股价飞涨,但最终以经营失败宣告破产,使广大的投资者和债权人蒙受了巨大损失。迫于压力,英国议会聘请了会计师查尔斯·斯内尔对南海公司进行审计。1721 年,他出具了一份审计报告书,指出了南海公司存在的舞弊行为,英国议会也根据该审计报告对相关责任人进行了严厉的处罚。查尔斯·斯内尔因此被公认为第一位受聘审查股份公司会计账目的会计师,这份报告也是世界上最早由会计师出具的审计报告。

在此后的 100 多年里,人们逐渐认识到,必须加强对股份公司的监督,只有这样才能切实有效地保护投资者及债权人的利益。1844 年,英国政府颁布了《公司法》,规定在股份公司中,必须由董事以外的第三者——监事对公司的会计账簿进行审查,并且监事是由股东大会选举产生的股东代表。1845 年,议会对《公司法》作了修订,新法案允许监事聘请会计师协助办理审计业务。1856 年,议会又对《公司法》进行了修订,规定监事不一定必须是公司的股东,允许公司聘请会计师担任监事,从事审计业务。1862 年,英国再次颁布新的《公司法》,规定股份公司每年都要编制资产负债表和收支计算书,并且至少要接受一个以上监事的审查。从此,对股份公司进行年度审计成为法定要求。《公司法》的颁布实施,使英国的民间审计职业得到了迅速发展,1853 年,在苏格兰成立了世界上第一个民间审计职业组织——爱丁堡会计师协会,这标志着民间审计职业的诞生。在随后的数十年里,英国又陆续创立了多个民间审计组织,从 1882 年 7 月开始,会计师都要经过严格的考试,才能被会计师协会接收为新会员。考试科目也超出了以往簿记的范围,其中的主要科目是审计学,这无疑大大提高了民间审计从业人员的素质。到 19 世纪末,英国已经形成了一个比较系统、完整的民间审计组织体系。

1844 年到 20 世纪初,是注册会计师审计的形成时期。在这一时期内,由于英国的法律规定股份公司和银行必须聘请注册会计师审计,使英国注册会计师审计得到了迅速发展,并对欧洲、美国及日本等产生了重要影响。这一时期英国注册会计师审计的主要特点是:注册会计师审计的法律地位得到了法律确认;审计的目的是查错防弊,保护企业资产的安全和完整;审计的方法是对会计账目进行详细审计;审计报告使用人主要为企业股东等。

二、注册会计师审计的发展

从 20 世纪初开始,美国逐渐成为世界经济发展的中心,同时也是民间审计事业的先行者和领跑者。

19 世纪,随着英国的资本大量流入美国,为了保护英国投资者、债权人及英国政府的利益,许多英国的会计师纷纷来到美国开展审计业务,为自己的委托人在美国投资的公司财产和会计账目进行审查,这也推动了美国民间审计事业的迅猛发展。1887 年,美国创建了自己的民间审计组织——美国公共会计师协会,该协会于 1916 年改组为美国会计师协会,后来又于 1957 年改称为美国注册会计师协会,如今已经发展成为世界最大的注册会计师职业团体。到 1921 年,美国大部分地区都实行了统一的会计师资格考试制度,大大提高了会计师的专业素质。

最初,美国在审计技术和方法上完全照搬英国的“详细审计”模式,要求对所有的经济业务、会计报表和会计凭证进行审核，目的是揭露会计差错和舞弊行为。进入20世纪以后，美国的经济情况发生了很大变化，股份公司的数量不断增加，规模不断扩大，需要花费大量时间和费用的详细审计方式已经无法适应企业发展的需要。与此同时，当时美国企业的融资方式主要是向银行贷款，对审计的需求更多地是来自于银行等金融机构，银行逐渐把企业的资产负债表作为了解企业信用的重要依据，尤其是被审计企业的流动资产与流动负债的比例，以便决定是否借款。在这种情况下，独具美国特色的资产负债表审计便诞生了，这种审计方式是以对少数重要的会计账目进行集中彻底的审查为基础的，而不需要检查企业全部的经济业务，很快在美国得到推广，并取代了英国式的详细审计。此外，在这一时期，以著名审计学家蒙哥马利为代表的一些美国学者已经认识到了内部控制的重要性，他们主张应该把确定审计的必要范围与评价被审企业的内部控制系统联系起来，这样就不必在检查会计差错与舞弊方面花费大量的时间，从而可以提高审计效率。到了20世纪20年代，美国审计人员开始把对内部控制的初步评价作为实施审计工作的基础。这一时期注册会计师审计的主要特点是：审计对象由会计账目扩大到资产负债表；审计的主要目的在于通过审查资产负债表来判断企业的信用状况；审计方法从详细审计初步转向抽样审计；审计报告的使用人除企业股东外，债权人的需要更为突出。

随着企业规模的不断扩大，仅靠银行贷款已经不能满足企业对资金的需要，企业开始倾向于从证券市场筹集资金，证券投资者的利益越来越受到重视。1929年，从美国开始，爆发了震惊世界的经济大危机，证券市场股价暴跌，大批企业破产倒闭，数以万计的投资者和债权人蒙受了巨大损失。在这种情况下，这些企业利益相关者将关注重点从企业的短期财务状况转移到企业的盈利水平上，这就在客观上要求对包括利润表在内的财务报表进行审计。同时，美国政府也认识到，大量虚假财务报表信息的存在，是导致此次资本市场崩溃的一个重要原因。为了保证资本市场的正常运行，也为了保护广大投资者的利益，1933年，美国颁布了《证券法》，规定所有在证券交易所上市的公司，在向社会公众发行有价证券之前，必须对外公布其经过注册会计师审计的财务报表。在1934年制定的《证券交易法》中，还规定所有准备在证券交易所上市的公司，上市之前都要进行有价证券发行登记，并向证券交易委员会报送经过注册会计师审计的财务报表。自从该法案公布以后，自愿聘请注册会计师对财务报表进行审计的上市公司大大地增多了，至此，美国进入了财务报表审计时代。在此阶段，注册会计师审计的主要特点为：审计对象转为企业的全部财务报表及相关资料；审计的主要目的在于对财务报表发表审计意见；审计范围扩大到测试相关的内部控制制度；抽样审计和计算机辅助审计技术逐渐被运用；审计报告的使用人进一步扩大，包括股东、债权人、潜在的投资者、证券交易机构、政府及社会公众；注册会计师审计准则体系不断建立和完善；注册会计师资格考试和认证制度逐步推行。

第二次世界大战以后，经济发达国家通过各种渠道推动本国的企业向海外拓展，跨国公司获得空前发展，也带动了注册会计师的业务向世界范围扩展。为服务分设在不同国家和地区的跨国公司，一些国家的会计师事务所组成大规模的国际会计师事务所，或者是跨国公司母国的会计师事务所在投资国分设机构，从而形成国际会计师事务所。这些国际会计师事务所包括普华永道、德勤、安永、毕马威等，它们机构庞大、人员众多，有统一的工作程序和质量要求，它们通过遍布世界各地的事务所，在国际经济活动中起到重要作用。与此同时，注册会计师的业务扩大到代理纳税、代理记账等方面。

三、审计模式的演进

审计模式是审计导向性目标、范围和方法等要素的组合，它规定了如何分配审计资源、如何控制审计风险、如何规划审计程序、如何收集审计证据、如何形成审计结论等问题。审计环境的不断变化和审计理论水平的不断提高，促进了审计模式和方法的不断发展和完善。审计模式和方法的演进经历了账项导向审计阶段、内控导向审计阶段和风险导向审计阶段。

（一）账项导向审计阶段

该阶段大致从 19 世纪中叶到 20 世纪 40 年代。最初的账项导向审计以查错防弊为主，详细审查公司的全部账簿和凭证，即检查各项分录的有效性和准确性、账簿记录的加总和过账是否正确、总账和明细账是否一致。经过一段时期后，企业规模日渐增大，审计范围也不断扩大，注册会计师已无法全面审查企业的会计账目，客观上要求改变原有的审计模式。注册会计师审计开始转向以财务报表为基础进行抽查，审计方式由顺查法改为逆查法，即通过先审查资产负债表有关项目，再有针对性地抽取凭证进行详细检查。在此阶段，抽查的数量仍然很大，但由于采取判断抽样为主，审计师仍难以有效揭示企业财务报表中可能存在的重大错报。

（二）内控导向审计阶段

20 世纪 40 年代后，随着经济的发展，财务报表的外部使用者越来越关注企业的经营管理活动，更加希望审计师全面了解企业的内部控制情况，审计目标逐渐从查错防弊发展到对财务报表发表审计意见。经过长期的审计实践，注册会计师们也发现内部控制制度与财务信息质量具有很大的相关性。如果内部控制制度健全有效，财务报表发生错误和舞弊的可能性就小，财务信息的质量就更有保证，审计测试范围也可以相应缩小；反之，就必须扩大审计测试范围，抽查更多的样本。为顺应这种要求并提高审计工作效率，账项导向审计逐渐发展为内控导向审计，即通过了解和评价被审计单位的内部控制制度，评估审计风险，制订审计计划并确定审计实施的范围和重点，在此基础上进行实质性测试，获取充分、适当的审计证据，从而提出合理的审计意见。通过实施内控导向审计，大大提高了审计工作的效率和质量，但客观上也增加了审计风险。

（三）风险导向审计阶段

随着经济环境的变化，社会公众对注册会计师赋予了更高的期望，要求注册会计师肩负更大的责任。20 世纪 70 年代以来，审计诉讼案件日益增多，如何防范和降低审计风险成为审计职业界的重要任务。为合理地防范和降低审计风险并降低审计成本，注册会计师审计逐渐从内控导向审计发展到风险导向审计。风险导向审计既关注和评估企业内部控制风险，又关注和评估企业经营所面临的各种外部风险。通过了解被审计单位及其环境评估重大错报风险，采取风险应对措施，使审计风险的控制更加科学有效。风险导向审计的出现，有助于注册会计师有效地控制审计风险，提高审计工作的效率和效果，也标志着注册会计师审计发展到了一个新阶段。

四、中国注册会计师审计的起源与发展

我国民间审计，也称注册会计师审计，它的产生远远晚于西方国家。我国封建社会长达

数千年，社会经济的发展长期受到自给自足的自然经济的束缚，到明清时期，也没有出现较大规模的民间企业，在这种情况下，既不可能也不需要产生任何形式的民间审计组织。鸦片战争以后，伴随着资本主义列强的大规模入侵，资本主义经济接踵而至，促使中国的自然经济迅速解体，中国民族资本主义工商业得以迅速发展。同时，一些学成归国的优秀知识分子根据当时我国经济发展的客观需要，开始将西方的会计师制度引入中国，并且竭力倡导建立中国会计师制度，因此中国的会计师职业诞生于民国。

1918 年 6 月，著名会计学家谢霖上书当时的北洋政府财政部和农商部，要求推行中国会计师制度。谢霖在其递交的呈文中说“查东西各国，夙有专门会计师之制”，并呈请“用特远法各国专门会计师之成规，近效上海佐克时之先例，设会计师事务所于京师”。同年 9 月，农商部颁布了我国第一部注册会计师法规——《会计师暂行章程》，并援用谢霖呈文中的称谓，将注册会计师命名为“会计师”，“会计师”一词便从此产生，一直沿用至新中国成立。之后，农商部又向谢霖先生颁发了我国第一号会计师证书。几年后，谢霖在北京创办了我国第一家会计师事务所，取名为“正则会计师事务所”。会计师证书的颁发及会计师事务所的创立，标志着我国民间审计的诞生。此后，我国会计师职业不断向前发展，业务范围不断扩大，并于 1925 年在上海成立了我国第一个民间审计职业组织——上海会计师公会，之后各地的会计师公会也都相继成立，我国的会计师职业因此得到了确立。

1927 年，南京国民政府财政部颁发了《会计师注册章程》。1929 年，农商部又颁发了《会计师章程》，由于在《会计师章程》中对会计师的资历及考试要求有所放宽，使会计师人数迅速增加，会计师事务所的组织和业务都得到了一定的发展。1930 年，国民政府颁布了经立法院通过的《会计师条例》，第一次以立法的形式明确了会计师职业的法律地位。1935 年，国民政府又发布了《会计师条例》修订稿，进一步放宽了会计师的学历、资历条件，促进了会计师队伍规模的扩大及各地会计师事务所的创立。在这一时期内，随着会计师队伍业务素质的不断提高，实业界对会计师事务所的认识也在不断加深，会计师事务所开始遍及全国各大中城市，业务范围也得到了极大的扩展。

在新中国成立初期，注册会计师依然在恢复国民经济方面发挥了重要的作用。但是随着 1956 年我国完成了对生产资料私有制的社会主义改造，确立了计划经济体制，注册会计师便丧失了其职业基础，民间审计也随之消失。改革开放后，我国将工作重点转移到了建设和完善社会主义市场经济上，商品经济得以迅速发展，为注册会计师制度的恢复创造了客观条件。随着改革开放的深入，外商来华投资日益增多，在这种情况下，1980 年 12 月 14 日，财政部颁发了《中华人民共和国中外合资经营企业所得税实施细则》，其中规定外资企业的财务报表要由注册会计师进行审计，为恢复我国注册会计师制度提供了法律依据。1980 年 12 月 23 日，财政部发布了《关于成立会计顾问处的暂行规定》，对注册会计师的资格、业务范围等事项作出了规定，迈出了我国开始重建注册会计师制度的第一步。1981 年 1 月 1 日，经财政部批准后，在上海成立了新中国第一家独立承办审计业务的会计师事务所“上海会计师事务所”，随后，全国各地也相继成立了会计师事务所。这一时期，注册会计师的服务对象主要是外商投资企业。1986 年 7 月 3 日，国务院颁发了《中华人民共和国注册会计师条例》，明确规定了注册会计师的审计原则、工作规则、业务范围等内容。1988 年 11 月 15 日，在财政部的领导下，中国注册会计师协会(以下简称中注协)正式宣告成立，开始着手制定注册会计师执业规范。1993 年 10 月 31 日，我国颁布了《中华人民共和国注册会计师法》，自 1994 年 1 月 1 日起

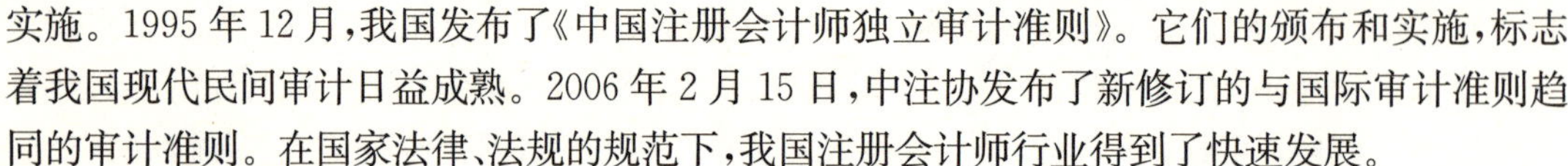

实施。1995年12月,我国发布了《中国注册会计师独立审计准则》。它们的颁布和实施,标志着我国现代民间审计日益成熟。2006年2月15日,中注协发布了新修订的与国际审计准则趋同的审计准则。在国家法律、法规的规范下,我国注册会计师行业得到了快速发展。

【知识链接】

四大会计师事务所:通常人们说的“四大”是指目前全球最大的四家会计师事务所——普华永道(Price Waterhouse Coopers, PWC)、安永(Ernst & Young, E & Y)、毕马威(KPMG)和德勤(Deloitte Touche Tohmatsu, DTT)。

四大会计师事务所都有着上百年或近百年的历史:普华永道的前身是1848年成立于英国伦敦的普华(Price Waterhouse)会计公司和1898年成立于美国费城的永道(Coopers & Lybrand)会计公司;安永的前身是1903年成立于美国克利夫兰的Ernst & Ernst(1979年后合并为Ernst & Whinney)会计公司和1894年成立于美国纽约的Arthur Young会计公司;毕马威的前身是1897年成立于美国纽约的Peat Marwick International(PMI)会计公司和1979年成立于欧洲的Klynveld Main Goerdeler(KMG)会计公司;德勤的前身是1845年成立于英国伦敦的Deloitte会计公司和1900年成立于美国纽约的Touche, Niven & Co会计公司。在不少人的心目中,“四大”代表了会计行业中的高专业水平、高收入群体、财会精英人才。

第二节 审计的含义与分类

一、审计的含义

美国会计学会在1973年《基本审计概念报告》中将审计定义如下:“审计是一个客观地获取和评价与经济活动和经济事项的认定有关的证据,以确认这些认定与既定标准之间的符合程度,并把审计结果传达给有利害关系的用户的系统过程。”

注册会计师审计是指注册会计师对财务报表是否不存在重大错报提供合理保证,以积极方式提出意见,以增强除管理层之外的预期使用者对财务报表信赖的程度。

上述定义可以从以下几个方面加以理解:

(1) 审计的用户是财务报表的预期使用者,即审计可以用来有效满足财务报表预期使用者的需求。

(2) 审计的目的是改善财务报表的质量或内涵,增强预期使用者对财务报表的信赖程度,即以合理保证的方式提高财务报表的质量,而不涉及为如何利用信息提供建议。

(3) 审计的保证程度是合理保证。注册会计师将审计业务风险降至审计业务环境下可接受的低水平,以此作为以积极方式提出意见的基础。合理保证是一种高水平保证,当注册会计师获得充分、适当的审计证据将审计风险降至可接受的低水平时,就获得了合理保证。由于审计存在固有限制,注册会计师据以得出结论和形成意见的大多数审计证据是说服性而非结论性的，因此，审计只能提供合理保证，不能提供绝对保证。

（4）审计的基础是独立性和专业性，通常由具备专业胜任能力和独立性的注册会计师来执行，注册会计师应当独立于被审计单位和预期使用者。

（5）审计的最终产品是审计报告。注册会计师针对财务报表是否在所有重大方面按照财务报告编制基础编制并实现公允反映发表审计意见，并以审计报告的形式予以传达。注册会计师严格按照审计准则和相关职业道德要求执行审计工作，就能够形成这样的意见。

二、审计的分类

（一）按审计主体分类

审计按主体不同，分为政府审计、内部审计和民间审计。

1. 政府审计

政府审计是政府审计机关实施的审计，又称国家审计。我国政府审计的主体是由国务院设置的审计署和由各省、自治区、直辖市、地、市、县各级政府设置的审计局（厅）。政府审计机关依法对国务院各部门、地方各级人民政府及其各部门、国有金融机构、国有企事业单位以及其他有国有资产单位的财政财务收支及其经济效益进行审计监督。政府审计机关依照法律的规定，对被审计单位主动实施强制审计。从独立性的角度来看，政府审计仅与被审计单位独立，与委托方不独立。

2. 内部审计

内部审计是本部门和本单位内部所设立的专职审计机构或审计人员所进行的审计，包括部门内部审计和单位内部审计两大类。内部审计的主体是从事单位内部审计活动的机构及其人员。内部审计的对象是本部门和本单位财务收支、管理活动等。内部审计主要服务于单位的经营管理，是增强本单位内部控制的重要环节。

3. 民间审计

民间审计是经有关部门审核批准的注册会计师组成的会计师事务所进行的审计，又称注册会计师审计或社会审计。民间审计主体是从事独立审计活动的会计师事务所及其注册会计师等审计人员。民间审计的主要特点是独立性、受托性和有偿性。独立性是指会计师事务所及其审计人员既独立于被审计人，又独立于审计委托人，是唯一的一种双向独立。受托性是指会计师事务所只有收到客户书面委托才能实施约定的审计业务。注册会计师审计的委托人或授权人通常是各类资源财产的所有人或主管人，包括政府审计机关、国家行政机关、企业、事业单位和个人等。注册会计师审计的内容十分广泛，主要有鉴证业务和相关服务业务。鉴证业务包括审计业务、审阅业务以及其他鉴证业务。有偿性是指会计师事务所在双方签订了业务约定书并按其要求提供了服务后，应当根据约定向客户收取费用。

（二）按审计的内容和目的分类

审计按其内容和目的的不同，可以分为财务报表审计、经营审计和合规性审计。

1. 财务报表审计

财务报表审计亦称会计报表审计，是通过执行审计工作，对财务报表是否按照适用的财务报告编制基础编制发表审计意见。财务报告编制基础分为通用目的编制基础和特殊目的编制基础，其中通用目的编制基础主要是指会计准则。财务报表通常包括资产负债表、利润

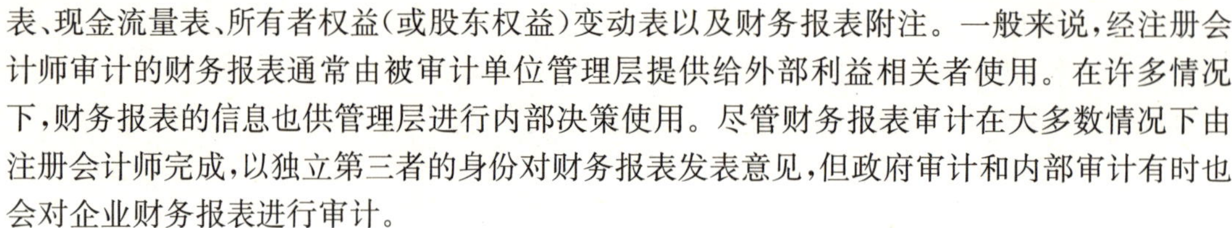

表、现金流量表、所有者权益(或股东权益)变动表以及财务报表附注。一般来说,经注册会计师审计的财务报表通常由被审计单位管理层提供给外部利益相关者使用。在许多情况下,财务报表的信息也供管理层进行内部决策使用。尽管财务报表审计在大多数情况下由注册会计师完成,以独立第三者的身份对财务报表发表意见,但政府审计和内部审计有时也会对企业财务报表进行审计。

2. 经营审计

经营审计是为了评价被审计单位经营活动的效率和效果,而对其经营程序和方法进行的审计。经营审计的独立性要求不像财务报表审计那么严格,内部审计人员、政府审计人员和注册会计师都可以执行经营审计。经营审计的结果以一定的报告形式传达给用户,但这种报告的形式与内容随着约定任务的情况不同而有着非常大的区别。经营审计的用户通常是被审计单位,经营审计报告的使用人主要是企业管理层,很少被第三方所获取,其主要审计依据是管理层或法令设立的目标。

3. 合规性审计

合规性审计是为了查明和确定被审计单位是否遵循了特定的法律、法规、程序或规则,或者是否遵守将影响经营或报告的合同的要求而进行的审计。例如,由注册会计师或税务审核人员就企业所得税申报书是否遵循税法规定申报而进行的审计。财经法纪审计、对严重违反国家现金管理规定、银行结算规定、成本开支范围、税法规定等行为进行的审计,都是属于合规性审计。

除上述两种基本分类以外,审计还可以按其时间分为事前审计、事中审计、事后审计;按其范围分为全面审计和局部审计;按其方式分为报送审计和就地审计。

三、审计人员

审计人员是指专门从事审计工作、完成审计任务的人员,包括政府审计人员、内部审计人员和民间审计人员三部分。

(一) 政府审计人员

政府审计人员是指在各级政府审计机关中从事审计工作的人员,他们属于国家公务人员。作为国家公务员的审计人员,必须具备一定的政治素质和业务素质条件。政府审计人员主要是由熟悉审计、会计、财政、税务、经济管理等业务知识的专业人员构成,同时也包括了部分工程技术、法律和计算机专业人员。审计专业技术资格分为初级(审计员、助理审计师)资格、中级(审计师)资格、高级(高级审计师)资格。

(二) 内部审计人员

内部审计人员是指在部门、单位内部专设的审计机构从事内部审计工作的人员。内部审计人员要根据各部门、单位的情况,按照一定的条件要求来选配。

(三) 民间审计人员

民间审计人员是指在会计师事务所受托从事审计和会计咨询、会计服务业务的人员。我国民间审计人员主要是注册会计师。注册会计师是指取得注册会计师证书并在会计师事务所执业的人员。我国实行注册会计师全国统一考试制度,考生可以通过注册会计师全国统一考试取得注册会计师资格。

根据《注册会计师法》及《注册会计师全国统一考试办法》的规定，具有下列条件之一的中国公民，可报名参加考试：①高等专科以上学历；②会计或者相关专业（指审计、统计、经济）中级以上专业拔术职称。通过注册会计师全国统一考试，考试科目全科成绩合格的，可以申请办理注册会计师考试全科合格证书，并可以申请加入注册会计师协会，成为注册会计师协会的非执业会员。根据《注册会计师法》的规定，参加注册会计师全国统一考试成绩合格，并从事审计业务工作两年以上的，可以向省、自治区、直辖市注册会计师协会申请注册。

【知识链接】

注册会计师考试：注册会计师考试（也称 CPA 考试）是根据《中华人民共和国注册会计师法》设立的执业资格考试，是目前取得中国注册会计师执业资格的必备条件，中国注册会计师考试于 1991 年首次举办。考试划分为专业阶段考试和综合阶段考试。考生在通过专业阶段考试的全部科目后，才能参加综合阶段考试。

专业阶段考试科目：会计、审计、财务成本管理、公司战略与风险管理、经济法、税法 6 个科目，专业阶段考试的单科考试合格成绩 5 年内有效。对在连续 5 个年度考试中取得专业阶段全部科目考试合格成绩的应考人员，财政部考委会颁发专业阶段考试合格证书。综合阶段考试科目应在取得注册会计师全国统一考试专业阶段考试合格证书后完成。综合阶段考试科目：职业能力综合测试（试卷一、试卷二）。对取得综合阶段考试科目考试合格成绩的考生，财政部考委会颁发注册会计师全国统一考试全科合格证。

第三节 鉴证业务的含义及类别

一、鉴证业务的含义

鉴证业务是注册会计师传统审计业务的延伸和发展，审计是鉴证业务其中的一种。根据我国 2006 年发布的《中国注册会计师鉴证业务基本准则》的规定，鉴证业务是指注册会计师对鉴证对象信息提出结论，以增强除责任方之外的预期使用者对鉴证对象信息信任程度的业务。

上述定义可从以下几个方面加以理解：①鉴证业务是由具备独立性和专业胜任能力的注册会计师来执行的；②鉴证对象信息是按照有关标准对鉴证对象进行评价和计量的结果，如责任方按照会计准则编制的财务报表；③鉴证业务的产品是注册会计师对鉴证对象信息提出的鉴证结论，它通常是以鉴证报告的形式出现，以供其预期使用者使用；④鉴证业务的最终目的，就是为了增强预期使用者对鉴证对象信息的信任程度。

由此可见，鉴证业务是以提高鉴证对象信息的可信性为主要目的，要求注册会计师就鉴证对象信息是否在所有重大方面符合适当的标准而发表一个能够提供一定程度保证的结论。

二、鉴证业务的要素

一般来说，鉴证业务具有以下五个方面的要素。

（一）三方关系

鉴证业务中的三方关系人包括注册会计师、责任方和预期使用者。注册会计师负责执行鉴证业务，对鉴证对象信息提出鉴证结论；责任方是指对鉴证对象或鉴证对象信息负责的组织或人员；预期使用者则是指预期使用鉴证报告的组织或人员，主要是指企业的股东、债权人等。其中，责任方可能是预期使用者，但不是唯一的预期使用者。例如，审计业务中的三方关系人分别是：注册会计师、被审计单位管理层（责任方）和财务报表预期使用者。三方之间的关系是，注册会计师对由被审计单位管理层（责任方）负责的财务报表（鉴证对象）发表审计意见（提出结论），以增强除管理层（责任方）之外的预期使用者对财务报表的信任程度。在财务报表审计中，被审计单位的管理层既是责任方，也是审计报告预期使用者之一。

（二）鉴证对象

在注册会计师提供的鉴证业务中，存在多种不同类型的鉴证对象，相应地，鉴证对象信息也具有多种不同的形式：当鉴证对象为财务业绩或状况时（历史或预测的财务状况、经营成果和现金流量），鉴证对象信息是财务报表；当鉴证对象为非财务业绩或状况时（如企业的运营情况），鉴证对象信息可能是反映效率或效果的关键指标；当鉴证对象为某种系统和过程时（如企业的内部控制或信息技术系统），鉴证对象信息可能是关于其有效性的认定；当鉴证对象为一种行为时（如遵守法律、法规的情况），鉴证对象信息可能是对法律、法规遵守情况或执行效果的声明。在财务报表审计中，鉴证对象即财务报表。管理层和治理层（如适用）在编制财务报表时需要：

（1）根据相关法律、法规确定适用的财务报告编制基础。

（2）根据适用的财务报告编制基础编制财务报表。

（3）在财务报表中对适用的财务报告编制基础作出恰当的说明。编制财务报表要求管理层根据适用的财务报告编制基础运用判断作出合理的会计估计，选择和运用恰当的会计政策。

（三）标准

标准是指用于评价或计量鉴证对象的基准，当涉及列报时，还包括列报的基准。适当的标准应当具备下列所有特征：

（1）相关性：相关的标准有助于得出结论，便于预期使用者作出决策。

（2）完整性：完整的标准不应忽略业务环境中可能影响得出结论的相关因素，当涉及列报时，还包括列报的基准。

（3）可靠性：可靠的标准能够使能力相近的注册会计师在相似的业务环境中，对鉴证对象作出合理一致的评价或计量。

（4）中立性：中立的标准有助于得出无偏向的结论。

（5）可理解性：可理解的标准有助于得出清晰、易于理解、不会产生重大歧义的结论。

如果没有适当的标准为注册会计师提供指引，任何个人的经验和判断都可能对鉴证结论产生影响，这样的结论也必然会缺乏可信性。因此，注册会计师应当合理运用其职业判断，以评价各项标准是否适当、是否适用于具体的鉴证业务。需要指出的是，注册会计师基于自身的预期、判断和个人经验对鉴证对象进行的评价和计量，不构成适当的标准。此外，标准还应当能够为预期使用者获取，以使预期使用者了解鉴证对象的评价或计量过程。

在财务报表审计中，财务报告编制基础即是标准。

（四）证据

注册会计师应当以职业怀疑态度来进行计划和执行鉴证业务，获取有关鉴证对象信息是否存在重大错报的充分、适当的证据。所谓职业怀疑态度，并不是要求注册会计师假设管理层是不诚信的，而是指注册会计师应当以质疑的思维方式评价所获取证据的有效性，并对相互矛盾的证据，以及引起对文件记录或责任方提供的信息的可靠性产生怀疑的证据保持警觉。注册会计师在确定证据收集程序的性质、时间和范围时，主要考虑的因素包括重要性、鉴证业务风险及可获取证据的充分性和适当性。

（五）鉴证报告

鉴证报告是指由注册会计师出具并含有鉴证结论的书面报告，该鉴证结论应当说明注册会计师就鉴证对象信息提供的保证。提出鉴证结论的方式有两种：积极方式和消极方式，两者分别适用于合理保证的鉴证业务和有限保证的鉴证业务。在合理保证的鉴证业务中，注册会计师应当以积极方式提出结论，如“我们认为，根据×标准，内部控制在所有重大方面是有效的”或“我们认为，责任方作出的‘根据×标准，内部控制在所有重大方面是有效的’这一认定是公允的”。在有限保证的鉴证业务中，注册会计师应当以消极方式提出结论，如“基于本报告所述的工作，我们没有注意到任何事项使我们相信，根据×标准，×系统在任何重大方面是无效的”或“基于本报告所述的工作，我们没有注意到任何事项使我们相信，责任方作出的‘根据×标准，×系统在所有重大方面是有效的’这一认定是不公允的”。

三、鉴证业务的类别

从理论上来说，鉴证业务的保证程度有绝对保证、合理保证和有限保证。然而由于下列因素的存在，将鉴证业务风险降至零是几乎不可能的，也不符合成本效益原则：①选择性测试方法的运用。注册会计师要在合理的时间以合理的成本完成鉴证工作，通常只能采用选取特定项目和抽样等选择性测试方法对鉴证对象进行鉴证。选取特定项目实施鉴证程序的结果不能推断至总体；抽样也可能产生误差，在采用这两种方法的情况下，都不能百分之百地保证鉴证对象信息不存在重大错报；②内部控制的固有局限性。例如，决策时的人为判断可能出现错误和由于人为失误而导致内部控制失效；内部控制可能由于两个或更多的人员进行串通或管理层凌驾于内部控制之上而被规避；③大多数证据是说服性而非结论性的。证据的性质决定了注册会计师依靠的并非是完全可靠的证据。不同类型的证据，其可靠程度存在差异，即使是可靠程度最高的证据也有其自身的缺陷；④在获取和评价证据以及由此得出结论时涉及大量判断。获取证据之后，注册会计师要依据职业判断，对其充分性和适当性进行评价；最后依据证据得出结论时，更是离不开注册会计师的职业判断；⑤在某些情况下，鉴证对象具有特殊性。例如，鉴证对象是矿产资源的储量、艺术品的价值、计算机软件开发的进度等。所以，实务中对鉴证业务提供的保证程度分为两类：合理保证的鉴证业务和有限保证的鉴证业务。

合理保证的鉴证业务的目标是注册会计师将鉴证业务风险降至该业务环境下可接受的低水平，以此作为以积极方式提出结论的基础。如在历史财务信息审计中，要求注册会计师将审计风险降至可接受的低水平，对审计后的历史财务信息提供高水平保证（合理保证），在审计报告中对历史财务信息采用积极方式提出结论。这种业务属于合理保证的鉴证业务。

有限保证的鉴证业务提供的保证程度要低于合理保证的鉴证业务，其目标是注册会计师将鉴证业务风险降至该业务环境下可接受的水平，以此作为以消极方式提出结论的基础。如在历史财务信息审阅中，要求注册会计师将审阅风险降至该业务环境下可接受的水平（高于历史财务信息审计中可接受的低水平），对审阅后的历史财务信息提供低于高水平的保证（有限保证），在审阅报告中对历史财务信息采用消极方式提出结论。这种业务属于有限保证的鉴证业务。这两种鉴证业务的主要区别如表 1-1 所示。

表 1-1　　合理保证的鉴证业务与有限保证的鉴证业务的区别

	合理保证的鉴证业务（财务报表审计）	有限保证的鉴证业务（财务报表审阅）
业务目标	在可接受的低审计风险下，以积极方式对财务报表整体发表审计意见，提供高水平的保证	在可接受的审阅风险下，以消极方式对财务报表整体发表审阅意见，提供有限水平的保证。该保证水平低于审计业务的保证水平
证据收集程序	通过一个不断修正的、系统化的执业过程，获取充分、适当的证据，证据收集程序包括检查记录或文件、检查有形资产、观察、询问、函证、重新计算、重新执行、分析程序等	通过一个不断修正的、系统化的执业过程，获取充分、适当的证据，证据收集程序受到有意识的限制，主要采用询问和分析程序获取证据
证据数量	较多	较少
业务风险	较低	较高
鉴证对象信息的可信性	较高	较低
提出结论的方式	以积极方式提出结论。例如：“我们认为，ABC公司财务报表已经按照企业会计准则的规定编制，在所有重大方面公允反映了ABC公司20×1年12月31日的财务状况以及20×1年度的经营成果和现金流量。”	以消极方式提出结论。例如：“根据我们的审阅，我们没有注意到任何事项使我们相信，ABC公司财务报表没有按照企业会计准则的规定编制，未能在所有重大方面公允反映被审阅单位的财务状况、经营成果和现金流量。”

第四节　我国审计的组织形式

根据《中华人民共和国宪法》《中华人民共和国审计法》《中华人民共和国注册会计师法》的规定，我国的审计组织形式，主要有政府审计机关、部门和单位内部审计机构以及民间审计组织。

一、政府审计机关

(一) 政府审计机关及其人员

政府审计机关是代表政府依法行使审计监督权的行政机关,它具有宪法赋予的独立性和权威性。政府审计机关实行统一领导、分级负责的原则。国务院设审计署,在国务院总理的领导下负责组织领导全国的审计工作,对国务院负责并报告工作。县级以上各级人民政府设立地方各级审计机关。地方各级审计机关分别在省长、自治区主席、市长、州长、县长、区长和上一级审计机关的领导下,组织领导本行政区的审计工作,负责领导本级审计机关审计范围的审计事项,对上一级审计机关和本级人民政府负责并报告工作。

审计机关根据工作需要,可以在重点地区、部门设立派出机构,进行审计监督。审计机关还可按工作内容和范围分设财政、金融、工业交通、商业粮食供销、外贸外资、农林水利、基本建设、科教卫生等职能审计部门,开展对行政机关、企业、事业、团体、军队等各种专业性审计工作。审计署对地方各级审计机关实行业务上的领导。

(二) 政府审计机关的职责权限

政府审计机关是依照宪法和审计条例规定建立的,实行的是法定审计,承担着繁重的审计任务。为此,在《中华人民共和国审计法》中,明确规定了其职责和权限。

(1) 政府审计机关的主要职责。政府审计机关应按有关法律、法规规定的审计客体的范围,对各单位的有关事项进行审计监督。

(2) 政府审计机关的权限。政府审计机关在审计过程中,有规定的监督检查权;对违反财经法规的被审计单位,可按有关规定进行处理。

(3) 政府审计机关审计监督活动的原则。政府审计机关进行审计监督活动的原则包括合法性原则、独立性原则和强制性原则。合法性原则是指审计机关应按照法律规定的权限,依法取证,应以国家法规、制度为监督依据,依法作出审计决定;独立性原则是指审计机关不参与被审计单位的经济活动,与被审计者没有任何的经济利害关系,具有职能上的独立性;强制性原则是指被审计单位必须积极配合审计机关的工作,审计机关作出的审计结论和决定,被审计单位必须执行。

(三) 政府审计是高层次的经济监督

在经济监督体系中,与财政、税务、金融、工商行政管理等经济监督相比,政府审计是高层次的经济监督。其一,政府审计的对象决定了它是高层次的经济监督。我国现阶段设立了财政、税务、金融、工商行政管理等经济监督,这些监督主要是从某个侧面对微观经济活动进行的监督,无法对整个国民经济进行有效的监督。而政府审计监督是根据法律、制度,对国务院各部门和地方各级人民政府及其各部门的财政收支、银行信贷、重大投资项目进行审计监督,从而保证在经济活动中有决定影响的部门及企业的经济效益。其二,政府审计的地位和性质也决定了它是高层次的经济监督。政府审计对计划、预算执行情况、决算、信贷、重大项目的客观公正的监督是任何其他经济监督部门和其他审计所不能替代的,对中央与地方、国家与企业有关资金分配、使用等问题的监督、执法作用也胜于其他任何经济监督部门和其他审计形式。其三,政府审计实施了对国民经济的全面经济监督。政府审计通过遍布全国的各级审计机构,按照法律、制度、规定,对一切影响国民经济正常运行的单位和事项,

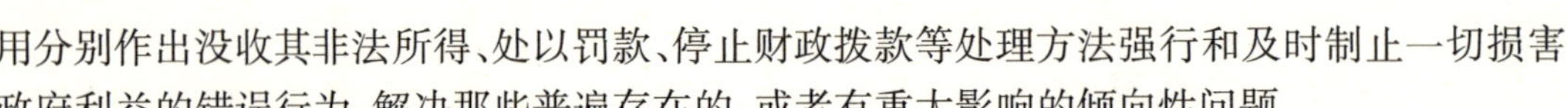

用分别作出没收其非法所得、处以罚款、停止财政拨款等处理方法强行和及时制止一切损害政府利益的错误行为，解决那些普遍存在的，或者有重大影响的倾向性问题。

(四) 最高审计机关国际组织

目前，世界上已有210多个国家和地区设置了适应各自国情的政府审计机关。绝大多数国家的政府审计机关都加入了国际性的审计组织——最高审计机关国际组织(INTOSAI)。

最高审计机关国际组织是联合国经济和社会理事会下属的、一个由联合国成员国的最高审计机关组成的永久性国际审计组织，联合国组织及其任何一个专门机构中的所有成员国的最高审计组织均可参加，但各国政府对国际审计组织不承担任何义务。该组织的宗旨是互相介绍情况，交流经验，推动和促进各国最高审计组织更好地完成该国的审计工作。

最高审计机关国际组织设有代表大会、理事会、秘书处等机构。总部设在奥地利首都维也纳。

二、内部审计机构

(一) 内部审计机构及其特征

内部审计是指由部门或单位内部相对独立的审计机构和审计人员对本部门或本单位的财政财务收支、经营管理活动及其经济效益进行审核和评价，查明其真实性、正确性、合法性、合规性和有效性，提出意见和建议的一种专职经济监督活动。其主要目的是通过审计加强风险管理、健全内部控制系统、差错防弊、改善经营管理和提高经济效益。

(1) 内部审计机构。我国的内部审计机构是根据审计法规和其他财经法规的规定设置的，主要包括部门内部审计机构和单位内部审计机构。不管是部门内部审计机构还是单位内部审计机构，都有其专职业务，其性质和会计检查并不相同，因此必须单独设立，并由本部门或本单位董事会下设的审计委员会或主要负责人直接领导。内部审计机构不应设在财会部门之内，受财会负责人的领导。

(2) 内部审计的特征。我国内部审计的特征，有些是与西方企业的内部审计基本相似的，有些则是社会主义市场经济体制下所特有的。我国内部审计一般特征有：服务上的内向性、审查范围的广泛性、作用的稳定性、微观监督与宏观监督的统一性。

(二) 内部审计机构的职责权限

我国部门和单位内部审计机构是依据审计条例和其他财经法规而建立的，为了便于其行使审计监督权，在法规中对其职责权限也作了明确规定。

(1) 内部审计机构的职责。内部审计机构或者审计工作人员对本单位及本单位下属单位的规定事项进行审计监督。

(2) 内部审计机构的职权。内部审计机构在审计过程中，具有履行职责所必须的权限，如资料检查权、建议权等。此外，内部审计机构所在单位可以在管理权限范围内，授予内部审计机构经济处理、处罚的权限。

(三) 国际内部审计机构

西方国家很多部门和企业都设有内部审计机构。西方国家内部审计机构的隶属关系，一般有以下几种类型：

(1) 受本单位主计长领导。

(2) 受本单位总裁或总经理领导。

(3) 受本单位董事会下属的审计委员会领导。

(4) 受本单位董事会下设的审计委员会和主计长双重领导。

实际上，早在20世纪40年代初国际内部审计机构就成立了。1941年，内部审计师协会在美国正式成立，标志着内部审计工作开始向现代内部审计发展。1947年，该协会制定了《内部审计师职责条例》，规定了内部审计人员的职责和工作范围。20世纪50年代以后，内部审计师协会逐步发展成为一个国际性的学术团体。

目前，内部审计师协会已发展为拥有200多个分会和7万多名会员的国际性学术团体，每年定期召开一次国际会议，讨论内部审计的学术问题。1987年，内部审计师协会在美国纽约举行了理事会，经过讨论，批准中国内部审计学会以国家分会形式加入该组织，标志着中国内部审计步入国际化的轨道。

三、民间审计组织

(一) 民间审计组织及其管理

民间审计是商品经济发展到一定阶段的必然产物。只要商品经济中存在两权分离，存在不同利益的集团和阶层，民间审计就有存在和发展的必要。

(1) 民间审计组织。民间审计组织是指根据国家法律或条例规定，经政府有关部门审核，注册登记的会计师事务所。会计师事务所是指经国家批准注册登记，依法独立承办审计业务和会计咨询业务的负有限责任的组织。会计师事务所由注册会计师组成，是其承办法定业务的工作机构。会计师事务所实行自收自支，独立核算，依法纳税，具有法人资格。但合伙设立的会计师事务所则不具有法人资格。

(2) 中国注册会计师协会。中国注册会计师协会是在财政部领导下，经政府批准成立的注册会计师的职业组织，成立于1988年。一方面，它对会计师事务所和注册会计师进行自我教育和自我管理；另一方面，它又是联系政府机关和注册会计师的桥梁和纽带。中国注册会计师协会对外作为一个独立的社会团体，发展与外国和国际会计职业组织之间的相互交往，为我国注册会计师步入国际舞台发挥作用；对内协助财政机关拟定会计师事务所管理制度和注册会计师专业标准、组织注册会计师业务培训和考试考核等方面的工作。

(二) 民间审计的业务范围

民间审计的业务范围是根据审计法规和其他经济法规的规定而确定的，现阶段我国注册会计师执行的业务主要分为鉴证业务和相关服务业务两类。鉴证业务包括审计、审阅和其他鉴证业务。相关服务业务包括税务代理、代编财务信息、对财务信息执行商定程序等。

(三) 西方国家的民间审计组织

西方国家的会计师事务所主要有独资、普通合伙制、有限责任公司制、有限责任合伙制四种组织形式。

此外，国家之间资本的相互流动，带动了民间审计跨国界发展。为服务于分设在不同国家和地区的跨国公司，一些国家的会计师事务所联合组成大规模的国际会计师事务所，或者

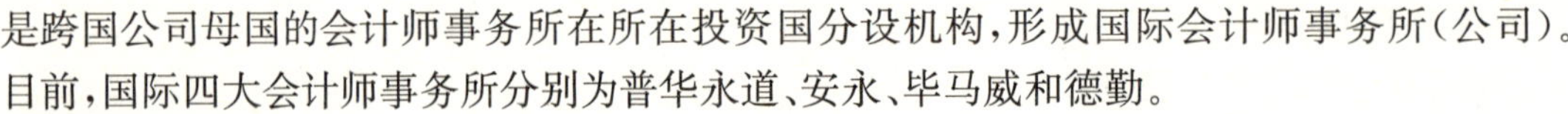

是跨国公司母国的会计师事务所在所在投资国分设机构，形成国际会计师事务所（公司）。目前，国际四大会计师事务所分别为普华永道、安永、毕马威和德勤。

【知识链接】

会计师事务所的组织形式

综观注册会计师行业在各国的发展，会计师事务所主要有独资、普通合伙制、有限责任公司制、有限责任合伙制四种组织形式。

1. 独资会计师事务所

独资会计师事务所由具有注册会计师执业资格的个人独立开业，承担无限责任。它的优点是：对执业人员的需求不多，容易设立，执业灵活，能够在代理记账、代理纳税等方面很好地满足小型企业对注册会计师服务的需求，虽承担无限责任，但实际发生风险的程度相对较低。缺点是：由于个人拥有的资本有限，且融资较为困难，无力承担大型业务，缺乏发展后劲；由于承担无限责任，难以通过其他途径分散风险，业主个人承担的风险较大。

2. 普通合伙制会计师事务所

普通合伙制会计师事务所是由两位或两位以上注册会计师组成的合伙组织。合伙人以各自的财产对事务所的债务承担无限连带责任。它的优点是：在风险的牵制和共同利益的驱动下，促使事务所强化专业发展，扩大规模，提高规避风险的能力。缺点是：建立一个跨地区、跨国界的大型会计师事务所要经历一个漫长的过程；任何一个合伙人执业中的失误或舞弊行为，都可能给整个会计师事务所带来灭顶之灾，使之一日之间土崩瓦解。

3. 有限责任公司制会计师事务所

有限责任公司制会计师事务所由注册会计师认购会计师事务所股份，并以其所认购股份对会计师事务所承担有限责任。会计师事务所以其全部资产对其债务承担有限责任。它的优点是：可以通过公司制形式迅速聚集一批注册会计师，建立规模型大所，承办大型业务。缺点是：降低了风险责任对执业行为的高度制约，弱化了注册会计师的个人责任。

4. 有限责任合伙制会计师事务所

有限责任合伙制会计师事务所是指一个合伙人或者数个合伙人在执业活动中因故意或者重大过失造成合伙企业债务的，应当承担无限责任或者无限连带责任，其他合伙人以其在合伙企业中的财产份额为限承担责任。合伙人在执业活动中非因故意或者重大过失造成的合伙企业债务以及合伙企业的其他债务，由全体合伙人承担无限连带责任。“四大”会计师事务所采用的都是这种形式。

【关键术语】

风险导向审计　会计师事务所　注册会计师　鉴证业务　三方关系

【问题思考】

1. 从国内外民间审计产生及演进史中，你得到了哪些启示？
2. 何谓审计？如何理解审计？

3. 什么是鉴证业务？试述其构成要素。

4. 鉴证业务包括哪些类别？

【实训案例】

英国南海股份公司审计案例

一、英国南海股份公司审计案例概述

300 多年前，英国成立了南海股份有限公司（以下简称南海公司）。由于经营无方，公司效益一直不理想。该公司董事会为了使股票达到预期价格，不惜采取散布谣言等手法，使股票价格直线上升。事情败露后，英国议会聘请了一位懂会计的人，审计了该公司的账簿，然后据此查处了该公司的主要负责人。于是，审核该公司账簿的人开创了世界注册会计师行业的先河，民间审计从此在英国拉开了序幕。

（一）大肆造假

1710 年，英国政府用发行中奖债券所募集到的资金创立了南海股份公司。经过近 10 年的经营，该公司业绩依然平平。1719 年，英国政府允许中奖债券总额的 70%，即约 1 000 万英镑，与南海公司股票进行转换。该年年底，公司的董事们开始对外散布各种所谓的好消息，即南海公司在年底将有大量利润可实现，并煞有其事地预计，在 1720 年的圣诞节，公司可能要按面值的 60%支付股利。

这一消息的宣布，加上公众对股价上扬的预期，促进了债券转换，进而带动了股价上升。1719 年，南海公司股价为 114 英镑，1720 年 3 月，股价劲升至 300 英镑以上，到了 1720 年 7 月，股票价格已高达 1 050 英镑。此时，南海公司老板布伦特又想出了新主意：以数倍于面额的价格，发行可分期付款的新股。同时，南海公司将获取的现金，转贷给购买股票的公众。这样，随着南海股价的扶摇直上，一场投机浪潮席卷全国。由此，170 多家新成立的股份公司股票以及原有的公司股票，都成了投机对象。

1720 年 6 月，英国国会通过了《泡沫公司取缔法》，该法对股份公司的成立进行了严格的限制，只有取得国王的御批，才能得到公司的经营执照。事实上，股份公司的形式基本上名存实亡。自此，许多公司被解散，公众开始清醒过来，对一些公司的怀疑逐渐扩展到南海公司身上。从 7 月份开始，外国投资者首先抛出南海公司股票，撤回资金。随着投机热潮的冷却，南海公司股价一落千丈，到 1720 年 12 月份最终仅为 124 英镑。当年年底，政府对南海公司资产进行清理，发现其实际资本已所剩无几。

（二）一朝梦醒

“南海公司”倒闭的消息犹如晴天霹雳，惊呆了正陶醉在黄金美梦中的债权人和投资者。迫于舆论的压力，1720 年 9 月，英国议会组织了一个由 13 人参加的特别委员会，对“南海泡沫”事件进行秘密查证。

在调查过程中，特别委员会发现该公司的会计记录严重失实，明显存在蓄意篡改数据的舞弊行为，于是特邀了一名叫查尔斯·斯内尔的资深会计师，对南海公司的分公司“索布里奇商社”的会计账目进行检查。查尔斯·斯内尔的商业审计实践经验丰富，理论基础扎实，在伦敦地区享有盛誉。查尔斯·斯内尔通过对南海公司账目的查询、审核，于 1721 年提交

了一份对索布里奇商社会计账簿的检查意见。在该份报告中，查尔斯·斯内尔指出了公司存在舞弊行为、会计记录严重不实等问题，但没有对公司为何编制这种虚假的会计记录表明自己的看法。

议会根据这份查账报告，将南海公司董事之一的雅各希·布伦特以及他的合伙人的不动产全部予以没收。其中，一位叫乔治·卡斯韦尔的爵士，被关进了著名的伦敦塔监狱。

直到 1828 年，英国政府在充分认识到股份有限公司利弊的基础上，通过设立民间审计的方式，将股份公司中因所有权与经营权分离所产生的不足予以制约，才完善了这一现代化的企业制度。据此，英国政府撤销了《泡沫公司取缔法》，重新恢复了股份公司这一现代企业制度的形式。

二、该案例对注册会计师行业的影响与启示

英国南海公司的舞弊案例，对世界民间审计史具有里程碑式的影响。尽管在 1720 年之前，就有人认为已有了民间审计这一行业，但世界上绝大多数的审计理论工作者都认为，查尔斯·斯内尔是世界上第一位民间审计人员，他所撰写的查账报告，是世界上第一份民间审计报告。而英国南海公司的舞弊案例，也被列为世界上第一起比较正式的民间审计案例。由此可见，该案例对注册会计师行业来说，具有举足轻重的影响。

南海公司审计案的发生进一步说明，建立在所有权与经营权相分离基础上的股份有限公司，必须要有一个了解、熟悉会计语言的第三者，站在公正、客观的立场，对表达所有者与经营者利益的财务报表，进行独立的检查，通过提高会计信息的可靠性，来协调、平衡所有者与经营者之间的经济责任关系。

尽管经过 200 多年的发展，注册会计师的主要审计目标已由查找舞弊转向对账务报表公允性的评估，然而这并不等于注册会计师没有义务揭露客户的舞弊行为。从美国最近的社会调查来看，仍有约 70%的人认为，注册会计师应该而且可以查找客户的舞弊行为。可见，从南海公司案例来看，注册会计师行业是因客户舞弊问题而产生的，但这一责任始终没有终结。我国注册会计师绝不要认为，只要审核财务报表是否公允就可以了。当发现客户的舞弊行为时，应遵照中国注册会计师《独立审计具体准则第 8 号——错误与舞弊》的要求，保持职业关注，执行必要的审计程序，并做适当披露。

案例思考和讨论题

1. 英国南海股份公司的舞弊案例对世界民间审计有什么样的影响？它是否属于里程碑式的案例？

2. 与 20 世纪以前相比，你认为当今社会对独立审计的需求是否更为强烈？如果是，主要是哪些因素造成对独立审计的迫切需求？

3. 你认为当代注册会计师的主要责任是审核财务报表的公允性还是客户的舞弊行为？

练　习　题

姓名______
学号______
分数______

扫二维码获得更多本章习题及案例

一、单项选择题

1. 审计产生和发展的客观依据是(　　)。

   A. 委托监督检查关系　　B. 制约控制关系

   C. 效益评价关系　　D. 委托经济责任关系

2. 在注册会计师审计发展的过程中,审计报告使用人从股东、债权人扩大到整个社会公众是在(　　)。

   A. 详细审计阶段　　B. 资产负债表审计阶段

   C. 财务报表审计阶段　　D. 抽样审计阶段

3. 下列事项中,标志着注册会计师审计职业诞生的是(　　)。

   A. 威尼斯会计师协会的成立　　B. 热那亚会计师协会的成立

   C. 美国注册会计师协会的成立　　D. 爱丁堡会计师协会的成立

4. 编制财务报表的责任在于(　　)。

   A. 公司管理层　　B. 审计委员会

   C. 注册会计师　　D. 内部审计人员

5. 下列关于注册会计师审计的提法中,不正确的是(　　)。

   A. 注册会计师审计的产生早于政府审计

   B. 注册会计师审计产生的直接原因是财产所有权与经营权的分离

   C. 注册会计师审计是由会计师事务所和注册会计师实施的审计

   D. 注册会计师审计在经济活动中的特殊作用是提高财务信息的可靠性和可信性

6. 注册会计师进行的独立审计称为(　　)。

   A. 内部审计　　B. 国家审计　　C. 定期审计　　D. 民间审计

7. 以下关于政府审计、内部审计和注册会计师审计的论述中,正确的是(　　)。

   A. 注册会计师审计和政府审计都是随着商品经济的发展而产生和发展的

   B. 注册会计师审计和内部审计尽管存在很大的差别,但注册会计师审计作为一种外部审计,在工作中要利用内部审计的工作成果,因此,内部审计是注册会计师审计的基础

   C. 从独立性和权威性上讲,内部审计最强

   D. 相对审计客体而言,政府审计和注册会计师审计均为外部审计,都具有较强的独立性

8. 经营审计的判断标准是(　　)。

   A. 会计准则

B. 审计准则
C. 管理层或法令设立的目标
D. 政府颁布的政策、法规、规定或第三者的要求

9. 下列各项中，属于合规审计的是(　　)。
A. 环境审计　　B. 上市公司年度财务报表审计
C. 经济效益审计　　D. 财经法纪审计

10. 从独立性的角度来看，在我国审计监督体系中，政府审计(　　)。
A. 仅与委托者独立，不与被审计单位独立
B. 与审计委托者和被审计单位均独立
C. 与审计委托者和被审计单位均不独立
D. 仅与被审计单位独立，不与委托者独立

11. 下列各类审计中，起源、发展最早的应当是(　　)。
A. 内部审计　　B. 政府审计
C. 注册会计师审计　　D. 国际审计

12. 下列各项中，不属于注册会计师审计特点的是(　　)。
A. 强制审计　　B. 有偿审计
C. 委托审计　　D. 双向独立

13. 对于合理保证的鉴证业务和有限保证的鉴证业务，以下表述正确的是(　　)。
A. 合理保证的鉴证业务所需执行的审计程序较多
B. 有限保证的鉴证业务是以积极的方式提出结论
C. 合理保证的鉴证业务收集的证据较少
D. 财务报表审阅属于合理保证的鉴证业务

二、多项选择题

1. 从审计对象的演变过程看，注册会计师审计发展的几个阶段包括(　　)。
A. 19 世纪初以详细审计为标志的英国式审计
B. 20 世纪初以资产负债表为核心的美国式审计
C. 20 世纪 30 年代之后的财务报表审计
D. 20 世纪 90 年代之后以内部控制为中心的抽样审计

2. 我国和世界许多国家的审计组织系统都是由(　　)三部分组成。
A. 财政监督机构　　B. 政府审计机关
C. 内部审计机构　　D. 民间审计组织

3. 按照审计范围不同，可以将审计分为(　　)。
A. 全部审计　　B. 局部审计
C. 联合审计　　D. 独立审计

4. 审计按目的和内容的不同可以划分为(　　)。
A. 经营审计　　B. 合规审计
C. 全面审计　　D. 财务报表审计

5. 审计结果需要传达的对象可能包括(　　)。

A. 被审计单位　　B. 审计委托人
C. 股东　　D. 债权人

6. 审计的三方关系是指(　　)。
A. 审计人　　B. 管理人
C. 审计委托人　　D. 被审计人

7. 鉴证业务按照提供的保证程度和鉴证对象的不同分为(　　)。
A. 审计业务　　B. 审阅业务　　C. 其他鉴证业务　　D. 验资

8. 合理保证的鉴证业务主要特点有(　　)。
A. 所需执行的审计程序较多　　B. 以积极的方式提出结论
C. 收集的证据较少　　D. 业务风险较低

9. 时至今日,“四大”国际会计师事务所包括(　　)。
A. 普华永道　　B. 安永　　C. 毕马威　　D. 德勤

三、判断题

1. 财产所有权和经营权的分离是注册会计师审计产生的原因。(　　)
2. 1720 年,英国的“南海股份公司破产事件”催生了世界上第一位民间审计师。1721 年,查尔斯·斯内尔以“会计师”名义出具了“查账报告书”,从而宣告了独立会计师——注册会计师的诞生,查尔斯·斯内尔也由此成为世界上第一位注册会计师。(　　)
3. 1993 年 10 月 31 日,第八届全国人民代表大会常务委员会第四次会议审议通过新中国第一部注册会计师法律——《中华人民共和国注册会计师法》,自 1994 年 1 月 1 日起实施。(　　)
4. 经营审计的独立性要求比财务报表审计的独立性要求要低。(　　)
5. 注册会计师审计就是注册会计师接受委托对被审计单位的财务报表进行审计并发表审计意见。(　　)
6. 政府审计是独立性最强的一种审计。(　　)
7. 我国政府审计人员是指在各级政府审计机关中从事审计工作的人员,他们属于国家公务人员;社会审计人员是指在社会审计组织中受托从事审计和会计咨询、会计服务业务的人员,主要是指注册会计师。(　　)
8. 审计与企业财务会计的目的均是提高企业的经济效益。(　　)
9. 合理保证的鉴证业务的目标是注册会计师将鉴证业务风险降至该业务环境下可接受的低水平,以此作为以积极方式提出结论的基础。(　　)
10. 在财务报表审阅业务中,注册会计师作为独立第三方,运用专业知识、技能和经验对财务报表进行审阅并以积极方式发表专业意见,旨在提高财务报表的可信赖程度。(　　)
11. 鉴证业务的三方关系包括注册会计师、责任方和委托人。(　　)
12. 鉴证对象就是鉴证对象信息。(　　)

四、分析题

1. 注册会计师对鉴证业务为什么不能绝对保证?

2. 试以财务报表审计作为合理保证鉴证业务的例子，以财务报表审阅业务作为有限保证鉴证业务的例子，对两类业务的保证程度进行比较。

3. 注册会计师李华接受天河公司的委托，对天河公司管理层编制的下属子公司元岗公司 IT 系统运行有效性的评价报告进行鉴证。天河公司拟将该评价报告提交给其他预期使用者。

请指出该鉴证业务属于何种业务类型。(历史财务信息鉴证业务还是其他鉴证业务?)

4. 有人认为，审计是会计的分支。这种看法对吗？你如何理解审计和会计的关系？

章前导引

第二章 注册会计师职业规范与法律责任

教学目标

本章主要介绍注册会计师职业规范和法律责任。通过学习,学生应理解掌握我国注册会计师职业规范体系、注册会计师法律责任成因及注册会计师承担的法律责任、防范注册会计师法律责任的对策。

第一节 注册会计师职业规范

注册会计师职业规范是注册会计师在审计工作中应当遵循的业务标准和行为准则,它既是会计师事务所与注册会计师开展审计工作的标准,也是衡量会计师事务所与注册会计师素质及其工作质量的准绳。

注册会计师职业规范体系包括执业准则、职业道德规范、审计质量控制准则和后续教育准则,这四个组成部分相辅相成,共同构成了注册会计师职业规范体系。执业准则由中国注册会计师协会负责拟定,主要规范注册会计师的技术行为,是注册会计师从事审计工作时必须遵循的行为规范,是衡量审计工作质量的准绳。职业道德规范主要是规范注册会计师的职业道德行为。质量控制准则主要是规范会计师事务所的质量控制行为。后续教育准则主要是规范会计师的职业后续教育活动,目的在于巩固和提高注册会计师的专业胜任能力。执业准则从技术角度对注册会计师的行为提出要求;职业道德规范从社会角度对注册会计师的行为提出要求;质量控制准则是针对会计师事务所整体提出的质量控制要求;后续教育准则是针对注册会计师整个职业生涯所提出的教育要求。

一、注册会计师执业准则

注册会计师执业准则是指注册会计师在执行业务的过程中所应遵守的职业规范,包括业务准则和质量控制准则。

(一)注册会计师执业准则的作用

注册会计师执业准则体系的确定,为注册会计师执行各项业务提供了执业标准和指导,保证了注册会计师执业质量,规范了审计工作,促进了审计经验的交流,从而推动审计理论的发展。具体地说，注册会计师执业准则的作用主要表现在以下几个方面。

1. 有助于提高和评价注册会计师行业的服务质量

注册会计师执业准则体系对注册会计师在执业过程中保持职业态度，对财务报表审计、审阅、验资、执行商定程序等业务均作出了详细的规定，涵盖了鉴证业务和相关服务等业务领域，为质量控制提供了标准，有助于注册会计师行业服务质量的保证与提高。

审计和鉴证业务质量直接影响着客户、社会公众及注册会计师自身的利益，因此无论是客户、社会公众还是注册会计师职业界本身都需要一个衡量和评价注册会计师执业质量的标准，而注册会计师执业准则体系为会计师事务所和注册会计师执业质量的评价提供了依据。在注册会计师行业内部进行执业质量检查、会计师事务所(或者注册会计师)被起诉时，注册会计师执业准则体系都是用于评判会计师事务所(或者注册会计师)是否存在过失或不当行为的重要依据。

2. 有助于规范审计工作

执业准则规范了在审计业务中注册会计师如何签订审计业务约定书，如何编制审计计划，如何实施审计程序，以及如何记录工作底稿和出具审计报告等；执业准则也对注册会计师从事财务报表审阅、其他鉴证业务和相关服务进行了规范。这就使注册会计师在执行业务的每一环节都有了相应的依据和标准。从而规范了注册会计师的行为，维护了社会经济的秩序。

3. 有利于维护会计师事务所和注册会计师的正当权益

注册会计师不能就审计结果做绝对的保证，只要能严格按照执业准则的要求执业，就应认为已尽责。当客户与注册会计师发生纠纷并诉诸法律时，执业准则就成为法庭判明是非、划清责任界限的重要依据，有利于维护会计师事务所和注册会计师的正当权益。

4. 有助于推动审计理论和实务的发展与完善

执业准则是审计实践经验的总结和升华，已成为审计理论的一个重要组成部分，在执业准则的制定过程中，必然会激发各种理论的争论、探讨，从而带动审计理论的研究。执业准则颁布以后，审计学界仍然要围绕着如何实施准则和怎样达到准则的要求展开细致的工作和研究，不断改进完善这些准则。因此，审计理论水平会随着执业准则的制定和实施不断得以提高。

(二) 中国注册会计师执业准则体系

中国注册会计师执业准则体系受注册会计师职业道德守则统御，包括注册会计师业务准则和会计师事务所质量控制准则，如图 2-1 所示。注册会计师业务准则包括鉴证业务准则和相关服务准则，如图 2-2 所示。

鉴证业务准则由鉴证业务基本准则统领，按照鉴证业务提供的保证程度和鉴证对象的不同，分为中国注册会计师审计准则、中国注册会计师审阅准则和中国注册会计师其他鉴证业务准则(以下分别简称审计准则、审阅准则和其他鉴证业务准则)。其中，审计准则是整个执业准则体系的核心。

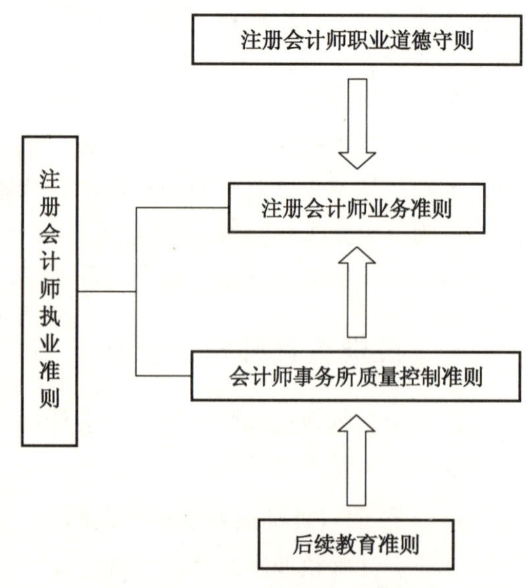

图 2-1　注册会计师职业规范体系

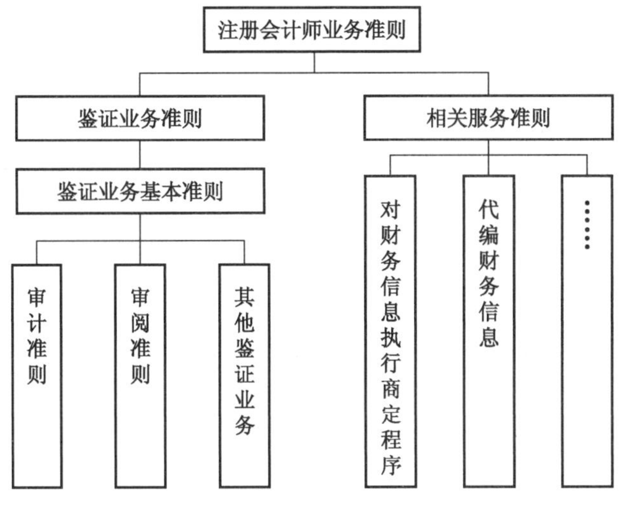

图 2-2 注册会计师业务准则体系

审计准则用以规范注册会计师执行历史财务信息的审计业务。在提供审计服务时,注册会计师对所审计信息是否不存在重大错报提供合理保证,并以积极方式提出结论。审计准则包括涉及审计业务的一般原则与责任、风险评估与应对、审计证据、利用其他主体的工作、审计结论与报告、特殊领域审计六个方面。

审阅准则用以规范注册会计师执行历史财务信息的审阅业务。在提供审阅服务时,注册会计师对所审阅信息是否不存在重大错报提供有限保证,并以消极方式提出结论。该准则,对审阅范围和保证程度、业务约定书、审阅计划、审阅程序和审阅证据、结论和报告等进行了重点说明,以规范注册会计师执行审阅业务。

其他鉴证业务准则用以规范注册会计师执行历史财务信息审计和审阅以外的其他鉴证业务,根据鉴证业务的性质和业务约定的要求,提供有限保证或合理保证。该准则共有 2 项,包括历史财务信息审计或审阅以外的鉴证业务和预测性财务信息的审核。

相关服务准则用以规范注册会计师代编财务信息、执行商定程序、提供管理咨询等其他服务。在提供相关服务时,注册会计师不提供任何程度的保证。该准则共有 2 项,包括对财务信息执行商定程序和代编财务信息。

会计师事务所质量控制准则用以规范会计师事务所在执行各类业务时应当遵守的质量控制政策和程序,是对会计师事务所质量控制提出的制度要求。

二、注册会计师职业道德

道德作为一种社会意识形态,表现在特定的职业中,就是职业道德了。例如,医生的职业道德是救死扶伤,商人的职业道德是买卖公平。职业道德是指职业组织以公约、守则等形式公布的,其会员自愿接受的职业行为标准。凡被认定为专门职业的行业大多都会制定本行业的职业道德准则。道德规范是一系列道德标准、行为规范及价值观。注册会计师职业道德规范是注册会计师在审计过程中形成的,具有审计职业特征的道德准则和行为规范。

在现代社会中任何一种职业的存在和发展,都离不开社会对其的理解和支持。特别是

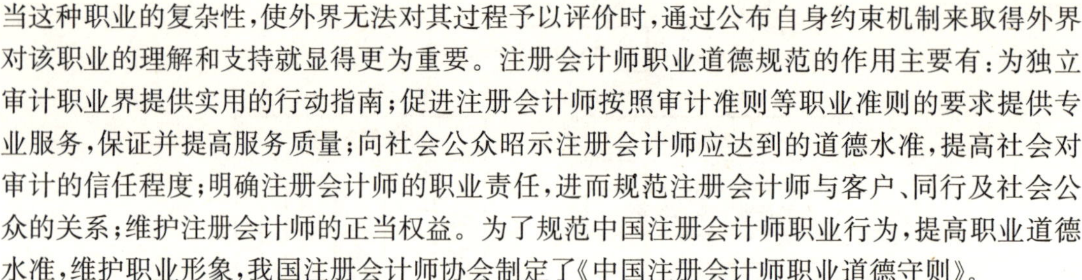

当这种职业的复杂性，使外界无法对其过程予以评价时，通过公布自身约束机制来取得外界对该职业的理解和支持就显得更为重要。注册会计师职业道德规范的作用主要有：为独立审计职业界提供实用的行动指南；促进注册会计师按照审计准则等职业准则的要求提供专业服务，保证并提高服务质量；向社会公众昭示注册会计师应达到的道德水准，提高社会对审计的信任程度；明确注册会计师的职业责任，进而规范注册会计师与客户、同行及社会公众的关系；维护注册会计师的正当权益。为了规范中国注册会计师职业行为，提高职业道德水准，维护职业形象，我国注册会计师协会制定了《中国注册会计师职业道德守则》。

（一）职业道德基本原则

注册会计师为实现执业目标，必须遵守一系列前提或一般原则。这些基本原则包括下列职业道德基本原则：诚信、独立、客观和公正、专业胜任能力和应有的关注、保密、良好职业行为。

1. 诚信

诚信是指诚实、守信。也就是说，一个人言行与内心思想一致，不虚伪，能够履行与别人的约定而取得对方的信任。诚信原则要求注册会计师应当在所有的职业关系和商业关系中保持正直和诚实，秉公处事、实事求是。

注册会计师如果认为业务报告、申报资料或其他信息存在下列问题，则不得与这些有关问题的信息发生牵连，具体包括：

（1）含有严重虚假或误导性的陈述。

（2）含有缺乏充分根据的陈述或信息。

（3）存在遗漏或含糊其词的信息。

注册会计师如果注意到已与有问题的信息发生牵连，应当采取措施消除牵连。在鉴证业务中，如果注册会计师依据执业准则出具了恰当的非标准业务报告，不被视为违反上述要求。

2. 独立

独立是指不受外来力量控制、支配，按照一定的规则行事。独立原则通常是对注册会计师提出的明确要求。在执行鉴证业务时，注册会计师必须保持独立。如果注册会计师不能与客户保持独立，而是存在经济利益、关联关系，或屈从于外界压力，就很难取信于社会公众。

注册会计师执行审计和审阅业务以及其他鉴证业务时，应当从实质上和形式上保持独立性，不得因任何利害关系影响其客观性。其中实质上的独立是一种内心状态，是注册会计师提出结论时不受任何外部因素的影响和干扰，诚信行事、遵循客观和公正原则；形式上的独立是一种外在表现，使得一个理性的且掌握充分信息的第三方，在权衡所有事实和情况后，认为注册会计师不会受到任何外部因素的影响或干扰。不过社会各界一般先关注注册会计师形式上的独立性，比如注册会计师与客户的总经理有亲戚关系，则无论该注册会计师怎么表白他是公正不偏的，其他人都很难信任他提出的审计意见。所以自然地逻辑推理是，要达到实质上的独立，首先必须做到形式上的独立。

会计师事务所在承办审计和审阅业务以及其他鉴证业务时，应当从整体层面和具体业务层面采取措施，以保持会计师事务所和项目组的独立性。

3. 客观和公正

客观是指按照事物的本来面目去考察，不添加个人的偏见。公正是指公平、正直，不偏袒。客观和公正原则要求注册会计师应当公正处事、实事求是，不得由于偏见、利益冲突或他人的不当影响而损害自己的职业判断。如果存在导致职业判断出现偏差，或对职业判断产生不当影响的情形，注册会计师不得提供相关专业服务。

4. 专业胜任能力和应有的关注

专业胜任能力和应有的关注原则要求注册会计师通过教育、培训和执业实践获取和保持专业胜任能力。注册会计师应当持续了解并掌握当前法律、技术和实务的发展变化，将专业知识和技能始终保持在应有的水平，确保为客户提供具有专业水准的服务。

注册会计师作为专业人士，在许多方面都要履行相应的责任，保持和提高专业胜任能力就是其中的重要内容。专业胜任能力是指注册会计师具有专业知识、技能和经验，能够经济、有效地完成客户委托的业务。注册会计师如果不能保持和提高专业胜任能力，就难以完成客户委托的业务。事实上，如果注册会计师在缺乏足够的知识、技能和经验的情况下提供专业服务，就构成了一种欺诈。一个合格的注册会计师，不仅要充分认识自己的能力，对自己充满信心，更重要的是，必须清醒地认识到自己在专业胜任能力方面存在的不足。如果注册会计师不能认识到这一点，承接了难以胜任的业务，就可能给客户乃至社会公众带来危害。专业服务要求注册会计师在应用专业知识和技能时，还应当合理运用职业判断。

应有的关注要求注册会计师勤勉尽责，保持应有的关注，遵守执业准则和职业道德规范的要求，勤勉尽责，认真、全面、及时地完成工作任务。在审计过程中，注册会计师应当保持职业怀疑态度，运用专业知识、技能和经验，获取和评价审计证据。同时，注册会计师应当采取措施以确保在其授权下工作的人员得到适当的培训和督导。在适当情况下，注册会计师应当使客户、工作单位和专业服务的其他使用者了解专业服务的固有局限性。

5. 保密

注册会计师能否与客户维持正常的关系，有赖于双方能否自愿而又充分地进行沟通和交流，不掩盖任何重要的事实和情况。只有这样，注册会计师才能有效地完成工作。但是，注册会计师与客户的沟通，必须建立在为客户信息保密的基础上。这里所说的客户信息，通常是指涉密信息。一旦涉密信息被泄露或被利用，往往会给客户造成损失。因此，许多国家规定，在公众领域执业的注册会计师，在没有取得客户同意的情况下，不能泄露任何客户的信息。

保密原则要求注册会计师应当对因职业关系和商业关系而获知的信息予以保密，不得有下列行为：

(1) 未经客户授权或法律、法规允许，向会计师事务所以外的第三方披露其所获知的涉密信息。

(2) 利用所获知的涉密信息为自己或第三方谋取利益。

注册会计师在社会交往中应当遵循保密原则。注册会计师应当警惕无意泄密的可能性，特别是向主要近亲属和其他近亲属以及关系密切的商业伙伴无意泄密的可能性。主要近亲属是指配偶、父母或子女。其他近亲属是指兄弟姐妹、祖父母、外祖父母、孙子女、外孙子女。

但是在下列情况下注册会计师可以披露涉密信息：

(1) 法律、法规允许披露，并且取得客户或工作单位的授权。

(2) 根据法律、法规的要求，为法律诉讼、仲裁准备文件或提供证据，以及向有关监管机构报告发现的违法行为。

(3) 法律、法规允许的情况下，在法律诉讼、仲裁中维护自己的合法权益。

(4) 接受注册会计师协会或监管机构的执业质量检查，答复其询问和调查。

(5) 法律、法规，执业准则和职业道德规范规定的其他情形。

6. 良好职业行为

任何职业的存在和发展都必须对其所提供的服务是否达到社会期望，也就是该职业所承担的责任予以特别关注。对注册会计师行业而言，这种社会期望集中体现在职业声誉上，良好的职业声誉是整个行业赖以生存的命脉。《中国注册会计师职业道德守则》要求注册会计师应当遵守相关法律、法规，避免发生任何损害职业声誉的行为。在向公众传递信息以及推介自己和工作时，应当客观、真实、得体、不得损害职业形象。不得夸大宣传提供的服务、拥有的资质或获得的经验；不得贬低或无根据地比较其他注册会计师的工作。

(二) 注册会计师的职业责任

注册会计师的行为应符合本职业的良好声誉，不得损害职业形象。这一义务要求注册会计师履行对社会公众、客户和同行的责任。

1. 对社会公众的责任

注册会计师行业的一个显著标志是对社会公众承担责任。注册会计师应当遵守职业道德基本原则，履行相应的社会责任，维护社会公众利益。社会公众利益是指注册会计师为之服务的人士和机构组成的整体的共同利益。注册会计师行业作为一个肩负重大社会责任的行业，应当以维护社会公众利益为根本目标。

2. 对客户的责任

注册会计师对社会公众履行责任的同时，也对客户承担着特殊责任，包括注册会计师应当在维护社会公众利益的前提下，竭诚为客户服务；注册会计师应当按照业务约定履行对客户的责任；注册会计师应当对执行业务过程中知悉的秘密保密，并不得利用其为自己或他人谋取利益；除有关法律、法规允许的情形外，会计师事务所不得以或有收费形式为客户提供鉴证服务。

3. 对同行的责任

对同行的责任是指会计师事务所、注册会计师在处理与其他会计师事务所、注册会计师相互关系中所应遵循的道德标准。同行之间能否保持一种良好的关系，关系到整个职业界在公众中的形象和信誉。各会计师事务所之间应当以大局为重，相互尊重，团结协作，共同维护和增进本行业的职业信誉。对同行的责任包括会计师事务所层面和具体业务承接层面两个方面。

(1) 会计师事务所层面。会计师事务所对同行的责任，具体包括：①各会计师事务所应树立“以质量求信誉，以信誉求发展”的宗旨，相互尊重，团结协作，共同维护和增进本行业的职业道德和职业信誉；②会计师事务所可以跨地区承接和执行业务，所跨地区的同业不得以任何方式进行阻挠或排斥；③委托单位变更委托的会计师事务所时，后任注册会计师在接受委托之前，应与前任注册会计师联系，相互了解和介绍变更的情况和原因；④委托单位变更委托后，前任注册会计师应对后任注册会计师的工作予以支持和合作，包括需要时提供以前年度的审计工作底稿等资料。

(2) 具体业务承接层面。注册会计师应当维护职业形象，不得有损害职业形象的行为，在业务承接过程中应遵循职业道德。具体包括：①注册会计师执行的各项业务，均应由会计师事务所统一接受委托。注册会计师及其他有关人员不得以个人名义承接业务。②会计师事务所与委托单位之间的业务委托关系，应实行双向自愿选择的原则，不得以任何方式限定或干预委托单位对会计师事务所的选择或会计师事务所在业务承接上的自主权。③会计师事务所不得在新闻媒介上直接或间接地作诋毁同业或自我夸张、内容虚假、容易引起误解的广告，也不能向委托单位或其他组织散发具有上述倾向的函件，但会计师事务所与注册会计师的名称、姓名、地址、电话、业务范围、开业声明、迁址之类的公告不在此限。④会计师事务所不得以任何名义向帮助取得委托业务的其他单位或个人支付介绍费或回扣等，也不得向得到本会计师事务所帮助取得委托业务的其他会计师事务所收取介绍费、佣金、手续费或回扣等。⑤会计师事务所不得以降低收费的方式招揽业务。⑥对应由会计师事务所从事的法定审计业务，会计师事务所不得与其他机构进行收益分成式的业务合作，但会计师事务所聘请其他机构有关专业人员协助工作以及各会计师事务所之间的业务合作不在此限。⑦注册会计师和所在的会计师事务所不得允许其他单位和个人借用本人或本组织的名义承接、执行业务。

(三) 可能对职业道德基本原则产生不利影响的因素及防范措施

按照独立性规范，会计师事务所以及鉴证小组成员有义务识别和评价可能对职业道德基本原则产生不利影响的各种环境和关系，并采取适当行动消除这些不利影响或运用防范措施将其降至可接受的水平。

1. 对遵循职业道德基本原则产生不利影响的因素

注册会计师对职业道德基本原则的遵循可能受到多种因素的不利影响，可能对职业道德基本原则产生不利影响的因素包括自身利益、自我评价、过度推介、密切关系和外在压力等。

(1) 自身利益导致的不利影响。如果经济利益或其他利益对注册会计师的职业判断或行为产生不当影响，将产生自身利益导致的不利影响。其具体情形主要包括：鉴证业务项目组成员在鉴证客户中拥有直接经济利益；会计师事务所的收入过分依赖某一客户；鉴证业务项目组成员与鉴证客户存在重要且密切的商业关系；会计师事务所担心可能失去某一重要客户；鉴证业务项目组成员正在与鉴证客户协商受雇于该客户；会计师事务所与客户就鉴证业务达成或有收费的协议；注册会计师在评价所在会计师事务所以往提供的专业服务时，发现了重大错误。

(2) 自我评价导致的不利影响。如果注册会计师对其(或者其所在会计师事务所或工作单位的其他人员)以前的判断或服务结果作出不恰当的评价，并且将据此形成的判断作为当前服务的组成部分，将产生自我评价导致的不利影响。其具体情形主要包括：会计师事务所在对客户提供财务系统的设计或操作服务后，又对系统的运行有效性出具鉴证报告；会计师事务所为客户编制原始数据，这些数据构成鉴证业务的对象；鉴证业务项目组成员担任或最近曾经担任客户的董事或高级管理人员；鉴证业务项目组成员目前或最近曾受雇于客户，并且所处职位能够对鉴证对象施加重大影响；会计师事务所为鉴证客户提供直接影响鉴证对象信息的其他服务。

(3) 过度推介导致的不利影响。如果注册会计师过度推介客户或工作单位的某种立场或意见，使其客观性受到损害，将产生过度推介导致的不利影响。其具体情形主要包括：会

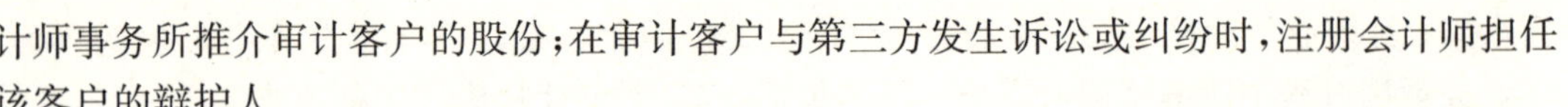

计师事务所推介审计客户的股份;在审计客户与第三方发生诉讼或纠纷时,注册会计师担任该客户的辩护人。

(4) 密切关系导致的不利影响。如果注册会计师与客户或工作单位存在长期或亲密的关系,而过于倾向他们的利益,或认可他们的工作,将产生密切关系导致的不利影响。其具体情形主要包括:项目组成员的近亲属担任客户的董事或高级管理人员;项目组成员的近亲属是客户的员工,其所处职位能够对业务对象施加重大影响;客户的董事、高级管理人员或所处职位能够对业务对象施加重大影响的员工,最近曾担任会计师事务所的项目合伙人;注册会计师接受客户的礼品或款待;会计师事务所的合伙人或高级员工与鉴证客户存在长期业务关系。

(5) 外在压力导致的不利影响。如果注册会计师受到实际的压力或感受到压力(包括对注册会计师实施不当影响的意图)而无法客观行事,将产生外在压力导致的不利影响。其具体情形主要包括:会计师事务所受到客户解除业务关系的威胁;审计客户表示,如果会计师事务所不同意某项交易的会计处理,则不再委托其承办拟议中的非鉴证业务;客户威胁将起诉会计师事务所;会计师事务所受到降低收费的影响而不恰当地缩小工作范围;由于客户员工对所讨论的事项更具有专长,注册会计师面临服从其判断的压力;会计师事务所合伙人告知注册会计师,除非同意审计客户不恰当的会计处理,否则将影响晋升。

2. 应对不利影响的防范措施

防范措施是指可以消除不利影响或将其降至可接受水平的行动或其他措施。应对不利影响的防范措施包括下列两类:

(1) 法律、法规和职业规范规定的防范措施。其主要包括:取得注册会计师资格必需的教育、培训和经验要求;持续的职业发展要求;公司治理方面的规定;执业准则和职业道德规范的规定;监管机构或注册会计师协会的监控和惩戒程序;由依法授权的第三方对注册会计师编制的业务报告、申报资料或其他信息进行外部复核。

(2) 具体工作中采取的防范措施。会计师事务所层面的防范措施包括:领导层强调遵循职业道德基本原则的重要性;领导层强调鉴证业务项目组成员应当维护公众利益;制定有关政策和程序,实施项目质量控制,监督业务质量;制定有关政策和程序,识别对职业道德基本原则的不利影响,评价不利影响的严重程度,采取防范措施消除不利影响或将其降低至可接受的水平;制定有关政策和程序,保证遵循职业道德基本原则;制定有关政策和程序,识别会计师事务所或项目组成员与客户之间的利益或关系;制定有关政策和程序,监控对某一客户收费的依赖程度;向鉴证客户提供非鉴证服务时,指派鉴证业务项目组以外的其他合伙人和项目组,并确保鉴证业务项目组和非鉴证业务项目组分别向各自的业务主管报告工作;制定有关政策和程序,防止项目组以外的人员对业务结果施加不当影响;及时向所有合伙人和专业人员传达会计师事务所的政策和程序及其变化情况,并就这些政策和程序进行适当的培训;指定高级管理人员负责监督质量控制系统是否有效运行;向合伙人和专业人员提供鉴证客户及其关联实体的名单,并要求合伙人和专业人员与之保持独立;制定有关政策和程序,鼓励员工就遵循职业道德基本原则方面的问题与领导层沟通;建立惩戒机制,保证相关政策和程序得到遵守。具体业务层面的防范措施包括:对已执行的非鉴证业务,由未参与该业务的注册会计师进行复核,或在必要时提供建议;对已执行的鉴证业务,由鉴证业务项目组以外的注册会计师进行复核,或在必要时提供建议;向客户审计委员会、监管机构或注册会计师协会咨询;与客户治理层讨论有关的职业道德问题;向客户治理层说明提供服务的性质和收费的范围;由其他会计师事务所执行或重新执行部分业务;轮换鉴证业务项目组合伙人和高级员工。

(四) 职业道德面临的窘境

道德窘境是指人们有时面临的道德两难境地,即某种情况和形势下必须做或想要做的事,但从道德层面来看是不应该做的。注册会计师在其执业过程中会面临许多道德两难的问题。例如,当审计客户威胁说除非出具无保留意见的审计报告,否则就要改聘其他的会计师事务所,但出具无保留意见审计报告并不恰当,这时注册会计师就面临着一个严重的道德两难问题:失去客户,事务所就失去了收入,会影响事务所的发展甚至生存;迁就客户,就要提供错误的审计报告,如何做出抉择呢?

有时注册会计师也会面临这样的情况:虽然不道德,但人人都这样做,我不这样做,要么遭受损失,要么该得的利益得不到。比如,其他事务所和注册会计师都在虚夸自己的业务水平和执业能力,如果我们不自我吹嘘,而是实事求是地考虑自己的业务能力也许就招揽不到业务。

有时注册会计师的行为虽然违反职业道德行为规则,但被发现的可能性很小,也不会对任何一方造成损害,在这些情况下实施的行为也表现为一种道德窘境。比如,注册会计师给自己直系亲属担任董事长的公司进行审计,一般人并不知道,且公司运营良好、会计信息不存在重大错报,如果严格按职业道德行为规范的要求放弃该项业务,则会损害事务所的经济利益,这对于注册会计师来说也是一个两难的选择。

这些道德问题需要职业界通过职业道德建设的不断努力来逐步解决。注册会计师职业界有很多途径来促使注册会计师正当地工作和提供高质量的鉴证与其他服务,包括审计准则的制定和完善、质量控制和同业检查、协会组织和政府部门的监管、注册会计师的后续教育等。此外,对违反职业道德的行为进行处罚,甚至对违法者追究法律责任,都是维护职业界信誉必不可少的措施。

三、质量控制准则

执业质量是会计师事务所的生命线,是注册会计师行业维护社会公众利益的专业基础。会计师事务所质量控制准则旨在规范会计师事务所建立并保持有关财务报表审计和审阅、其他鉴证和相关服务业务的质量控制制度。

(一) 质量控制制度的目标

会计师事务所应当根据会计师事务所质量控制准则,制定质量控制制度,以合理保证业务质量。质量控制制度的目标主要在以下两个方面提出合理保证:

(1) 会计师事务所及其人员遵守职业准则和适用的法律、法规的规定。

(2) 会计师事务所和项目合伙人出具适合具体情况的报告。

项目合伙人,是指会计师事务所中负责某项业务及其执行,并代表会计师事务所在出具的报告上签字的合伙人。

(二) 质量控制制度的要素

会计师事务所的质量控制制度应当包括针对下列要素而制定的政策和程序:

(1) 对业务质量承担的领导责任。

(2) 相关职业道德要求。

(3) 客户关系和具体业务的接受与保持。

(4) 人力资源。

(5) 业务执行。

(6) 监控。

会计师事务所应当将质量控制政策和程序形成书面文件,并传达到全体人员。在记录和传达时,应清楚地描述质量控制政策和程序及其拟实现的目标,包括用适当信息指明每个人都负有各自的质量责任,并被期望遵守这些政策和程序。

四、后续教育准则

注册会计师职业后续教育是指注册会计师为保持和提高其专业胜任能力与执业水平,掌握和运用相关新知识、新技能、新法规所进行的学习与研究。其主要内容包括:会计准则及国家其他有关财务会计法规、独立审计准则及其他职业规范、与执业相关的其他法规、执业所需的其他知识与技能等。

【知识链接】

我国注册会计师执业准则制定历程

执业准则作为规范注册会计师执行业务的权威性标准,对提高注册会计师执业质量,降低执业风险,维护社会公众利益具有重要的作用,其建设经历了三个阶段。

(一) 起步阶段(1980—1993 年)

1980 年注册会计师行业恢复重建后不久,针对当时的审计验资业务,启动了执业标准的制定工作,并陆续出台了相关执业规定。随着中国注册会计师协会(以下简称中注协)的成立,专业标准建设工作得到了高度重视,进入了快速发展时期。中注协设立了专业标准部,负责专业标准的研究制定工作。从 1991 年到 1993 年,先后发布了《注册会计师检查验证会计报表规则(试行)》等 7 个执业规则。这些执业规则对我国注册会计师行业走向正规化和专业化起到了积极作用。

(二) 制定准则阶段(1994—2004 年)

1993 年 10 月 31 日,第八届全国人民代表大会常务委员会第四次会议通过《中华人民共和国注册会计师法》,赋予中注协依法拟订执业准则、规则的职能。经财政部批准同意,中注协自 1994 年 5 月开始起草独立审计准则。到 2004 年,中注协先后分 6 批制定了独立审计准则,共计发布 41 个项目,基本建立起我国审计准则体系框架。

(三) 国际趋同阶段(2005 年至今)

随着审计环境的变化和公司财务舞弊事件的发生,以及国际审计准则的大规模修改,迫切要求我们大力改进审计准则,增加审计的有效性,防范和化解审计风险,维护市场经济的稳定有序运行。在此背景下,财政部于 2005 年年初提出了我国会计审计准则国际趋同的主张和中国会计审计准则体系建设的目标。根据这一目标,遵循科学、民主、透明和公开的准则制定程序,2006 年 2 月 15 日,包括 48 项审计准则的新审计准则体系正式发布,审计准则体系实现了国际趋同的历史性突破。2009 年,根据国际审计准则明晰项目,启动了对 38 项审计准则的修订,2010 年 11 月正式发布,2012 年 1 月 1 日起实施。

第二节 注册会计师法律责任

职业道德规范解决的是注册会计师不应该做什么的问题，但仅做到这一步还是不够的，还需要通过明确法律责任来对注册会计师的行为进行"硬"约束。只有当注册会计师对其因未能满足职业规范要求或有意作弊而引起的后果承担相应的责任时，其地位和执业水平才能被社会认可。

一、经营失败和审计失败

在研究会计职业界遇到的各类法律诉讼案件中，中外会计界和法律界的许多人士认为，财务报表使用者指控会计师事务所的原因之一是不理解经营失败和审计失败的区别，因而不能正确区分被审计单位管理层应承担的经营管理责任和会计责任以及注册会计师应承担的审计责任。因此，我们对注册会计师法律责任的讨论要从对这些术语的讨论入手。

经营失败是指企业由于经济或经营条件的变化（如经济衰退、不当的管理决策或出现意料之外的行业竞争等）而无法满足投资者的预期。经营失败的极端情况是申请破产。任何一个企业，经营失败的风险总是存在的。经营失败会使一些利益相关者遭受损失，他们要通过法律途径挽回自己的经济损失，注册会计师往往成为被控告的对象之一。

审计失败则是指注册会计师由于没有遵守审计准则的要求而发表了错误的审计意见。具体来说，其是指反映被审计单位财务状况和经营成果的会计信息中存在重大错报，但是注册会计师执行了审计程序之后没能发现重大错报，或将重大错报判断为不重要的小错报，因而提出错误的审计意见。

经营失败和审计失败的存在，使注册会计师时刻面临着审计风险。审计风险是指财务报表中存在重大错报，而注册会计师发表不恰当审计意见的可能性。经营失败和审计失败是存在审计风险的条件，此外，审计风险存在的一个重要原因是由于审计中的固有限制，例如抽样审计方法等，因而某些错报和较隐蔽的舞弊难以被发现。所以即使注册会计师遵守审计准则，审计中无法发现某些错报的风险仍然存在。

由于一般公众不理解经营失败和审计失败的区别，故当公司发生经营失败时，报表使用者通常会归罪于审计失败，尤其是在近期签发的审计意见是无保留意见，表明该公司财务报表的反映是公允的情况下。更为严重的是，如果发生经营失败而随后又发现财务报表存在错报，那么即使审计工作按照审计准则的要求执业，使用者也会指控注册会计师疏忽、过失，要求其承担责任。

这种情况反映出，一般社会公众、大多数报表使用者认为注册会计师审计应当绝对保证财务报表的真实可靠，而会计职业界认为，通过审计只能合理保证财务报表的公允反映。这样报表使用者和注册会计师之间对审计的看法和期望是不同的。会计职业界将这种现象称为"期望差距"。"期望差距"经常导致注册会计师遭受莫须有的法律诉讼，诉讼人的逻辑是，只要经过审计的公司就不应该出现经营失败，公司出了问题注册会计师就要承担责任。实际上是那些遭受经济损失的人希望从某种渠道得到赔偿，而不管错在何方。

二、会计责任和审计责任

审计准则规定，被审计单位负有以下会计责任：建立和健全本单位的内部控制制度；保护本单位的资产安全和完整；保证提交审计的会计资料真实、合法和完整。因此，在被审计单位治理层的监督下，按照适用的会计准则编制财务报表是被审计单位管理层的责任。在整个审计过程中都要让被审计单位的管理层认识到自己的会计责任，为此，这种会计责任要写入审计业务约定书中，在审计报告中也要重点论述，以使报表使用者清楚地认识。

审计责任是注册会计师对委托人和被审计单位应尽的义务。审计准则规定，按照审计准则的要求出具审计报告，保证审计报告的真实性、合法性是注册会计师的审计责任。注册会计师的审计责任不能替代、减轻或免除被审计单位的会计责任。同样，这种审计责任要写入审计业务约定书中，在审计报告中，注册会计师要清楚地表达对财务报表整体的意见，并说明对出具的审计报告负责，要将这种信息传达给报表使用者。

三、对注册会计师法律责任的认定

如果注册会计师行为不当给被审计单位或第三方造成损失，注册会计师将承担法律责任，这些不当行为包括：违约、过失和欺诈等。

（一）违约

所谓违约，是指合同的一方或多方未能履行合同条款规定的义务。当违约给他人造成损失时，注册会计师应负违约责任。比如，会计师事务所在商定的期间内未能提交审计报告，或违反了与被审计单位订立的保密协议等。

（二）过失

所谓过失，是指在一定条件下，没有保持应有的职业谨慎。评价注册会计师的过失，是以其他合格注册会计师在相同条件下可做到的谨慎为标准的。当过失给他人造成损失时，注册会计师应负过失责任。过失按程度不同分为普通过失和重大过失。

普通过失也称一般过失，通常是指没有保持职业上应有的职业谨慎，对注册会计师而言则是指没有完全遵循专业准则的要求。比如，在实施存货监盘的审计程序中，未保持应有的合理谨慎，盘点过的存货在所有权、质量、数量等方面存在问题未能查出，通常情况下其他合格的注册会计师是不会出现这种失误的，这可视为一般过失。

重大过失是指连起码的职业谨慎都没有保持。对注册会计师而言，则是指根本没有遵循专业准则或没有按专业准则的基本要求执行审计。比如，未实施存货监盘程序、未进行应收账款函证，不遵循审计准则执业，这些行为可视为重大过失。

（三）欺诈

欺诈又称舞弊，是以欺骗或坑害他人为目的的一种故意的错误行为。作案具有不良动机是欺诈的重要特征，也是欺诈与普通过失和重大过失的主要区别之一。对于注册会计师而言，欺诈就是为了达到欺骗他人的目的，明知委托单位的财务报表有重大错报，却加以虚伪的陈述，出具无保留意见的审计报告。例如，如果注册会计师明知被审计单位财务报表存在重大错报，但为了配合他人操纵股价，或为了影响某些经济业务，故意出具无保留意见审计报告，从而欺骗报表使用者，那么这种行为就属于欺诈行为。

与欺诈相关的一个概念是“推定欺诈”，又称“涉嫌欺诈”，是指虽无故意欺诈或坑害他人的动机，但却存在极端或异常的过失。推定欺诈和重大过失这两个概念的界限往往很难界定，在美国，许多法院曾经将注册会计师的重大过失解释为推定欺诈，特别是近年来有些法院放宽了“欺诈”一词的范围，使得推定欺诈和欺诈在法律上成为等效的概念。这样，具有重大过失的注册会计师的法律责任就进一步加大了。

综上所述，涉及注册会计师的不当行为中，普通过失与重大过失、重大过失与推定欺诈、推定欺诈与实际欺诈等概念之间都有一定程度的模糊性，没有特别严格的界限，在实务中较难区分。一般来说，在许多情况下可运用“重要性”和“内部控制”两个概念进行判断。

如果财务报表中存在错报事项，注册会计师运用常规审计程序未能查出，这时运用重要性概念进行判断，如果该错报事项并不重大，那么就可以说注册会计师没有过失。如果该错报事项重大，应分析被审计单位的内部控制是否有效，若有效，常规的内部控制测试应能查出。这时实施内部控制测试应能查出的错报而注册会计师未能查出，那么注册会计师属于普通过失；若任何合格的注册会计师实施常规的内部控制测试一般都不会查出该种错报，则涉及的注册会计师没有过失。若应该实施控制测试而实际上未予实施，则属于注册会计师的重大过失；若不实施控制测试虽找不到直接的不良动机证据，但其后果与有意欺骗报表使用者并无两样，则涉及的注册会计师会被认定为推定欺诈；若不实施控制测试有证据表明要达到某种不良目的，并且确实误导和欺骗了报表使用者，则涉及的注册会计师属于欺诈行为。

在被审计单位内部控制失效的情况下，注册会计师运用实质性测试程序应能查出财务报表中存在的重大错报事项。如果注册会计师实施实质性测试程序后未能查出财务报表中存在的重大错报事项，属于普通过失；如果注册会计师根本没有实施实质性测试程序，故不可能查出财务报表中存在的错报事项，则属于重大过失。同上所述，若不实施实质性测试虽找不到直接的不良动机证据，但其后果与有意欺骗报表使用者并无两样，则涉及的注册会计师会被认定为推定欺诈；若不实施实质性测试有证据表明要达到某种不良目的，并且确实误导和欺骗了报表使用者，则涉及的注册会计师属于欺诈行为。

四、我国注册会计师的法律责任

涉及会计师事务所、注册会计师法律责任的法律、法规有：《中华人民共和国注册会计师法》《中华人民共和国公司法》《中华人民共和国证券法》《中华人民共和国刑法》。这些法律所规定的注册会计师法律责任主要有以下三类。

（一）民事责任

民事责任是指民事主体因违反合同或者不履行其他法律义务，侵害国家、集体的财产，侵害他人财产、人身权利，依法应当承担的民事法律后果。这种法律后果是由国家法律规定并以强制力保证执行的。规定民事责任的目的，就是对已经造成的权利损害和财产损失给予恢复和补救。对注册会计师和会计师事务所而言，主要是赔偿受害人损失。

（二）行政责任

行政责任是行政法律责任的简称，是指行为主体因其行为违反行政管理相关的法律、法

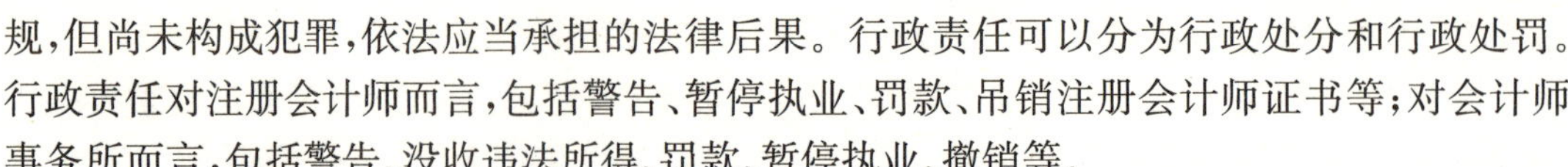

规，但尚未构成犯罪，依法应当承担的法律后果。行政责任可以分为行政处分和行政处罚。行政责任对注册会计师而言，包括警告、暂停执业、罚款、吊销注册会计师证书等；对会计师事务所而言，包括警告、没收违法所得、罚款、暂停执业、撤销等。

（三）刑事责任

刑事责任是指由于违反国家的法律、法规，情节严重，构成刑事犯罪而应承担的法律后果。违反法律规定应承担的刑罚种类主要包括主刑和附加刑两种。主刑有：管制、拘役、有期徒刑、无期徒刑和死刑。附加刑有：罚金、剥夺政治权利和没收财产。判令注册会计师及会计师事务所承担的刑事责任主要包括管制、拘役、徒刑、剥夺政治权利和没收财产等。

一般来说，因违约和过失可能使注册会计师负行政责任和民事责任，因欺诈可能会使注册会计师负民事责任和刑事责任。

五、避免法律诉讼的对策

注册会计师的职业性质决定了它是一个容易遭受法律诉讼的职业，因为那些蒙受损失的受害者总想通过起诉注册会计师以便尽可能得到补偿。因此，注册会计师必须在执业中遵循专业标准和相关要求，尽量避免法律诉讼。注册会计师避免法律诉讼的具体措施，可以概括为以下几点。

（一）严格遵循职业道德守则和执业准则的要求

严格遵循职业道德守则和执业准则的要求是注册会计师保护自身利益，避免法律诉讼最为基本的要求。注册会计师对于财务报表中的错报承担法律责任的关键在于注册会计师是否有过失或故意行为，而判断注册会计师是否具有过失的关键在于注册会计师是否按照执业准则的要求执业。因此，保持良好的职业道德行为，严格遵循执业准则的要求执行工作、出具报告，对于避免法律诉讼或在提起的诉讼中保护注册会计师具有非常重要的作用。

（二）建立健全会计师事务所质量控制制度

会计师事务所不同于一般的企业，质量控制是会计师事务所各项管理工作的核心和关键。因此，会计师事务所必须建立健全一套严密、科学的质量控制制度，并把这套制度落实到整个审计过程和各个审计环节，促使注册会计师按照执业准则的要求执业，保证审计业务质量。

（三）与委托人签订业务约定书

《中华人民共和国注册会计师法》第十六条规定，注册会计师承办业务，会计师事务所应与委托人签订委托合同（即业务约定书）。业务约定书具有法律效力，它是确定注册会计师和委托人责任的一个重要文件。会计师事务所不论承办何种业务，都要按照业务约定书准则的要求与委托人签订约定书，这样才能在发生法律诉讼时将一切口舌之辩减少到最低限度。

（四）审慎选择被审计单位

中外注册会计师诉讼案例告诉我们，注册会计师如欲避免法律诉讼，必须慎重选择被审计单位。被审计单位如果对其顾客、员工、政府部门或其他方面没有正直的品格，则其报表出现重大错报的可能性也较大，审计失败的可能性就比较高，出现法律纠纷的可能性就增大。因此，会计师事务所在接受业务前，一定要对被审计单位的情况有所了解，评价管理层和关键股东的诚信和品质。此外，对陷入财务和法律困境的被审计单位要尤为注意。中外历史上，绝大部分涉及注册会计师的诉讼案，都集中在宣告破产的被审计单位。周转不灵或面临破产的公司，其股东或债权人总想为他们的损失寻找替罪羊，因此对那些已经陷入财务困境的被审计单位要特别注意。

（五）深入了解被审计单位的业务

在很多案件中，注册会计师之所以未能发现错误，一个重要的原因就是他们不了解被审计单位所在行业的情况及被审计单位的业务。如果注册会计师不熟悉被审计单位的经济业务和生产经营实务，仅局限于有关的会计资料，就很难发现被审计单位的错报。

（六）提取风险基金或购买责任保险

对诉讼案进行充分的保险保护，是会计师事务所一项极为重要的应对法律责任的措施。我国《注册会计师法》规定会计师事务所应当按规定建立职业风险基金，办理职业保险。

（七）聘请熟悉注册会计师法律责任的法律顾问

在审计过程中遇到重大法律问题，注册会计师应当向有经验的法律顾问进行咨询，详细讨论所有潜在的危险情况，对法律顾问的建议要充分考虑，尽可能采纳。一旦发生法律诉讼，应聘请经验丰富的律师参与诉讼。

【知识链接】

注册会计师法律责任的变化趋势

20 世纪 80 年代之后，中外会计职业界都遇到了各自的法律问题，法律环境较之以往都发生了很大变化，主要表现在以下几个方面。

1. 对注册会计师的法律诉讼大量增加，导致注册会计师的法律责任加大

近些年来，由于经营失败或因管理层舞弊造成企业破产倒闭的事件不断发生，投资者、贷款人和其他利益相关者因此而蒙受重大损失，他们指控注册会计师未能及时揭露或报告被审计单位存在的问题，因而要求赔偿其遭受的损失。这样，在法律制定和法院判决方面都倾向于增加注册会计师的法律责任。

2. 对非签约方承担法律责任成为注册会计师法律责任的一大特点

注册会计师与被审计客户签约为其提供审计服务，但其业务成果——审计报告往往要被除客户以外的非签约方加以利用，据此进行决策，并且决策失误还要追究注册会计师的责任。这种情况在西方早期的司法制度中就已存在，后虽在非签约第三方的范围方面几经变化，但对非签约第三方要承担法律责任的要求并无改变，而且更加明确。

3. 注册会计师法律责任的内涵被扩充

注册会计师法律责任增加的具体表现就是其法律责任的内涵被扩充，虽然会计职业界多年来一直努力将其法律责任限定于对财务报表的公允性表达意见，但近年来中外许多针对注册会计师的法律诉讼案件不认可会计职业界的限定事实，说明注册会计师法律责任的内涵在扩充，即注册会计师对查找被审计单位错误、舞弊和违法行为也负有重大责任。

【关键术语】

独立　客观　公正　违约　过失　欺诈

【问题思考】

1. 我国注册会计师执业规范体系是如何构成的？其核心是什么？
2. 注册会计师执业道德规范从哪些方面对注册会计师提出基本规定和要求？
3. 什么是注册会计师的法律责任？是什么引发了注册会计师的法律责任？
4. 如何区分经营失败与审计失败？
5. 注册会计师如何避免法律诉讼？

【实训案例】

科龙集团舞弊案例

一、背景资料

“科龙”是中国驰名商标，涵盖空调、冰箱、冷柜、小家电等多个产品系列。

广东科龙电器股份有限公司是于1992年12月16日注册成立的股份有限公司。1996年4月，顺德市容奇镇经济发展总公司将其持有的公司股份全部转让给科龙(容声)集团，从而公司成为科龙(容声)集团控股的子公司。1996年7月23日，公司公开发行了459 589 808股H股，并在香港联合交易所有限公司上市交易；1998年，公司获准发行110 000 000股A股，总股本达88 200.656 3万股，并于1999年7月13日在深圳证券交易所上市交易。经过2002年的一系列股权转让，公司原大股东容声集团已不再持有公司的任何股份。广东格林柯尔成为公司的主要股东。2004年10月14日，广东格林柯尔受让顺德信宏所持有的公司57 436 439股法人股(占股权比例5.79%)；此次股权转让后，广东格林柯尔持有本公司的股份数目增加至262 212 194股(占股权比例26.43%)。

证券简称：科龙电器。

公司名称：广东科龙电器股份有限公司。

法人代表：刘从梦。

总经理：汤业国。

注册资本：99 200.656 3万元。

经营范围：开发、制造电冰箱等家用电器，产品内、外销售和提供售后服务，运输自营产品。

二、案件过程

2001年：科龙公司财务报表出现问题：中报显示收入27.9亿元，净利润1 975万元，而年报却出现净亏损15.56亿元，其主要原因在于计提坏账准备及存货跌价准备6.35亿元。时任审计的安达信会计师事务所“由于无法执行满意的审计程序以获得合理的保证来确定所有重大交易均已被正确记录并充分披露”而出具了拒绝表示意见的审计报告。

2002年，安达信因安然事件破产后，其在我国内地和香港的业务并入普华永道，然而普华永道对格林柯尔和科龙这两个“烫手山芋”采取了请辞之举。随即德勤公司走马上任，为科龙审计了2002年至2004年的年报。

2002年审计报告：保留意见的审计报告。德勤对该份年报出具保留意见的主要理由是不能确定年初科龙公司合并的净资产是否真实，未取得科龙公司联营公司华意压缩机股份有限公司的财务报表以及认为应当调减科龙1亿元的净利润(其中,包括转回的2 500万元存货跌价准备)。调减后科龙2002年的净利润是1亿元。由于科龙在2000年和2001年都是巨亏,2002年经审计过的财务报表公布盈利,按照当时证监会的规定就可以免于退市,并脱掉ST的帽子。然而,科龙当年的净利润是通过高达3.5亿元的资产减值和预计负债转回实现的。在2001年年末科龙整体资产价值不确定的情况下,德勤2002年给出"保留意见"的审计报告显得有些牵强。

2003年审计报告:无保留意见审计报告。出具无保留审计报告条件之一:所有重大方面公允反映了被审计单位的财务状况、经营成果和现金流量。而根据证监会的调查报告,科龙2003年虚增利润1.1847亿元,而且科龙电器2003年年报现金流量表披露存在重大虚假记载,包括少记借款收到现金30.255亿元,少记偿还债务所支付的现金21.36亿元和多记经营活动产生的现金流量净额8.897亿元。

2004年审计报告:保留意见的审计报告。主要是因为未能确认两家客户5.76亿元的应收账款,未能确定是否应对销售退回计提准备。科龙当年的财务报表称亏损6 400万元。

2005年5月科龙危机爆发,随后德勤宣布不再担任科龙的审计机构。但它此前为科龙2003年年报出具的无保留意见审计报告,以及2002年和2004年年报出具的保留意见审计报告并没有撤回,也没有要求公司进行财报重述。既然科龙被证实有重大错报事实,德勤显然难以免责。而且顾雏军先后挪用、侵占科龙资金34.85亿元,德勤竟然也没有察觉,在巨额资金被占用时,会非常明显表现为货币资金、预付账款等科目存在异常,而事实上,科龙在这两个科目上确实存在严重问题。

三、存在问题

中国证监会认定的德勤对科龙审计过程中存在的主要问题包括:审计程序不充分、不恰当,未发现科龙现金流量表重大差错等。

(1) 德勤对科龙存货及主营业务成本执行的审计程序不充分、不恰当;德勤对科龙电器各期存货及主营业务成本进行审计时,直接按照科龙电器期末存货盘点数量和各期平均单位成本确定存货期末余额,并推算出科龙电器各期主营业务成本。在未对产成品进行有效测试和充分抽样盘点的情况下,德勤通过上述审计程序对存货和主营业务成本进行审计并予以确认,其审计方法和审计程序均不合理。

(2) 德勤在存货抽盘过程中缺乏必要的职业谨慎,确定的抽盘范围不恰当,执行的审计程序不充分;德勤在年报审计过程中实施抽样盘点程序时,未能确定充分有效的抽样盘点范围,导致其未能发现科龙电器通过压库方式确认虚假销售收入的问题。存货监盘也是一项重要的审计程序,如果进行账实相符核查,科龙虚增的主营业务利润其实并不难发现。

(3) 德勤在对应收账款及主营业务收入审计过程中执行的程序不充分,函证方法不当;收入的确认应该以货物的风险和报酬是否转移为标准,一般来说仅以"出库开票"确认收入明显不符合会计准则。德勤对科龙电器2003年度审计时,就存货已出库未开票项目向4家客户所发的询证函中,客户仅对询证函的首页盖章确认,但该首页没有对后附明细列表进行金额或数量的综述。因此,调查人员认为该类询证函的回函结果不能满足发函的目的。如果一项销售行为不符合收入确认原则,就不应确认为收入。未曾实现的销售确认为当期收入必然导致利润虚增。科龙销售收入确认问题,体现出德勤未能恰当地解释和应用会计准则,同时这也说明德勤未能收集充分适当的审计证据。对较敏感的"销售退回"这一块,德勤也没有实施必要的审计程序,致使科龙通过关联交易利用销售退回大做文章,转移资产,虚增利润,这也是德勤所不能回避的错误。德勤审计科龙电器分公司时,没有对各年年末进行现场审计的分公司执行其他必要审计程序,无法有效确认其主营业务收入实现的真实性及应收账款等资产的真实性。

(4) 德勤事务所未就科龙电器 2003 年度确认的对合肥维希的销售收入 30 484 万元事项对其出具的 2003 年度审计报告进行更正或相关处理。另外,其 2004 年度审计报告中保留意见金额错误。

(5) 德勤事务所对科龙电器内部票据贴现未能适当关注,未发现科龙电器 2003 年现金流量表重大差错问题。在执行审计程序等方面,德勤的确出现了严重纰漏,对科龙电器的审计并没有尽职。证监会委托毕马威所作的调查显示:2001 年 10 月 1 日至 2005 年 7 月 31 日期间,科龙电器及其 29 家主要附属公司与格林柯尔系公司或疑似格林柯尔系公司之间进行的不正常重大现金流出总额约为 40.71 亿元,不正常的重大现金流入总额约为 34.79 亿元,共计 75.5 亿元。而这些在德勤 3 年的审计报告中均未反映。

四、法律责任

1. 行政责任

2007 年 4 月 7 日,中国证监会召开了处罚德勤的听证会,中国证监会已经认定了德勤的"罪状",毕马威的调查报告显示,德勤的审计显失公允,没有尽职勤勉,违反了会计行业的相关法律、法规,涉嫌造假。

2. 民事责任

当违约给他人造成损失时,注册会计师就应承担违约责任。《注册会计师法》第 39 条会计师事务所、注册会计师违反本法第 20 条、第 21 条规定,"故意出具虚假的审计报告、验资报告,构成犯罪的,依法追究刑事责任。"第 42 条规定"会计师事务所违反本法规定,给委托人、其他利害关系人造成损失的,应当依法承担赔偿责任。"

案例思考和讨论题

1. 科龙集团财务舞弊手法是什么?如何识别?
2. 德勤是否应当承担法律责任?你认为应当承担什么样的责任?
3. 从舞弊的动因理论分析,科龙集团舞弊的原因有哪些?

练 习 题

姓名______
学号______
分数______

扫二维码获得更多本章习题及案例

一、单项选择题

1. 下列各项中，既是注册会计师在执行注册会计师审计业务中必须遵循的准则，也是衡量注册会计师审计工作质量的权威性标准是（　　）。
   A. 注册会计师执业准则　　B. 质量控制准则
   C. 职业道德准则　　D. 职业后续教育准则
2. 注册会计师执业准则体系的核心是（　　）。
   A. 审阅准则　　B. 审计质量控制准则
   C. 审计准则　　D. 职业后续教育准则
3. 鉴证业务准则由鉴证业务基本准则统领，按照鉴证业务提供的保证程度和鉴证对象的不同，不应包括（　　）。
   A. 中国注册会计师审计准则　　B. 中国注册会计师审阅准则
   C. 中国注册会计师其他鉴证业务准则　　D. 相关服务准则
4. 中国注册会计师执业准则由（　　）负责拟定。
   A. 财政部　　B. 中国注册会计师协会
   C. 审计署　　D. 中国人民代表大会
5. 注册会计师从事的下列工作中，属于其他鉴证业务的是（　　）。
   A. 预测性财务信息审核
   B. 对公司的治理结构提出意见
   C. 参与企业破产清算审计，出具清算审计报告
   D. 审查企业内部控制制度，提出管理建议书
6. 关于独立性，下列陈述中，不恰当的是（　　）。
   A. 实质上的独立性要求注册会计师与所有客户之间不存在任何经济利益关系
   B. 注册会计师执行审计业务时，形式上的独立性与实质上的独立性同样重要
   C. 实质上的独立性要求注册会计师在执行审计业务提出结论时保证其职业判断不受损害
   D. 形式上的不独立会被推定为其诚信、客观和公正或职业怀疑态度已经受到损害
7. 注册会计师担任某审计业务的项目负责人，如果在执业过程中发现自己无法胜任，则应要求其所在的会计师事务所（　　）。
   A. 聘请相关专家　　B. 改派其他注册会计师
   C. 终止该审计业务的约定　　D. 出具无法表示意见的审计报告
8. 会计师事务所对无法胜任或不能按时完成的审计业务，应该（　　）。

A. 减少审计收费　　B. 转包给其他会计师事务所

C. 聘请其他专业人员帮助　　D. 拒绝接受委托

9. 以下关于业务准则的说法中，不正确的是(　　)。

A. 对于审计业务，注册会计师对所审计信息是否不存在重大错报提供合理保证，并以积极方式提出结论

B. 在提供审阅服务时，注册会计师对所审阅信息是否不存在重大错报提供有限保证，并以积极方式提出结论

C. 对于其他鉴证业务，根据鉴证业务的性质和业务约定的要求，注册会计师提供有限保证或合理保证

D. 在提供相关服务时，注册会计师不提供任何程度的保证

10. 某会计师事务所在宣传媒介中夸大自己所拥有的资质和获得的经验，贬低其他事务所的工作，这种行为违反了职业道德中的(　　)原则。

A. 诚信　　B. 客观和公正

C. 专业胜任能力和应有的关注　　D. 良好的职业行为

11. 注册会计师的下列行为中，不违反职业道德规范的是(　　)。

A. 承接了主要工作需由事务所外部专家完成的业务

B. 按服务成果大小收取审计费用

C. 不以个人名义承接业务

D. 对自身业务能力进行广告宣传

12. 以下有关注册会计师专业胜任能力和应有的关注的陈述，不恰当的是(　　)。

A. 注册会计师应当通过教育、培训和执业实践获取和保持专业胜任能力

B. 在应用专业知识和技能时，注册会计师无需运用职业判断

C. 注册会计师应当采取适当措施确保在其领导下工作的人员得到应有的培训和督导

D. 注册会计师在必要时应当使客户以及业务报告的其他使用者了解专业服务的固有局限性

13. 下列情形中，没有违背注册会计师职业道德相关规定的是(　　)。

A. 鉴证业务项目组成员与鉴证客户存在重要的密切商业关系

B. 注册会计师采用或有收费的方式向客户提供鉴证服务

C. 某注册会计师为 W 公司提供代理记账服务，由于对 W 公司较熟悉，容易发现问题，故今年安排其负责该公司的年度财务报表审计工作

D. 除非法律、法规允许或要求，注册会计师应当拒绝承担保管客户资金和其他资产的责任

14. 以下事项中，不会损害注册会计师良好职业行为的是(　　)。

A. 对所在会计师事务所职业经验夸大宣传

B. 无根据地比较其他事务所的工作能力

C. 与审计客户管理层沟通其审计业务收费的性质和依据

D. 夸大宣传其拥有的资质

15. 审计风险与审计失败的主要区别在于(　　)。

A. 注册会计师是否查出了财务报表的重大错误

B. 注册会计师是否提出了错误的审计意见

C. 注册会计师是否遵循审计准则的要求

D. 注册会计师是否明知财务报表有重大错报却不如实表述

二、多项选择题

1. 注册会计师执业准则的作用主要体现在(　　)。

A. 为衡量和评价注册会计师执业质量提供依据,从而有助于注册会计师执业质量的提高

B. 有助于规范审计工作,维护社会经济秩序

C. 有助于维护会计师事务所和注册会计师的正当权益

D. 有助于推动审计与鉴证理论的研究和现代审计人才的培养

2. 中国注册会计师业务准则体系是由(　　)构成的。

A. 鉴证业务准则　　B. 相关服务准则

C. 职业道德规范　　D. 质量控制准则

3.《中国注册会计师鉴证业务基本准则》的目的在于规范注册会计师执行鉴证业务,明确鉴证业务的目标和要素。适用于鉴证业务的准则包括(　　)。

A. 中国注册会计师审计准则　　B. 中国注册会计师审阅准则

C. 中国注册会计师其他鉴证业务准则　　D. 相关服务准则

4. 注册会计师的下列行为中,不违反保密原则的有(　　)。

A. 将被审计单位商洽重组的内部消息,提前告知家人,让其购入股票

B. 未经客户授权或法律、法规允许,向所在事务所汇报所获知的涉密信息

C. 在法律允许的范围内,向第三方披露所获知的涉密信息

D. 接受监管机构的执业质量检查,答复其询问和调查

5. 以下属于自我评价导致的不利影响的情形有(　　)。

A. 会计师事务所在对客户提供财务系统的设计或操作服务后,又对系统的运行有效性出具鉴证报告

B. 会计师事务所为审计客户编制财务报表,又对该套报表进行审计

C. 某项目组成员的父亲担任所审计客户的董事

D. 客户员工更具有专长,注册会计师面临服从其判断的压力

6. 下列情形中,可能表明存在过度推介导致对职业道德产生不利影响的有(　　)。

A. 会计师事务所向公众推销审计客户甲公司的可转换公司债券

B. 会计师事务所收入50%是从审计客户甲公司收取的业务收入

C. 审计项目组成员A与审计客户甲公司的财务总监是配偶关系

D. 审计项目组成员B担任审计客户甲公司的辩护人

7. 注册会计师法律责任的种类有(　　)。

A. 民事责任　　B. 刑事责任

C. 过失　　D. 行政责任

8. 注册会计师所负过失责任,通常将过失按其程度不同分为(　　)。

A. 轻微过失　　B. 欺诈

C. 普通过失　　　　D. 重大过失

9. 会计师事务所违约的情形有(　　)。

A. 未按商定的时间提交审计报告

B. 违反了与被审计单位订立的保密协议

C. 修改了审计程序

D. 追加了审计程序

10. 属于注册会计师避免法律诉讼的对策有(　　)。

A. 建立职业风险基金　　　　B. 审慎选择被审计单位

C. 出具管理建议书　　　　D. 深入了解被审计单位业务

三、判断题

1. 中国注册会计师执业准则体系包括鉴证业务准则、相关服务准则和会计师事务所质量控制准则。(　　)

2. 鉴证业务准则由鉴证业务基本准则统领,按照鉴证业务提供的保证程度和鉴证对象的不同,分为中国注册会计师审计准则、中国注册会计师审阅准则和中国注册会计师其他鉴证业务准则。其中,审计准则是整个执业准则的核心。(　　)

3. 审计准则用以规范注册会计师执行历史财务信息的审计业务。在提供审计业务时,注册会计师对所审计信息是否不存在重大错报提供合理保证,并以积极方式提出结论。(　　)

4. 中国注册会计师审计准则所规范的所有内容都属于法定要求,注册会计师在执行审计业务和出具报告时,都应遵照执行。(　　)

5. 注册会计师可以根据需要配备相应的业务助理人员并聘请专家协助工作,但应对其工作结果负责。(　　)

6. 中国注册会计师执业准则体系中的相关服务准则对注册会计师执行商定程序和代编财务信息等业务进行了规范。在提供相关服务时,注册会计师不提供任何程度的保证。(　　)

7. 会计师事务所在从事鉴证业务时,除有关法规允许的情形外,不得以服务成果的大小为条件来决定收费标准的高低。(　　)

8. 审计质量控制准则是针对每个审计项目制定的,是每个注册会计师及其助理人员都应遵守的标准。(　　)

9. 如果被审计单位认为某些项目属于商业秘密,不愿公开披露,注册会计师就应该尊重企业意愿,不能对外公布。(　　)

10. 注册会计师及其所在会计师事务所不得对其能力进行广告宣传以招揽业务。(　　)

11. 会计师事务所在商定的期间内未能提交审计报告,应承担违约责任。(　　)

12. 注册会计师如果未能将财务报表中的错误与舞弊揭露出来,就一定得负审计责任。(　　)

13. 经营失败必然引发审计失败。(　　)

14. 注册会计师的审计意见应保证被审计单位财务报表的可靠,以利于财务报表使用人作出正确的决策。(　　)

15. 被审计单位治理层与管理层的责任与注册会计师审计责任的内容是完全相同的。(　　)

四、分析题

1. 天河公司系ABC会计师事务所的常年审计客户。2018年11月,ABC会计师事务所与天河公司续签了审计业务约定书,审计天河公司2018年度财务报表。假定存在以下情形:

(1) 天河公司由于财务困难,应付ABC会计师事务所2017年度审计费用100万元一直没有支付。经双方协商,ABC会计师事务所同意天河公司延期至2019年年底支付。在此期间,天河公司按银行同期贷款利率支付资金占用费。

(2) 天河公司由于财务人员短缺,2018年向ABC会计师事务所借用一名注册会计师,由该注册会计师将经会计主管审核的记账凭证录入计算机信息系统。ABC会计师事务所未将该注册会计师包括在天河公司2018年度财务报表审计项目组。

(3) 由于天河公司降低2018年度财务报表审计费用近1/3,导致ABC会计师事务所审计收入不能弥补审计成本,ABC会计师事务所决定不再对天河公司下属的2个重要的销售分公司进行审计,并以审计范围受限为由出具了保留意见的审计报告。

(4) 天河公司要求ABC会计师事务所在出具审计报告的同时,提供内部控制审核报告。为此,双方另行签订了业务约定书。

(5) ABC会计师事务所针对审计过程中发现的问题,向天河公司提出了会计政策选用和会计处理调整的建议,并协助其解决相关账户调整问题。

要求:请根据中国注册会计师职业道德规范有关独立性的规定,分别判断上述情形是否对ABC会计师事务所的独立性造成损害,并简要说明理由。

2. 注册会计师王明作了许多努力,希望能扩展业务,请你指出他下面的这些举动是否违反了注册会计师职业道德规范,并解释其原因。

(1) 王明想在报纸上刊登一则关于事务所地址、业务范围、联系方式的公告。

(2) 王明以前和他的同事审计过许多国有企业。他计划与这些企业的财务总监联系,请他们帮忙介绍更多这种类型的工作。他打算付给每个介绍人2 000人民币的介绍费。

(3) 王明精通税法。他有许多朋友都自己编制所得税申报单。他向他们提议,在向税务局申报以前,他先为他们进行复核,如果通过他的复核能够为他们找到合法的避税机会,省下来的税款的1/3作为他的收入,如果他找不到,则他不收取费用。

章前导引

第三章 审计目标与审计程序

教学目标

本章主要介绍审计目标、审计程序及抽样审计的运用。通过学习，学生应理解掌握审计的总目标和具体目标、被审计单位管理层的认定、审计程序、抽样审计的种类及运用。

第一节 审计目标

一、财务报表审计的总体目标

注册会计师最终责任是按照审计准则的要求对财务报表发表审计意见，这是注册会计师的审计责任，也是注册会计师要达到的审计目标。概括地说，财务报表审计的总体目标是注册会计师通过执行审计工作，对财务报表整体是否不存在由舞弊或错误导致的重大错报获取合理保证，使得注册会计师能够对财务报表是否在所有重大方面按照适用的财务报告编制基础编制发表审计意见，并且按照审计准则规定，根据审计结果对财务报表出具审计报告，并与管理层和治理层沟通。在任何情况下，如果不能获取合理保证，并且在审计报告中发表保留意见也不足以实现向预期使用者报告的目的，注册会计师应按照审计准则的规定出具无法表示意见的审计报告，或者在法律、法规允许的情况下终止业务约定或解除业务委托。

从整个社会的角度来说，尤其是从证券市场的角度来说，注册会计师的审计意见旨在提高财务报表的可信性，但是它不应被视为对被审计单位未来生存能力或管理层经营效率、效果提供的保证，审计工作不能对财务报表不存在重大错报提供担保。提高财务报表可信性的含义是，注册会计师要合理保证财务报表整体不存在重大错报。这里要强调的是合理保证而不是绝对保证，合理保证是指注册会计师通过积累必要的审计证据得出财务报表整体不存在重大错报的结论，对财务报表使用人提供一种高度但非绝对的保证。

二、认定

（一）认定的含义

在理解审计目标之前，首先需要了解被审计单位管理层对财务报表的认定。认定是指管理层在财务报表中作出的明确或隐含的表达，注册会计师将其用于考虑可能发生的不同类型的潜在错报。认定与审计目标密切相关，注册会计师的基本职责就是确定被审计单位管理层对其财务报表的认定是否恰当。注册会计师了解了认定，就很容易确定每个项目的具体审计目标。

当管理层声明财务报表已按照适用的财务报告编制基础进行编制，在所有重大方面作出公允反映时，就意味着管理层对财务报表各组成要素的确认、计量、列报以及相关的披露作出了认定。管理层在财务报表上的认定有些是明确表达的，有些则是隐含表达的。例如，天河公司管理层提交的公司财务报表中列报固定资产共有100万元。对这一列报，管理层至少表达了这样几个方面：在资产负债表日，该公司存在100万元的固定资产，这些固定资产的所有权归该公司所有，这些固定资产的价值是100万元，公司所有的固定资产就是这些，没有遗漏，等等。而且，除非财务报表中另有揭示，否则管理层还隐含表达固定资产没有受到限制、可用于正常生产经营活动的意思。财务报表中的每一项资产、负债、所有者权益、收入和费用项目都有类似的认定。管理层的认定不仅适用于各账户余额，也同样适用于各类交易和财务报表的列报与披露。

管理层对财务报表各组成要素均作出了认定，注册会计师的审计工作就是要确定管理层的认定是否恰当。按照风险导向审计的理念和方法，注册会计师需要将认定具体运用于各类交易、账户余额、列报与披露三个类别，并且作为评估重大错报风险以及设计与实施进一步审计程序的基础，故认定层次的构成分为三个类别：与所审计期间各类交易和事项相关的认定、与期末账户余额相关的认定、与列报和披露相关的认定。

（二）与所审计期间各类交易和事项相关的认定

注册会计师对所审计期间的各类交易和事项运用的认定通常分为下列类别：

（1）发生：记录的交易或事项已发生，且与被审计单位有关。由发生认定推导的审计目标是确认已记录的交易是真实的。例如，如果没有发生销售交易，但在销售日记账中记录了一笔销售，则违反了该目标。

发生认定所要解决的问题是管理层是否把那些不曾发生的项目列入财务报表，它主要与财务报表组成要素的高估有关。

（2）完整性：所有应当记录的交易和事项均已记录。由完整性认定推导的审计目标是确认已发生的交易确实已经记录。例如，如果发生了销售交易，但没有在销售明细账和总账中记录，则违反了该目标。

发生和完整性两者强调的是相反的关注点。发生目标针对潜在的高估，而完整性目标则针对漏记交易（低估）。

（3）准确性：与交易和事项有关的金额及其他数据已恰当记录。由准确性认定推导出的审计目标是确认已记录的交易是按正确金额反映的。例如，如果在销售交易中，发出商品的数量与账单上的数量不符，或是开账单时使用了错误的销售价格，或是账单中的乘积或加总有误，或是在销售明细账中记录了错误的金额，则违反了该目标。

准确性与发生、完整性之间存在区别。例如，若已记录的销售交易是不应当记录的（如发出的商品是寄销商品），则即使发票金额是准确计算的，仍违反了发生目标。再如，若已入账的销售交易是对正确发出商品的记录，但金额计算错误，则违反了准确性目标，但没有违反发生目标。在完整性与准确性之间也存在同样的关系。

(4) 截止:交易和事项已记录于正确的会计期间。由截止认定推导出的审计目标是确认接近于资产负债表日的交易记录于恰当的期间。例如,如果本期交易推迟到下期,或下期交易提前到本期,均违反了截止目标。

(5) 分类:交易和事项已记录于恰当的账户。由分类认定推导出的审计目标是确认被审计单位记录的交易经过适当分类。例如,如果将现销记录为赊销、将出售经营性固定资产所得的收入记录为营业收入,则导致交易分类的错误,违反了分类的目标。

(三) 与期末账户余额相关的认定

注册会计师对期末账户余额运用的认定通常分为下列类别:

(1) 存在:记录的资产、负债和所有者权益是存在的。由存在认定推导的审计目标是确认记录的金额确实存在。例如,如果不存在某顾客的应收账款,在应收账款明细表中却列入了对该顾客的应收账款,则违反了存在目标。

(2) 权利和义务:记录的资产由被审计单位拥有或控制,记录的负债是被审计单位应当履行的偿还义务。由权利和义务认定推导的审计目标是确认资产归属于被审计单位,负债属于被审计单位的义务。例如,将他人寄售商品列入被审计单位的存货中,违反了权利目标;将不属于被审计单位的债务记入账内,违反了义务目标。

(3) 完整性:所有应当记录的资产、负债和所有者权益均已记录。由完整性认定推导的审计目标是确认已存在的金额均已记录。例如,如果存在某顾客的应收账款,在应收账款明细表中却没有列入对该顾客的应收账款,则违反了完整性目标。

(4) 计价和分摊:资产、负债和所有者权益以恰当的金额包括在财务报表中,与之相关的计价或分摊调整已恰当记录。资产、负债和所有者权益以恰当的金额包括在财务报表中,与之相关的计价或分摊调整已恰当记录。

(四) 与列报和披露相关的认定

各类交易和账户余额的认定正确只是为列报正确打下了必要的基础,财务报表还可能因被审计单位误解有关列报的规定或舞弊等而产生错报。另外,还可能因被审计单位没有遵守一些专门的披露要求而导致财务报表错报。因此,即使注册会计师审计了各类交易和账户余额的认定,实现了各类交易和账户余额的具体审计目标,也不意味着获取了足以对财务报表发表审计意见的充分、适当的审计证据。因此,注册会计师还应当对各类交易、账户余额及相关事项在财务报表中列报的正确性实施审计。

基于此,注册会计师对列报和披露运用的认定通常分为下列类别:

(1) 发生以及权利和义务:披露的交易、事项和其他情况已发生,且与被审计单位有关。将没有发生的交易、事项,或与被审计单位无关的交易和事项包括在财务报表中,则违反该目标。例如,复核董事会会议记录中是否记载了固定资产抵押等事项,询问管理层固定资产是否被抵押,即是对列报的权利认定的运用。如果被审计单位拥有被抵押的固定资产,则需要将其在财务报表中列报,并说明与之相关的权利受到限制。

(2) 完整性:所有应当包括在财务报表中的披露均已包括。如果应当披露的事项没有包括在财务报表中,则违反了该目标。例如,检查关联方和关联交易,以验证其在财务报表中是否得到充分披露,即是对列报的完整性认定的运用。

(3) 分类和可理解性:财务信息已被恰当地列报和描述,且披露内容表述清楚。例如,

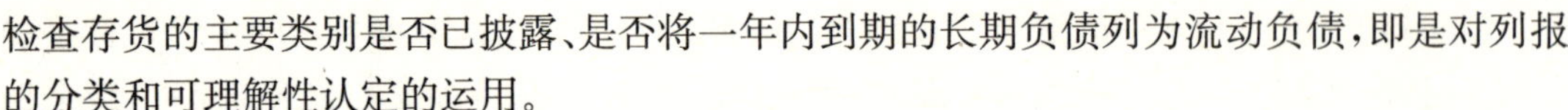

检查存货的主要类别是否已披露、是否将一年内到期的长期负债列为流动负债，即是对列报的分类和可理解性认定的运用。

(4) 准确性和计价：财务信息和其他信息已公允披露，且金额恰当。例如，检查财务报表附注是否分别对原材料、在产品和产成品等存货成本核算方法做了恰当说明，即是对列报的准确性和计价认定的运用。

注册会计师可以按照上述分类运用认定，也可按其他方式表述认定，但应涵盖上述所有方面。例如，注册会计师可以选择将有关交易和事项的认定与有关账户余额的认定综合运用。

三、具体审计目标

由此可知，认定是确定具体审计目标的基础，注册会计师通常将认定转化为能够通过审计程序予以实现的审计目标。针对财务报表每一项目所表现出的各项认定，注册会计师相应地确定一项或多项审计目标，然后通过执行一系列审计程序获取充分、适当的审计证据以实现审计目标，并以此作为评估重大错报风险以及设计和实施进一步审计程序的基础。

(一) 与所审计期间各类交易和事项相关的审计目标

(1) 发生：由发生认定推导的审计目标是确认已记录的交易是真实的。

(2) 完整性：由完整性认定推导的审计目标是确认已发生的交易确实已经记录。

(3) 准确性：由准确性认定推导出的审计目标是确认已记录的交易是按正确金额反映的。

(4) 截止：由截止认定推导出的审计目标是确认接近资产负债表日的交易记录于恰当的期间。

(5) 分类：由分类认定推导出的审计目标是确认被审计单位记录的交易经过适当分类。

(二) 与期末账户余额相关的审计目标

(1) 存在：由存在认定推导的审计目标是确认记录的金额确实存在。

(2) 权利和义务：由权利和义务认定推导的审计目标是确认资产归属于被审计单位，负债属于被审计单位的义务。

(3) 完整性：由完整性认定推导的审计目标是确认已存在的金额均已记录。

(4) 计价和分摊：资产、负债和所有者权益以恰当的金额包括在财务报表中，与之相关的计价或分摊调整已恰当记录。

(三) 与列报和披露相关的审计目标

(1) 发生以及权利和义务：将没有发生的交易、事项，或与被审计单位无关的交易和事项包括在财务报表中，则违反该目标。

(2) 完整性：如果应当披露的事项没有包括在财务报表中，则违反了该目标。

(3) 分类和可理解性：财务信息已被恰当地列报和描述，且披露内容表述清楚。

(4) 准确性和计价：财务信息和其他信息已公允披露，且金额恰当。

认定、审计目标和审计程序之间的关系举例如表 3-1 所示。

表 3-1　　认定、审计目标和审计程序之间的关系举例——销售业务

认定	审计目标	审计程序
发生	所记录的销售是否确实已经发生	审查销售交易发生时的原始凭证
完整性	已发生的销售业务均已入账	检查发货单和销售发票并核对销售明细账
准确性	已入账的销售业务金额是正确的	比较价格清单与发票上的价格，发货单与销售订购单上的数量是否一致，重新计算发票上的金额并核对销售明细账
截止	销售业务记录在恰当的期间	比较上一年度最后几天和下一年度最初几天的发货单日期与记账日期
分类	销售业务已经正确分类	销售收入正确分类计入主营业务收入、其他业务收入

第二节　审计目标实现的过程

审计目标确定后，注册会计师就可以开始收集审计证据，从而实现财务报表审计总目标和各项具体审计目标。而审计证据的收集是在审计过程中实现的，因此审计目标的实现与审计过程密切相关。具体说来，审计过程可以包括以下几个阶段。

一、接受业务委托

会计师事务所应当按照执业准则的规定，谨慎决策是否接受或保持某客户关系和具体审计业务。在接受委托前，注册会计师应当初步了解审计业务环境，包括业务约定事项、审计对象特征、使用的标准、预期使用者的需求、责任方及其环境的相关特征，以及可能对审计业务产生重大影响的事项、交易、条件和惯例等其他事项。只有在了解后认为符合专业胜任能力、独立性和应有的关注等职业道德要求，并且拟承接的业务具备审计业务特征时，注册会计师才能将其作为审计业务予以承接。总的来说，接受业务委托阶段的主要工作包括：了解和评价审计对象的可审性，决定是否接受委托，商定业务约定条款，签订审计业务约定书等。

二、计划审计工作

计划审计工作十分重要，计划不周不仅会导致盲目实施审计程序，无法获得充分、适当的审计证据以将审计风险降至可接受的程度，影响审计目标的实现，而且会浪费有限的审计资源，增加不必要的审计成本，影响审计工作的效率。因此，对于任何一项审计业务，注册会计师在执行具体审计程序之前，都必须根据具体情况制定科学、合理的计划，使审计业务以有效的方式得到执行。一般来说，计划审计工作主要包括：在审计业务开始时开展初步业务活动，制定总体审计策略，制定具体审计计划等。计划审计工作不是审计业务的一个孤立阶段，而是一个持续的、不断修正的过程，贯穿于整个审计业务的始终。

三、评估重大错报风险

审计准则规定，注册会计师必须实施风险评估，以此作为评估财务报表层次和认定层次重大错报风险的基础。风险评估程序是指注册会计师为了了解被审计单位及其环境，以识别和评估财务报表层次和认定层次的重大错报风险而实施的审计程序。风险评估程序是必要程序，了解被审计单位及其环境为注册会计师在许多关键环节作出职业判断提供了重要基础。了解被审计单位及其环境实际上是一个连续和动态地收集、更新和分析信息的过程，贯穿于整个审计过程的始终。一般来说，实施风险评估程序的主要工作包括：了解被审计单位及其环境；识别和评估财务报表层次以及各类交易、账户余额和披露认定层次的重大错报风险。

四、应对重大错报风险

注册会计师实施风险评估程序本身并不足以为发表审计意见提供充分、适当的审计证据，还应当实施进一步审计程序，包括实施控制测试（必要时或决定测试时）和实质性程序。因此，注册会计师在评估财务报表层次的重大错报风险后，应当运用职业判断，针对评估的财务报表层次重大错报风险确定总体应对措施，针对评估的认定层次重大错报风险确定设计和实施进一步审计程序，以将审计风险降至可接受的低水平。

五、完成审计工作和出具审计报告

注册会计师在完成了进一步审计程序后，就有必要将所获得的信息综合起来，形成对财务报表是否公允反映的总体结论。在审计完成后，注册会计师必须对被审计单位公布的财务报表出具审计报告。这一过程的主要工作有：整理、评价执行审计业务中收集到的审计证据；复核审计工作底稿；审计期后事项；汇总审计差异，并提请被审计单位调整或作出适当披露；形成审计意见，编制审计报告。在这一过程中，为了实现审计目标，注册会计师必须正确运用职业判断，综合所收集到的各种证据，并根据审计准则，形成适当的审计意见，最终出具审计报告。

第三节 审 计 程 序

注册会计师为实现具体审计目标，必须通过实施审计程序，获取充分、适当的审计证据。注册会计师可以采用检查、观察、询问、函证、重新计算、重新执行、分析程序等具体审计程序获取审计证据。

一、检查

检查是指注册会计师对被审计单位内部或外部生成的，以纸质、电子或其他介质形式存在的记录或文件进行检查，或对资产实物进行检查。检查记录或文件可提供可靠程度不同的审计证据，审计证据的可靠性取决于记录或文件的来源和性质。检查记录或文件是每一次审计业务中都广泛采用的审计程序，因为审计师可以凭较低的成本取得这类证据。

各种文件可以很容易地分为内部文件和外部文件。内部文件是在客户单位内部编制和使用的，并且从未经过外部人员之手的文件。外部文件是曾经过客户单位外部某些人员之手的文件，这些人员是该文件所记录的业务的一方当事人。该文件目前在被审计客户之手或随时可以取得。在某些情况下，外部文件产生于被审计客户单位外部，最后流入客户手中。

检查有形资产可为其存在性提供可靠的审计证据，但不一定能够为权利和义务或计价认定提供可靠的审计证据。检查有形资产实物是验证资产确实存在的直接手段，检查结果被视为最可靠、最有用的审计证据。检查有形资产程序大多数情况下适用于对现金和存货的审计，也适用于对有价证券、应收票据等的验证。

二、观察

观察是利用感官去评价某些活动，它是指注册会计师查看相关人员正在从事的活动或执行的程序。在整个审计过程中，注册会计师有很多机会利用视觉、听觉、触觉以及嗅觉去感知和评价各种各样的事物。例如，注册会计师到车间参观，可以取得对设备和生产过程的总体印象，通过仔细察看设备的磨损情况可以评价设备的新旧程度；通过观察生产线的运行速度和工人的工作效率，可以判断产品的生产状况；通过观看会计流程，可以确定会计人员履行其职责的情况。观察本身并不足以提供充分的证据，但是通过观察有了初步印象以后，可以确定进一步收集证据的方向和类别，以便使用其他类型的确证证据对观察的结果加以证实。

三、询问

询问是指注册会计师以书面或口头方式，向被审计单位内部或外部的知情人员获取财务信息和非财务信息，并对答复进行评价的过程。知情人员对询问的答复可能为注册会计师提供尚未获悉的信息或佐证证据，也可能提供与已获悉信息存在重大差异的信息，注册会计师可以根据询问结果考虑修改审计程序或追加审计程序。尽管通过询问可以从客户那里获得大量的证据，但通常不能把询问结果作为结论，因为它有可能带有回答者的偏见。询问通常不足以发现认定层次存在的重大错报，也不足以测试内部控制运行的有效性，注册会计师还应当实施其他审计程序获取充分、适当的审计证据。

四、函证

函证是指注册会计师为了印证影响财务报表认定的账户余额或其他信息，以被审计单位的名义向第三方发出询证函，获取和评价审计证据的过程。由于函证回函来自于独立于被审计单位的第三方，因而是一种常用取证手段。主要用于证明应收账款、银行存款真实性。

五、重新计算

重新计算是指注册会计师以人工方式或使用计算机辅助审计技术，对记录或文件的数字准确性进行核对。例如，计算销售发票的金额是否正确、加总日记账和明细账、计算存货计价中的加权平均单价、计算折旧费用、计算应纳税额等等。注册会计师的计算不一定要按照被审计单位原先的计算程序和顺序进行，有时可以逆算或倒轧。

六、重新执行

重新执行是指注册会计师以人工方式或使用计算机辅助审计技术，重新独立执行作为被审计单位内部控制组成部分的程序或控制。通过重新执行，检查被审计单位内部控制制度是否健全，实际存在的内部控制运行是否有效。在实质性程序中，注册会计师会利用被审计单位的银行存款日记账和银行对账单，重新编制银行存款余额调节表，并与被审计单位编制的银行存款余额调节表进行比较。

七、分析程序

分析程序是指注册会计师通过研究财务数据之间、非财务数据之间以及财务数据与非财务数据之间的内在关系，对财务信息作出评价。分析程序还包括调查其他相关信息不一致或与预测数据严重偏离的波动和关系。在实务中，经常使用的方法主要有下列几种：比较分析法、比率分析法、趋势分析法、回归分析法等。

（一）分析程序的目的

注册会计师实施分析程序的目的包括：

（1）用作风险评估程序，以了解被审计单位及其环境。注册会计师实施风险评估程序的目的在于了解被审计单位及其环境并评估财务报表层次和认定层次的重大错报风险。在风险评估过程中使用分析程序也服务于这一目的。分析程序可以帮助注册会计师发现财务报表中的异常变化，或者预期发生而未发生的变化，识别存在潜在重大错报风险的领域。分析程序还可以帮助注册会计师发现财务状况或盈利能力发生变化的信息和征兆，识别那些表明被审计单位持续经营能力问题的事项。

（2）当使用分析程序比细节测试能更有效地将认定层次的检查风险降至可接受的水平时，分析程序可以用作实质性程序。在针对评估的重大错报风险实施进一步审计程序时，注册会计师可以将分析程序作为实质性程序的一种，单独或结合其他细节测试，收集充分、适当的审计证据。此时运用分析程序可以减少细节测试的工作量，节约审计成本，降低审计风险，使审计工作更有效率和效果。

（3）在审计结束或临近结束时对财务报表进行总体复核。在审计结束或临近结束时，注册会计师应当运用分析程序，在已收集的审计证据的基础上，对财务报表整体的合理性做最终把握，评价报表仍然存在重大错报风险而未被发现的可能性，考虑是否需要追加审计程序，以便为发表审计意见提供合理基础。

（二）用作风险评估程序

1. 总体要求

注册会计师在实施风险评估程序时，应当运用分析程序，以了解被审计单位及其环境。如前所述，在实施风险评估程序时，运用分析程序的目的是了解被审计单位及其环境并评估重大错报风险，注册会计师应当围绕这一目的运用分析程序。在这个阶段运用分析程序是强制要求。

2. 在风险评估程序中的具体运用

注册会计师在将分析程序用作风险评估程序时，应当遵守《中国注册会计师审计准则第1211号——通过了解被审计单位及其环境识别和评估重大错报风险》的相关规定。注册会计师可以将分析程序与询问、检查和观察程序结合运用，以获取对被审计单位及其环境的了解，识别和评估财务报表层次及具体认定层次的重大错报风险。

在运用分析程序时，注册会计师应重点关注关键的账户余额、趋势和财务比率关系等方面，对其形成合理的预期，并与被审计单位记录的金额、依据记录金额计算的比率或趋势相比较。如果分析程序的结果显示的比率、比例或趋势与注册会计师对被审计单位及其环境的了解不一致，并且被审计单位管理层无法做出合理的解释，或者无法取得相关的支持性文件证据，注册会计师应当考虑其是否表明被审计单位的财务报表存在重大错报风险。

例如，注册会计师根据对被审计单位及其环境的了解，得知本期在生产成本中占较大比重的原材料成本大幅上升。因此，注册会计师预期在销售收入未有较大变化的情况下，由于销售成本的上升，毛利率应相应下降。但是，注册会计师通过分析程序发现，本期与上期的毛利率变化不大。注册会计师可能据此认为销售成本存在重大错报风险，应对其给予足够的关注。

3. 风险评估过程中运用的分析程序的特点

风险评估程序中运用分析程序的主要目的在于识别那些可能表明财务报表存在重大错报风险的异常变化。因此，所使用的数据汇总性比较强，其对象主要是财务报表中账户余额及其相互之间的关系；所使用的分析程序通常包括对账户余额变化的分析，并辅之以趋势分析和比率分析。

与实质性分析程序相比，在风险评估过程中使用的分析程序所进行比较的性质、预期值的精确程度，以及所进行的分析和调查的范围都不足以提供很高的保证水平。

（三）用作实质性程序

1. 总体要求

注册会计师应当针对评估的认定层次重大错报风险设计和实施实质性程序。实质性程序包括对各类交易、账户余额和披露的细节测试以及实质性分析程序。

实质性分析程序是指用作实质性程序的分析程序，它与细节测试都可用于收集审计证据，以识别财务报表认定层次的重大错报风险。当使用分析程序比细节测试能更有效地将认定层次的检查风险降至可接受的水平时，注册会计师可以考虑单独或结合细节测试，运用实质性分析程序。实质性分析程序不仅仅是细节测试的一种补充，在某些审计领域，如果重大错报风险较低且数据之间具有稳定的预期关系，注册会计师可以单独使用实质性分析程序获取充分、适当的审计证据。

尽管分析程序有特定的作用，但并未要求注册会计师在实施实质性程序时必须使用分析程序。这是因为针对认定层次的重大错报风险，注册会计师实施细节测试而不实施分析程序，同样可能实现实质性程序的目的。另外，分析程序有其运用的前提和基础，它并不适用于所有的财务报表认定。

需要强调的是，相对于细节测试而言，实质性分析程序能够达到的精确度可能受到种种限制，所提供的证据在很大程度上是间接证据，证明力相对较弱。从审计过程整体来看，注册会计师不能仅依赖实质性分析程序，而忽略对细节测试的运用。

实质性分析程序的运用包括以下几个步骤：①识别需要运用分析程序的账户余额或交易；②确定期望值；③确定可接受的差异额；④识别需要进一步调查的差异；⑤调查异常数据关系；⑥评估分析程序的结果。

2. 确定实质性分析程序对特定认定的适用性

并非所有认定都适合使用实质性分析程序。研究不同财务数据之间以及财务数据与非财务数据之间的内在关系是运用分析程序的基础，如果数据之间不存在稳定的可预期关系，

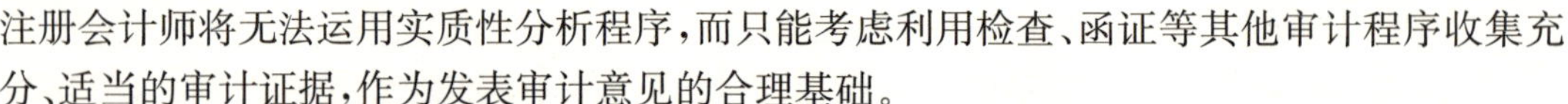

注册会计师将无法运用实质性分析程序，而只能考虑利用检查、函证等其他审计程序收集充分、适当的审计证据，作为发表审计意见的合理基础。

在信赖实质性分析程序的结果时，注册会计师应当考虑实质性分析程序存在的风险，即分析程序的结果显示数据之间存在预期关系而实际上却存在重大错报。

（四）用于总体复核

1. 总体要求

在审计结束或临近结束时，注册会计师运用分析程序的目的是确定财务报表整体是否与其对被审计单位的了解一致，注册会计师应当围绕这一目的运用分析程序。这时运用分析程序是强制要求，注册会计师在这个阶段应当运用分析程序。

2. 总体复核阶段分析程序的特点

在总体复核阶段执行分析程序，所进行的比较和使用的手段与风险评估程序中使用的分析程序基本相同，但两者的目的不同。在总体复核阶段实施的分析程序主要在于强调并解释财务报表项目自上个会计期间以来发生的重大变化，以证实财务报表中列报的所有信息与注册会计师对被审计单位及其环境的了解一致，与注册会计师取得的审计证据一致。因此，两者的主要差别在于实施分析程序的时间和重点不同，以及所取得的数据的数量和质量不同。另外，因为在总体复核阶段实施的分析程序并非为了对特定账户余额和披露提供实质性的保证水平，因此并不如实质性分析程序那样详细和具体，而往往集中在财务报表层次。

3. 再评估重大错报风险

在运用分析程序进行总体复核时，如果识别出以前未识别的重大错报风险，注册会计师应当重新考虑对全部或部分各类交易、账户余额和披露评估的风险是否恰当，并在此基础上重新评价之前计划的审计程序是否充分，是否有必要追加审计程序。

上述七种审计程序基于审计的不同阶段和目的单独或组合起来，可用作风险评估程序、控制测试和实质性程序。

【知识链接】

调 节 法

调节法是以一定时点的数据为基础，结合已经发生的正常业务中增加和减少的金额，将其调整为所需确定的数据，从而验证被审计项目在审查日金额是否正确的一种审计技术。在实际工作中，注册会计师一般是在被审计单位报表日之后进行审计工作的，因而财产物资的盘点日（即审计日）往往与结账日（报表日）不一致，在这一段时间内，被审计单位的经济业务已发生变化，即发生了正常的财产物资的收、发业务，因而注册会计师已无法直接取得被审计单位报表日实际资产结存数来验证账实的一致性。采用调节法就是以一定时点（审计盘点日）上的数据，将被审计单位正常业务而发生的资产增加、减少的数据相应进行调节，然后将盘点日的有关数据倒推到报表日，以调节后的数据与账面余额进行核对，这样就可验证财务报表的编制日账实是否相符。调节法一般结合盘点法使用。盘点日在结账日之后采用调节法可用以下公式表示：

结账日存量＝盘点日存量＋结账日至盘点日发出量－结账日至盘点日收入量

第四节 抽样技术在审计中的运用

抽样技术运用于审计工作是审计理论和实践的重大突破，实现了审计从详查到抽查的历史性飞跃。

一、选取测试项目的方法

在设计审计程序时，注册会计师需要确定选取测试项目的适当方法。注册会计师可以使用的方法，包括选取全部项目、选取特定项目和审计抽样。注册会计师可以根据具体情况，单独或综合使用选取测试项目的方法，但所使用的方法应当能够有效地提供充分、适当的审计证据，以实现审计程序的目标。

1. 选取全部项目进行测试

当存在下列情形之一时，注册会计师要考虑选取全部项目进行测试：

(1) 总体由少量的大额项目构成。

(2) 存在特别风险且其他方法未提供充分、适当的审计证据。

(3) 由于信息系统自动执行的计算或其他程序具有重复性，对全部项目进行检查符合成本效益原则。

2. 选取特定项目进行测试

根据对被审计单位的了解、评估的重大错报风险以及所测试总体的特征等，注册会计师可以确定从总体中选取特定项目进行测试。选取的特定项目可能包括：

(1) 大额或关键项目。

(2) 超过某一金额的全部项目。

(3) 被用于获取某些信息的项目。

(4) 被用于测试控制活动的项目。

需要注意的是，根据判断选取特定项目容易产生非抽样风险。选取特定项目实施检查，通常是获取审计证据的有效手段，但并不构成审计抽样。对按照这种方法选取的项目实施审计程序的结果，不能推断至整个总体。当总体的剩余部分重大时，注册会计师应当考虑是否需要针对该剩余部分获取充分、适当的审计证据。

3. 审计抽样

审计抽样是指注册会计师对具有审计相关性的总体中低于百分之百的项目实施审计程序，使所有抽样单元都有被选取的机会，为注册会计师针对整个总体得出结论提供合理基础。审计抽样能使注册会计师获取和评价有关所选取项目某一特征的审计证据，形成或有助于形成有关总体的结论。总体是指注册会计师从中选取样本并期望据此得出结论的整个数据集合。

审计抽样应当具备三个特征：

(1) 对某类交易或账户余额低于百分之百的项目实施审计程序。

(2) 所有抽样单元都有被选取的机会。

(3) 审计测试的目的是为了评价该账户余额或交易类型的某一特征。

二、获取证据时对审计抽样等方法的考虑

审计抽样并非在所有的审计程序中都可以使用。注册会计师拟实施的审计程序将对运用审计抽样产生重要的影响。在风险评估程序、控制测试和实质性程序中，有些审计程序可以使用审计抽样，有些审计程序则不宜使用审计抽样。

风险评估程序通常不涉及使用审计抽样和其他选取测试项目的方法。但如果注册会计师在了解控制的设计和确定其是否得到执行时，一并计划和实施控制测试，则会涉及审计抽样和其他选取测试项目的方法。

当控制的运行留下轨迹时，注册会计师可以考虑使用审计抽样和其他选取测试项目的方法实施控制测试。比如，被审计单位规定，信用部门负责人需在销售合同上签名批准赊销，带有该负责人签字的销售合同即为该项控制的书面轨迹，此时注册会计师可以使用审计抽样来抽取部分销售合同实施检查，以确定被审计单位的该项信用控制是否有效运行。某些控制的运行可能没有书面记录，或文件记录与证实控制运行有效性不相关，即属于没有留下运行轨迹，对这类控制实施测试不涉及审计抽样。注册会计师通常应考虑实施询问、观察等程序来获取相关控制运行有效性的审计证据。例如，在对被审计单位的存货盘点过程实施控制测试时，注册会计师只能通过对存货移动控制、盘点程序、被审计单位用以控制存货盘点的其他活动的观察来进行，实施观察程序不需要审计抽样。

实质性程序包括对各类交易、账户余额、列报的细节测试，以及实质性分析程序。在实施细节测试时，注册会计师可以使用审计抽样和其他选取测试项目的方法获取审计证据，以验证有关财务报表金额的一项或多项认定，或对某些金额做出独立估计。在实施实质性分析程序时，注册会计师不宜使用审计抽样和其他选取测试项目的方法。

三、审计抽样的种类

（一）按抽样的依据分类

按抽样的依据审计抽样可分为统计抽样和非统计抽样两种类型。

统计抽样是注册会计师运用概率论原理，遵循随机原则，从审计对象总体中抽取一部分有效样本进行审查，然后以样本的审查结果来推断总体的抽样方法。运用统计抽样可以使总体中的每一单位都有被抽查的机会，使样本的特征尽可能接近总体的特征。在抽样过程中，要使样本的特征接近总体特征，必须有一定数量的样本。抽查的样本越多，则越可能接近总体的特征，但需要花费更多的时间；反之，抽查的样本过少，虽能节省时间，但抽查的误差必然大。而正确地运用统计抽样就可以做到抽查适度的样本数量，使其既取得较好的效果，又能花费较少的时间，还能科学地评价审计结果的可靠程度。但是，统计抽样运用难度大，要求注册会计师具有较高的数学和统计学水平。此外，对资料残缺不全的被审计单位以及揭露贪污舞弊的财经法纪审计，均不宜采用统计抽样。

统计抽样的意义在于：①统计抽样能够科学地确定抽样规模；②统计抽样中总体各项目被抽中的机会是均等的，可以防止主观判断；③统计抽样能计算抽样误差在预先给定的范围内的概率有多大，并根据抽样推断的要求，把这种误差控制在预先给定的范围之内；④统计抽样便于审计工作规范化。

不同时具备上述两个特征的抽样方法属于非统计抽样。非统计抽样又有任意抽样和判断抽样之分。在任意抽样法下,从总体中抽取多少样本、抽取哪些样本都是主观随意的,没有客观的依据和标准。显然,任意抽样的样本往往代表性较差,很难保证它能够反映总体的真实情况,根据对这种样本的审查结果来推断总体,审计结论的可靠性难以保证。判断抽样是基于注册会计师对审计对象的了解和个人的职业判断,有目的、有重点地选取一定量的样本进行审查。判断抽样是在任意抽样的基础上融入了个人的经验和判断,所以其结果在很大程度上取决于注册会计师的经验水平和判断能力的高低,但它们都不能科学地确定样本规模,不能用数学评估的方法测定和控制抽样风险。

注册会计师应当根据具体情况并运用职业判断,确定使用统计抽样或非统计抽样,以最有效率地获取审计证据。两种技术只要运用得当,都可以提供审计所要求的充分、适当的证据,并且都存在某种程度的抽样风险和非抽样风险。非统计抽样离不开职业判断,统计抽样也不排除职业判断,事实上,在运用统计抽样的全过程中都需要使用职业判断。例如,确定审计对象总体,定义总体特征,决定所采用的选样方法,对抽样结果进行质量和数量上的评价等,都需要职业判断。注册会计师在统计抽样和非统计抽样之间进行选择时,成本效益是要考虑的一个主要问题。一般情况下,非统计抽样可能比统计抽样的成本低,但统计抽样的效果则可能比非统计抽样更可靠。在某些情况下,使用统计抽样需要较高的成本,比如,为了使注册会计师掌握使用统计抽样所需要的特殊专业技能,可能需要增加培训费用。非统计抽样只要设计得当,也能够获得与统计抽样相同的结果。在实际工作中,把统计抽样和非统计抽样结合起来使用,往往能收到较好的审计效果。

(二) 按抽样的目的分类

抽样技术在审计工作中的具体目的,可以分为属性抽样和变量抽样。

属性抽样是指在精确度界限和可靠程度一定的条件下,为了测定总体特征的发生频率而采用的一种方法;变量抽样是指用来估计总体金额而采用的一种方法。根据控制测试的目的和特点所采用的审计抽样通常称为属性抽样;根据实质性程序的目的和特点所采用的审计抽样称为变量抽样。在审计实务中,经常存在同时进行控制测试和实质性程序的情况,在此情况下采用的审计抽样称为双重目的抽样。属性抽样和变量抽样的主要区别如表 3-2 所示。

表 3-2　　属性抽样和变量抽样的区别

抽样技术	测试种类	目的
属性抽样	控制测试	估计总体既定控制的偏差率(次数)
变量抽样	实质性程序	估计总体金额或者总体中的错报金额

四、抽样风险与非抽样风险

注册会计师在运用抽样技术进行审计时,有两方面的不确定性因素:一方面的因素直接与抽样相关,另一方面的因素与抽样无关。我们将直接与抽样相关的因素造成的不确定性称为抽样风险,将与抽样无关的因素造成的不确定性称为非抽样风险。

(一) 抽样风险

抽样风险是指注册会计师根据样本得出的结论,可能不同于如果对整个总体实施与样本

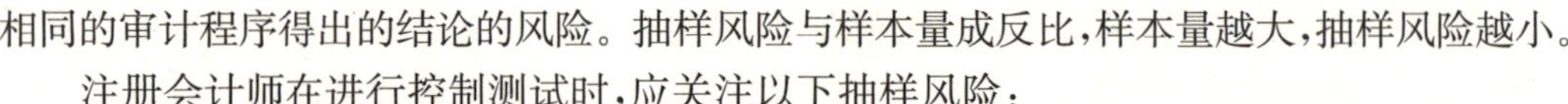

相同的审计程序得出的结论的风险。抽样风险与样本量成反比，样本量越大，抽样风险越小。

注册会计师在进行控制测试时，应关注以下抽样风险：

(1) 信赖不足风险。信赖不足风险是指推断的控制有效性低于其实际有效性的风险，即抽样结果使注册会计师没有充分信赖实际上应予信赖的内部控制的可能性。

(2) 信赖过度风险。信赖过度风险是指推断的控制有效性高于其实际有效性的风险，即抽样结果使注册会计师对内部控制的信赖超过了其实际上可予信赖程度的可能性。

注册会计师在进行实质性测试时，应关注以下抽样风险：

(1) 误受风险。误受风险是指注册会计师推断某一重大错报不存在而实际上存在的风险。

(2) 误拒风险。与误受风险相反，误拒风险是指抽样结果表明账户余额存在重大错报而实际上不存在重大错报的可能性。

信赖不足风险与误拒风险一般会导致注册会计师执行额外的审计程序，降低审计效率。当注册会计师评估的控制有效性低于其实际有效性时，评估的重大错报风险水平高于实际水平，注册会计师可能会增加不必要的实质性程序。在这种情况下，审计效率可能降低。与信赖不足风险类似，误拒风险影响审计效率。

信赖过度风险与误受风险很可能导致注册会计师形成不正确的审计结论。如果注册会计师评估的控制有效性高于其实际有效性，从而导致评估的重大错报风险水平偏低，注册会计师可能不适当地减少从实质性程序中获取的证据，因此审计的有效性下降。对于注册会计师而言，信赖过度风险更容易导致注册会计师发表不恰当的审计意见，因而更应予以关注。与信赖过度风险类似，误受风险影响审计效果。

可见，信赖过度风险和误受风险对注册会计师来说，是最危险的风险，因为它使审计无法达到预期的效果。而信赖不足风险和误拒风险则属于保守型风险，出现这两种风险后，审计效率虽不高，但其效果一般都能保证。

(二) 非抽样风险

非抽样风险是指因注册会计师采用不恰当的审计程序或方法，或因误解审计证据等而未能发现重大误差的可能性。产生这种风险的原因主要有：

(1) 人为错误，如未能找出样本文件中的错误等。

(2) 运用了不切合审计目标的程序。

(3) 错误解释样本结果。

非抽样风险无法量化，但会计师事务所和注册会计师应当通过对审计工作适当的计划、指导和监督，以坚持质量控制标准，力争有效地降低非抽样风险。非抽样风险对审计工作的效率和效果都有一定影响。

五、抽样审计的基本程序

在审计过程中采用抽样的方法，就是要在一个较大数量的被查总体中抽出一定数量的项目进行审查，并根据审查结果对该被查总体做出判断、得出结论。抽样过程可以采用很复杂、严谨的技术和程序，也可以采用相对简单、易做的方式方法。不论哪种情况，采用抽样方法实施审计的基本程序可概括为八个步骤：①确定测试目标和总体范围；②分析能否采用抽样的方法;③确定要审查什么和什么是抽样单元;④分析影响样本规模的因素;⑤确定抽取多大规模的样本;⑥从被查总体中抽取样本;⑦对抽出的样本进行审查;⑧根据对样本审查的结果推断总体,并最终得出结论。

下面对这八个步骤进行详细讨论。

(一) 确定审计测试的目标和被审查总体的范围

在实施抽样之前必须首先确定审计测试的目标和被审查总体的范围。比如,是测试内部控制的有效性,还是测试经济业务的真实性? 是测试账簿记录的完整性,还是测试账户余额的正确性? 要在哪些项目中进行抽样,这些项目的边界在哪里? 被审计总体可以包括构成某类交易或账户余额的所有项目,也可以只包括某类交易或账户余额中的部分项目。例如,如果应收账款中没有个别重大项目,注册会计师直接对应收账款账面余额进行抽样,则总体包括构成应收账款期末余额的所有项目。如果注册会计师已使用选取特定项目的方法将应收账款中的个别重大项目挑选出来单独测试,只对剩余的应收账款余额进行抽样,则总体只包括构成应收账款期末余额的部分项目。

注册会计师应当确保总体的适当性和完整性。也就是说,注册会计师所定义的总体应具备下列两个特征:①适当性,注册会计师应确定总体适合于特定的审计目标,包括适合于测试的方向;②完整性,注册会计师应当从总体项目内容和涉及时间等方面确定总体的完整性。

(二) 分析审计抽样的可行性

审计抽样适用于注册会计师计划根据样本对总体进行推断的情况,需要注册会计师对审计方案进行分析,以确定在哪些审计程序和哪些被审查总体中可以实施审计抽样。在分析审计抽样的可行性时,首先要考虑被审查总体中项目数量的充分性,即被审查总体中的项目必须达到一定的数量。当某一总体中的项目很少时,不宜运用统计抽样法,因为总体项目过少会影响抽样的准确性,这时可以运用非统计的判断抽样法,或选取全部项目进行测试,这样并不会增加太多的耗费,当总体规模太小时实施抽样技术没有必要。

(三) 定义特征和确定抽样单元

特征是指被查对象应当具有的属性和要件,只有明确了要审查的被查对象的特征,才能指导注册会计师查出被查对象中缺乏或错报其应有属性和要件的内容,才能确定什么是错误的或有问题的项目。例如,销售发票上应载明所售商品的单价和数量,将此确定为被查企业销售发票应有的特征,那么在抽查的样本中发现没有载明所售商品的单价和数量或列报有误的发票就可被列为错误的或有问题的项目范围。

特征是在每一个被查单位上表现出来的,所以需要确定抽样单元。抽样单元的确定需要与审计测试的目标保持一致。通常情况下抽样单元是直观的、较易确定的,定义总体时实际上即将抽样单元确定下来了。例如,审计测试的目标是审查已记录的销售的存在性或是否发生,那么销售发票存根就成为被查总体,抽样单元就可以确定为每一张发票。

在设计审计样本时,注册会计师应当考虑审计程序的目标和抽样总体的属性。注册会计师应当根据调查了解阶段所获取的审计证据的性质,以及与该审计证据相关的可能的误差情况或其他特征,界定误差构成条件和抽样总体。

(四) 分析影响样本规模的因素

从被审查总体中抽取样本的数量称为样本规模。在审计抽样中,注册会计师面临选取

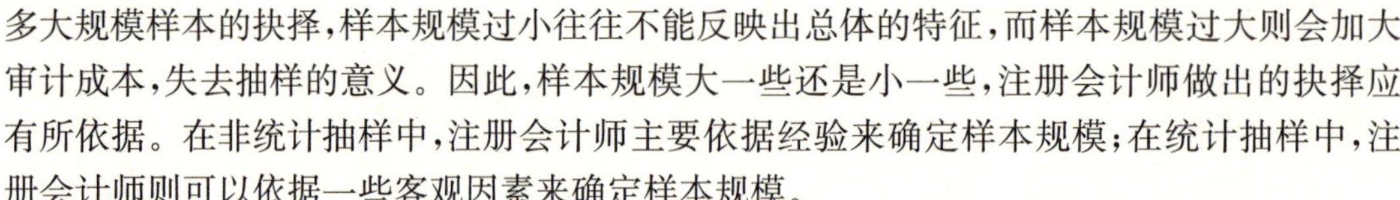

多大规模样本的抉择，样本规模过小往往不能反映出总体的特征，而样本规模过大则会加大审计成本，失去抽样的意义。因此，样本规模大一些还是小一些，注册会计师做出的抉择应有所依据。在非统计抽样中，注册会计师主要依据经验来确定样本规模；在统计抽样中，注册会计师则可以依据一些客观因素来确定样本规模。

1. 可容忍误差

可容忍误差是注册会计师认为抽样结果可以达到审计目的，因而愿意接受的审计对象总体的最大误差。注册会计师需要在审计计划阶段，根据审计重要性原则，合理确定可容忍误差。确定可容忍的误差直接影响抽取多大规模的样本，可容忍误差越小，需选取的样本量相应越大，其极限是不容忍存在误差，这种情况下只能进行百分之百的全面审查，抽样方法不再适用。

2. 预计总体误差

预计总体误差是指总体的偏差水平，它对样本规模有直接的影响。一般来说，预计总体误差高，所需要的样本规模就要大。在实施控制测试时，注册会计师通常根据对相关控制的设计和执行情况的了解，或根据从总体中抽取少量项目进行检查的结果，对拟测试总体的预计误差率进行评估。在实施细节测试时，注册会计师通常对总体的预计误差额进行评估。

3. 审计结论的可信赖程度

在抽样审查中，由于是从总体中抽取一部分样本进行审查，而并非全部审查，因此根据样本特征所推断的总体特征与实际的总体特征之间必然存在抽样误差，这使得通过抽样所得出的审计结论处于某种可信赖程度水平上。审计结论的可信赖程度与抽样规模成正比，要求审计结论可信赖程度越高，抽样规模就越大，反之则越小。

4. 总体数量

总体数量对样本规模只有很小的影响，甚至没有任何影响，当总体规模趋于无穷大时，样本规模将不受总体数量的影响。

（五）确定样市规模

根据影响样本规模的因素，按照确定样本规模的计算公式或经验规则，确定样本规模。在确定样本规模时，注册会计师应当考虑能否将抽样风险降至可接受的低水平。样本规模受注册会计师可接受的抽样风险水平的影响：可接受的风险水平越低，需要的样本规模越大。注册会计师可以使用统计学公式或运用职业判断，确定样本规模。在属性抽样中可以利用样本规模确定表（见表 3-3）直接查得样本规模。

表 3-3　控制测试中统计抽样样本规模——信赖过度风险 10%（括号内是可接受的偏差数）

预计总体偏差率	可容忍偏差率										
	2%	3%	4%	5%	6%	7%	8%	9%	10%	15%	20%
0.00%	114(0)	76(0)	57(0)	45(0)	38(0)	32(0)	28(0)	25(0)	22(0)	15(0)	11(0)
025	194(1)	129(1)	96(1)	77(1)	64(1)	55(1)	48(1)	42(1)	38(1)	25(1)	18(1)
0.50	194(1)	129(1)	96(1)	77(1)	64(1)	55(1)	48(1)	42(1)	38(1)	25(1)	18(1)
0.75	265(2)	129(1)	96(1)	77(1)	64(1)	55(1)	48(1)	42(1)	38(1)	25(1)	18(1)
1.00	*	176(2)	96(1)	77(1)	64(1)	55(1)	48(1)	42(1)	38(1)	25(1)	18(1)
1.25	*	221(3)	132(2)	77(1)	64(1)	55(1)	48(1)	42(1)	38(1)	25(1)	18(1)

（续表）

预计总体偏差率	可容忍偏差率										
	2%	3%	4%	5%	6%	7%	8%	9%	10%	15%	20%
1.50	*	*	132(2)	105(2)	64(1)	55(1)	48(1)	42(1)	38(1)	25(1)	18(1)
1.75	*	*	166(3)	105(2)	88(2)	55(1)	48(1)	42(1)	38(1)	25(1)	18(1)
2.00	*	*	198(4)	132(3)	88(2)	75(2)	65(2)	42(2)	38(2)	25(1)	18(1)
2.25	*	*	*	132(3)	88(2)	75(2)	65(2)	42(2)	38(2)	25(1)	18(1)
2.50	*	*	*	158(4)	110(3)	75(2)	65(2)	58(2)	38(2)	25(1)	18(1)
2.75	*	*	*	209(6)	132(4)	94(3)	65(2)	58(2)	52(2)	25(1)	18(1)
3.00	*	*	*	*	132(4)	94(3)	65(2)	58(2)	52(2)	25(1)	18(1)
3.25	*	*	*	*	153(5)	113(4)	82(3)	58(2)	52(2)	25(1)	18(1)
3.50	*	*	*	*	194(7)	113(4)	82(3)	73(3)	52(2)	25(1)	18(1)
3.75	*	*	*	*	*	131(5)	98(4)	73(3)	52(2)	25(1)	18(1)
4.00	*	*	*	*	*	149(9)	98(4)	73(3)	65(3)	25(1)	18(1)
5.00	*	*	*	*	*	*	160(8)	115(6)	78(4)	34(2)	18(1)
6.00	*	*	*	*	*	*	*	182(11)	116(7)	43(3)	25(2)
7.00	*	*	*	*	*	*	*	*	199(14)	52(4)	25(2)

* 样本规模太大，因而在多数情况下不符合成本效益原则。
注：本表假设总体为大总体。
资料来源：AICPA. Audit and Accounting Guide：Audit Sampling. 2005.

（六）抽取样本项目

确定了总体范围和样本规模后，可以开始实施抽样，即从总体中选取相当于样本规模数量的样本。注册会计师在抽取样本时，最关键的是应使审计对象总体内所有抽样单元均有被选取的机会，以使样本能够代表总体。实务中有各种不同的抽样方法可供注册会计师选择，按照是否运用随机原则抽样可以分为统计抽样法和非统计抽样法两类。随机原则是指在选取样本时，总体中抽样单元被选中与否完全是由概率因素决定的，主观因素一般不起作用，因而总体中每一个抽样单元以相等的机会被选中。在非统计抽样中，注册会计师应当运用职业判断选取样本项目。由于抽样的目的是对整个总体得出结论，注册会计师应当尽量选取具有总体典型特征的样本项目，并在选取样本时避免偏见。注册会计师可以采用统计抽样或非统计抽样方法选取样本，只要运用得当，均可获得充分、适当的审计证据。以下介绍几种常见的样本选取方法。

1. 随机选样

在单据凭证已经事先编号并且顺序归档的情况下，注册会计师可以利用随机数表来进行随机选样。表 3-4 就是一个随机数表的一部分。

表 3-4　　随机数表示例

	1	2	3	4	5	6	7	8	9	10
1	32044	69037	29655	92114	81034	40582	01584	77184	85762	46505
2	23821	96070	82592	81642	08971	07411	09037	81530	56195	98425
3	82383	94987	66441	28677	95961	78346	37916	09416	42438	48432

（续表）

	1	2	3	4	5	6	7	8	9	10
4	68310	21792	71635	86089	38157	95620	96718	79554	50209	17705
5	94856	76940	22165	01414	01413	37231	05509	37489	56459	52983
6	95000	61958	83430	98250	70030	05436	74814	45978	09277	13827
7	20764	64638	11359	32556	89822	02713	81293	52970	25080	33555
8	71401	17964	50940	95753	34905	93566	36318	79530	51105	26952
9	38464	75707	16750	61371	01523	69205	32122	03436	14489	02086
10	59442	59247	74955	82835	98378	83513	47870	20795	01352	89906

注册会计师在使用随机数表时应遵循以下几个步骤:①注册会计师必须在单据凭证的编号与随机数表之间建立起联系。比如,单据凭证的编号是4位,而随机数表中的随机数是5位,注册会计师必须确定要使用随机数的哪4位,并在整个选样过程中保持一致。如果所选择的某个随机数没有相对应的单据凭证编号,那么注册会计师应该忽略这个随机数,并按顺序继续选择下一个随机数。②注册会计师必须确定在随机数表中移动的路径,路径一旦确定,就必须在选样的过程中保持一致。路径可以是纵向的、横向的或者是对角线的。③注册会计师还需要确定随机数表中选样的起点,选样的起点同样必须是随机的。

在完成了以上三个步骤之后,注册会计师就可以根据事先确定的路径和起点,依序选取出样本单位,直到选取的样本数量达到样本规模。例如,注册会计师为了测试销售收款循环的内部控制系统的有效性,所需的样本为100张销售凭证。假定销售凭证的编号是4位(0001—9020),注册会计师随机确定了选样的起点为第九行第三列的交叉点,移动路径为由上至下,核对的数字是前四位。据此,注册会计师依序选取出1675、7495、8164…当某个随机数没有对应的销售凭证时,注册会计师将忽略这个随机数。比如,选取的第三个随机数9211没有与之对应的凭证,注册会计师则跳过9211,继续依次选择下一个随机数8164。注册会计师依据以上规则选取样本,直到选取的销售凭证数量达到100张为止。注册会计师除了可以使用随机数表外,还可以利用计算机生成随机数的方法来进行随机选样。

2. 系统选样

系统选样也称等距选样,是指首先计算选样间距,再随机确定一个(或多个)选样起点,然后按照间距,自动顺序选取样本。这里的选样间距可用总体规模除以样本量得出。如总体规模为1 500,样本量为50,则选择间距为30。

系统选样使用方便,一旦确定了间距和(最少一个)起点就能开始选样。此外,系统选样可以用于无限总体,而且总体中的项目不需要编号(注册会计师只需要简单地按间距数就可以了),这也是它的两个突出优点。

系统选样的缺陷是当总体不是随机排列时容易产生较大偏见,造成非随机的不具代表性的样本,如总体里的循环周期与选样间距成倍数关系时就可能产生非随机的样本。注册会计师应警觉系统选样的缺陷,要么先确定总体确实是随机排列,要么使用设立多个随机起点的办法来减少这种可能性。当使用多个随机起点时,其间距等于一个起点时的选样间距乘以其起点数,这样才能保持样本量不变。

一般认为,在采用概率性选样时应当尽量考虑采用随机选样,只在不得已的情况下才采用系统选样。

3. 随意选样

随意选样是指让注册会计师无视金额大小，资料来源的难易程度等种种因素，以无偏好的意识，随意地选取样本。随意选样属于非概率性选样。

这种选样方法的最大问题是难以彻底排除注册会计师的个人偏好对选取样本的影响，因而很可能使样本丧失代表性。由于各个注册会计师所受训练和文化背景的不同，每个注册会计师都可能无意识地带有某种偏好。例如，某些注册会计师会更倾向于选择处于明细账账页中间位置的那些分录，另一些注册会计师则可能更倾向于选择处于明细账中较靠前页码的那些账页中的分录进行抽样，他们的选择可能是主观上无偏好的、随意的，但他们的选择结果可能是客观上有偏见的、非随机的。

（七）审查样本项目

注册会计师选取样本之后，要对每一个样本实施适合于具体审计目标的审计程序。如果选取的项目不适合实施审计程序，注册会计师通常使用替代项目。如果因凭证缺失等原因导致注册会计师无法对所选取的项目实施已设计的审计程序，且不能针对该项目实施适当的替代审计程序，注册会计师通常考虑将该项目视作误差。

注册会计师获得样本的误差率后，要将这一样本误差率与预期的总体误差率进行比较，以确定所使用的样本规模是否合适，如不合适应做适当调整。一般来讲，如果样本误差率与预计总体误差率大致相同，则说明对总体中的错误估计恰当，预计总体误差率较为正确，以此确定的样本规模是合适的；如果样本误差率小于预计总体误差率，则说明对总体中的错误估计过分，预计总体误差率过大，以此确定的样本规模也过大，但也无缩小样本规模的必要；如果样本误差率大于预计总体误差率，则说明对总体中的错误估计不足，预计总体误差率过小，以此确定的样本规模也过小，此时必须以样本误差率代替预计总体误差率，重新确定样本规模，抽取和审查新增的样本项目，并重新获得样本误差率，再与预计总体误差率比较，直至小于或等于它为止。经过上述的审查和比较过程后，注册会计师应把最终的审查结果记录下来，作为推断总体特征，即总体误差率的依据。

注册会计师对样本实施必要的审计程序后，可以按下列步骤评价抽样结果分析：①分析样本误差；②推断总体误差；③重估抽样风险；④形成审计结论。注册会计师应当考虑样本的结果、已识别的所有误差的性质和原因，及其对具体审计目标和审计的其他方面可能产生的影响。

（八）推断总体、进行评价

一般来说，如果注册会计师推断的总体误差超过可容忍误差，经重估后的抽样风险不能接受，那么应增加样本量或执行替代审计程序。如果注册会计师推断的总体误差接近可容忍误差，那么是否要增加样本量或执行替代审计程序要由注册会计师运用职业判断来决定。

在实施控制测试时，由于样本的误差率就是整个总体的推断误差率，注册会计师无须推断总体误差率。注册会计师应当评价样本结果，以确定对总体相关特征的评估是否得到证实或需要修正。在实施控制测试时，如果样本的误差率超出预期，注册会计师应当修正评估的重大错报风险，或获取进一步审计证据支持初始评估结果。

当实施细节测试时，注册会计师要根据样本中发现的误差金额推断总体误差金额，并考

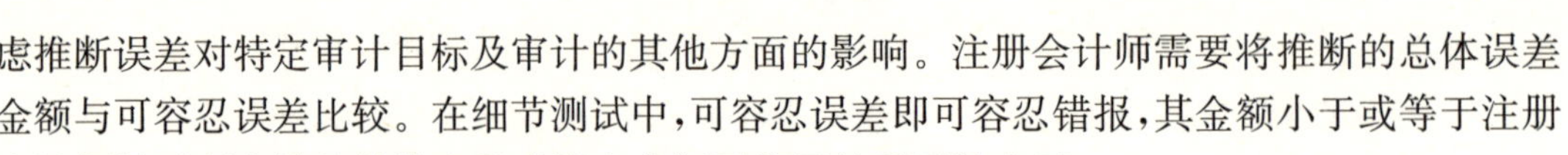

虑推断误差对特定审计目标及审计的其他方面的影响。注册会计师需要将推断的总体误差金额与可容忍误差比较。在细节测试中，可容忍误差即可容忍错报，其金额小于或等于注册会计师针对所审计的某类交易或账户余额而使用的重要性水平。

在实施细节测试时，如果样本的误差额超出预期，除非有进一步的证据证明不存在重大错报，注册会计师应当认为所测试的交易或账户余额存在重大错报。如果推断误差低于但接近可容忍误差，注册会计师应当根据其他审计程序考虑样本结果的说服力，并考虑是否需要获取更多的审计证据。

如果对样本结果的评价显示，对总体相关特征的评估需要修正，注册会计师可以单独或综合采取下列措施：①提请管理层对已识别的误差和存在更多误差的可能性进行调查，并在必要时予以调整；②修改进一步审计程序的性质、时间和范围；③考虑对审计报告的影响。

审计抽样的最终目的不在于抽取和审查样本，而是希望通过审查样本，从样本特征推断总体特征，进而形成审计结论。根据样本的审查结果，了解样本的差错率或样本的金额水平，以此去推断总体的差错率或总体的金额水平，并计算在预先确定的可靠程度之上，样本推断结果与实际情况之间的误差有多大，将这一误差控制在可能接收的范围之内，从而获得切合实际的审计结论。

【知识链接】

计算机辅助审计技术

计算机辅助审计技术，是指利用计算机和相关软件，使审计测试工作实现自动化的技术。计算机辅助审计技术可以在以下方面使审计工作更富效率和效果：

(1) 将现有手工执行的审计测试自动化。比如，对报告数据的准确性进行测试。

(2) 在手工方式不可行的情况下执行测试或分析。比如，审阅大量的和非正常的销售交易，尽管这项工作有可能通过手工执行来实现，但对于多数大型公司而言，从时间角度出发，需要审阅的交易数量是无法通过手工方式来进行的。计算机辅助审计技术不仅能够提高审阅大量交易的效率，而且计算机不会受到过度工作的影响〈而注册会计师在审阅了大量的一页接一页的交易后很容易疲劳〉，从这个意义上讲，计算机辅助审计技术还可以使审阅工作更具效果。相比用手工的方式进行同样的测试，即便是第一年使用计算机辅助审计技术进行审计，也会节省大量的审计工作量，而后续年度节约的审计时间和成本则会更多。

【关键术语】

认定　审计目标　检查　函证　分析程序　统计抽样　抽样风险　非抽样风险

【问题思考】

1. 为什么财务报表审计只能对财务报表不存在重大错报提供合理的保证？
2. 具体审计目标有哪些？
3. 试述被审计单位管理层认定、审计具体目标、审计程序的内在联系。
4. 有人说统计抽样可以减少审计过程中注册会计师的专业判断，你同意这种说法吗？

为什么？

5. 如何控制各类抽样风险和非抽样风险？

【实训案例】

蓝田公司舞弊案例

一、背景资料

蓝田股份2000年年报显示，公司主营业务收入的98%来自农副水产品收入和饮料收入。农副水产品主要指的是桂鱼、鲤鱼、草鱼等淡水鱼类，中华鳖、青虾以及莲子、莲藕、菱角、茭白、莼菜等水生植物。饮料则是出现在各个广告媒体上的野莲汁、野藕汁、蓝田矿泉水等。

二、蓝田的故事

在蓝田走向成功的路上，留下了很多“动人”的故事。

白捡的“第一桶金”。洪湖盛产一种淡水龙虾，当地人不吃，蓝田以极低的价格收购来。每6斤活虾出1斤冰虾仁；冰虾仁的出口价为20元/斤。而整个成本仅靠虾壳等副产品加工后的饲料销售收入就可全部抵消，20元是纯利。

1只鸭子＝2台彩电。蓝田所产的鸭子品种为“青壳一号”，只需散养在洪湖里，吃小鱼和草根，而且1只鸭子1年产蛋量高达300多个(比普通鸭子高出1倍以上)。同时，鸭蛋个大味美，价格奇高(有报道称每只鸭蛋的纯利为0.4元)。原公司董事长瞿兆玉曾骄傲地说，“蓝田一只鸭子一年的利润相当于生产两台彩电”。

亩产3万元。蓝田股份与中科院水生物科学研究院所共建的农业产业化科技示范基地，通过对渔场的改造，将传统单一的粗放养殖变为名特优新品种的立体养殖“水面有鸭，水里有鱼，水下有藕”，形成一条自给自足的生物链。据瞿兆玉称，1亩水面1年的产值可以达到3万元。

诸如此类的故事在蓝田还有很多。可以说，农业行业的许多“新概念”都被蓝田发挥到了极致，许多企业还在探索中的产业化方式在蓝田已经被运用的“驾轻就熟”。

三、蓝田的问题

蓝田股份几个可疑的会计科目 (单位：万元)

	1999.12.31	2 000.12.31	2001.6.30
应收账款	1 242	857	3 434
存货	26 614	27 934	44 715
其中：在产品	21 230	22 974	36 483
固定资产	131 438	214 254	215 335
在建工程	43 510	22 514	31 954
应交税费——营业税	15	4	10
应交税费——增值税	22	28	48

蓝田股份2001年中报显示，2001年上半年，公司未分配利润高达11.4亿元。但也正是在公司“业绩增长”最快的3年间，蓝田股份却捂紧钱包，只在2001年6月进行过一次每10

股派 1.6 元的分红。钱究竟到哪里去了？在投资者的纷纷质疑下，蓝田股份发布“中期报告补充说明”指出，“11.4 亿元的未分配利润大部分已转为在建工程和固定资产”。

蓝田股份每年十几亿元的收入大多化为固定资产。如果这是真的，这至少也是不正常的现象。与工业企业不同，农业企业对厂房和设备的要求与依赖程度相对较低。蓝田股份固定资产占资产的百分比高于同业平均值 1 倍多。

蓝田股份所处的农业和农产品加工行业具有特殊性，资产折旧没有固定的标准而且无法盘点。蓝田股份的高收益含有水分，虚构的利润只能变成固定资产扔到水里去。

蓝田股份财务报告的另一个与众不同之处是应收账款奇低。公司 2000 年的主营业务收入为 18.4 亿元，但当期的应收账款却只有区区 857.2 万元。蓝田股份对此的解释颇具“地方特色”：由于公司基地地处瞿家湾，占公司产品 70%的水产品在养殖基地现场成交。其中，上门提货的客户主要是个体户，而当地银行没有开通全国联行业务，银行电汇和银行汇票结算要“绕道 70 公里到洪湖市”，通过银行专邮到公司在瞿家湾的开户行，时间需要 3～7 天，因此“钱货两清”成为惯例。有业内人士指出，水产品的销售方式虽然会因地域不同各有差异，但通过代理中间商销售是一个必不可少的途径。与个体鱼贩直接“一对一”的销售不可能成为主要方式，尤其在水产品交易量如此之大的蓝田股份。但让人不免感到蹊跷的是，一个现金流量如此丰富的地区除了一个小小的农业银行储蓄所外，竟然没有其他任何一家银行在此驻足。

在与中国蓝田总公司的关联交易上，蓝田股份似乎总在占便宜。公司公告称，野藕汁、野莲汁、红心鸭蛋等产品在中央电视台第一套节目黄金时间的广告，以及公交车、路牌等广告的费用均由中国蓝田总公司支付，而且蓝田股份也没有承诺在未来支付该费用。

蓝田股份长时间占用中国蓝田总公司等关联方的巨额资金，以 2000 年中报为例，关联方其他应付款余额为 2.22 亿元，其中向湖北洪湖蓝田经济技术开发总公司借款 2 884 万元，其余均为向中国蓝田总公司及其子公司的借款，仅向中国蓝田总公司的借款就达 1.93 亿元。

蓝田股份上市后的业绩几乎年年翻番增长，公司 1996—1999 年的净利润分别为 5 927 万元、14 262 万元、36 259 万元、51 303 万元，直到 2000 年才有所下降，净利润为 43 163 万元。其业绩神话主要来自鱼塘效益。2000 年上半年，公司总经理瞿兆玉称：洪湖有 100 万亩水面可以开发，蓝田股份现在只开发了 30 万亩，而高产值的特种养殖鱼塘只有 1 万亩，这种精养鱼塘每亩产值可达 3 万元，是粗放经营的 10 倍。蓝田股份 2000 年主营收入是 18 亿元，2001 年上半年是 8 亿元，也就是说每个月收入是 1.5 亿元，蓝田股份增值税率是 13%～17%，营业税率是 5%，可是它一个月只要提 4 万元的营业税和 28 万元的增值税，这样的纳税额比一家年收入 5 000 万元的企业还少，这税是不是交得太少了，还是根本就没有那么多的收入？

案例思考和讨论题

如何使用分析性程序识别蓝田公司舞弊？

提示一：蓝田公司精养鱼塘的产量是否正常？

提示二：蓝田公司的销售收入是否正常？

提示三：蓝田公司应收账款余额是否正常

提示四：蓝天公司的在建工程是否正常？

提示五：蓝天公司的毛利率是否正常？

提示六：蓝田公司的固定资产是否正常？

练　习　题

姓名______
学号______
分数______

扫二维码获得更多本章习题及案例

一、单项选择题

1. “发生”认定指记录的交易和事项已经发生且与被审计单位有关，其目标主要针对(　　)。

A. 数量　B. 低估　C. 高估　D. 金额

2. “完整性”认定指所有应当记录的交易和事项均已记录，其目标主要针对(　　)。

A. 数量　B. 低估　C. 高估　D. 金额

3. 其组成要素与“权利和义务”认定有关的是(　　)。

A. 资产负债表　B. 利润表　C. 审计项目目标　D. 审计总目标

4. 下列有关“完整性”的认定中，表达不正确的有(　　)。

A. 该认定是指应在财务报表中列示的所有交易和项目是否都列入了

B. 该认定主要与财务报表组成要素的低估有关

C. 该认定所要解决的问题是被审计单位管理层是否把应包括的项目给遗漏或省略了

D. 该认定还涉及所报告的交易和项目的金额是否正确

5. 财务报表审计的目标是注册会计师通过执行审计工作，对财务报表发表审计意见。其不应包括的内容是(　　)。

A. 财务报表是否按照适用的会计准则的规定编制

B. 财务报表是否按照适用的相关会计制度的规定编制

C. 财务报表是否在所有方面公允反映被审计单位的财务状况、经营成果和现金流量

D. 财务报表是否在所有重大方面公允反映被审计单位的财务状况、经营成果和现金流量

6. 如果将现销记录为赊销，将出售经营性固定资产所得的收入记录为营业收入，则违反了(　　)目标。

A. 发生　B. 完整性　C. 准确性　D. 分类

7. 如将经营租入固定资产列入被审计单位的资产中，则违反了(　　)目标。

A. 完整性　B. 分类　C. 权利　D. 义务

8. 如果将本期交易推到下期，或下期交易提到本期，均违反了(　　)目标。

A. 截止　B. 分类　C. 完整性　D. 发生

9. 注册会计师所确定的以下具体审计目标中，(　　)是根据管理层关于完整性认定推论得出的。

A. 主营业务收入明细账余额合计是否与总账余额相符

B. 存货是否已适当地计提跌价损失准备

C. 存放在其他企业的存货是否包括在存货项目内

D. 有关短期借款的入账是否及时

10. 注册会计师为发现被审计单位的财务报表和其他会计资料中的重要比率及趋势的异常变动应采用的审计程序是(　　)。

A. 检查　B. 计算　C. 分析程序　D. 估价

11. 下列关于审计程序的说法中,不正确的是(　　)。

A. 分析程序包括调查识别出的、与其他相关信息不一致或与预期数据严重偏离的波动和关系

B. 对于询问的答复,注册会计师应当通过获取其他证据予以佐证

C. 观察提供的审计证据仅限于观察发生的时点

D. 检查有形资产可提供权利和义务的全部审计证据

12. 在实施下列程序时,注册会计师应当考虑使用审计抽样的是(　　)。

A. 风险评估程序　B. 实质性分析程序　C. 实质性程序　D. 细节测试

13. 在控制测试中,信赖过度风险与样本规模之间是(　　)。

A. 反向变动关系　B. 同向变动关系

C. 同比例变动关系　D. 反比例变动关系

14. 下列各项风险中,对审计工作的效率和效果都有影响的是(　　)。

A. 信赖过度风险　B. 信赖不足风险　C. 误受风险　D. 非抽样风险

15. 注册会计师欲从1 000张凭单中按系统选样方法选出40张作为样本,确定的选样起点为556,则所等到的最小编号是(　　)。

A. 6　B. 24　C. 128　D. 38

二、多项选择题

1. 审计具体目标的确定依据包括(　　)。

A. 审计一般目标　B. 审计项目目标

C. 审计总目标　D. 被审计单位管理层的认定

2. 被审计单位管理层在资产负债表中列报银行存款及其金额,意味着作出下列的认定(　　)。

A. 记录的银行存款是存在的

B. 银行存款以恰当的金额包括在财务报表中

C. 所有应当记录的银行存款均已记录

D. 记录的银行存款都由被审计单位拥有

3. 与期末账户余额相关的认定为(　　)。

A. 计价或分摊　B. 完整性　C. 权利和义务　D. 存在

4. 与列报相关的认定为(　　)。

A. 发生及权利和义务　B. 完整性

C. 分类和可理解性　D. 准确性和计价

5. 与各类交易和事项相关的认定为(　　)。

A. 准确性　B. 发生和完整性　C. 分类　D. 截止

6. 账户余额的"计价和分摊"认定指被审计单位管理层明示或暗示其财务报表的资产、负债、所有者权益(　　)。

A. 金额是恰当的　　B. 计价是恰当的

C. 分摊已恰当记录　　D. 分类是恰当的

7. 注册会计师在选取测试项目的时候可以使用的方法包括（　　）。

A. 选取全部项目　B. 选取特定项目　C. 审计抽样　D. 抽查

8. 按审计抽样所了解的总体特征不同可以将审计抽样划分为（　　）。

A. 非统计抽样　B. 统计抽样　C. 变量抽样　D. 属性抽样

9. 适合使用选取全部项目进行测试的情况包括（　　）。

A. 总体由少量的大额项目构成

B. 存在特别风险且其他方法未提供充分、适当的审计证据

C. 符合成本效益原则

D. 审计资源充足

10. 注册会计师在采用选取特定项目进行测试的方法时，考虑选取的项目可能包括（　　）。

A. 大额或关键项目　　B. 超过某一金额的全部项目

C. 被用于获取某些信息的项目　　D. 被用于测试控制活动的项目

11. 影响审计效率的抽样风险包括（　　）。

A. 对内部控制信赖过度风险　　B. 对内部控制信赖不足风险

C. 误拒风险　　D. 误受风险

12. 影响审计效果的抽样风险包括（　　）。

A. 对内部控制信赖过度风险　　B. 对内部控制信赖不足风险

C. 误拒风险　　D. 误受风险

13. 非抽样风险可能来自于（　　）。

A. 选择的总体不适合测试目标　　B. 控制偏差或错报的定义不恰当

C. 审计程序选择不当　　D. 对审计发现的评价不当

三、判断题

1. 注册会计师审计的总目标是对被审计单位财务报表的合法性、公允性及会计处理方法的一贯性负责。（　　）

2. 被审计单位管理层的认定是指管理层在财务报表中作出的明确或隐含的表达。（　　）

3. 被审计单位管理层的认定就是指与各类交易和事项相关的认定。（　　）

4. 注册会计师对财务报表的编制承担完全责任。（　　）

5. 检查有形资产可为其存在性提供可靠的审计证据，但不一定能够为权利和义务或计价认定提供可靠地审计证据。（　　）

6. 检查有形资产是指注册会计师对有形资产书面文件可靠程度的审阅与复核。（　　）

7. 审计抽样的基本目标是在有限的审计资源条件限制下，收集充分、适当的审计证据，以形成和支持审计结论。（　　）

8. 选取特定项目进行测试是审计抽样的一种。（　　）

9. 实施风险评估程序时一般不使用审计抽样。（　　）

10. 统计抽样不存在非抽样风险。（　　）

11. 统计抽样的成本一般比非统计抽样的成本高。（　　）

12. 非统计抽样需要职业判断，而统计抽样不需要职业判断。（　）

13. 无论使用统计抽样还是非统计抽样，都存在一定程度的抽样风险和非抽样风险。（　）

14. 在进行细节测试时通常使用变量抽样。（　）

15. 属性抽样是用来测定总体特征的发生频率，而变量抽样是用来估计总体差错金额。（　）

16. 如果被审计单位内部控制运行有效性留下了书面证据，注册会计师可以考虑使用审计抽样进行控制测试。（　）

四、分析题

1. 注册会计师通常依据各类交易、账户余额和列报的相关认定确定审计目标，根据审计目标设计审计程序。表1给出了各个项目的认定。请填写对应的审计目标和审计程序。

表1　　项目的相关认定对应的审计目标和审计程序

项目	认定	审计目标	审计程序
应收账款	存在		
营业收入	发生		
固定资产	权利和义务		
存货	计价和分摊		

2. 注册会计师甲在审查天河股份有限公司（以下简称天河公司）年度财务报表时，根据风险评估的结果，对该公司财务报表的若干事项分别提出了具体审计目标或审计程序，下面摘录了其中的一部分。所摘录的审计目标或审计程序对所述项目并不一定是最重要的。请指出与所示的审计目标或审计程序最适应的管理层认定，填入表2。

表2　　具体审计目标或审计程序对应的管理层认定

具体审计目标或审计程序	管理层认定
(1) 确定所有的应付账款均已反应在账簿记录中	
(2) 检查原材料的购货发票，核对付款人是否为天河公司	
(3) 营业收入是否正确划分为主营业务收入、其他业务收入	
(4) 应收账款明细账余额加计是否与总账余额相符	
(5) 期末存货按成本与可变现净值孰低法计价	
(6) 检查已入账销售业务的支持性凭证中是否包含顾客订单	
(7) 进行库存现金监盘	

3. 请根据认定的种类与具体审计目标的内容填列表3。

表3　　认定的含义与具体审计目标

认定	各类认定的含义	具体审计目标
发生		
准确性		
截止		
存在		
权利和义务		
完整性		
计价和分摊		

第四章 审计证据与审计工作底稿

教学目标

本章主要介绍审计证据的含义及种类、审计证据的特征、审计工作底稿的含义及其要素。通过学习，学生应理解掌握审计证据的含义、种类、特征；审计工作底稿的含义、作用及其内容。

第一节 审计证据

审计证据是审计理论的核心概念之一，实现审计目标必须以具有充分证明力的审计证据为基础。审计的整个过程就是执行审计计划、收集审计证据、根据审计证据形成审计结论和意见的过程。

一、审计证据的含义及种类

（一）审计证据的含义

审计证据是指注册会计师为了得出审计结论、形成审计意见时使用的所有信息。审计证据包括构成财务报表基础的会计记录所含有的信息和其他信息。注册会计师必须在每项审计工作中获取充分、适当的审计证据，作为形成审计意见的基础。审计证据具体由以下几部分组成。

1. 构成财务报表编制基础的会计记录中含有的信息

依据会计记录编制财务报表是被审计单位管理层的责任，注册会计师应当测试会计记录以获取审计证据。会计记录主要包括原始凭证、记账凭证、总分类账和明细分类账、未在记账凭证中反映的对财务报表的其他调整，以及支持成本分配、计算、调节和披露的手工计算表和电子数据表。上述会计记录是编制财务报表的基础，构成注册会计师执行财务报表审计业务所需获取的审计证据的重要部分。这些会计记录通常是电子数据，因而要求注册会计师对内部控制予以充分关注，以保证这些记录的真实性、准确性和完整性。进一步说，电子形式的会计记录可能只能在特定时间获取，如果不存在备份文件，特定期间之后有可能无法再获取这些记录。会计记录取决于相关交易的性质，它既包括被审计单位内部生成的

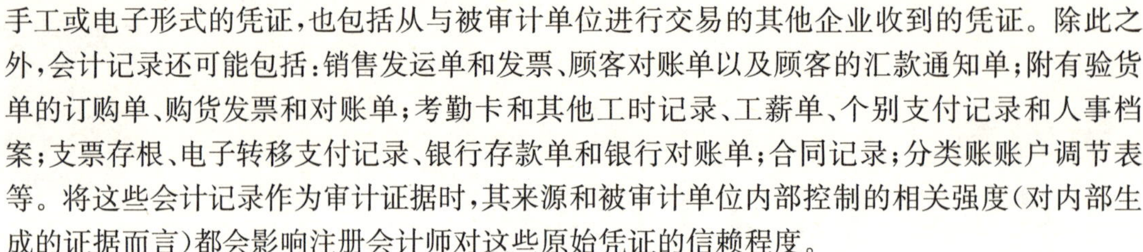

手工或电子形式的凭证，也包括从与被审计单位进行交易的其他企业收到的凭证。除此之外，会计记录还可能包括：销售发运单和发票、顾客对账单以及顾客的汇款通知单；附有验货单的订购单、购货发票和对账单；考勤卡和其他工时记录、工薪单、个别支付记录和人事档案；支票存根、电子转移支付记录、银行存款单和银行对账单；合同记录；分类账账户调节表等。将这些会计记录作为审计证据时，其来源和被审计单位内部控制的相关强度（对内部生成的证据而言）都会影响注册会计师对这些原始凭证的信赖程度。

2. 其他信息

会计记录中含有的信息本身并不足以提供充分的审计证据，作为对财务报表发表审计意见的基础，注册会计师还应当获取用作审计证据的其他信息。

其他信息的范围很广，可用作审计证据的其他信息包括：①注册会计师从被审计单位内部或外部获取的会计记录以外的信息，如被审计单位会议记录、内部控制手册、询证函的回函、分析师的报告、与竞争者的比较数据等；②注册会计师通过询问、观察和检查等审计程序获取的信息，如通过检查存货获取存货存在性的证据等；③注册会计师自身编制或获取的可以通过合理推断得出结论的信息，如注册会计师编制的各种计算表、分析表等。

财务报表依据的会计记录中包含的信息和其他信息共同构成了审计证据，两者缺一不可。如果没有前者，审计工作将无法进行；如果没有后者，可能无法识别重大错报风险。只有将两者结合在一起，才能将审计风险降至可接受的低水平，为注册会计师发表审计意见提供合理基础。

（二）审计证据的种类

审计证据按其表现形态可分为实物证据、书面证据、口头证据和环境证据四大类。

1. 实物证据

实物证据是指通过检查有形资产或观察等手段取得的、用以确定某些实物资产是否确实存在的证据。实物证据通常被认为是最可靠的证据，具有很强的证明力。通过对库存现金、存货和固定资产等的监盘，可以取得这些资产的实物证据，以证实它们是否确实存在。实物证据通常能有效地证明实物资产的存在，并不能完全证实被审计单位对这些资产的所有权和计价。例如，年终盘点的存货可能包括其他企业寄售或委托加工的部分，或者已经销售而等待发运的商品；固定资产可能有经营性租赁的。某些实物资产在数量相符的情况下，其质量好坏却难以通过清点来确定，如次品或过时产品等。所以，对于取得实物证据的资产还应就其所有权归属以及其价值情况等收集另外的审计证据。

2. 书面证据

书面证据是指以书面文件形式存在的一类证据。这类证据是审计中获得的主要证据，包括与审计有关的各种原始凭证、会计记录、会议记录、各种合同、报告函件等。书面证据按来源可以分为外部证据和内部证据两类。一般来说，外部证据比内部证据更加可靠、证明力更强。

(1) 内部证据。内部证据是指注册会计师从被审计单位内部取得的证据。它主要包括被审计单位的会计记录、被审计单位管理当局声明书，以及其他各种由被审计单位编制和提供的有关书面文件。

按照证据的处理过程，可以将内部证据再进一步分为两类：①只在被审计单位内部流转的证据；②由被审计单位产生，但在被审计单位外部流转，并获得其他单位或个人承认的内部证据。

一般来说,内部证据不如外部证据可靠。但是,如果内部证据在外部流转,并获得其他单位或个人的承认(如销货发票、付款支票等),则具有较强的可靠性。即使只在被审计单位内部流转的书面证据,其可靠程度也因被审计单位内部控制的强弱而有差别。如内部证据(如收料单与发料单)经过了被审计单位内部不同部门的审核、签章,且所有凭证预先都有连续编号并依次处理,则这些证据也具有较强的可靠性;相反,如果被审计单位内部控制不健全,注册会计师就不能过分地信赖其内部自制的书面证据。

(2) 外部证据。外部证据是指注册会计师从被审计单位以外的有关单位取得的证据。例如,采购时的购置发票、函证回函等,一般具有较强的证明力。

按照证据的处理过程,外部证据主要包括:①由被审计单位以外的机构或人员编制,并由其直接递交给注册会计师的外部证据。例如,应收账款函证回函,被审计单位律师与其他独立的专家关于被审计单位资产所有权和或有负债等的证明函件,保险公司、寄售公司、证券经纪人的证明等,此类证据不仅由完全独立于被审计单位的外界机构或人员提供,而且未经被审计单位有关职员之手,从而排除了伪造、更改凭证或业务记录的可能性,其证明力最强;②由被审计单位以外的机构或人员编制,但为被审计单位持有并提交给审计人员的书面证据。例如,银行对账单、购货发票、应收票据、顾客订购单、有关的契约及合同等,由于此类证据已经过被审计单位有关职员之手,在评价其可靠性时,注册会计师应考虑被涂改或伪造的难易程度及其已被涂改的可能性。当获取的书面证据有被涂改或伪造的痕迹时,注册会计师应予以高度警觉。尽管如此,在一般情况下,外部证据仍是相对于被审计单位的内部证据更具证明力的一种书面证据。

3. 口头证据

口头证据是指由被询问人员的口头回答所形成的一类证据。一般而言,口头证据本身并不足以证明事情的真相,但注册会计师可以根据口头证据挖掘出一些重要线索,有利于进一步的调查,最终有利于收集到更加可靠的证据,降低审计风险。在审计过程中,注册会计师还应把各种重要的口头证据尽快做成记录,并注明是何人、何时、在何种情况下所做的口头陈述,必要时还应获得被询问者的签名确认。

4. 环境证据

环境证据也称状况证据,是指那些对被审计单位产生影响的各种环境事件。它主要包括被审计单位的内部控制情况、被审计单位管理人员的素质、各种管理条件和管理水平等。例如,当注册会计师获知被审计单位有着良好的内部控制制度、并且管理水平较高时,就可以认为被审计单位现行的内部控制制度为会计报表项目的真实性提供了强有力的环境证据。环境证据一般不属于主要的审计证据,但它可帮助注册会计师了解被审计单位及其经济活动所处的环境,是注册会计师进一步审计所必须掌握的资料。

二、审计证据的特征

注册会计师应当获取充分、适当的审计证据,以得出合理的审计结论,作为形成审计意见的基础。充分性和适当性是审计证据的两大特征。

(一) 充分性

审计证据的充分性又称为足够性。按照审计准则的含义,它是指审计证据的数量能足

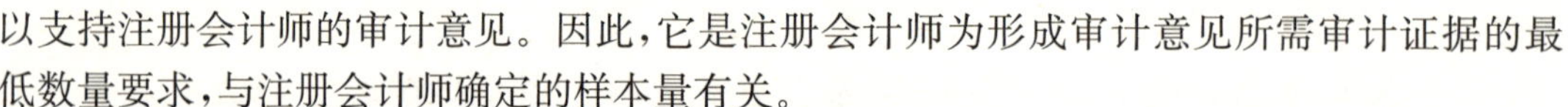

以支持注册会计师的审计意见。因此，它是注册会计师为形成审计意见所需审计证据的最低数量要求，与注册会计师确定的样本量有关。

客观公正的审计意见必须建立在有足够数量的审计证据的基础之上，但是这并不是说审计证据的数量越多越好。为了使审计人员进行有效率、有效益的审计，注册会计师通常把需要足够数量审计证据的范围降到最低限度。因此，每一审计项目对审计证据的需要量，以及取得这些证据的途径和方法，应当根据该项目的具体情况来定。在某些情况下，由于时间、空间或成本的限制，注册会计师不能获取最为理想的审计证据时，可考虑通过其他的途径或用其他的审计证据来替代。注册会计师只有通过不同的渠道和方法取得他认为足够的审计证据时，才能据以发表审计意见。

注册会计师判断审计证据是否充分时，主要考虑以下因素。

1. 审计风险大小

审计风险由重大错报风险和检查风险组成。这里，注册会计师判断审计证据是否充分时应考虑的是重大错报风险。一般来说，如果注册会计师对会计报表层次和账户余额或某类交易层次重大错报风险的性质估计得严重，其风险水平估计得很高，那么所需收集的证据的数量就多；反之，所需收集的证据的数量就少。

2. 具体审计项目的重要性

越是重要的审计项目，注册会计师就越需获取充分的审计证据以支持其审计结论或意见；否则一旦出现判断错误，就会影响注册会计师对审计整体的判断，从而导致注册会计师的整体判断失误。相对而言，对于不太重要的审计项目，即使注册会计师出现判断上的偏差，也不至于引发注册会计师的整体判断失误，故此时注册会计师可相应减少审计证据的数量。

3. 注册会计师及其业务助理人员的审计经验

丰富的审计经验，可使注册会计师及其助理人员从较少的审计证据中判断出被审事项是否存在错误或舞弊行为。相对来说，此时就可减少对审计证据数量的依赖程度。相反，当注册会计师及其助理人员缺乏审计经验时，少量的审计证据就不一定能使其发现被审事项是否存在错误或舞弊行为，因而应增加审计证据的需要量。

4. 审计过程中是否发现错误或舞弊

一旦审计过程中发现了被审事项存在错误或舞弊的行为，则被审计单位整体会计报表存在问题的可能性就增加，因此，注册会计师需增加审计证据的数量，以确保能做出合理的审计结论，形成恰当的审计意见。

5. 审计证据的类型与获取途径

如果大多数审计证据都是从独立于被审计单位的第三者所获取的，而且这些证据本身不易伪造，则审计证据的质量就较高。相对而言，注册会计师所需获取的审计证据的数量就可减少；反之，审计证据的数量就应增加。

6. 成本效益制约

审计工作中的成本效益原则决定审计证据的数量并非越多越好，注册会计师应在既定的审计时间和合理的成本限度内取得满足需要的适量的审计证据。

(二) 适当性

审计证据的适当性是对审计证据质量的衡量，是指审计证据在支持审计结论方面具有相关性和可靠性。相关性是指审计证据与审计目标相关联；可靠性是指审计证据能如实地反映实际情况。

1. 相关性

审计证据的相关性只能结合具体审计目标来考虑。在确定审计证据的相关性时，注册会计师通常考虑：①特定的审计程序可能只为某些认定提供相关的审计证据，而与其他认定无关。例如，通过对应收账款函证获取应收账款询证函的回函，可以证明应收账款的存在，但是不能证明应收账款的完整性。②针对同一项认定可以获取不同来源或不同性质的审计证据。例如，为证明应收账款的存在可以通过函证，但是如果函证无法实施时，也可以执行检查文件和记录。③只与某项认定相关的审计证据并不能替代与其他认定相关的审计证据。例如，有关存货实物存在的审计证据并不能替代与存货计价相关的审计证据。

2. 可靠性

可靠性是指证据的可信程度或值得信任的程度，主要受审计证据的来源和性质影响。注册会计师通常按照下列原则考虑审计证据的可靠性：

(1) 从外部独立来源获取的审计证据比从其他来源获取的审计证据可靠。从外部独立来源获取的审计证据由完全独立于被审计单位以外的机构或人员提供，没有经过被审计单位人员之手，减少了被伪造、篡改的可能性，因而较可靠。例如，从银行、律师或顾客那里取得的外部证据，一般认为比从被审计单位获取的会计记录更可靠。

(2) 内部控制有效时内部生成的审计证据比内部控制薄弱时内部生成的审计证据可靠。被审计单位内部控制健全且一贯遵循，所生成的会计记录等可信赖程度较强；而内部控制薄弱时所生成的会计记录可信赖程度较低。例如，如果销售和开票业务的内部控制有效，那么注册会计师就能从销售发票和发货单中取得比控制不健全时更有证明力的证据。

(3) 直接获取的审计证据比间接获取或推论得出的审计证据更可靠。注册会计师通过实物检查、观察、计算和文件检查等直接获得的证据比间接获得的信息更有证明力。间接获取或推论得出的审计证据，其主观性较强，可信赖程度会受到影响。

(4) 以文件、记录形式(无论是纸质、电子或其他介质)存在的审计证据比口头形式的审计证据更可靠；从原件获取的审计证据比从传真或复印件获取的审计证据更可靠；客观证据比需要经过大量主观判断才能确定其是否正确的证据更可靠。

(5) 不同来源或不同性质的审计证据能够相互印证时，审计证据更可靠；反之，若通过某一来源所获取的证据与通过其他来源所获取的证据相互印证时不一致，或者不同性质的证据相互矛盾时，审计人员就需进一步审计。

注册会计师在按照上述标准评价审计证据的可靠性时，还应当注意可能出现的重要例外情况。例如，审计证据虽然是从独立的外部来源获得，但如果该证据是由不知情或不具备资格者提供，审计证据也可能是不可靠的。同样，如果注册会计师不具备评价证据的专业能力，那么即使是直接获取的证据，也可能不可靠。

（三）充分性和适当性之间的关系

充分性和适当性是审计证据的两个重要特性，两者缺一不可，只有充分且适当的审计证据才是有证明力的。

审计证据的适当性会影响其充分性。一般而言，审计证据的相关与可靠程度越高，则所需审计证据的数量就可减少；反之，审计证据的数量就要相应增加。例如，被审计单位内部控制健全时生成的审计证据更可靠，注册会计师只需获取适量的审计证据，就可以为发表审计意见提供合理的基础。

需要注意的是，尽管审计证据的充分性和适当性相关，但如果审计证据的质量存在缺陷，那么注册会计师仅靠获取更多的审计证据可能无法弥补其质量上的缺陷。例如，注册会计师应当获取与销售收入完整性相关的证据，实际获取到的却是有关销售收入真实性的证据，审计证据与完整性目标不相关，即使获取的证据再多，也证明不了收入的完整性。同样，如果注册会计师获取的证据不可靠，那么证据再多也难以起到证明作用。

(四) 评价充分性和适当性时的特殊考虑

1. 对文件记录可靠性的考虑

审计工作通常不涉及鉴定文件记录的真伪，注册会计师也不是鉴定文件记录真伪的专家，但应当考虑用作审计证据的信息的可靠性，并考虑与这些信息生成和维护相关控制的有效性。

如果在审计过程中识别出的情况使其认为文件记录是伪造的，或文件记录中的某些条款已发生变动，注册会计师应做进一步调查，包括直接向第三方询证，或考虑利用专家的工作以评价文件记录的真伪。

2. 使用被审计单位生成信息时的考虑

注册会计师为获取可靠的审计证据，实施审计程序时使用的被审计单位生成的信息需要足够完整和准确，注册会计师应当就这些信息的准确性和完整性获取审计证据。

3. 证据相互矛盾时的考虑

如果针对某项认定从不同来源获取的审计证据或获取的不同性质的审计证据能够相互印证，与该项认定相关的审计证据则具有更强的说服力。如果针对某项认定从不同来源获取的审计证据或获取的不同性质的审计证据不一致，则表明某项审计证据不可靠，注册会计师应当追加必要的审计程序。

4. 获取审计证据时对成本的考虑

注册会计师获取审计证据时，可以考虑成本效益原则，但不应以获取审计证据的困难和成本为由减少不可替代的审计程序。对于重要的审计项目，注册会计师不应以审计成本的高低或获取审计证据的难易程度作为减少必要审计程序的理由。此时，注册会计师如若无法取得充分且适当的审计证据，则应视情况发表保留意见或无法表示意见的审计报告。

【知识链接】

审计证据按相关程度分类

审计证据按相关程度分类，可以分为直接证据和间接证据。

直接证据：直接证据是指对审计事项具有直接证明力，能单独、直接地证明审计事项真相的资料和事实。例如，在审计人员亲自监督实物和现金盘点情况下的盘点实物和现金的记录，就是证明实物和现金实存数的直接证据。

间接证据：间接证据又称旁证，是指对审计事项只起间接证明作用，需要与其他证据结合起来，经过分析、判断、核实才能证明审计事项真相的资料和事实。例如，应证事项是销售收入的公允性，就应收账款而言，其是与销售收入相关的资料，因此应收账款是对销售收入公允性证明的间接证据。

第二节　审计工作底稿

一、审计工作底稿的含义与作用

（一）审计工作底稿的含义

审计工作底稿包括注册会计师在审计过程中形成的审计工作记录和获取的资料，是注册会计师对制订的审计计划、实施的审计程序、获取的相关审计证据，以及得出的审计结论作出的记录。工作底稿应当包括注册会计师认为恰当实施审计和为审计报告提供依据所必需的全部信息。审计工作底稿必须如实反映审计计划的制订及其实施情况，包括与形成和发表审计意见有关的所有重要事项以及注册会计师的专业判断。

（二）审计工作底稿的作用

审计工作底稿在计划和执行审计工作中发挥重要的作用，主要体现在以下几个方面。

1. 审计工作底稿是组织审计工作、协调审计分工、考核注册会计师工作质量的依据

注册会计师所从事的各项审计工作，都要及时地记录于审计工作底稿，包括根据会计记录所编制的试算表、分析表、计算表和调节表等各种审计证据资料，以及审计计划、工作程序及日程安排等各项审计组织管理资料，这就便于项目经理及时协调和组织各个成员的工作，共同完成审计任务。审计工作底稿是评价和考核注册会计师的专业能力及其工作业绩的重要依据，直接反映整个审计工作的质量。

2. 审计工作底稿是审计质量控制及监督的基础

审计工作底稿可以清晰地反映出全部审计工作的轨迹，因此注册会计师协会、会计师事务所的合伙人、审计项目经理等在对审计质量进行控制或者监督时，都将审计工作底稿作为最重要的依据。

3. 审计工作底稿是形成审计结论、发表审计意见的直接依据

在审计工作底稿中，各式各样的审计证据以及审计工作中职业判断的记录是支持审计结论最有力的资料。注册会计师在审计工作底稿的制作过程中实际上已经形成或者初步形成审计意见，因此审计工作底稿对于审计结论的形成起着极为重要的作用。审计工作底稿是系统化的审计证据的表现形式，在形成审计意见的过程中，审计工作底稿是直接的依据。

4. 审计工作底稿是明确审计责任的重要依据

注册会计师的责任是按照审计准则的规定，实施必要的审计程序，发表客观、公正的意见，做出审计结论。审计工作底稿能够反映注册会计师的工作状况和工作业绩，反映注册会计师执行审计工作程序的实际情况，可以作为明确注册会计师审计责任的重要依据。

5. 审计工作底稿为未来审计业务提供有价值的参考资料

审计工作底稿是审计工作的总结材料，可以为以后的审计工作提供有价值的参考资料。因为审计工作有一定的连续性，不同单位的审计、前后各期的审计都有一定的联系和相通之

处，所以各年度形成的审计工作底稿对以后年度的审计业务具有参考和备查作用。

二、审计工作底稿的内容与要素

（一）审计工作底稿的内容

审计工作底稿可以以纸质、电子或其他介质形式存在。审计工作底稿通常包括总体审计策略、具体审计计划、分析表、问题备忘录、重大事项概要、询证函回函、管理层声明书、核对表、有关重大事项的往来信件（包括电子邮件），以及对被审计单位文件记录的摘要或复印件等。

此外，审计工作底稿通常还包括业务约定书、管理建议书、项目组内部或项目组与被审计单位举行的会议记录、与其他人士（如其他注册会计师、律师、专家等）的沟通文件及错报汇总表等。

（二）审计工作底稿的要素

通常，审计工作底稿包括下列要素。

1. 被审计单位名称

注册会计师应当在审计工作底稿上注明被审计单位的名称全称，并且该名称应当是审计期间被审计单位对外公开使用的名称，如公章上的名称。

2. 审计项目名称

每一张审计工作底稿都应该将具体的审计项目名称写清楚，例如是审查销售收入还是对固定资产实施审计。

3. 审计项目时点或期间

审计工作底稿上应该记录审计工作的时间，对于资产负债表项目应注明发生的时点，而对于利润表项目则应该注明发生的期间。

4. 审计过程记录

审计工作底稿是注册会计师进行审计工作的轨迹，在审计工作中要求对审计程序实施的全过程进行详细的记录。在记录审计过程时，应当特别注意以下几个方面：

（1）具体项目或事项的识别特征。在记录实施审计程序的性质、时间安排和范围时，注册会计师应当记录测试的具体项目或事项的识别特征。记录具体项目或事项的识别特征可以实现多种目的，例如，能反映项目组履行职责的情况，也便于对例外事项或不符事项进行调查，以及对测试的项目或事项进行复核。

识别特征是指被测试的项目或事项表现出的征象或标志。识别特征因审计程序的性质和测试的项目或事项不同而不同。对某个具体项目或事项而言，其识别特征通常具有唯一性，这种特征可以使其他人员根据识别特征在总体中识别该项目或事项并重新执行该测试。如在对被审计单位生成的订购单进行细节测试时，注册会计师可以以订购单的日期或其唯一编号作为测试订购单的识别特征。需要注意的是，在以日期或编号作为识别特征时，注册会计师需要同时考虑被审计单位对订购单编号的方式，例如，若被审计单位按年对订购单依次编号，则识别特征是××××年的××号；若被审计单位仅以序列号进行编号，则可以直接将该号码作为识别特征。

对于需要询问被审计单位中特定人员的审计程序，注册会计师可能会以询问的时间、被询问人的姓名及职位作为识别特征。对于观察程序，注册会计师可以以观察的对象或观察过程、相关被观察人员及其各自的责任、观察的地点和时间作为识别特征。

(2) 重大事项及相关重大职业判断。注册会计师应当根据具体情况判断某一事项是否属于重大事项。重大事项通常包括：引起特别风险的事项；实施审计程序的结果，该结果表明财务信息可能存在重大错报，或需要修正以前对重大错报风险的评估和针对这些风险拟采取的应对措施；导致注册会计师难以实施必要审计程序的情形；导致出具非标准审计报告的事项。

注册会计师应当记录与被审计单位管理层、治理层和其他人员对重大事项的讨论，包括所讨论的重大事项的性质以及讨论的时间、地点和参加人员。当涉及重大事项和重大职业判断时，注册会计师需要编制与运用职业判断相关的审计工作底稿。例如，如果审计准则要求注册会计师应当考虑某些信息或因素，并且这种考虑在特定业务情况下是重要的，记录注册会计师得出结论的理由；记录注册会计师对某些方面主观判断的合理性（如某些重大会计估计的合理性）；记录注册会计师针对审计过程识别出的导致其对某些文件记录的真实性产生怀疑的情况实施了进一步调查（如适当利用专家的工作或实施函证程序）；记录注册会计师对这些文件记录真实性得出结论的基础。

针对重大事项如何处理不一致的情况。如果识别出的信息与针对某重大事项得出的最终结论不一致，注册会计师应当记录如何处理不一致的情况。

上述情况包括但不限于注册会计师针对该信息执行的审计程序、项目组成员对某事项的职业判断不同而向专业技术部门的咨询情况，以及项目组成员和被咨询人员不同意见（如项目组与专业技术部门的不同意见）的解决情况。

5. 审计结论

审计工作的每一部分都应包含与已实施审计程序的结果及其是否实现既定审计目标相关的结论，还应包括审计程序识别出的例外情况和重大事项如何得到解决的结论。注册会计师恰当地记录审计结论非常重要。注册会计师需要根据所实施的审计程序及获取的审计证据得出结论，并以此作为对财务报表发表审计意见的基础。在记录审计结论时需注意，在审计工作底稿中记录的审计程序和审计证据是否足以支持所得出并记录的审计结论。

6. 审计标识及其说明

审计工作底稿中可使用各种审计标识，但应说明其含义，并保持前后一致。以下是注册会计师在审计工作底稿中列明标识并说明其含义的例子，供参考。在实务中，注册会计师也可以依据实际情况运用更多的审计标识。

∧：纵加核对；

＜：横加核对；

B：与上年结转数核对一致；

T：与原始凭证核对一致；

G：与总分类账核对一致；

S：与明细账核对一致；

T/B：与试算平衡表核对一致；

C：已发询证函；

C\:已收回询证函。

7. 索引号及页次

通常,审计工作底稿需要注明索引号及顺序编号,相关审计工作底稿之间需要保持清晰的钩稽关系。在实务中,注册会计师可以按照所记录的审计工作的内容层次进行编号。例如,固定资产汇总表的编号为C1。按类别列示的固定资产明细表的编号为C1-1,房屋建筑物的编号为C1-1-1,机器设备的编号为C1-1-2,运输工具的编号为C1-1-3,其他设备的编号为C1-1-4。相互引用时,需要在审计工作底稿中交叉注明索引号。

8. 编制者姓名及编制日期

为了明确审计责任和便于查阅有关事项,审计工作底稿上应该写明编制者的姓名以及编制工作底稿的日期,如果为了在现场时减少工作量采用了简写签名,应该在工作底稿中加以说明。

9. 复核者姓名及复核日期

审计工作底稿一般是由多级复核后才出具审计报告书的。为了明确责任,复核者也应该签名并且写明复核日期,如果是多级复核应该分别签名。如果审计工作底稿是直接取自第三者,那么应该由注册会计师审核后注明来自何方,存放入档。注册会计师认为比较重要的问题,也可以在审计工作底稿中特别注明,以便提醒使用者注意。

10. 其他应说明事项

具体内容根据实际工作而定。

三、审计工作底稿的编制要求

注册会计师编制的审计工作底稿,应当使未曾接触该项审计工作的有经验的专业人士清楚地了解审计程序、审计证据与审计结论三个方面的内容,具体要求如下:

(1) 按照审计准则和相关法律、法规的规定实施的审计程序的性质、时间安排和范围。

(2) 实施审计程序的结果和获取的审计证据。

(3) 审计中遇到的重大事项和得出的结论,以及在得出结论时作出的重大职业判断。

有经验的专业人士是指会计师事务所内部或外部的具有审计实务经验,并且对下列方面有合理了解的人士:

(1) 审计过程。

(2) 审计准则和相关法律、法规的规定。

(3) 被审计单位所处的经营环境。

(4) 与被审计单位所处行业相关的会计和审计问题。

四、审计工作底稿的复核

(一) 审计工作底稿复核的意义

审计工作底稿复核的意义主要体现在以下三个方面:

(1) 减少或消除人为的审计误差,以降低审计风险,提高审计质量。

(2) 及时发现和解决问题,保证审计计划顺利执行,并能够不断地协调审计进度、节约审计时间、提高审计效率。

(3) 便于注册会计师协会对注册会计师进行审计质量监控和工作业绩考评。

(二) 审计丅作底稿复核的要点

根据审计准则的要求，审计单位应当建立多层次的审计工作底稿复核制度，而不同层次的复核人可能有不同的复核重点，但就复核工作的基本要点来看，不外乎以下几点：

(1) 所引用的有关资料是否翔实、可靠。

(2) 所获取的审计证据是否充分、适当。

(3) 审计判断是否有理有据。

(4) 审计结论是否恰当。

(三) 审计工作底稿复核的基木要求

复核是会计师事务所进行审计项目质量控制的一项重要程序，必须有严格和明确的规则。一般说来，复核时应做好下面几项工作：

(1) 做好复核记录，对审计工作底稿中存在的问题和疑点要明确指出，并以文字记录于审计工作底稿中。

(2) 复核人签名和签署日期，这样，有利于划清审计责任，也有利于上级复核人对下级复核人的监督。

(3) 书面表示复核意见。

(4) 督促编制人员及时修改、完善审计工作底稿。

(四) 审计工作底稿复核的具体内容

1. 项目组成员实施的复核

根据中国注册会计师审计准则规定，由项目组内经验较多的人员(包括项目合伙人)复核经验较少人员的工作时，复核人员应当复核：①审计工作是否已按照法律、法规，相关职业道德要求和审计准则的规定执行；②重大事项是否已提请进一步考虑；③相关事项是否已进行适当咨询，由此形成的结论是否得到记录和执行；④是否需要修改已执行审计工作的性质、时间安排和范围；⑤已执行的审计工作是否支持形成的结论，并已得到适当记录；⑥获取的审计证据是否充分、适当，足以支持审计结论；⑦审计程序的目标是否已经实现。

为了监督审计业务的进程，并考虑助理人员是否具备足够的专业技能和胜任能力，了解审计指令及按照总体审计策略和具体审计计划执行工作，有必要对执行业务的助理人员进行适当的督导和复核。

复核人员应当知悉并解决重大的会计和审计问题，考虑其重要程度并适当修改总体审计策略和具体审计计划。此外，项目组成员与客户的专业判断分歧应当得到解决，必要时，应考虑寻求恰当的咨询。

复核工作应当由至少具备同等专业胜任能力的人员完成，复核时应考虑是否已按照具体审计计划执行审计工作，审计工作和结论是否予以充分记录，所有重大事项是否已得到解决或在审计结论中予以反映，审计程序的目标是否已实现，审计结论是否与审计工作的结果一致并支持审计意见。

复核范围因审计规模、审计复杂程度以及工作安排的不同而存在显著差异。有时由高级助理人员复核低层次助理人员执行的工作，有时由项目经理完成，并最终由项目合伙人复

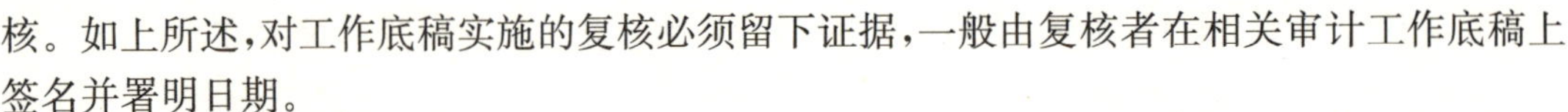

核。如上所述，对工作底稿实施的复核必须留下证据，一般由复核者在相关审计工作底稿上签名并署明日期。

2. 项目质量控制复核

中国注册会计师审计准则规定，注册会计师在出具审计报告前，会计师事务所应当指定专门的机构或人员对审计项目组执行的审计实施项目质量控制复核。项目质量控制复核应当包括客观评价下列事项：一是项目组作出的重大判断；二是在准备审计报告时得出的结论。

项目合伙人有责任采取以下措施：一是确定会计师事务所已委派项目质量控制复核人员；二是与项目质量控制复核人员讨论在审计过程中遇到的重大事项，包括项目质量控制复核中识别的重大事项；三是在项目质量控制复核完成后，才能出具审计报告。

会计师事务所采用制衡制度，以确保委派独立的、有经验的注册会计师作为其所熟悉行业的项目质量控制复核人员。复核范围取决于审计项目的复杂程度以及未能根据具体情况出具审计报告的风险。许多会计师事务所不仅对上市公司审计进行项目质量控制复核，也会对那些高风险或涉及公众利益的审计项目实施项目质量控制复核。

五、审计工作底稿的归档

（一）审计工作底稿归档的期限

审计工作底稿形成后，注册会计师应按照一定的标准予以归档。归档时，可以按照审计循环或会计报表项目，以及审计工作底稿的使用期限长短先行分类，再标上相应的标识号和页次后，分别存档。

审计业务完成之后事务所要尽快归档，审计工作底稿的归档期限为审计报告日后60天内。如果注册会计师未能完成审计业务，审计工作底稿的归档期限为审计业务中止后的60天内。

（二）审计档案的分类

注册会计师在审计工作过程中和结束后要对审计工作底稿进行分类整理，最终形成审计档案。对每一审计项目，注册会计师都将审计工作底稿归整为审计档案。审计档案分为永久性档案和当期档案。永久性档案是指那些记录内容相对稳定，具有长期使用价值，并对以后审计工作具有重要影响和直接作用的审计档案。例如，被审计单位的组织结构、批准证书、营业执照、章程、重要资产的所有权或使用权的证明文件复印件等。当期档案是指那些记录内容经常变化，仅供当期审计使用和下期审计参考的审计档案。例如，总体审计策略和具体审计计划、应收账款询证函的回函等。

目前，一些大型国际会计师事务所不再区分永久性档案和当期档案，主要以电子形式保留审计工作底稿，但大部分事务所仍然既保留电子版又保留纸质的审计档案。

（三）审计档案的所有权和保存期限

在审计过程中所编制和收集的工作底稿，包括由客户代注册会计师编制的工作底稿，都是会计师事务所的财产，其所有权属于接受委托进行审计的会计师事务所。

会计师事务所应当自审计报告日起，对审计工作底稿至少保存10年。如果注册会计师未能完成审计业务，会计师事务所应当自审计业务中止日起，对审计工作底稿至少保存10

年。对于保管期限届满的审计档案，会计师事务所可以决定将其销毁。销毁时，应履行必要的手续。

【关键术语】

审计证据　充分性　适当性　审计工作底稿　复核　当期档案　永久性档案

【问题思考】

1. 如何理解审计证据的适当性？
2. 审计证据的种类包括哪些？
3. 什么是审计工作底稿？审计工作底稿有什么作用？
4. 审计工作底稿的基本要素包括哪些？
5. 审计工作底稿复核的具体内容是什么？

【实训案例】

安然公司破产案件

一、案例背景

一直以来，安然身上都笼罩着一层层的金色光环：作为世界最大的能源交易商，安然在2000年的总收入高达1 010亿美元，名列《财富》杂志“美国500强”的第七名；掌控着美国20%的电能和天然气交易，是华尔街竞相追捧的宠儿；安然股票是所有的证券评级机构都强力推荐的绩优股，股价高达70多美元并且仍然呈上升之势。直到破产前，公司营运业务覆盖全球40个国家和地区，共有雇员2.1万人，资产额高达620亿美元；安然一直鼓吹自己是“全球领先企业”，业务包括能源批发与零售、宽带、能源运输以及金融交易。

二、起因

2001年年初，一家有着良好声誉的短期投资机构老板吉姆·切欧斯公开对安然的盈利模式表示了怀疑。他指出，虽然安然的业务看起来很辉煌，但实际上赚不到什么钱，也没有人能够说清安然是怎么赚钱的。据他分析，安然的盈利率在2000年为5%，到了2001年年初就降到2%以下，对于投资者来说，投资回报率仅有7%左右。切欧斯还注意到有些文件涉及了安然背后的合伙公司，这些公司和安然有着说不清的幕后交易。作为安然的首席执行官，斯基林一直在抛出手中的安然股票——而他不断宣称安然的股票会从当时的70美元左右升至126美元。而且按照美国法律规定，公司董事会成员如果没有离开董事会，就不能抛出手中持有的公司股票。

三、破产过程

也许正是这一点引发了人们对安然的怀疑，并开始真正追究安然的盈利情况和现金流向。到了8月，人们对于安然的疑问越来越多，并最终导致了股价下跌。8月9日，安然股价已经从年初的80美元左右跌到了42美元。

10月16日，安然发表2001年第二季度财报，宣布公司亏损总计达到6.18亿美元，即每股亏损1.11美元。同时，首次透露因首席财务官安德鲁·法斯托与合伙公司经营不当，公司股东资产缩水12亿美元。

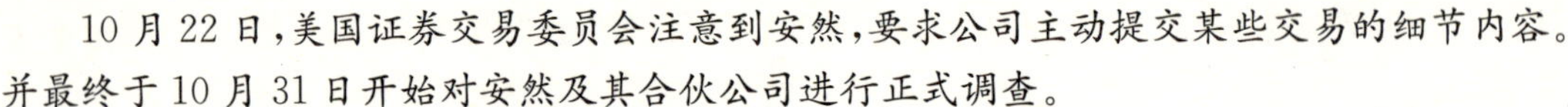

10月22日，美国证券交易委员会注意到安然，要求公司主动提交某些交易的细节内容。并最终于10月31日开始对安然及其合伙公司进行正式调查。

11月1日，安然抵押了公司部分资产，获得J·P摩根和所罗门·史密斯巴尼的10亿美元信贷额度担保，但美林和标普公司仍然再次调低了对安然的评级。

11月8日，安然被迫承认做了假账，虚报数字让人瞠目结舌：自1997年以来，安然虚报盈利近6亿美元。

11月9日，迪诺基公司宣布准备用80亿美元收购安然，并承担130亿美元的债务。当天午盘安然股价下挫0.16美元。

11月28日，标准普尔将安然债务评级调低至“垃圾债券”级。

11月30日，安然股价跌至0.26美元，市值由峰值时的800亿美元跌至2亿美元。

12月2日，安然正式向破产法院申请破产保护，破产清单中所列资产高达498亿美元，成为美国历史上最大的破产企业。当天，安然还向法院提出诉讼，声称迪诺基中止对其合并不合规定，要求赔偿。

四、事件发展

首先遭到质疑的是安然公司的管理层，包括董事会、监事会和公司高级管理人员。他们面临的指控包括疏于职守、虚报账目、误导投资人以及谋取私利等。

在10月16日安然公布第二季度财报以前，安然公司的财务报告是所有投资者都乐于见到的。看看安然过去的财务报告：2000年第四季度，“公司天然气业务成长翻升3倍，公司能源服务公司零售业务翻升5倍”；2001年第一季度，“季营收成长4倍，是连续21个盈余成长的财季”……在安然，衡量业务成长的单位不是百分比，而是倍数，这让所有投资者都笑逐颜开。到了2001年第二季度，公司突然亏损了，而且亏损额还高达6.18亿美元！

然后一直隐藏在安然背后的合伙公司开始露出水面。经过调查，这些合伙公司大多被安然高层官员所控制，安然对外的巨额贷款经常被列入这些公司，而不出现在安然的资产负债表上。这样，安然高达130亿美元的巨额债务就不会为投资人所知，而安然的一些官员也从这些合伙公司中谋取私利。

更让投资者气愤的是，显然安然的高层对于公司运营中出现的问题非常了解，但长期以来熟视无睹甚至有意隐瞒。包括首席执行官斯基林在内的许多董事会成员一方面鼓吹股价还将继续上升，一方面却在秘密抛售公司股票。而公司的14名监事会成员有7名与安然关系特殊，要么正在与安然进行交易，要么供职于安然支持的非盈利机构，对安然的种种劣迹睁一只眼闭一只眼。

五、导致安然公司崩塌的会计审计问题

（一）会计问题

根据安然公司2001年11月8日向SEC提交的8—K报告以及新闻媒体披露的资料，安然公司的主要会计问题可分为四大类。

1. 利用“特别目的实体”高估利润、低估负债

安然公司不恰当地利用“特别目的实体”(Special Purpose Entities，简称SPE)符合特定条件可以不纳入合并报表的会计惯例，将本应纳入合并报表的三个“特别目的实体”(英文简称分别为JEDI、Chewco和LJM1)排除在合并报表编制范围之外，导致1997至2000年高

估了 4.99 亿美元的利润，低估了数亿美元的负债。此外，以不符合“重要性”原则为由，未采纳安达信的审计调整建议，导致 1997 至 2000 年高估净利润 0.92 亿美元。各年度的具体情况如下：

单位：亿美元

项目名称	1997	1998	1999	2000	合计
净利润					
调整前净利润	1.05	7.03	8.93	9.79	26.80
减：重新合并 SPE 抵销的利润	0.45	1.07	2.48	0.99	4.99
审计调整调减的利润	0.51	0.06	0.02	0.33	0.92
调整后净利润	0.09	5.90	6.43	8.47	20.89
调整后净利润占调整前比例	8.6%	83.9%	72.0%	86.5%	77.9%
债务总额					
调整前债务总额	62.54	73.57	81.52	100.23	—
加：重新合并 SPE 增加的债务	7.11	5.61	6.85	6.28	—
调整后债务总额	69.65	79.18	88.37	106.51	—
调整后债务总额占调整前比例	111.3%	132.1%	108.4%	106.3%	—

安然公司的上述重大会计问题，缘于一个近乎荒唐的会计惯例。按照美国现行会计惯例，如果非关联方（可以是公司或个人）在一个“特别目的实体”权益性资本的投资中超过 3%，即使该“特别目的实体”的风险主要由上市公司承担，上市公司也可不将该“特别目的实体”纳入合并报表的编制范围。安然公司正是利用这个只注重法律形式，不顾经济实质的会计惯例的漏洞，设立数以千计的“特别目的实体”，以此作为隐瞒负债，掩盖损失的工具。更令人不可思议的是，这个 3% 的惯例，原先是 10 年前一个从事租赁业务的主体所设计的，后来该主体极力说服了有关当局认可了其会计处理。这神奇的 3% 规则便逐渐演化为约定俗成的惯例，并适用于几乎所有“特别目的实体”的会计处理。安达信在安然事件东窗事发之后，就是以此为自己作辩解的。但我们认为安达信的辩解是片面的，作为全球著名的会计师事务所，安达信难道不明白这项荒唐可笑的惯例有悖于“实质重于形式”的基本会计原则？难道审计只是机械地照搬准则和惯例，而不需要专业判断？难道安达信不清楚安然公司通过“特别目的实体”隐瞒负债、掩盖损失对投资者可能造成的后果？安然公司前执行副总裁兼首席财务主管安德鲁·S·法斯泰（2001 年 10 月被革职）在 1998 年一起名为“仙人掌 3”诉讼案件的作证中曾坦言，安然公司通过设立“特别目的实体”，就是为了将负债转移到资产负债表外，在进行“业务安排”和“组织设计”过程中，均与安达信密切磋商（kurt Eichenwald & Michael Brick，2002）。可见，安达信并非不了解安然公司设立“特别目的实体”的用意。

2. 通过空挂应收票据，高估资产和股东权益

安然公司于 2000 年设立了四家分别冠名为 Raptor Ⅰ、Raptor Ⅱ、Raptor Ⅲ和 Raptor Ⅳ的“特别目的实体”（以下简称Ⅴ类公司），为安然公司的投资的市场风险进行套期保值。为了解决Ⅴ类公司的资本金问题，安然公司于 2000 年第一季度向Ⅴ类公司发行了价值为1.72

亿美元的普通股。在没有收到V类公司支付认股款的情况下，安然公司仍将其记录为实收股本的增加，并相应增加了应收票据，由此虚增了资产和股东权益1.72亿美元。按照公认会计准则，这笔交易应视为股东欠款，作为股东权益的减项。此外，2001年第一季度，安然公司与V类公司签订了若干份远期合同，根据这些合同的要求，安然公司在未来应向V类公司发行8.28亿美元的普通股，以此交换V类公司出具的应付票据。安然公司按上述方式将这些远期合同记录为实收股本和应收票据的增加，又虚增资产和股东权益8.28亿美元。上述两项合计，安然公司共虚增了10亿美元的资产和股东权益。2001年第三季度，安然公司不得不作为重大会计差错，同时调减了12亿美元的资产和股东权益，其中的2亿美元系安然公司应履行远期合同的公允价值超过所记录应收票据的差额。

3. 通过有限合伙企业，操纵利润

安然公司通过一系列的金融创新，包括设立由其控制的有限合伙企业进行筹资或避险。现已披露的设立于1999年的LJM开曼公司（简称IJMI）和LJM2共同投资公司（简称LJM2，LJM1和LJM2统称为LJM）在法律上注册为私人投资有限合伙企业。LJM的合伙人分为一般合伙人和有限责任合伙人。安然公司在东窗事发前，以LJM的多名有限责任合伙人为与安然公司没有关联关系的金融机构和其他投资者为由，未将LJM纳入合并报表编制范围。但从经济实质看，LIM的经营控制权完全掌握在安然公司手中，安然公司后来也承认LJM属于安然公司的子公司。LJM从1999年设立，到2001年7月时，其一般合伙人推选的管理合伙人为当时担任安然公司执行副总裁兼首席财务官的安德鲁·S·法斯泰。LJM设立之初，有关人员曾明确向安然公司的董事会说明设立LJM的目的，就是要使LJM成为向安然公司购买资产的资金来源、向安然公司投资的权益合伙人以及降低安然公司投资风险的合作伙伴。

1999年6月至2001年9月，安然公司与LJM公司发生了24笔交易，这些交易的价格大都严重偏离公允价值。安然公司现已披露的资料表明，这24笔交易使安然公司税前利润增加了5.78亿美元，其中1999和2000年度增加的税前利润为7.43亿美元，2001年1至6月减少的税前利润为1.65亿美元。在这24笔交易中，安然公司通过将资产卖给LJM2确认了8 730万美元的税前利润；LJM购买安然公司发起设立的SPE的股权和债券，使安然公司确认了240万美元的税前利润；LJM受让安然公司联属企业的股权，使安然公司获利1 690万美元；安然公司与LJM共同设立5个SPE，并通过受让LJM2在这5个SPE（其中，四个为前述的V类公司）的股权等方式，确认了与风险管理活动有关的税前利润4.712亿美元。

安然公司通过上述交易确认的5.78亿美元税前利润中，1.03亿美元已通过重新合并LJM1的报表予以抵销，其余4.75亿美元能否确认，尚不得而知。但安然公司在2001年第三季度注销对V类公司的投资就确认了10亿美元亏损的事实（Gretchen Morgenson，2002），不能不让人怀疑安然公司在1999和2000年确认上述交易利润的恰当性。

4. 利用合伙企业网络组织，自我交易，涉嫌隐瞒巨额损失

上述三个重大会计问题所涉及的金额，在我们看来已是天文数字，但安然公司的会计问题并非到此为止。当时已披露的不到10家合伙企业和子公司所涉及的上述会计问题，只是冰山一角。安然公司拥有错综复杂的合伙企业网络组织，为特别目的（主要是为了向安然公司购买资产或替其融资）设立了约3 000家合伙企业和子公司，其中约900家设在海外的避

税天堂。虽然安然公司2001年10月组成了由新增选为独立董事的德州大学法学院院长威廉·鲍尔斯教授担任主席的独立调查委员会，对安然公司的合伙企业和子公司进行调查，但要查清这些具有复杂财务结构和千变万化商业风险的网络组织的真实情况，恐怕得历时数载。尽管如此，根据《纽约时报》2002年1月17日的报道以及1月16日该报全文刊载的安然公司发展部副总经理雪伦·沃特金斯女士在首席执行官杰弗利·K·斯基林突然辞职后致函董事会主席肯尼思·莱的信函，安然公司很有可能必须在已调减了前5年5.86亿美元税后利润的基础上，再调减13亿美元的利润。这13亿美元的损失，主要是安然公司尚未确认的与合伙企业复杂的融资安排等衍生金融工具有关的损失，其中5亿美元与安然公司已对外披露的V类公司有关，其余8亿美元则与安然公司至今尚未披露的Condor公司有关。至于众多以安然股票为轴心的创新金融工具及其他复杂的债务安排所涉及的损失和表外债务，很可能是个难以估量的"财务黑洞"。

（二）审计问题

尽管从理论上说，审视上市公司的任何重大恶性案件时都必须严格区分会计责任与审计责任，但不可否认的是，在现实世界中，注册会计师与上市公司是一荣俱荣，一损俱损。安然大厦的坍塌，除了蒸发掉安然公司员工的血汗钱和众多无辜投资者的财富外，使安达信身陷绝境，并引发了对"五大"空前的信任危机。安达信在安然事件中，至少存在以下严重问题。

1. 安达信出具了严重失实的审计报告和内部控制评价报告

安然公司自1985年成立以来，其财务报表一直由安达信审计。2000年度，安达信为安然公司出具了两份报告，一份是无保留意见加解释性说明段(对会计政策变更的说明)的审计报告，另一份是对安然公司管理当局声称其内部控制能够合理保证其财务报表可靠性予以认可的评价报告。这两份报告与安然公司存在的前述重大会计问题形成鲜明的反差，已成为笑柄。经过与安达信的磋商，安然公司2001年11月向SEC提交了8—K报告，对过去5年财务报表的利润、股东权益、资产总额和负债总额进行了重大的重新表述，并明确提醒投资者：1997至2000年经过审计的财务报表不可信赖。换言之，安然公司经过安达信审计的财务报表并不能公允地反映其经营业绩、财务状况和现金流量，得到安达信认可的内部控制也不能确保安然公司财务报表的可靠性，安达信的报告所描述的财务图像和内部控制的有效性，严重偏离了安然公司的实际情况。

2. 安达信对安然公司的审计缺乏独立性

独立性是社会审计的灵魂，离开了独立性，审计质量只能是一种奢谈。安达信在审计安然公司时，是否保持独立性，受到美国各界的广泛质疑。从美国国会等部门初步调查所披露的资料和新闻媒体的报道看，安达信对安然公司的审计至少缺乏形式上的独立性，主要表现为：

(1) 安达信不仅为安然公司提供审计鉴证服务，而且提供收入不菲的咨询业务。安然公司是安达信的第二大客户，2000年度，安达信向安然公司收取了高达5 200万美元的费用，其中一半以上为咨询服务收入(Reed Abelson & Johnathan D. Clater，2002)。安达信提供的咨询服务甚至包括代理记账。社会各界纷纷质疑，既然安达信从安然公司获取回报丰厚的咨询收入，它能保持独立吗？安达信在安然公司的审计中是否存在利害冲突？它能够以独立的立场对安然公司的财务报表发表不偏不倚的意见吗？即使安达信发现了重大的会计问题,它有可能冒着被辞聘从而丧失巨额咨询收入的风险坚持立场吗?面对诸如此类的质疑,即使安达信能够从专业的角度辩解自己并没有违反职业道德,但社会大众至少认为安达信缺少形式上的独立性。关于会计师事务所能否同时扮演审计鉴证和咨询服务角色的辩论由来已久。SEC前任主席阿瑟·利维特2002年1月17日在《纽约时报》上发表了题为"谁来审计审计师"的文章,重提3年前的主张,要求对会计师事务所同时提供审计鉴证和咨询服务予以限制。SEC在这场与"五大"的较量中败下阵来,从反对"五大"的先锋人物利维特的离职,到力挺"五大"的哈维·彼特继任SEC主席,足见"五大"的影响力。资料显示,安达信的政治行动委员会(Polirical Action Committee)在2000年美国国会选举中捐赠了99万美元的"政治献金"。会计师事务所居然设立政治行动委员会,试图影响国会选举,独立性何在?

(2) 安然公司的许多高层管理人员为安达信的前雇员,他们之间的密切关系至少有损安达信形式上的独立性。安然公司的首席财务主管、首席会计主管和公司发展部副总经理等高层管理人员都是安然公司从安达信招聘过来的。至于从安达信辞职,到安然公司担任较低级别管理人员的更是不胜枚举。

(3) 安达信在已觉察安然公司会计问题的情况下,未采取必要的纠正措施。美国国会调查组披露的证据显示,安达信在安然黑幕曝光前就已觉察到安然公司存在的会计问题,但未及时向有关部门报告或采取其他措施。国会调查组获得的一份安达信电子邮件表明,安达信的资深合伙人早在2001年2月就已经在讨论是否解除与安然公司的业务关系,理由是安然公司的会计政策过于激进。有资料显示,安达信为安然公司2000年度财务报表出具的审计报告是2001年2月23日,因此有理由相信,安达信在出具审计报告时很可能就已经觉察到安然公司存在的会计问题,否则,合伙人是不可能在2月份讨论是否辞聘的问题的。2001年8月20日,沃特金斯女士致电她过去在安达信的一名同事,表达了她对安然公司会计问题的关注。与此同时,她致函安然公司董事会主席,警告安然公司"惊心构造的会计骗局"(elaborate accounting hoax)有可能被揭穿(Richald A. Oppel Jr, 2001)。8月21日,包括首席审计师大卫·邓肯在内的四名安达信合伙人开会讨论沃特金斯女士发出的警告。此时,安达信已经意识到事态的严重性了。尽管如此,安达信并没有主动向证券监管部门报告,也未采取其他必要措施来纠正已签发的审计报告。安达信的这种做法让社会公众对安达信职业操守的信任大打折扣。

(4) 销毁审计工作底稿,妨碍司法调查。在沸沸扬扬的安然事件中,最让会计职业界意想不到的是安达信居然销毁数以千计的审计档案。我们知道,审计最重证据。以客观、真实的证据为依据的审计,被Paton和Littleton(1940/1970)称之为英国对审计行业最重要的贡献。客观、真实的证据也是他们提出的会计基本假设之一。安达信销毁审计档案,是对会计职业道德的公然挑衅,也暴露出其缺乏守法意识。美国司法部、联邦调查局和SEC等部门就此丑闻对安达信展开刑事调查。丑闻曝光后,安达信迅速开除负责安然公司审计的大卫·邓肯,同时解除了休斯敦其他三位资深合伙人的职务。但这一弃车保帅的招数看来并不高明。邓肯在接受司法部、联邦调查局和SEC的问讯时,拒不承认是擅自作出销毁审计底稿的决定,而坚称是在2001年10月12日接到安达信总部的律师通过电子邮件发出的指令后,才下令销毁审计底稿的,直至11月8日收到该律师的指令后才停止销毁活动。从安达信的角度看,销毁审计档案的事实,使安然事件由单纯的审计失败案件升级为刑事案件。

销毁审计档案不仅使安达信的信誉丧失殆尽，而且加大了安达信串通舞弊的嫌疑。如果这仅仅是一件因判断失误而造成的审计失败，安达信值得冒天下之大不韪而销毁审计档案吗？答案只有一个：被销毁的审计档案藏有见不得阳光的勾当。

案例思考和讨论题

1. 注册会计师获得审计证据的方法有哪些？审计证据有哪些类型？
2. 安然事件中财务舞弊的手法主要有哪些？

练 习 题

姓名______
学号______
分数______

扫二维码获得更多本章习题及案例

一、单项选择题

1. 有关审计证据的下列表述中,正确的是(　　)。
   A. 注册会计师获取的环境证据一般属于基本证据
   B. 注册会计师运用观察、查询、函证、监盘、计算、检查和分析程序等方法,均可获取与内部控制相关的审计证据
   C. 注册会计师自行获取的审计证据通常比审计单位提供的证据可靠
   D. 注册会计师运用观察、查询、函证、监盘、计算、检查和分析程序等方法,均可获取书面证据
2. 实物证据通常证明(　　)。
   A. 实物资产是否存在　　B. 实物资产的所有权
   C. 实物资产的计价准确性　　D. 有关会计记录是否正确
3. 审计人员通过监盘,可以获取(　　)。
   A. 实物证据　　B. 书面证据　　C. 口头证据　　D. 环境证据
4. 审计人员形成审计结论、发表审计意见的直接依据是指(　　)。
   A. 审计证据　　B. 审计计划
   C. 审计过程　　D. 审计工作底稿
5. 审计证据相关性是指审计证据应与(　　)相关。
   A. 审计目标　　B. 审计范围　　C. 审计事实　　D. 会计报表
6. 下列证据中,属于外部证据的是(　　)。
   A. 被审计单位管理当局声明书　　B. 被审计单位与客户签订的购销合同
   C. 被审计单位提供的购货发票　　D. 被审计单位提供的销货发票
7. 注册会计师获取的下列审计证据中,可靠性最弱的是(　　)。
   A. 应收账款函证回函　　B. 销售发票
   C. 购货发票　　D. 入库单
8. 下列各项中,为获取适当审计证据所实施的审计程序与审计目标最相关的是(　　)。
   A. 从甲公司销售发票中选取样本,追查至对应的发货单,以确定销售的完整性
   B. 实地观察甲公司固定资产,以确定固定资产的所有权
   C. 对已盘点的甲公司存货进行检查,将检查结果与盘点记录相核对,以确定存货的计价正确性
   D. 复核甲公司编制的银行存款余额调节表,以确定银行存款余额的正确性
9. 审计工作底稿的归档期限为审计报告日后(　　)日内。

A. 30　　B. 60　　C. 90　　D. 180

10. 会计师事务所应当自审计报告日起，对审计工作底稿(　　)。

A. 至少保存8年　　B. 至少保存10年

C. 至少保存15年　　D. 永久保存

二、多项选择题

1. 审计证据按证据外在形式分为(　　)。

A. 实物证据　　B. 书面证据　　C. 口头证据　　D. 环境证据

2. 审计证据的充分性是对审计证据数量的衡量，主要与以下因素中的(　　)有关。

A. 审计项目的重要程度　　B. 重大错报风险

C. 审计人员的经验　　D. 审计证据的质量

3. 外部证据是由被审计单位以外的组织机构或人士所编制的书面证据，其中包括(　　)。

A. 应收账款函证的回函　　B. 收到的支票

C. 购货发票　　D. 被审计单位管理层声明

4. 审计证据按证据的来源分为(　　)。

A. 口头证据　　B. 亲知证据　　C. 内部证据　　D. 外部证据

5. 环境证据包括(　　)。

A. 被审计单位经营条件、经营方针

B. 被审计单位各种管理制度和管理水平

C. 被审计单位管理人员的素质

D. 被审计单位内部控制情况

6. 评价审计证据的适当性时，注册会计师一般考虑(　　)。

A. 审计证据的相关性　　B. 审计证据的充分性

C. 审计证据的来源和及时性　　D. 审计证据的可靠性

7. 作为审计证据的会计记录有(　　)。

A. 会计凭证　　B. 会计账簿

C. 各种试算表　　D. 各种汇总表

8. 在确定审计证据相关性时，下列事项中属于注册会计师应当考虑的有(　　)。

A. 特定的审计程序可能只为某些认定提供相关的审计证据，而与其他认定无关

B. 针对同一项认定可以从不同来源获取审计证据或获取不同性质的审计证据

C. 从外部独立来源获取的审计证据比其他来源获取的审计证据更可靠

D. 只与特定认定相关的审计证据并不能替代与其他认定相关的审计证据

9. 下列说法中，正确的有(　　)。

A. 书面证据比口头证据可靠

B. 来自独立于被审计单位的第三者的外部证据比来自被审计单位内部的证据可靠

C. 内部控制制度严密、健全的被审计单位提供的审计证据比内部控制薄弱的单位提供的审计证据可靠

D. 客观性审计证据比主观性审计证据可靠

E. 审计人员亲自观察、函询等取得的审计证据比被审计单位提供的审计证据可靠

10. 对注册会计师复核工作底稿的要求包括(　　)。

A. 做好复核记录　　B. 复核人签名和签署日期

C. 书面表示复核意见　　D. 督促编制人员及时修改完善工作底稿

三、判断题

1. 实物资产通常是证实被审计单位对其拥有所有权的非常有说服力的证据。(　　)
2. 收集或获取审计证据是审计工作的核心,也是考核审计工作质量的重要依据,关系着审计工作的成败。(　　)
3. 被审计单位管理层声明不属于审计证据。(　　)
4. 在审计过程中,注册会计师对被审计单位有关人员的询问做成文字记录,因而它属于书面证据。(　　)
5. 外部证据是由会计师事务所以外的组织机构或人士编制的书面证据。(　　)
6. 审计证据的充分性是对审计证据质量的衡量。(　　)
7. 一般而言,内部证据不如外部证据可靠。(　　)
8. 通常,直接获取的审计证据比间接获取或推论得出的审计证据更可靠。(　　)
9. 审计证据的充分性是注册会计师为形成审计意见所需要审计证据的最高数量要求。(　　)
10. 注册会计师可以考虑获取审计证据的成本与所获取信息的有用性之间的关系。若获取审计证据很困难或成本很高,注册会计师可以以此为由减少必要的审计程序。(　　)
11. 会计记录中含有的信息本身并不足以提供充分的审计证据作为对财务报表发表审计意见的基础,注册会计师还应当获取用做审计证据的其他信息。(　　)
12. 会计师事务所应建立审计工作底稿复核制度。(　　)
13. 如果未能完成审计工作,审计工作底稿的归档期限为审计业务中止后的 60 天内。(　　)

四、分析题

1. 注册会计师 A 在对天河公司 2018 年度财务报表进行审计时,收集到以下六组证据:

(1) 收料单与购货发票。

(2) 销货发票副本与产品出库单。

(3) 领料单与材料成本计算表。

(4) 工资计算单与工资发放单。

(5) 存货盘点表与存货监盘记录。

(6) 银行询证函回函与银行对账单。

要求:分别说明每组证据中哪项审计证据较为可靠,并简要说明理由。

2. 注册会计师 B 在对天河公司存货项目的相关内部控制进行研究、评价之后,发现天河公司存在以下可能导致错误的情况:

(1) 寄存在越秀公司的商品可能不存在。

(2) 期末存货盘点程序不规范,结果不准确。

(3) 接近资产负债表日前入库的产成品可能已计入存货项目,但可能未进行相关会计处理。

(4) 当年对存货计提的跌价准备可能不正确。

(5) 可能将部分低值易耗品记入固定资产。

要求:完成以下问题。

(1) 为证实上述情况是否真正导致错误,注册会计师B应当分别执行的最主要的实质性程序是什么?

(2) 执行的实质性程序能够实现哪些审计目标?

(3) 执行各项实质性程序所获取的审计证据,按其外形特征分属哪些种类?

第五章 计划审计工作

章前导引

教学目标

本章主要介绍审计计划的内容及编制、审计重要性的概念及其运用。通过学习,学生应理解掌握具体审计计划的具体编制过程、审计重要性的概念、审计重要性在计划阶段及报告阶段的运用。

第一节/初步业务活动

根据风险导向审计的理念,审计工作重心必须前移,注册会计师必须加强计划审计工作。计划审计工作是注册会计师审计工作的第一步,也是整个审计工作的基础。在这个阶段,注册会计师需要完成两方面的工作:第一,开展初步业务活动;第二,制定总体审计策略和具体审计计划。

一、初步业务活动的目的和内容

(一) 初步业务活动的目的

注册会计师在计划审计工作前,需要开展初步业务活动,以实现三个主要目的:第一,确保注册会计师具备执行业务所需的独立性和能力;第二,不存在因管理层诚信问题而可能影响注册会计师保持该项业务的意愿的事项;第三,与被审计单位之间不存在对业务约定条款的误解。

(二) 初步业务活动的内容

为实现上述三个目的,注册会计师在审计业务开始时应当开展下列初步业务活动:一是针对保持客户关系和具体审计业务实施相应的质量控制程序;二是评价遵守相关职业道德要求的情况;三是就审计业务约定条款达成一致意见。

1. 针对保持客户关系和具体审计业务实施质量控制程序

针对保持客户关系和具体审计业务实施质量控制程序,并且根据实施相应程序的结果作出适当的决策是注册会计师控制审计风险的重要环节。与之有关的内容在第二章做了详细论述,请参阅第二章。

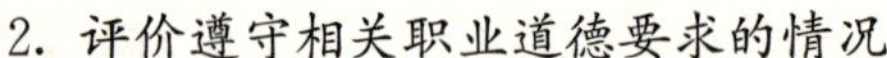

2. 评价遵守相关职业道德要求的情况

评价遵守相关职业道德要求的情况也是一项非常重要的初步业务活动。质量控制准则含有包括独立性在内的有关职业道德要求,注册会计师应按照其规定执行。虽然保持客户关系及具体审计业务和评价职业道德的工作贯穿审计业务的全过程,但是这两项活动需要安排在其他审计工作之前,以确保注册会计师已具备执行业务所需要的独立性和专业胜任能力,且不存在因管理层诚信问题而影响注册会计师保持该项业务意愿等情况。在连续审计的业务中,这些初步业务活动通常是在上期审计工作结束后不久或将要结束时就已开始了。与之有关的内容在第二章做了详细论述,请参阅第二章。

3. 就审计业务约定条款达成一致意见

在作出接受或保持客户关系及具体审计业务的决策后,注册会计师应当按照规定,在审计业务开始前,与被审计单位就审计业务约定条款达成一致意见,签订或修改审计业务约定书,以避免双方对审计业务的理解产生分歧。

二、审计业务约定书

(一) 审计业务约定书的意义

审计业务约定书是会计师事务所与被审计单位签订的,用以记录和确认审计业务的委托与受托关系、审计目标和范围、双方的责任以及报告的格式等事项的书面合同。其目的在于明确约定双方的责任与义务,促使双方遵守约定事项并加强合作,以保护会计师事务所与被审计单位的利益。

会计师事务所承接任何审计业务,都应与被审计单位签订审计业务约定书。审计业务约定书应由会计师事务所和被审计单位双方的法定代表人或其授权人共同签订,并加盖委托人和会计师事务所的印章。签订后的审计业务约定书具有法定约束力,具有和其他根据《中华人民共和国合同法》签订的经济合同一样(同等)的法律效力,成为委托人和受托人双方之间在法律上的生效契约,如果一方违约,需负法律责任。签署审计业务约定书具有十分重要的意义:可作为签约双方检查审计工作完成情况的依据,如果被审计单位对注册会计师的服务提出质疑,注册会计师可以根据审计业务约定书的有关内容作出解释;可增强双方的相互了解,也使被审计单位了解注册会计师的责任及需要提供的合作,避免双方在审计目的、范围和双方责任等方面产生误解;如果涉及法律诉讼,审计业务约定书是确定双方应负责任的重要依据。

审计业务约定书是编制审计计划的依据,其中包括审计工作的时间预算、进度安排以及相应的费用预算。例如,根据审计业务约定书的约定,在资产负债表日之后 3 个月提交审计报告,则要相应地安排审计工作的进度。

(二) 审计业务约定书的内容

审计业务约定书在早期审计实践中并无定式,其内容和形式因具体审计项目不同而不同。随着审计实务经验的积累,审计业务约定书的内容和形式逐渐地统一起来。许多国家通过审计准则的方式将其固定下来。

1. 审计业务约定书的基本内容

中国审计准则规范的审计业务约定书的基本内容包括以下几个方面:

（1）签约双方的名称。

（2）财务报表审计的目标。

（3）双方的责任，包括被审计单位管理层的责任与注册会计师的责任。

（4）管理层编制财务报表所使用的财务报告编制基础。

（5）审计范围，包括指明在执行财务报表审计业务时遵守的中国注册会计师审计准则。

（6）执行审计工作的安排，包括出具审计报告的时间要求。

（7）审计业务执行结果的报告格式或其他沟通形式。

（8）由于测试的性质和审计的其他固有限制，以及内部控制的固有局限性，不可避免地存在着某些重大错报可能仍然未被发现的风险。

（9）注册会计师不受限制地接触任何与审计有关的记录、文件和所需要的其他信息。

（10）管理层对其作出的与审计有关的声明予以书面确认。

（11）管理层为注册会计师提供必要的工作条件和协助。

（12）注册会计师对执业过程中获知的客户信息保密。

（13）审计收费，包括收费的计算基础和收费安排。

（14）违约责任。

（15）解决争议的方法。

（16）签约双方法定代表人或其授权代表的签字盖章，以及签约双方加盖的公章。

2. 可以增加的内容

如果情况需要，会计师事务所和客户可以通过协商确定在审计业务约定书中列明下列内容：

（1）在某些审计方面对利用其他注册会计师和专家工作的安排。

（2）与审计涉及的客户内部审计人员和其他员工工作的协调。

（3）说明预期向客户提交的其他函件或报告。

（4）与治理层整体直接沟通。

（5）在首次接受审计委托时，对与前任注册会计师沟通的安排。

（6）注册会计师与客户之间需要达成进一步协议的事项。

（三）审计业务约定书的范例

审计业务约定书

甲方：广州天河股份有限公司

乙方：广州粤星会计师事务所

兹由甲方委托乙方对2018年度财务报表进行审计，经双方协商，达成如下约定。

一、审计的目标和范围

1. 乙方接受甲方委托，对甲方按照企业会计准则编制的2018年12月31日资产负债表、2018年度的利润表、所有者权益变动表和现金流量表以及财务报表附注（以下统称财务报表）进行审计。

2. 乙方通过执行审计工作，对财务报表的下列方面发表审计意见：①财务报表是否在所有重大方面按照企业会计准则的规定编制；②财务报表是否在所有重大方面公允反映了甲方2018年12月31日的财务状况以及2018年度的经营成果和现金流量。

二、甲方的责任

1. 根据《中华人民共和国会计法》及《企业财务会计报告条例》，甲方及甲方负责人有责任保证会计资料的真实性和完整性。因此，甲方管理层有责任妥善保存和提供会计记录(包括但不限于会计凭证、会计账簿及其他会计资料)，这些记录必须真实、完整地反映甲方的财务状况、经营成果和现金流量。

2. 按照企业会计准则的规定编制和公允列报财务报表是甲方管理层的责任，这种责任包括：①按照企业会计准则的规定编制财务报表，并使其实现公允反映；②设计、执行和维护必要的内部控制，以使财务报表不存在由于舞弊或错误导致的重大错报。

3. 及时为乙方的审计工作提供与审计有关的所有记录、文件和所需的其他信息，并保证所提供的资料的真实性和完整性。

4. 确保乙方不受限制地接触其认为必要的甲方内部人员和其他相关人员。

5. 甲方管理层对其做出的与审计有关的声明予以书面确认。

6. 为乙方派出的有关工作人员提供必要的工作条件和协助，乙方将于外勤工作开始前提供主要事项清单。

7. 按照本约定书的约定及时足额支付审计费用以及乙方人员在审计期间的交通、食宿和其他相关费用。

8. 乙方的审计不能减轻甲方管理层的责任。

三、乙方的责任

1. 乙方的责任是在执行审计工作的基础上对甲方财务报表发表审计意见。乙方根据中国注册会计师审计准则的规定执行审计工作。审计准则要求注册会计师遵守中国注册会计师职业道德守则，计划和执行审计工作以对财务报表是否不存在重大错报获取合理保证。

2. 审计工作涉及实施审计程序，以获取有关财务报表金额和披露的审计证据。选择的审计程序取决于乙方的判断，包括对由于舞弊或错误导致的财务报表重大错报风险的评估。在进行风险评估时，乙方考虑与财务报表编制和公允列报相关的内部控制，以设计恰当的审计程序，但目的并非对内部控制的有效性发表意见。审计工作还包括评价管理层选用会计政策的恰当性和做出会计估计的合理性，以及评价财务报表的总体列报。

3. 由于审计和内部控制的固有限制，即使按照审计准则的规定适当地计划和执行审计工作，仍不可避免地存在财务报表的某些重大错报可能未被发现的风险。

4. 在审计过程中，乙方若发现甲方存在乙方认为值得关注的内部控制缺陷，应以书面形式向甲方治理层或管理层通报。但乙方通报的各种事项，并不代表已全面说明所有可能存在的缺陷或已提出所有可行的改进建议。甲方在实施乙方提出的改进建议前应全面评估其影响。未经乙方书面许可，甲方不得向任何第三方提供乙方出具的沟通文件。

5. 按照约定时间完成审计工作，出具审计报告。乙方应于 2019 年 2 月 15 日前出具审计报告。

6. 除下列情况外，乙方应当对执行业务过程中知悉的甲方信息予以保密：①法律、法规允许披露，并取得甲方的授权；②根据法律、法规的要求，为法律诉讼、仲裁准备文件或提供证据，以及向监管机构报告发现的违法行为；③在法律、法规允许的情况下，在法律诉讼、仲裁中维护自己的合法权益；④接受注册会计师协会或监管机构的执业质量检查，答复其询问和调查；⑤法律、法规，执业准则和职业道德规范规定的其他情形。

四、审计收费

1. 本次审计服务的收费是以乙方各级别工作人员在本次工作中所耗费的时间为基础计算的。乙方预计本次审计服务的费用总额为人民币100万元。

2. 甲方应于本约定书签署之日起30日内支付50%的审计费用，其余款项于审计报告草稿完成日结清。

3. 如果由于无法预见的原因，致使乙方从事本约定书所涉及的审计服务实际时间较本约定书签订时预计的时间有明显增加或减少的，甲乙双方应通过协商，相应调整本部分第一段所述的审计费用。

五、审计报告和审计报告的使用

1. 乙方按照中国注册会计师审计准则规定的格式和类型出具审计报告。

2. 乙方向甲方致送审计报告一式五份。

3. 甲方在提交或对外公布乙方出具的审计报告及其后附的已审计财务报表时，不得对其进行修改。当甲方认为有必要修改会计数据、报表附注和所做的说明时，应当事先通知乙方，乙方将考虑有关的修改对审计报告的影响，必要时将重新出具审计报告。

六、本约定书的有效期间

本约定书自签署之日起生效，并在双方履行完毕本约定书约定的所有义务后终止。

七、约定事项的变更

如果出现不可预见的情况，影响审计工作如期完成，或需要提前出具审计报告，甲、乙双方均可要求变更约定事项，但应及时通知对方，并由双方协商解决。

八、终止条款

1. 如果根据乙方的职业道德及其他有关专业职责，适用的法律、法规或其他任何法定要求，乙方认为已不适宜继续为甲方提供本约定书约定的审计服务，乙方可以采取向甲方提出合理通知的方式终止履行本约定书。

2. 在本约定书终止的情况下，乙方有权就其终止之日前对约定的审计服务项目所做的工作收取合理的费用。

九、违约责任

甲、乙双方按照《中华人民共和国合同法》的规定承担违约责任。

十、适用法律和争议解决

本约定书的所有方面均适用中华人民共和国法律进行解释并受其约束。本约定书履行地为乙方出具审计报告所在地，因本约定书引起的或与本约定书有关的任何纠纷或争议，双方协商确定采取以下方式予以解决：

向有管辖权的人民法院提起诉讼。

十一、双方对其他有关事项的约定

本约定书一式两份，甲、乙双方各执一份，具有同等法律效力。

甲方：广州天河股份有限公司	乙方：广州粤星会计师事务所
（盖章）	（盖章）
授权代表：刘伟（签名并盖章）	授权代表：李红（签名并盖章）
2018年12月1日	2018年12月1日

第二节 审 计 计 划

根据《中国注册会计师审计准则第 1201 号——计划审计工作》,注册会计师应当计划审计工作,使审计业务以更有效的方式得到执行。计划审计工作包括针对审计业务制定总体审计策略和具体审计计划。

计划审计工作对于注册会计师顺利完成审计工作和控制审计风险具有非常重要的意义。合理的审计计划有助于注册会计师关注重点审计领域、及时发现和解决潜在问题及恰当地组织和管理审计工作,以有效率和效果的方式执行审计业务。同时充分的审计计划还可以帮助注册会计师对项目组成员进行恰当分工和指导监督,并复核其工作,还有助于协调其他注册会计师和专家的工作。

一、审计计划的编制

审计计划一般由审计项目负责人牵头编制,项目组其他关键成员也要参与审计计划工作。审计计划应形成书面文件,并最终形成审计工作底稿的一部分。审计计划的文件形式多种多样,主要有表格式、问卷式和文字叙述式三种主要形式。审计计划的繁简程度取决于被审计单位的经营规模和预定审计工作的复杂程度。

(一) 总体审计策略

注册会计师应制定总体审计策略,用以确定审计范围、时间和方向;明确审计业务的报告目标、时间安排和所需要的沟通;确定审计方向以及审计资源的规划和调配,并指导制订具体审计计划。总体审计策略的制定一般包括:

(1) 确定审计业务的特征,包括采用的会计准则和相关会计制度、特定行业的报告要求以及被审计单位组成部分的分布等,以界定审计范围。

(2) 明确审计业务的报告目标,以计划审计的时间安排和所需沟通的性质,包括提交审计报告的时间要求,预期与管理层和治理层沟通的重要日期等。

(3) 考虑影响审计业务的重要因素,以确定项目组工作方向,包括确定适当的重要性水平,初步识别可能存在较高的重大错报风险的领域,初步识别重要的组成部分和账户余额,评价是否需要针对内部控制的有效性获取审计证据,识别被审计单位、所处行业、财务报告要求及其他相关方面最近发生的重大变化等。

(4) 向具体审计领域调配的资源,包括向高风险领域分派有适当经验的项目组成员,就复杂的问题利用专家工作等。

(5) 向具体审计领域分配资源的数量,包括安排到重要存货存放地观察存货盘点的项目组成员的数量,对其他注册会计师工作的复核范围,对高风险领域安排的审计时间预算等。

(6) 何时调配这些资源,包括是在期中审计阶段还是在关键的截止日期调配资源等。

(7) 管理、指导、监督这些资源的利用,包括预期何时召开项目组预备会和总结会,项目负责人和经理如何进行复核,是否需要实施项目质量控制复核等。

注册会计师可以根据实施风险评估程序的结果对上述内容予以调整。总体审计策略一经确定，注册会计师应当针对总体审计策略中所识别的不同事项，制定具体审计计划，并考虑通过有效利用审计资源实现审计目标。

总体审计策略示例如下所示。

总体审计策略

一、审计范围

报告要求	
适用的会计准则或制度	
适用的审计准则	
与财务报告相关的行业特别规定	例如，监管机构发布的有关信息披露法规、特定行业主管部门发布的与财务报告相关的法规等
需审计的集团内组成部分的数量及所在地点	
需要阅读的含有已审计财务报表的文件中的其他信息	例如，上市公司年报
制定审计策略需考虑的其他事项	例如，单独出具报告的子公司范围等

二、审计业务时间安排

（一）对外报告时间安排：____________________

（二）执行审计时间安排

执行审计时间安排	时间
1. 期中审计	
(1) 制定总体审计策略	
(2) 制定具体审计计划	
……	
2. 期末审计	
(1) 存货监盘	
……	

（三）沟通的时间安排

所需沟通	时间
与管理层及治理层的会议	
项目组会议(包括预备会和总结会)	
与专家或有关人士的沟通	
与前任注册会计师沟通	
……	

三、影响审计业务的重要因素

（一）重要性

确定的重要性水平	索引号

（二）可能存在较高重大错报风险的领域

可能存在较高重大错报风险的领域	索引号

（三）重要的组成部分和账户余额

填写说明：

1. 记录所审计的集团内重要的组成部分；

2. 记录重要的账户余额，包括本身具有重要性的账户余额（如存货），以及评估出存在重大错报风险的账户余额。

重要的组成部分和账户余额	索引号
1. 重要的组成部分	
……	
2. 重要的账户余额	
……	

四、人员安排

（一）项目组主要成员的责任

职位	姓名	主要职责

注：在分配职责时可以根据被审计单位的不同情况按会计科目划分，或按交易类别划分。

（二）与项目质量控制复核人员的沟通(如适用)

复核的范围：______________________________

沟通内容	负责沟通的项目组成员	计划沟通时间

五、对专家或有关人士工作的利用(如适用)

注：如果项目组计划利用专家或有关人士的工作，需要记录其工作的范围和涉及的主要会计科目等。另外，项目组还应按照相关审计准则的要求对专家或有关人士的能力、客观性及其工作等进行考虑及评估。

（一）对内部审计工作的利用

主要报表项目	拟利用的内部审计工作	索引号
存货	内部审计部门对各仓库的存货每半年至少盘点一次。在中期审计时，项目组已经对内部审计部门盘点步骤进行观察，对其结果满意，因此项目组将审阅其年底的盘点结果，并缩小存货监盘的范围	

（二）对其他注册会计师工作的利用

其他注册会计师名称	利用其工作范围及程度	索引号

（三）对专家工作的利用

主要报表项目	专家名称	主要职责及工作范围	利用专家工作的原因	索引号

（四）对被审计单位使用服务机构的考虑

主要报表项目	服务机构名称	服务机构提供的服务及其注册会计师出具的审计报告意见及日期	索引号

（二）具体审计计划

注册会计师应当为审计工作制定具体审计计划。具体审计计划比总体审计策略更加详细，如果说总体审计策略是一个大的方向，那么具体审计计划是指各个小的方面的具体计划，两者是总体与部分的关系。

具体审计计划比总体审计策略更加详细，其内容包括为获取充分、适当的审计证据以将审计风险降至可接受的低水平，项目组成员拟实施的审计程序的性质、时间和范围。具体审计计划一般包括下列内容：

(1) 按照《中国注册会计师审计准则第 1211 号——通过了解被审计单位及其环境识别和评估重大错报风险》的规定，为了足够识别和评估财务报表重大错报风险，注册会计师计划实施的风险评估程序的性质、时间和范围。

(2) 按照《中国注册会计师审计准则第 1231 号——针对评估的重大错报风险采取的应对措施》的规定，针对评估的认定层次的重大错报风险，注册会计师计划实施的进一步审计程序的性质、时间和范围。

(3) 根据中国注册会计师审计准则的规定，注册会计师针对审计业务需要实施的其他审计程序。其他审计程序是指上述进一步程序的计划中没有涵盖的、根据其他审计准则的要求注册会计师应当执行的既定程序。

具体审计计划示例如下所示：

具体审计计划

客户名称：	财务报表期间：	工作底稿索引号：
编制人：	日期：	
复核人：	日期：	
项目质量控制复核人(如适用)：	日期：	

目　　录

二、审计计划的记录、审核与修改

(一) 对计划审计工作的记录

注册会计师必须记录总体审计策略和具体审计计划，包括在审计工作过程中作出的任何重大更改。对总体审计策略的记录，应当包括为恰当计划审计工作和向项目组传达重大事项而做出的关键决策；对具体审计计划的记录，应当能够反映计划实施的风险评估程序的性质、时间和范围，以及针对评估的重大错报风险计划实施的进一步审计程序的性质、时间和范围。

（二）审计计划的审核

审计计划最终需经会计师事务所的有关业务负责人审核和批准。重大审计项目的审计计划，应经主任会计师审核和批准，甚至需经事务所最高决策层集体讨论决定。对在审核中发现的问题，应及时进行相应的修改、补充、完善。对审计计划的审核和批准意见应记录于审计工作底稿。

对总体审计策略，一般审核以下主要事项：审计目标、审计范围及重点领域的确定是否恰当；时间预算是否合理；审计项目组成员的选派与分工是否恰当；对被审计单位的内部控制制度的信赖程度是否恰当；对审计重要性的确定及审计风险的评估是否恰当；对专家、内部审计人员及其他审计人员工作的利用是否恰当。

对具体审计计划，一般审核以下主要事项：审计程序能否达到审计目标；审计程序是否适合各审计项目的具体情况；重点审计领域中各审计项目的审计程序是否恰当；重点审计程序的制定是否恰当。

（三）审计计划的修改

计划审计工作并非审计业务的一个孤立阶段，而是一个持续的、不断修正的过程，贯穿于整个审计业务的始终。由于未预期事项、条件的变化或在实施审计程序中获取的审计证据等原因，注册会计师经常需要在审计过程中对总体审计策略和具体审计计划作出必要的更新和修改。一般来说，重大的总体审计策略的更新和修改要报经事务所主要负责人审查批准，具体审计计划的更新和修改则授权该审计项目的负责人进行决策。

第三节 重 要 性

审计重要性概念的运用贯穿于整个审计过程。在计划审计工作时，注册会计师应当考虑导致财务报表发生重大错报的原因，并应当在了解被审计单位及其环境的基础上，确定一个可接受的重要性水平，即首先为财务报表层次确定重要性水平，以发现在金额上的重大错报。此外，注册会计师还应当评估各类交易、账户余额和披露认定层次的重要性。在确定审计意见类型时，注册会计师也需要考虑重要性水平。

一、重要性的含义

在审计开始时，我们必须对重大错报的规模和性质作出一个判断，包括确定财务报表层次的重要性和特定交易类别、账户余额和披露的重要性水平：当错报金额高于整体重要性水平时，就很可能被合理预期将对使用者根据财务报表作出的经济决策产生影响。

1. 重要性概念的理解

（1）如果合理预期错报（包括漏报）单独或汇总起来可能影响财务报表使用者依据财务报表作出的经济决策，通常认为错报是重大的。

（2）对重要性的判断是根据具体环境作出的，并受错报的金额或性质的影响，或受两者共同作用的影响。

(3) 判断某事项对财务报表使用者是否重大，是在考虑财务报表使用者整体共同的财务信息需求的基础上作出的。由于不同财务报表使用者对财务信息的需求可能差异很大，因此不考虑错报对个别财务报表使用者可能产生的影响。

2. 使用财务报表整体重要性水平的目的

(1) 决定风险评估程序的性质、时间安排和范围。

(2) 识别和评估重大错报风险。

(3) 确定进一步审计程序的性质、时间安排和范围。

在形成审计结论阶段，使用整体和认定层重要性水平评价已识别的错报对财务报表的影响和对审计报告中审计意见的影响。

二、重要性水平的确定

在计划审计工作中，注册会计师应当确定一个合理的重要性水平，以发现在金额上的重大错报。确定计划的重要性水平时，需要考虑对被审计单位及其环境的了解、审计的目标、财务报表各项目的性质及其相互关系、财务报表项目的金额及其波动幅度。

(一) 财务报表整体的重要性

由于财务报表审计的目标是注册会计师通过执行审计工作对财务报表发表审计意见，因此，注册会计师应当考虑财务报表整体的重要性。只有这样，才能得出财务报表是否公允反映的结论。

确定多大错报会影响到财务报表使用者所做决策，是注册会计师运用职业判断的结果。很多注册会计师根据所在会计师事务所的惯例及自己的经验，考虑重要性。

确定重要性需要运用职业判断。通常先选定一个基准，再乘以某一百分比作为财务报表整体的重要性。在选择基准时，需要考虑的因素包括：

(1) 财务报表要素(如资产、负债、所有者权益、收入和费用)。

(2) 是否存在特定会计主体的财务报表使用者特别关注的项目(如为了评价财务业绩，使用者可能更关注利润、收入或净资产)。

(3) 被审计单位性质、所处生命周期阶段及所处行业和经济环境。

(4) 被审计单位的所有权结构和融资方式。

(5) 基准的相对波动性。

适当的基准取决于被审计单位的具体情况，需要考虑预期使用者最为关注的财务指标，通常来说，新设期企业可以以总资产为基准；成长期企业可以以营业收入为基准；成熟期企业可以以税前利润为基准。对于经营状况大幅度波动，盈利和亏损交替发生的企业，可能选择过去3～5年经常性业务的平均税前利润或亏损作为基准更合适。常用的基准如表5-1所示。

表5-1　常用的基准

被审计单位的情况	可能选择的基准
1. 企业的盈利水平保持稳定	经常性业务的税前利润
2. 企业近年来经营状况大幅度波动，盈利和亏损交替发生，或者由正常盈利变为微利或微亏，或者本年度税前利润因情况变化而出现意外增加或减少	过去3～5年经常性业务的平均税前利润或亏损(取绝对值)，或其他基准，例如营业收入

（续表）

被审计单位的情况	可能选择的基准
3. 企业为新设企业，处于开办期，尚未开始经营，目前正在建造厂房及购买机器设备	总资产
4. 企业处于新兴行业，目前侧重于抢占市场份额、扩大企业知名度和影响力	营业收入

为选定的基准确定百分比需要运用职业判断。百分比和选定的基准之间存在一定的联系，如经常性业务的税前利润对应的百分比通常比营业收入对应的百分比要高。例如，对以营利为目的的制造业，注册会计师可能认为经常性业务税前利润的5%是适当的；而对非营利组织，注册会计师可能认为总收入或费用总额的1%是适当的。无论百分比高一些还是低一些，只要符合具体情况，都是适当的。

（二）特定类别交易、账户余额或披露的重要性水平

根据被审计单位的特定情况，下列因素可能表明存在一个或多个特定类别的交易、账户余额或披露，其发生的错报金额虽然低于财务报表整体的重要性，但合理预期将影响财务报表使用者依据财务报表作出的经济决策：

（1）法律、法规或适用的财务报告编制基础是否影响财务报表使用者对特定项目（如关联方交易、管理层和治理层的薪酬）计量或披露的预期。

（2）与被审计单位所处行业相关的关键性披露（如制药企业的研究与开发成本）。

（3）财务报表使用者是否特别关注财务报表中单独披露的业务的特定方面（如新收购的业务）。

考虑是否存在上述交易、账户余额或披露时，了解治理层和管理层的看法和预期通常是有用的。

（三）实际执行的重要性

确定实际执行的重要性并非简单机械的计算，需要注册会计师运用职业判断。财务报表层次实际执行的重要性是指注册会计师确定的低于财务报表整体重要性的一个或多个金额，旨在将未更正和未发现错报的汇总数超过财务报表整体的重要性的可能性降至适当的低水平。与确定特定类别的交易、账户余额或披露的重要性水平的一个或多个金额，旨在将这些交易、账户余额或披露中未更正与未发现错报的汇总数超过这些交易、账户余额或披露的重要性水平的可能性降至适当的低水平。

1. 考虑因素

注册会计师无需通过将财务报表整体的重要性平均分配或按比例分配至各个报表项目的方法来确定实际执行的重要性，而是根据风险评估结果确定。

确定实际执行的重要性并非简单机械的计算，需要注册会计师运用职业判断，并考虑下列因素的影响：

（1）对被审计单位的了解（这些了解在实施风险评估程序的过程中得到更新）。

（2）前期审计工作中识别出的错报的性质和范围。

（3）根据前期识别出的错报对本期错报作出的预期。

通常而言，实际执行的重要性通常为财务报表整体重要性的50%～75%。

2. 较低的情形

如果存在下列情况，注册会计师可能考虑选择较低的百分比来确定实际执行的重要性：

(1) 首次接受委托的审计项目。

(2) 连续审计项目，以前年度审计调整较多。

(3) 项目总体风险较高，例如处于高风险行业、管理层能力欠缺、面临较大市场竞争压力或业绩压力等。

(4) 存在或预期存在值得关注的内部控制缺陷。

3. 较高的情形

如果存在下列情况，注册会计师可能考虑选择较高的百分比来确定实际执行的重要性：

(1) 连续审计项目，以前年度审计调整较少。

(2) 项目总体风险为低到中等，例如处于非高风险行业、管理层有足够能力、面临较低的市场竞争压力和业绩压力等。

(3)以前期间的审计经验表明内部控制运行有效。

例如，根据以前期间的审计经验和本期审计计划阶段的风险评估结果，注册会计师认为可以以财务报表整体重要性的75%作为大多数报表项目的实际执行的重要性；与营业收入项目相关的内部控制存在控制缺陷，而且以前年度审计中存在审计调整，因此考虑以财务报表整体重要性的50%作为营业收入项目的实际执行的重要性，从而有针对性地对高风险领域执行更多的审计工作。

(四) 审计过程中修改重要性

在整个业务过程中，随着审计工作的进展，注册会计师应当根据所获得的新信息更新重要性。例如，注册会计师在审计过程中发现，实际财务成果与最初确定财务报表整体的重要性时使用的预期本期财务成果相比存在着很大差异，则需要修改重要性。

由于存在下列原因，注册会计师可能需要修改财务报表整体的重要性和特定类别的交易、账户余额或披露的重要性水平(如适用)：

(1) 审计过程中情况发生重大变化。

(2) 获取新信息。

(3) 通过实施进一步审计程序，对被审计单位及其经营所了解的情况发生变化。

(五) 在审计中运用实际执行的重要性

实际执行的重要性在审计中的作用主要体现在以下几个方面：

(1) 注册会计师在计划审计工作时可以根据实际执行的重要性确定需要对哪些类型的交易、账户余额和披露实施进一步审计程序，即通常选取金额超过实际执行的重要性的财务报表项目，因为这些财务报表项目有可能导致财务报表出现重大错报。但是，这不代表注册会计师可以对所有金额低于实际执行的重要性的财务报表项目不实施进一步审计程序，这主要出于以下考虑：①单个金额低于实际执行的重要性的财务报表项目汇总起来可能金额重大(可能远远超过财务报表整体的重要性)，注册会计师需要考虑汇总后的潜在错报风险；②对于存在低估风险的财务报表项目，不能仅仅因为其金额低于实际执行的重要性而不实施进一步审计程序；③对于识别出存在舞弊风险的财务报表项目，不能因为其金额低于实际执行的重要性而不实施进一步审计程序。

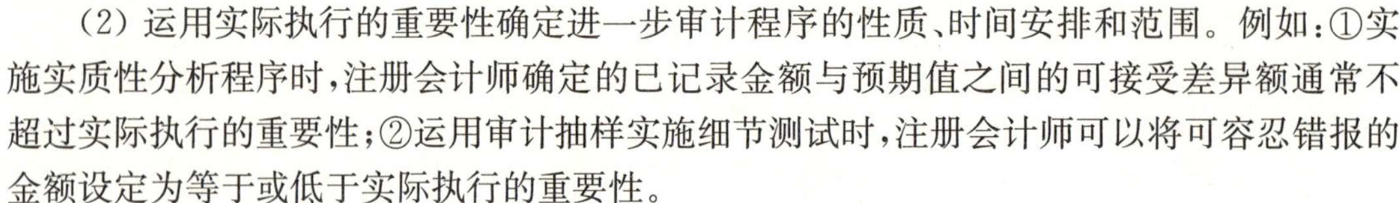

(2) 运用实际执行的重要性确定进一步审计程序的性质、时间安排和范围。例如:①实施实质性分析程序时,注册会计师确定的已记录金额与预期值之间的可接受差异额通常不超过实际执行的重要性;②运用审计抽样实施细节测试时,注册会计师可以将可容忍错报的金额设定为等于或低于实际执行的重要性。

三、错报

(一) 错报的定义

错报是指某一财务报表项目的金额、分类、列报或披露,与按照适用的财务报告编制基础应当列示的金额、分类、列报或披露之间存在的差异;或根据注册会计师的判断,为使财务报表在所有重大方面实现公允反映,需要对金额、分类、列报或披露作出的必要调整。错报可能是由于错误或舞弊导致的。

错报可能由下列事项导致:

(1) 收集或处理用以编制财务报表的数据时出现错误。

(2) 遗漏某项金额或披露。

(3) 由于疏忽或明显误解有关事实导致作出不正确的会计估计。

(4) 注册会计师认为管理层对会计估计作出不合理的判断或对会计政策作出不恰当的选择和运用。

为了帮助注册会计师评价审计过程中累积的错报的影响以及与管理层和治理层沟通错报事项,可以将错报区分为事实错报、判断错报和推断错报。

(1) 事实错报。事实错报是毋庸置疑的错报。这类错报产生于被审计单位收集和处理数据的错误,对事实的忽略或误解,或故意舞弊行为。例如,注册会计师在审计测试中发现最近购入存货的实际价值为 15 000 元,但账面记录的金额却为 10 000 元。因此,存货和应付账款分别被低估了 5 000 元,这里被低估的 5 000 元就是已识别的对事实的具体错报。

(2) 判断错报。注册会计师认为存在管理层对会计估计作出不合理的判断或不恰当地选择和运用会计政策而导致的差异。这类错报产生于两种情况:一是管理层和注册会计师对会计估计值的判断差异,例如,由于包含在财务报表中的管理层作出的估计值超出了注册会计师确定的一个合理范围,导致出现判断差异;二是管理层和注册会计师对选择和运用会计政策的判断差异,例如,注册会计师认为管理层选用会计政策造成错报,管理层却认为选用会计政策适当,导致出现判断差异。

(3) 推断错报。注册会计师对总体存在的错报作出的最佳估计数,涉及根据在审计样本中识别出的错报来推断总体的错报。推断错报是指通过测试样本估计出的总体的错报减去在测试中发现的已经识别的具体错报。例如,应收账款年末余额为 2 000 万元,注册会计师测试样本发现样本金额有 100 万元的高估,高估部分为账面金额的 20%,据此注册会计师推断总体的错报金额为 400 万元(即 2 000×20%),那么上述 100 万元就是已识别的具体错报,其余 300 万元即推断误差。

(二) 累积识别出的错报

注册会计师可能将低于某一金额的错报界定为明显微小的错报,对这类错报不需要累积,因为注册会计师认为这些错报的汇总数明显不会对财务报表产生重大影响。“明显微小”不等同于“不重大”。明显微小错报的金额的数量级与重要性的数量级相比，是完全不同的。

在确定明显微小错报的临界值时，注册会计师可能考虑以下因素：

(1) 以前年度审计中识别出的错报(包括已更正和未更正错报)的数量和金额。

(2) 重大错报风险的评估结果。

(3) 被审计单位治理层和管理层对注册会计师与其沟通错报的期望。

(4) 被审计单位的财务指标是否勉强达到监管机构的要求或投资者的期望。

对上述因素的考虑，实际上是在确定审计过程中对错报的过滤程度。注册会计师的目标是要确保不累积的错报(即低于临界值的错报)连同累积的未更正错报不会汇总成为重大错报。

如果预期被审计单位存在数量较多、金额较小的错报，可能考虑采用较低的临界值，以避免大量低于临界值的错报积少成多构成重大错报，如果注册会计师预期被审计单位错报数量较少，则可能采用较高的临界值。

注册会计师可能将明显微小错报的临界值确定为财务报表整体重要性的3%至5%，也可能低一些或高一些，但通常不超过财务报表整体重要性的10%，除非注册会计师认为有必要单独为重分类错报确定一个更高的临界值。

(三) 对错报的考虑

错报可能不会孤立发生，一项错报的发生还可能表明存在其他错报。例如，注册会计师识别出由于内部控制失效而导致的错报，或被审计单位广泛运用不恰当的假设或评估方法而导致的错报，均可能表明还存在其他错报。

抽样风险和非抽样风险可能导致某些错报未被发现。审计过程中累积错报的汇总数接近所确定的重要性，则表明存在比可接受的低风险水平更大的风险，即可能未被发现的错报连同审计过程中累积错报的汇总数，可能超过重要性。

第四节　审计风险

注册会计师应当通过计划和实施审计工作，获取充分、适当的审计证据，将审计风险降至可接受水平。审计风险是指财务报表存在重大错报时，注册会计师发表不恰当审计意见的可能性。审计风险取决于重大错报风险和检查风险。

一、重大错报风险

重大错报风险是指财务报表在审计前存在重大错报的可能性。重大错报风险与被审计单位的风险相关，且独立于财务报表审计而存在。

(一) 两个层次的重大错报风险

在设计审计程序以确定财务报表整体是否存在重大错报时，注册会计师应当从财务报表层次和各类交易、账户余额、列报认定层次方面考虑重大错报风险。

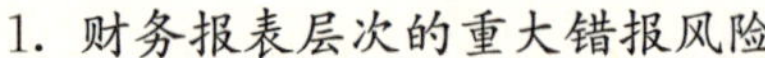

1. 财务报表层次的重大错报风险

财务报表层次重大错报风险与财务报表整体存在广泛联系，它可能影响多项认定，但难以界定某类交易、账户余额、列报的具体认定。此类风险通常与控制环境有关，如管理层缺乏诚信、治理层形同虚设而不能对管理层进行有效监督等；但也可能与其他因素有关，如经济萧条、企业所处行业处于衰退期。

注册会计师应对财务报表层次重大错报风险的措施包括：考虑审计项目组重要责任人的学识、技术和能力，是否需要专家介入；考虑给予业务助理人员适当程度的监督指导；考虑是否存在导致注册会计师怀疑被审计单位持续经营假设合理性的事项或情况。

2. 认定层次的重大错报风险

《中国注册会计师审计准则第 1231 号——针对评估的重大错报风险采取的应对措施》对注册会计师针对评估的认定层次重大错报风险如何设计和执行进一步的审计程序提出了详细的要求。注册会计师应当考虑特定类别交易、账户余额和列报层次的重大错报风险，考虑的结果有助于注册会计师确定对认定层次实施进一步审计程序的性质、时间安排和范围。

（二）固有风险和控制风险

认定层次的重大错报风险又可以进一步细分为固有风险和控制风险。

固有风险是指在考虑相关的内部控制之前，某类交易、账户余额或列报的某一认定易于发生错报（该错报单独或连同其他错报可能是重大的）的可能性。

某些类别的交易、账户余额和列报及其认定，固有风险较高。例如，复杂的计算比简单计算更可能出错；受重大计量不确定性影响的会计估计发生错报的可能性较大。产生经营风险的外部因素也可能影响固有风险，例如，技术进步可能导致某项产品陈旧，进而导致存货易于发生高估错报（计价认定）。被审计单位及其环境中的某些因素还可能与多个甚至所有类别的交易、账户余额和披露有关，进而影响多个认定的固有风险。这些因素包括维持经营的流动资金匮乏、被审计单位处于夕阳行业等。

控制风险是指某类交易、账户余额或列报的某一认定发生错报，该错报单独或连同其他错报是重大的，但没有被内部控制及时防止或发现并纠正的可能性。控制风险取决于与财务报表编制有关的内部控制的设计和运行的有效性。由于控制的固有局限性，某种程度的控制风险始终存在。

由于固有风险和控制风险不可分割地交织在一起，有时无法单独进行评估，通常不再单独分割固有风险和控制风险，而只是将这两者合并称为“重大错报风险”。但这并不意味着，注册会计师不可以单独对固有风险和控制风险进行评估。注册会计师既可以对两者进行单独评估，也可以对两者进行合并评估。具体采用的评估方法取决于会计师事务所偏好的审计技术、方法及实务上的考虑。

二、检查风险

检查风险是指如果存在某一错报，该错报单独或连同其他错报可能是重大的，注册会计师为将审计风险降至可接受的低水平而实施程序后没有发现这种错报的风险。检查风险取决于审计程序设计的合理性和执行的有效性。由于注册会计师通常并不对所有的交易、账户余额和列报进行检查以及其他原因，检查风险不可能降低为零。其他原因包括注册会计师可能选择了不恰当的审计程序、审计过程执行不当，或者错误解读了审计结论。这些其他因素可以通过适当计划、在项目组成员之间进行恰当的职责分配、保持职业怀疑态度以及监督、指导和复核助理人员所执行的审计工作得以解决。

三、审计风险模型

在既定的审计风险水平下，可接受的检查风险水平与认定层次重大错报风险的评估结果呈反向关系。评估的重大错报风险越高，可接受的检查风险越低；评估的重大错报风险越低，可接受的检查风险越高。检查风险与重大错报风险的反向关系用数学模型表示如下：

$$审计风险 = 重大错报风险 \times 检查风险$$

根据该审计风险模型，在总的审计风险水平确定的情况下，检查风险可推算如下：

$$检查风险 = 审计风险 \div 重大错报风险$$

例如，针对某一认定，注册会计师将可接受的审计风险水平设定为5%，注册会计师实施风险评估程序后将重大错报风险评估为10%，则根据这一模型，可接受的检查风险为50%。当然，实务中，注册会计师不一定用绝对数表达这些风险水平，而是选用"高""中""低"等文字进行定量描述。

从上述风险模型可以看出，在审计风险一定的情况下，检查风险与重大错报风险之间呈反比例关系。也就是说，重大错报风险估计水平越低，可接受的检查风险就越高；重大错报风险估计水平越高，可接受的检查风险就越低。

四、审计风险模型的运用

（一）识别和评估重大错报风险

注册会计师应当识别和评估财务报表层次以及各类交易、账户余额、列报认定层次的重大错报风险。在识别和评估重大错报风险时，注册会计师应当实施下列审计程序：

（1）在了解被审计单位及其环境的整个过程中识别风险，并考虑各类交易、账户余额、列报。

（2）将识别的风险与认定层次可能发生错报的领域相联系。

（3）考虑识别的风险的重大性。

（4）考虑识别的风险导致财务报表发生重大错报的可能性。

注册会计师应当利用实施风险评估程序获取的信息，包括在评价控制设计和确定其是否得到执行时获取的审计证据，作为支持风险评估结果的审计证据。注册会计师应当根据风险评估结果，确定实施进一步审计程序的性质、时间和范围。

（二）计算可接受的检查风险

如前所述，审计风险要素之间存在着密切关系。重大错报风险的水平，决定着注册会计师可接受的检查风险水平。评估的重大错报风险水平越高，注册会计师可接受的检查风险水平也就越低，反之亦然。

鉴于重大错报风险的评估对检查风险有直接影响，重大错报风险的水平越高，注册会计师就应实施越详细的实质性测试程序，并着重考虑其性质。例如，针对存货和产品销售成本项目，除实施分析程序外，还应对其余额（金额）进行实质性测试，以将检查风险降至可接受的水平。

（三）检查风险对确定实质性测试性质、时间、范围的影响

不论重大错报风险的评估结果如何，注册会计师都应当对各重要账户或交易类别进行实质性测试。然而，注册会计师实施的实质性测试，其性质、时间和范围的决定最终取决于根据重大错报风险水平所确定的可接受的检查风险。可接受的检查风险水平与实质性测试的性质、时间和范围的关系详见表 5-2。

表 5-2　检查风险与实质性测试的性质、时间、范围的关系

实质性测试 可接受的检查风险	性质	时间	范围
高	分析程序和交易测试为主	期中审计为主	较小样本，较少证据
中	分析程序、交易测试以及余额测试结合运用	期中审计、期末审计和期后审计结合运用	适中样本，适量证据
低	余额测试为主	期末审计和期后审计为主	较大样本，较多证据

五、重要性与审计风险的关系

重要性与审计风险（面临的）之间存在反向关系。即重要性水平越高，审计风险越低；重要性水平越低，审计风险越高。这里所说的重要性水平高低指的是金额的大小。如 4 000 元的重要性水平比 2 000 元的重要性水平高。在理解两者之间的关系时，必须注意，重要性水平是注册会计师从财务报表使用者的角度进行判断的结果。如果重要性水平是 4 000 元，则意味着低于 4 000 元的错报不会影响到财务报表使用者的决策，此时注册会计师需要通过执行有关审计程序合理保证能发现 4 000 元以上的错报；如果重要性水平是 2 000 元，则金额在 2 000 元以上的错报就会影响财务报表使用者的决策，此时注册会计师需要通过执行有关审计程序合理保证能发现金额在 2 000 元以上的错报。显然，2 000～4 000 元的重大错报有可能审计不出来（即审计风险），其要比重要性水平为 4 000 元时的审计风险高。此外，审计风险（面临的）越高，越要求注册会计师收集更多更有效的审计证据，以将审计风险降至可接受的低水平。因此，审计风险（可接受的）和审计证据之间也是反向关系。

【知识链接】

审计风险模型的演变

传统审计风险模型是由 AICPA（美国注册会计师协会）在 1983 年发布的第 47 号审计

准则《审计风险与重要性》中提出的。模型公式为：审计风险＝固有风险×控制风险×检查风险。模型公式可以简写为：AR＝IR×CR×DR。从诞生之日起，各国审计界便一直沿用下来，我国注册会计师协会在1996年年底公布的《独立审计具体准则第9号——内部控制与审计风险》中也采用这一模型。

随着风险导向审计理念和方法的发展，在21世纪之初“安然事件”“世通公司事件”等若干审计失败事件的催化下，国际审计与鉴证准则理事会（IAASB）于2003年10月发布了新的国际审计风险准则，改进了传统的审计风险模型，认为审计风险是重大错报风险和检查风险的综合风险。借鉴国际审计准则的先进成果，我国在2006年适时出台了中国注册会计师的审计风险准则，将审计风险模型重构为：审计风险＝重大错报风险×检查风险，可以简写为：AR＝RMM×DR，这就是现代审计风险模型。较之于传统的审计风险三要素模型，新模型只考虑两个要素，即重大错报风险和检查风险。

【关键术语】

总体审计策略　具体审计计划　重要性　审计风险　重大错报风险　检查风险

【问题思考】

1. “审计工作重心需前移”是什么意思？为什么需前移？
2. 编制审计计划的作用有哪些？
3. 如何理解审计的重要性？
4. 怎样理解审计重要性与审计风险的关系？
5. 如何理解审计风险的要素及其相互关系？

【实训案例】

表1反映了一家百货业上市公司及同期行业平均的财务指标数据。

表1　中宏百货公司及同行业主要财务比率指标

指标项目	2018年	2018年行业平均	2017年	2017年行业平均
速动比率	0.346	0.465	0.240	0.388
流动比率	1.094	1.160	0.924	1.115
利息保障倍数	1.052	11.850	15.616	12.385
资产负债率	52.750	53.864	48.800	54.733
投资报酬率	0.080	3.884	7.010	3.828
主营业务毛利率	3.460	16.114	25.590	15.877
净资产收益率	0.070	5.486	10.620	5.453
应收账款周转率	11.200	144.117	15.711	101.789
存货周转率	3.946	8.056	3.335	7.430

案例讨论和思考题

1. 试分析这组数据,以确定重点审计领域。

2. 如果注册会计师在分析其财务指标时,发现企业的应收账款周转率波动较大,这意味着被审计单位可能存在哪些情况?

3. 利息保障倍数的波动可能表示企业存在什么样的情况?

练　习　题

姓名______
学号______
分数______

扫二维码获得更多本章习题及案例

一、单项选择题

1. 审计计划通常是由(　　)于现场审计工作开始之前起草的。
   A. 会计师事务所主要负责人　　B. 审计项目参与人
   C. 审计项目负责人　　D. 会计师事务所的法人代表
2. 关于审计计划的下列说法中,错误的是(　　)。
   A. 审计计划是对审计工作的一种预先规划
   B. 执行过程中可能随时根据情况对审计计划做必要的修订、补充
   C. 注册会计师在整个审计过程中,应按照审计计划执行审计业务
   D. 在完成外勤审计工作后,必须再对审计计划作修改
3. 通常情况下,审计计划阶段的主要工作不包括(　　)。
   A. 初步评价被审计单位的内部控制制度
   B. 调查了解被审计单位的基本情况
   C. 确定重要性,分析审计风险
   D. 复核审计工作底稿,审计期后事项
4. 计划某项审计工作时,审计人员应分(　　)层次来确定重要性。
   A. 总分类账和明细分类账　　B. 资产负债表和利润表
   C. 财务报表和账户、交易层　　D. 记账凭证和原始凭证
5. 注册会计师对重要性的估计水平与所需审计证据的数量(　　)。
   A. 呈同向变动关系　　B. 呈反向变动关系
   C. 呈比例变动关系　　D. 不存在关系
6. 注册会计师在确定重要性时通常选定一个基准。下列因素中,注册会计师在选择基准时不需要考虑的是(　　)。
   A. 被审计单位的性质
   B. 以前年度审计调整的金额
   C. 基准的相对波动性
   D. 是否存在财务报表使用者特别关注的项目
7. 在确定重要性水平时,下列各项中通常不宜作为计算重要性水平基准的是(　　)。
   A. 持续经营生产的利润　　B. 非经常性收益
   C. 资产总额　　D. 营业收入
8. 下列各项因素中,注册会计师在确定明显微小错报临界值时,通常无需考虑的是(　　)。
   A. 以前年度审计中识别出的错报

B. 被审计单位的财务报表是否分发给广大范围的使用者

C. 被审计单位治理层和管理层对注册会计师与其沟通错报的期望

D. 重大错报风险的评估结果

9. 企业处于微利或微亏状态时，注册会计师最不适宜作为基准的是（　　）。

A. 营业收入

B. 本年经常性业务的税前利润

C. 过去3～5年经常性业务的平均税前利润

D. 总资产

10. 下列关于初步确定重要性水平的考虑中，不正确的是（　　）。

A. 对于首次接受委托的审计项目，应设定较低重要性水平

B. 对以前年度审计调整较少的项目，应设定较低重要性水平

C. 对存在或预期存在值得关注的内部控制缺陷的，应设定较低重要性水平

D. 项目总体风险程度为低的，可设定较高重要性水平

11. 注册会计师通过审计程序未能发现财务报表中存在重大错报的风险是（　　）。

A. 程序风险　　B. 控制风险　　C. 检查风险　　D. 重大错报风险

12. 财务报表在审计前存在重大错报可能性，称为（　　）。

A. 控制风险　　B. 检查风险　　C. 审计风险　　D. 重大错报风险

13. 在特定审计风险水平下，检查风险同重大错报风险之间的关系是（　　）。

A. 同向变动关系　　B. 反向变动关系

C. 有时呈同向变动关系　　D. 不明显的关系

二、多项选择题

1. 注册会计师应当在本期审计业务开始时开展的初步业务活动包括（　　）。

A. 针对保持客户关系和具体审计业务实施相应的质量控制程序

B. 评价遵守职业道德规范的情况，包括评价独立性

C. 风险评估程序

D. 就业务约定条款与被审计单位达成一致理解

2. 审计业务约定应当包括（　　）。

A. 重要性水平　　B. 会计责任和审计责任

C. 审计收费　　D. 审计范围

3. 根据审计准则的相关规定，会计师事务所在审计业务约定书中承诺的对被审计单位的主要义务有（　　）。

A. 高效、优质地为被审计单位服务

B. 按照约定时间完成审计业务，出具审计报告

C. 对在执行过程中获悉的商业秘密保密

D. 确保出具无保留意见审计报告

4. 注册会计师应当在总体审计策略中清楚说明的内容包括（　　）。

A. 向具体审计领域调配的资源

B. 向具体审计领域分配资源数量

C. 何时调配这些资源

D. 如何管理、指导、监督这些资源的利用

5. 具体审计计划应当包括的内容有(　　)。

A. 为了识别和评估财务报表重大错报风险，注册会计师计划实施的风险评估程序的性质、时间和范围

B. 针对评估的认定层次的重大错报风险，注册会计师实施的进一步审计程序的性质、时间和范围

C. 注册会计师对专家和有关人士工作的利用

D. 注册会计师对审计业务需要实施的其他审计程序

6. 重要性的判断应从(　　)方面加以考虑。

A. 数量　　B. 金额　　C. 性质　　D. 专业判断

7. 确定明显微小错报界限为5万元，意味着注册会计师认为(　　)。

A. 金额低于5万元的错报的汇总数低于实际执行的重要性水平

B. 金额低于5万元的错报不需要纳入汇总范围

C. 汇总错报的范围应当包括所发现的金额达到5万元的所有错报

D. 金额高于5万元的错报都是重大的

8. 错报可能由(　　)事项导致。

A. 收集或处理用以编制财务报表的数据时出现错误

B. 遗漏某项金额或披露

C. 由于疏忽或明显误解有关事实导致作出不正确的会计估计

D. 注册会计师认为管理层对会计估计作出不合理的判断或对会计政策作出不恰当的选择和运用

9. 由于存在(　　)原因，注册会计师可能需要修改财务报表整体的重要性和特定类别的交易、账户余额或披露的重要性水平。

A. 审计过程中情况发生重大变化

B. 获取新信息

C. 通过实施进一步审计程序，对被审计单位及其经营所了解的情况发生变化

D. 实际财务成果与最初确定财务报表整体的重要性时使用的预期本期财务成果相比存在着很大差异

10. 审计风险取决于(　　)。

A. 重大错报风险　　B. 控制风险

C. 固有风险　　D. 检查风险

11. 下列属于注册会计师可以控制的有(　　)。

A. 审计风险　　B. 重大错报风险

C. 控制风险　　D. 检查风险

12. 如果经过实质性程序后，注册会计师认为与某一重要账户或交易类别的认定有关的检查风险不能降低至可接受水平，那么，注册会计师应发表(　　)。

A. 无保留意见　　B. 保留意见

C. 否定意见　　D. 无法表示意见

三、判断题

1. 会计师事务所无法胜任或不能按时完成某项业务时，如能从其他会计师事务所临时聘请到相关专业人员，即可接受该项业务的委托。 （　）
2. 审计业务约定书具有与其他商业合同类似的法律效用。 （　）
3. 计划审计工作是一个持续的、不断修正的过程，贯穿于整个审计业务的始终。 （　）
4. 会计师事务所对任何一个审计委托项目，不论其业务繁简程度和规模大小，都应制定审计计划。 （　）
5. 为保证审计计划的严肃性，审计计划一旦制订，在执行中就不能作出任何修改。 （　）
6. 注册会计师可以同被审计单位就总体审计策略进行讨论，并协调工作，因此，总体审计策略可以由注册会计师和被审计单位共同编制。 （　）
7. 注册会计师审计小规模企业，应当运用专业判断，合理确定审计重要性和审计风险水平，并可根据实际情况不做审计计划。 （　）
8. 如果财务报表中的某项错报足以改变或影响财务报表使用者的相关决策，则该项错报就是重要的，否则就不重要。 （　）
9. 注册会计师对重要性水平作出初步判断的目的是确定所需审计证据的数量。 （　）
10. 一般而言，重要性水平愈高，所需要证据的数量就愈大。 （　）
11. 注册会计师在以净利润为基础判断重要性水平时，如果被审计单位净利润波动幅度较大，则当年仍以净利润为基础确定重要性水平。 （　）
12. 财务报表项目的性质不同，在财务报表中被错报、漏报的风险也不一样。 （　）
13. 对于首次接受委托的项目，注册会计师应当从严制定重要性水平。 （　）
14. 不论重大错报风险的评估结果如何，注册会计师都要对各重要账户或交易类别实施实质性程序。 （　）
15. 重大错报风险越高，表明财务报表存在重大错报的可能性就越大，相应地，要求的检查风险就越低。 （　）
16. 因为重要性水平与审计风险存在反向关系，审计风险与审计证据也存在反向关系，所以注册会计师确定的重要性水平越高，审计风险就越低，相应地，应当获取审计的证据就越多。 （　）

四、分析题

1. 某注册会计师在评价被审计单位的审计风险时，分别假定了 A、B、C、D 四种情况，如表 1 所示。

表 1　　审计风险评估

风险类型	情况 A	情况 B	情况 C	情况 D
可接受的审计风险	1%	5%	10%	5%
重大错报风险	50%	50%	80%	100%

请计算回答以下问题：

(1) 上述四种情况下，可接受的检查风险水平分别是多少？

(2) 哪种情况下注册会计师需要获取最多的审计证据?

(3) 分析审计风险模型中各要素与审计证据之间的关系。

2. 某注册会计师负责对常年审计客户天河公司 2016 年财务报表进行审计,编制了总体审计策略和具体审计计划,部分内容摘录如下:

(1) 因对天河公司内部审计人员的客观性和专业胜任能力存有疑虑,拟不利用内部审计工作。

(2) 对计划的重要性水平作出修正,拟通过修改计划实施的实质性程序的性质、时间安排和范围降低重大错报风险。

(3) 因天河公司 2018 年 9 月关闭某地办事处并注销其银行账户,拟不再函证该银行账户。

(4) 因审计工作时间安排紧张,拟不函证应收账款,直接实施替代审计程序。

要求:针对上述事项,逐项指出注册会计师拟定的计划是否存在不当之处。如有不当之处,简要说明理由。

第六章
信息技术对审计的影响

章前导引

教学目标

本章主要介绍信息技术对企业财务报告和内部控制的影响、信息技术中的一般控制和应用控制测试、信息技术对审计过程的影响、计算机辅助审计技术和电子表格的运用、数据分析概要、不同信息技术环境下存在的问题。通过学习，学生应掌握信息技术对审计工作的影响，具备在计划和执行审计工作时对企业信息技术进行全面考虑能力。

第一节 信息技术对企业财务报告和内部控制的影响

一、信息技术的概念

从广义上讲，凡是能扩展人类信息功能的技术，都是信息技术。具体而言，信息技术是指利用电子计算机和现代通信手段实现获取信息、传递信息、存储信息、处理信息、显示信息、分配信息等的相关技术。

现代信息技术是指 20 世纪 70 年代以来，随着微电子技术、计算机技术和通信技术的发展，围绕信息的产生、收集、存储、处理、检索和传递，形成的一个全新的、用以开发和利用信息资源的高技术群，包括微电子技术、新型元器件技术、通信技术、计算机技术、各类软件及系统集成技术、光盘技术、传感技术、机器人技术、高清晰度电视技术等。其中，微电子技术、计算机技术、软件技术和通信技术是现代信息技术的核心。

二、信息技术对企业财务报告的影响

企业可以运用信息系统来创建、记录、处理和报告各项交易，以衡量和审查自身的财务业绩，并持续记录资产、负债及所有者权益。具体来讲，创建是指企业可以采取手工或自动的方式来创建各项交易信息；记录是指信息系统识别并保留交易及事项的相关信息；处理是指企业可以采取手工或自动的方式对信息系统的数据信息进行编辑、确认、计算、衡量、估价、分析、汇总和调整；报告是指企业以电子或打印的方式，编制财务报表和其他信息，并运用上述信息来衡量和审查企业的财务业绩及其他方面的职能。

信息系统的使用，会给企业的管理和会计核算程序带来很多重要的变化，包括以下几项：

(1) 计算机输入和输出设备代替了手工记录。

(2) 计算机显示屏和电子影像代替了纸质凭证。

(3) 计算机文档代替了纸质日记账和分类账。

(4) 网络通信和电子邮件代替了公司间的邮寄。

(5) 管理需求固化到应用程序之中。

(6) 灵活多样的报告代替了固定的定期报告。

(7) 数据更加充分，信息实现共享。

(8) 系统问题的存在比偶然性误差更为普遍。

信息系统形成的信息的质量影响企业编制财务报表、管理企业活动和作出适当的管理决策。因此，有效的信息系统需要实现下列功能并保留记录结果：

(1) 识别和记录全部经授权的交易。

(2) 及时、详细记录交易内容，并在财务报告中对全部交易进行适当分类。

(3) 衡量交易价值，并在财务报告中适当体现相关价值。

(4) 确定交易发生的期间，并将交易记录在适当的会计期间。

(5) 将相关交易信息在财务报告中作适当披露。

因此，注册会计师在进行财务报表审计时，如果依赖相关信息系统所形成的财务信息和报告作为审计工作的依据，则必须考虑相关信息和报告的质量，而财务报告相关的信息质量是通过对交易的录入到输出整个过程适当的控制来实现的，所以，注册会计师需要在整个过程中考虑信息的准确性、完整性、授权体系及访问限制四个方面。

三、信息技术对企业内部控制的影响

在信息技术环境下，传统的人工控制越来越多地被自动控制所替代。当然，被审计单位采用信息系统处理业务，并不意味着人工控制被完全取代。信息系统对控制的影响，取决于被审计单位对信息系统的依赖程度。例如，在基于信息技术的信息系统中，系统进行自动操作来实现对交易信息的创建、记录、处理和报告，并将相关信息保存为电子形式(如电子的采购订单、采购发票、发运凭证和相关会计记录)。但相关控制活动也可能同时包括手工的部分，例如，订单的审批和事后审阅以及会计记录调整之类的人工控制。由于被审计单位信息技术的特点及复杂程度不同，被审计单位的手工及自动控制的组合方式往往会有所区别。

概括地讲，自动控制能为企业带来以下好处：

(1) 自动控制能够有效处理大流量交易及数据，因为自动信息系统可以提供与业务规则一致的系统处理方法。

(2) 自动控制比较不容易被绕过。

(3) 自动信息系统、数据库及操作系统的相关安全控制可以实现有效的职责分离。

(4) 自动信息系统可以提高信息的及时性、准确性，并使信息变得更易获取。

(5) 自动信息系统可以提高管理层对企业业务活动及相关政策的监督水平。

四、信息技术产生的风险

随着信息技术的发展，内部控制虽然在形式及内涵方面发生了变化，但内部控制的目标并没有发生改变，即：

(1) 提高管理层决策制定的效果和业务流程的效率。

(2) 提高会计信息的可靠性。

(3) 促进企业遵守法律和法规。

信息技术在改进被审计单位内部控制的同时，也产生了特定的风险：

(1) 信息系统或相关系统程序可能会对数据进行错误处理，也可能会去处理那些本身就错误的数据。

(2) 自动信息系统、数据库及操作系统的相关安全控制如果无效，会增加对数据信息非授权访问的风险，这种风险可能导致系统对非授权交易及假交易请求的拒绝处理功能遭到破坏，系统程序、系统内的数据不适当的改变，系统对交易进行不适当的记录，以及信息技术人员获得超过其职责范围的过大系统权限等。

(3) 数据丢失风险或数据无法访问风险，如系统瘫痪。

(4) 不适当的人工干预，或人为绕过自动控制。

五、注册会计师在信息化环境下面临的挑战

信息技术在会计处理和财务报告中的运用，把注册会计师带入了一个全新的、充满挑战的信息化环境。在这个环境中，注册会计师面对的是功能复杂、高度集成的大型信息系统，以及系统生成、处理、记录和报告的海量电子数据，甚至还有完全不同于传统形式的舞弊手法。如果作为审计工作对象的财务会计信息和报告是由企业财务报告相关信息系统作为载体所形成的，那么注册会计师在了解业务流程和内部控制、识别和评估审计风险、确定审计风险的应对以及审计范围、制定整体审计计划、执行审计程序以及收集审计证据等方面将面临来自信息化环境的众多挑战，主要体现在以下方面：

(1) 对业务流程开展和内部控运作的理解。传统环境下，业务流程的开展和内部控制的运作主要依赖人工处理。信息化环境下，相当部分的内部控制环节转移到信息系统中自动执行，或者人工与信息系统相结合而执行。因此，注册会计师需要重新建立对业务流程开展和内部控制运作的理解和认识。

(2) 对信息系统相关审计风险的认识。信息系统在带来效率提升的同时，也产生了由于信息技术而导致的风险。注册会计师在执行财务报表审计时，需要充分识别并评估与会计核算和财务报告编制相关的信息技术运用相伴而生的风险，如程序逻辑的错误、权限的不当授予等。对相关控制风险缺乏认识，可能导致审计工作针对性的欠缺，难以有效识别财务报表重大错报。

(3) 审计范围的确定。注册会计师在确定审计范围时，往往受困于信息技术的复杂性和专业性。企业的应用系统架构如何？信息系统间的数据流向是怎样的？如果对这些根本性问题认识不清楚，往往会在确定审计范围时产生遗漏。

(4) 审计内容的变化。在信息化环境下，会计核算与财务报告是由信息系统通过程序

进行自动处理的，因此审计内容很有可能包括对信息系统中的相关自动控制的测试。例如，在针对存货计价不准确的重大错报风险执行审计程序时，由于被审计单位存货的计价依赖于高度自动化处理，不存在或存在很少人工干预，针对该风险仅实施实质性程序可能不可行。获取的审计证据，即存货的库龄分析仅以电子形式存在，注册会计师必须测试存货的计价相关的内部控制的有效性，以及存货库龄计算的准确性。

(5) 审计线索的隐性化。在信息化环境下，会计信息已经全面数字化，传统的审计线索可能已经不复存在；在信息加工处理方面，信息系统封装了信息处理的过程，其内部处理逻辑、运算的中间过程，往往对系统的用户而言是独立的，传统的审计线索全面隐性化。

(6) 审计技术改进的必要性。面对海量的交易、数据和财务信息，传统的审计技术在抽样针对性和样本覆盖程度方面的局限性来越突出。一方面，信息技术的运用改变了企业的运作模式和工作方式，传统审计技术针对的问题特征可能已经消失，或者发生了改变，注册会计师的经验可能无法简单移植，从而丧失了针对性；另一方面，面对海量数据，传统的抽样方式难以覆盖大量的数据，对于不同来源的数据缺乏深刻的洞察力，覆盖性方面也难以提供更强的审计信心。

(7) 有待优化的知识结构。信息技术的广泛运用，对注册会计师的知识结构提出了新的要求。他们不仅仅要具备丰富的会计、审计、经济、管理、法律方面的知识和技能，还必须对信息技术有所掌握和了解，熟悉系统的架构、信息处理的基本逻辑、系统运行的原理，以及与信息技术运用相伴而生的风险因素。在信息化环境下，注册会计师必须熟悉信息技术的运用和信息系统的风险及控制，应对新的挑战，对审计的策略、范围、内容、方法和手段作出有针对性的调整，获取充分、适当的审计证据，从而发表恰当的审计意见。

(8) 与专业团队的充分协同工作。新兴复杂技术的日新月异，使财务报表审计对专业知识的需求日益迫切。注册会计师在优化自身的知识结构体系的过程中，引入相关技术专业人员参与审计工作成为一种有效的审计手段而普遍存在。比较常见的专业领域如信息技术、税务等。因此，在审计全过程中如何整合各方资源，进行有效的审计成为审计过程中一个重要的议题和考虑方面。需要强调的是，注册会计师在引入专业人员进行审计的项目中，从审计规划、审计执行到审计完成的各个阶段都应该积极引入专业人员参与，以确保相关的审计风险被合理识别和应对，保证审计过程的有效执行和审计效果的提升。

【知识链接】

计算机审计的产生与发展

计算机审计在国内外学术界有多种叫法，例如 EDP 审计、电算化审计、信息系统审计，等等。尽管叫法不同，但其含义基本相同。计算机审计与一般审计一样，同样是执行审计的基本职能。其特殊性主要体现在两方面：①对执行经济业务和会计信息处理的计算机信息系统进行审计，即计算机信息系统作为审计的对象。②利用计算机辅助审计，即计算机作为审计的工具。概括起来说，无论是对计算机信息系统进行审计还是利用计算机辅助审计、都统称为计算机审计。或者说，计算机审计的含义包括计算机系统作为审计的对象和作为审计的工具。

计算机审计随着现代信息技术的发展而发展。在计算机应用于会计与经济领域的初期，审计基本上采用“绕过计算机审计”的方法。随着信息技术的发展和经济管理自动化的提高，“绕过计算机审计”的方法已无法适应现代信息技术的发展，审计逐步转为直接对计算机信息系统本身进行审查(即“穿过计算机审计”)，并广泛应用计算机辅助审计技术(即“利用计算机审计”)。随着网络技术的广泛使用，尤其是电子商务的兴起，审计开始进入了“网络审计”阶段。

第二节 信息技术中的一般控制和应用控制测试

在信息技术环境下，人工控制的基本原理与方式并不会发生实质性的改变，注册会计师仍需要按照标准执行相关的审计程序，而对于自动控制，就需要从信息技术一般控制审计、信息技术应用控制审计以及公司层面信息技术控制审计三方面进行考虑。

一、信息技术一般控制

信息技术一般控制是指为了保证信息系统的安全，对整个信息系统以及外部各种环境要素实施的，对所有的应用或控制模块具有普遍影响的控制措施。信息技术一般控制通常会对实现部分或全部财务报表认定作出间接贡献。在有些情况下，信息技术一般控制也可能对实现信息处理目标和财务报表认定作出直接贡献。这是因为有效的信息技术一般控制确保了应用系统控制和依赖计算机处理的自动会计程序得以持续有效地运行。当人工控制依赖系统生成的信息时，信息技术一般控制同样重要。如果注册会计师计划依赖自动应用控制、自动会计程序或依赖系统生成信息的控制，他们就需要对相关的信息技术一般控制进行测试。

注册会计师应当清楚记录信息技术一般控制与关键的自动应用控制及接口、关键的自动会计程序、关键人工控制所依赖的系统生成数据和报告，或生成手工日记账时使用系统生成的数据和报告的关系。

信息技术一般控制包括程序开发、程序变更、程序和数据访问以及计算机运行四个方面。

1. 程序开发

程序开发领域的目标是确保系统的开发、配置和实施能够实现管理层的应用控制目标。程序开发控制一般包括但不限于以下要素：

(1) 程序开发的管理方法论。

(2) 项目启动、分析和设计。

(3) 测试和质量确保。

(4) 数据迁移。

(5) 程序实施和应急计划。

(6) 流程更新和用户培训。

(7) 开发过程中的需求变更管理。

(8) 开发过程中的职责分离。

2. 程序变更

程序变更领域的目标是确保对程序和相关基础组件的变更是经过请求、授权、执行、测试和实施的，以达到管理层的应用控制目标。程序变更范围除包含代码类的常规变更，同时也需要关注配置类的变更以及紧急变更。程序变更一般包括但不限于以下要素：

(1) 对变更维护活动的管理。

(2) 对变更请求的规范、授权与跟踪。

(3) 测试和质量确保。

(4) 程序实施。

(5) 流程更新和用户培训。

(6) 变更过程中的职责分离。

3. 程序和数据访问

程序和数据访问这一领域的目标是确保分配的访问程序和数据的权限是经过用户身份认证并经过授权的。程序和数据访问的子组件一般包括安全活动管理、安全管理、数据安全、操作系统安全、网络安全和物理安全。程序和数据访问一般包括但不限于以下要素：

(1) 应用用户授权管理。

(2) 高权限用户管理。

(3) 职责分工和权限管理。

(4) 认证和密码控制。

(5) 用户监控。

(6) 物理访问和环境控制。

(7) 网络访问控制。

4. 计算机运行

计算机运行这一领域的目标是确保业务系统根据管理层的控制目标完整准确地运行，确保运行问题被完整准确地识别并解决，以维护财务数据的完整性。计算机运行一般包括但不限于以下要素：

(1)系统作业管理；

(2)问题和故障管理；

(3)数据备份和恢复；

(4)备份介质的异地存放；

(5)灾难恢复。

二、信息技术应用控制

信息技术应用控制一般要经过输入、处理及输出等环节。和人工控制类似，系统自动控制关注的要素包括：完整性、准确性、存在和发生等。各要素的主要含义如下：

(1) 完整性：系统处理数据的完整性。例如，各系统之间数据传输的完整性、销售订单的系统自动顺序编号、总账数据的完整性等。

(2) 准确性：系统运算逻辑的准确性。例如，金融机构利息计提逻辑的准确性、生产企业的物料成本运算逻辑的准确性、应收账款账龄的准确性等。

(3) 存在和发生：一是信息系统相关的逻辑校验控制。例如，限制检查、合理性检查、存在检查和格式检查等。二是部分业务操作的授权管理。例如，入账审批管理的权限设定和授予、物料成本逻辑规则修改权限的设定和授予等。

系统自动控制的信息技术应用控制审计需要在理解业务流程的基础之上进行识别和定义，常见的系统自动控制以及信息技术应用控制审计关注点列示如下：

（1）系统自动生成报告。企业的业务或财务系统会定期或按需生成各类报告，如账龄报告、贷款逾期报告、业务和财务数据核对差异报告等。信息技术应用控制审计包括对这些报告生成逻辑（包括完整性和准确性）的测试、异常报告跟进控制的审计等。

（2）系统配置和科目映射。信息系统中包含了大量的自动校验控制和映射关系，包括数据完整性校验、录入合法性编辑检查、边界阈值设定、财务科目映射关系等。信息技术应用控制审计会对这些系统配置和映射关系的存在性和有效性进行测试。

（3）接口控制。接口控制包括各业务系统之间、业务和财务系统之间、企业内部系统和合作伙伴、交易对手、监管机构之间的接口数据传输。信息技术应用控制审计会对这些接口数据传输的完整性和准确性进行测试。

（4）访问和权限。企业内部各业务部门、财务部门、信息技术部门等均会根据各自的职责需要来对信息系统进行访问，各部门、各团队甚至各岗位访问的权限均可能存在差异，因此在系统控制层面需要对这些权限进行明确的定义和部署，以保证适当的人员授予适当的访问权限。信息技术应用控制审计会对这些访问权限授予情况的合理性进行测试。

三、公司层面信息技术控制

除信息技术一般控制和应用控制外，目前国内外企业的管理层也越来越重视公司层面的信息技术控制管理。常见的公司层面信息技术控制包括但不限于：

（1）信息技术规划的制定。

（2）信息技术年度计划的制定。

（3）信息技术内部审计机制的建立。

（4）信息技术外包管理。

（5）信息技术预算管理。

（6）信息安全和风险管理。

（7）信息技术应急预案的制定。

（8）信息系统架构和信息技术复杂性。

目前，审计机构针对公司层面信息技术控制往往会执行单独的审计，以评估企业信息技术的整体控制环境，来决定信息技术一般控制和应用控制的审计重点、风险等级、审计测试方法等。

四、信息技术一般控制、应用控制与公司层面控制三者之间的关系

公司层面信息技术控制情况代表了该公司的信息技术控制的整体环境，包括该公司对于信息技术的重视程度和依赖程度、信息技术复杂性、对于外部信息技术资源的使用和管理情况、信息技术风险偏好等，这些要素会影响该公司信息技术一般控制和信息技术应用控制的部署和落实。例如，如果某公司使用了较多的信息技术外部资源和服务，则可能会相应地提高外部用户管理和外联接口失效的风险，因此需要更多关注信息技术一般控制领域内的用户管理类控制，特别是外部用户管理机制，以及信息技术应用控制的外部系统接口管理机制等。

根据目前信息技术审计的业内最佳实践，注册会计师在执行信息技术一般控制和信息技术应用控制审计之前，会首先执行配套的公司层面信息技术控制审计，以了解公司的信息技术整体控制环境，并基于此识别出信息技术一般控制和信息技术应用控制的主要风险点以及审计重点。

应用控制是设计在计算机应用系统中的、有助于达到信息处理目标的控制。例如，许多应用系统中包含很多编辑检查来确保录入数据的准确性。编辑检查可能包括格式检查（如日期格式或数字格式），存在检查（如客户编码存在于客户主数据文档之中），或合理性检查（如最大支付金额）。如果录入数据的某一要素未通过编辑检查，那么系统可能拒绝录入该数据或系统可能将该录入数据拖入系统生成的例外报告之中，留待后续跟进和处理。

如果在带有关键的编辑检查功能的应用系统所依赖的计算机环境中发现了信息技术一般控制的缺陷，注册会计师可能就不能信赖上述编辑检查功能按设计发挥作用。例如，程序变更控制缺陷可能导致未授权人员对检查录入数据字段格式的编程逻辑进行修改，以使系统接受不准确的录入数据。此外，与安全和访问权限相关的控制缺陷可能导致数据录入不恰当地绕过合理性检查，而该合理性检查原本应能使系统拒绝处理金额超过最大容差范围的支付操作。

因此，公司层面信息技术控制是公司信息技术整体控制环境，决定了信息技术一般控制和信息技术应用控制的风险基调；信息技术一般控制是基础，信息技术一般控制的有效与否会直接关系到信息技术应用控制的有效性是否能够信任。

第三节 信息技术对审计过程的影响

一、信息技术对审计的影响

信息技术在企业中的应用并不改变注册会计师制定审计目标、进行风险评估和了解内部控制的原则性要求，审计准则和财务报告审计目标在所有情况下都适用。但是，注册会计师必须更深入了解企业的信息技术应用范围和性质，因为系统的设计和运行对审计风险的评价、业务流程和控制的了解、审计工作的执行以及需要收集的审计证据的性质都有直接的影响。归纳起来，信息技术对审计过程的影响主要体现在以下几个方面。

（一）对审计线索的影响

审计线索对审计来说极其重要。传统的手工会计系统，审计线索包括凭证、日记账、分类账和报表。注册会计师通过相应的程序来审查记录，检查和确定其是否正确地反映了被审计单位的经济业务，检查企业的会计核算是否合理、合规。而在信息技术环境下，从业务数据的具体处理过程到报表的输出都由计算机按照程序指令完成，数据均保存在磁性介质上，从而会影响到审计线索，如数据存储介质、存取方式以及处理程序等。

（二）对审计技术手段的影响

过去，注册会计师的审计都是手工进行的，但随着信息技术的广泛应用，若仍以手工方式进行审计，显然已经难以满足工作的需要，难以达到审计的目的。因此，注册会计师需要掌握相关信息技术，把信息技术当作一种必备的审计工具。

（三）对内部控制的影响

在现代审计技术中，注册会计师会对被审计单位的内部控制进行审查与评价，以此作为制定审计方案和决定抽样范围的依据。

（四）对审计内容的影响

在信息化条件下，由于信息化的特点，审计内容发生了相应的变化，在信息化的会计系统中，各项会计事项都是由计算机按照程序进行自动处理的，信息系统的特点及固有风险决定了信息化环境下审计的内容，包括对信息化系统的处理和相关控制功能的审查。例如，在审计账龄分析表时，在信息技术环境下，我们必须考虑其数据准确性以支持相关审计结论，因而需要对其基于系统的数据来源及处理过程进行考虑。

（五）对注册会计师的影响

信息技术在被审计单位的广泛应用要求注册会计师一定要具备相关信息技术方面的知识。因此，注册会计师要成为知识全面的复合型人才，他们不仅要有丰富的会计、审计、经济、法律、管理等方面的知识和技能，还需要熟悉信息系统的应用技术、结构和运行原理，有必要对信息化环境下的内部控制作出适当的评价。

因此，注册会计师必须对系统内的风险和控制都非常熟悉，然后对审计的策略、范围、方法和手段作出相应的调整，以获取充分、适当的审计证据，支持发表的审计意见。

二、信息技术审计范围的确定

被审计单位的流程和信息系统可能拥有各自不同的特点，因此注册会计师应按各自特点制定审计计划中包含的信息技术审计内容；另外，如果注册会计师计划依赖自动控制或自动信息系统生成的信息，那么他们就需要适当扩大信息技术审计的范围。

基于此，注册会计师在确定审计策略时，需要结合被审计单位业务流程复杂度、信息系统复杂度、系统生成的交易数量和业务对系统的依赖程度、信息和复杂计算的数量、信息技术环境规模和复杂度五个方面，对信息技术审计范围进行适当考虑。信息技术审计的范围与被审计单位在业务流程及信息系统相关方面的复杂度成正比，在具体评估复杂度时，可以从以下几个方面予以考虑。

（一）评估业务流程的复杂度（如销售流程、薪酬流程、采购流程等）

对业务流程复杂度的评估并不是一个纯粹客观的过程，而是需要注册会计师的职业判断。注册会计师可以通过考虑以下因素，对业务流程复杂度作出适当判断：

（1）某流程是否涉及过多人员及部门，并且相关人员及部门之间的关系复杂且界限不清。

（2）某流程是否涉及大量操作及决策活动。

（3）某流程的数据处理过程是否涉及复杂的公式和大量的数据录入操作。

（4）某流程是否需要对信息进行手工处理。

（5）对系统生成的报告的依赖程度。

（二）评估信息系统的复杂度

与评估业务流程的复杂度相似，对企业信息系统复杂度的评估也不是一个纯粹客观的过程，评估过程包含大量的职业判断，也受到所使用系统类型（如商业软件或自行研发系统）的影响。

具体来说，评估商业软件的复杂程度应当考虑系统复杂程度、市场份额、系统实施和运行所需的参数设置范围，以及客制化程度（对出厂标准配置的变更、变更类型，例如，是仅为报告形式的变更还是对数据处理方式的变更）。

而对于自行研发系统复杂度的评估，应当考虑系统复杂程度、距离上一次系统架构重大变更的时间、系统变更对财务系统的影响结果，以及系统变更之后的系统运行情况及运行期间。

同时，还需要考虑系统生成的交易数量、信息和复杂计算的数量，包括以下各项：

（1）被审计单位是否存在大量交易数据，以致用户无法识别并更正数据处理错误。

（2）数据是否通过网络传输，如 EDI。

（3）是否使用特殊系统，如电子商务系统。

（三）信息技术环境的规模和复杂度

评估信息技术环境的规模和复杂度，主要应当考虑产生财务数据的信息系统数量、信息系统接口以及数据传输方式、信息部门的结构与规模、网络规模、用户数量、外包及访问方式（例如，本地登录或远程登录）。信息技术环境复杂并不一定意味着信息系统是复杂的，反之亦然。

在具体审计过程中，注册会计师除了考虑以上所提及的复杂度外，还需要充分考虑系统在实际应用中存在的问题，评价这些问题对审计范围的影响：

（1）管理层如何获知与信息技术相关的问题？

（2）系统功能中是否发现严重问题或不准确成分？如果是，是否存在可以绕过的程序（如自行修复程序等）？

（3）是否发生过信息系统运行出错、安全事件或对固定数据的修改等严重问题？如果是，管理层如何应对这些问题，以及管理层如何确保这些问题得到可靠解决？

（4）内部审计或其他报告中是否提出过与信息系统、数据环境或应用系统相关的问题？

（5）报告中提及的最普遍的系统问题是什么？

（6）是否存在由于业务操作不规范而需要经常在系统内数据库中直接进行数据信息更改的情况？

（7）信息系统用户的能力、操作和安全意识如何？

在对被审计单位的业务流程、信息系统和相关风险进行充分了解之后，注册会计师应当判断被审计单位是否包含信息技术关键风险，并且实质性程序是否无法完全控制该风险。如果符合上述情况的描述，注册会计师应将信息技术审计纳入财务审计计划之中。此外，如果注册会计师计划依赖系统自动控制，或依赖以自动系统生成信息为基础的人工控制或业务流程审阅结果，那么注册会计师也同样需要对信息技术相关控制进行评估。

综上所述，在信息技术环境下，审计工作与对系统的依赖程度是直接关联的，注册会计师需要全面考虑其关联关系，从而可以准确定义相关的信息系统审计范围。

了解内部控制有助于注册会计师识别潜在错报的类型和影响重大错报风险的因素，以及设计进一步审计程序的性质、时间安排和范围。无论被审计单位运用信息技术的程度如何，注册会计师均需了解与审计相关的信息技术一般控制和应用控制。

三、信息技术一般控制对控制风险的影响

信息技术一般控制对应用控制的有效性具有普遍性影响。无效的一般控制增加了应用控制不能防止或发现并纠正认定层次重大错报的可能性，即使这些应用控制本身得到了有效设计。如果一般控制有效，注册会计师可以更多地信赖应用控制，测试这些控制的运行有效性，并将控制风险评估为低于“最高”水平。考虑到公司层面信息技术控制是公司的整体控制环境，决定了信息技术的风险基准，因此，注册会计师通常优先评估公司层面信息技术控制和信息技术一般控制的有效性。

四、信息技术应用控制对控制风险和实质性程序的影响

在评估应用控制对控制风险和实质性程序的影响时，注册会计师需要将控制与具体的审计目标相联系。注册会计师首先针对每个具体的审计目标，了解和识别相关的控制与缺陷，在此基础上，对每个相关审计目标评估初步控制风险。但对于一般控制而言，由于其影响广泛，注册会计师通常不会将控制与具体的审计目标相联系。

如果针对某一具体审计目标，注册会计师能够识别出有效的应用控制，在通过测试确定其运行有效后，注册会计师能够减少实质性程序。

五、在不太复杂 IT 环境下的审计

当面临不太复杂的 IT 环境时，如在信息技术并不对传统的审计线索产生重大影响的情况下，注册会计师可采取传统方式进行审计，即“绕过计算机进行审计”。在此情形下，注册会计师虽然仍需要了解信息技术一般控制和应用控制，但不测试其运行有效性，即不依赖其降低评估的控制风险水平，更多的审计工作将依赖非信息技术类审计方法。

六、在较为复杂 IT 环境下的审计

当面临较为复杂的 IT 环境时，“绕过计算机进行审计”就不可行，而要“穿过计算机进行审计”。这时，注册会计师更可能需要更多运用计算机辅助审计技术和审计工具开展具体的审计工作。

第四节 / 计算机辅助审计技术和电子表格的运用

一、计算机辅助审计技术

（一）计算机辅助审计技术的定义

计算机辅助审计技术（Computer Assisted Audit Techniques，CAATs），是指利用计算机和相关软件，使审计测试工作实现自动化的技术。通常将计算机助审计技术分为两类，一

类是用来测试程序/系统的，即面向系统的计算机辅助审计技术，另一类是用于分析电子数据的，即面向数据的计算机辅助审计技术。

1. 面向系统的计算机辅助审计技术

面向系统的计算机辅助审计技术包括平行模拟(Parallel Simulation)、测试数据(Test Data)、嵌入审计模块法(Embedded Audit Module)、程序编码审查、程序代码比较和跟踪、快照等方法。

平行模拟法是指注册会计师使用自身的应用软件，并且运用与被审计单位同样的数据文件，执行被审计单位应用软件同样的操作，以确定被审计单位自动控制的有效性或账户余额的准确性。

测试数据法是指注册会计师使用被审计单位的计算机系统和应用软件处理注册会计师自身准备的测试数据，以确定被审计单位的自动控制是否正确地处理测试数据。

嵌入审计模块法是指注册会计师在被审计单位的应用软件系统中嵌入审计模块，以识别特定类型的交易。

程序编码审查是指注册会计师使用专业的编码审查工具，进行开发编码的独立审查，以期发现冗余代码、错误代码、恶意代码等。

程序代码比较和跟踪是指注册会计师使用专业的代码比较工具，进行开发代码的比对，包括客制化开发版本和标准版之间的代码比对、不同版本程序之间代码的比对跟踪等。

快照是指注册会计师使用专业的工具，将系统运行过程中的某一状态进行快照记录，以进行包括系统性能、功能、状态等的横向比较。

2. 面向数据的计算机辅助审计技术

面向数据的计算机辅助审计技术包括数据查询、账表分析、审计抽样、统计分析、数值分析等方法。

计算机辅助审计技术可以在以下方面提高审计工作的效率和效果：

(1) 将现有手工执行的审计测试自动化。例如，对报告数据的准确性和完整性进行测试。

(2) 在手工方式不可行的情况下执行测试或分析。例如，审计大量的和非正常的销售交易，尽管这项工作有可能通过手工执行来实现，但对于多数大型公司而言，从时间角度出发，需要审计的交易数量是无法通过手工方式来进行的。

计算机辅助审计技术不仅能够提高审计大量交易的效率，而且计算机不会受到劳累过度的影响(而注册会计师在审计大量交易后很容易产生疲劳)，从这个意义上讲，计算机辅助审计技术还可以使审计工作更具效果。与用手工方式进行同样的测试相比较，即便是第一年使用计算机辅助审计技术进行审计，也会节省大量的审计工作量，而后续年度节约的审计时间和成本则会更多。

(二) 计算机辅助审计技术的应用

最广泛地应用计算机辅助审计技术的领域是实质性程序，特别是在与分析程序相关的方面。计算机辅助审计技术使得对系统中的每一笔交易进行测试成为可能，用于在交易样本量很大的情况下替代手工测试。

与其他控制测试相同，计算机辅助审计技术也可用于测试控制的有效性，选择少量的交易，并在系统中进行穿行测试，或是开发一套集成的测试工具，用于测试系统中的某些交易。

在控制测试中使用计算机辅助审计技术的优势是，可以对每一笔交易进行测试（包括主文件和交易文件），从而确定是否存在控制失效的情况。

由于计算机辅助审计技术有助于详审海量数据，它也可用于辅助对舞弊的检查工作（如审计非正常的日记账）。

（三）计算机辅助审计工具

计算机辅助审计技术是一种审计方式，因此也需要使用一定的工具来加以实现。常见的工具包括：

（1）通用类：Excel、Access 等。Excel 自带了大量的核算或分析的库函数或工具，但是它处理的数据量较为有限，Access 可以灵活导入数据，并可使用简单的 SQL 语言进行分析，处理数据的范围和数量大于 Excel。

（2）数据库类：SQL Server、Oracle 等。专用的数据库工具，可以快速高效地分析大量数据，但是对分析人员的技术水平要求较高，至少必须非常精通 SQL 语言。

（3）专业工具类：ACL、IDEA 等。专业的分析工具，一般只有审计和内部控制专业人士以及财务管理人员才会使用这些工具。

二、电子表格

即使在信息化程度极高的环境下，由于系统限制等原因，财务信息和报告的生成往往还需要借助电子表格来完成。所谓电子表格是指利用计算机作为表格处理工具，以实现制表工具、计算工具以及表格结果保存的综合电子化的软件。目前普遍使用的电子表格通常使用 Excel 等软件生成，通过电子表格可以进行数据记录、计算与分析，并能对输入的数据进行各种复杂统计运算后显示为可视性极佳的表格。因此，注册会计师在进行系统审计时，需要谨慎地考虑电子表格中的控制，以及类似于信息系统一般控制的设计与执行（在相关时）有效性，从而确保这些内嵌控制持续的完整性。

（一）电子表格的特性

电子表格的特性（即开放的访问、手工输入数据和容易出错）以及编制并使用电子表格的环境的特性（例如，用户开发不正式、开发文档不完整、保存在局域网或本地磁盘而不是其他受控的信息系统环境中），增加了电子表格所生成的数据存在错误的风险，从而影响审计工作的进行。

（二）确定重要的财务电子表格和其他最终用户计算工具的范围

重要的财务电子表格和其他最终用户计算工具（例如，按需报告工具或在数据仓库中运行查询）用来在重要的流程中（即自动控制或步骤）生成财务数据，或生成用于关键人工控制的财务或其他数据。作为起始点，注册会计师应该了解评估范围内重要的流程和账户，并识别用来支持这些流程或账户的相关的电子表格或工具。

（三）电子表格控制的考虑

因为电子表格非常容易被修改，并可能缺少控制活动，因此，电子表格往往面临重大的固有风险和错误，例如：

（1）输入错误：由错误数据录入、错误引用或其他简单的剪贴功能造成的错误。

(2) 逻辑错误:创建错误的公式从而生成了错误的结果。

(3) 接口错误:与其他系统传输数据时产生的错误。

(4) 其他错误:单元格范围定义不当、单元格参考错误或电子表格链接不当。

注册会计师应当了解相关的电子表格、数据库如何支持关键控制达到相关业务流程的信息处理目标。电子表格控制可能包括以下一项或多项内容:

(1) 对电子表格执行的、类似于信息系统一般控制的控制。

(2) 内嵌在电子表格中的控制(类似于一个自动应用控制)。

(3) 针对电子表格数据输入和输出的人工控制。

第五节 数据分析

一、数据分析的概念

对审计而言,数据分析是注册会计师获取审计证据的一种手段,是指注册会计师在计划和执行审计工作时,通过对内部或外部数据进行分析、建模或可视化处理,以发现其中隐藏的模式、偏差或不一致,从而揭示出对审计有用的信息的方法。

数据分析对注册会计师来说是一门新学科,需要在硬件、软件、技能和质量控制等方面进行大量投入。在大中型会计师事务所对大型企业审计市场需求作出的响应中,数据分析居于重要地位,不仅可以应用于审计中,也可以广泛应用于其他鉴证业务中。

数据分析能够帮助注册会计师以快速、低成本的方式实现对被审计单位整套完整数据(而非运用抽样技术得出的样本数据)进行检查,不仅能够在很大程度上提高审计的效率和效果,也有助于注册会计师从全局的角度更好地把握被审计单位交易和事项的经济实质,从而有助于提高审计质量。

二、数据分析的作用及其应用

数据分析是通过基础数据结构中的字段来提取数据,而不是通过数据记录的格式。一个简单的例子是Excel工具中的Power View,它可以过滤、排序、切分和突显出电子表格中的数据,然后用各种各样的气泡图、柱状图和饼图等方式可视化地呈现数据。可视化与其基础数据几乎一样,因此分析质量的提高程度取决于必须以正确方式提取、分析和连接的基础数据。

数据分析工具可用于风险分析、交易和控制测试、分析性程序,用于为判断提供支撑并提供见解。例如,它们可以利用外部市场数据(如第三方定价信息)为投资重新定价。利率、汇率、GDP的变化以及其他增长指标也可用于分析性程序。许多数据分析常规工具可以很容易地由注册会计师执行。独立完成这些分析的能力非常重要。更高级的常规分析工具可用于风险分析以便发现问题,而更详细的分析可用来明确重点,提供审计证据和洞察力。

一些常规分析工具可以提供审计证据,为判断会计估计的计算方法是否适当提供支持。例如,如果一个企业有冲销超过一定账龄的应收款项的政策,如果常规分析工具显示,大量的贷项通知单与开具账单错误有关，那么当冲销贷项通知单时，对运用该方法的分析结果可能导致该方法看起来不是那么恰当。

数据分析工具可以提高审计质量。审计质量不在于工具本身，而是在于分析和相应判断的质量。这种价值不在于数据转换，而是在于从分析产生的交谈和询问中提取的审计证据。

三、数据分析面临的挑战

许多大型事务所在其客户系统中有包括独立的用户名和密码的只读类型的账号，以便在一段时间里服务于报告的审计。当某一地区使用的是标准账户时，这是一个非常有效的生成审计所需信息的方法。虽然这与提取或转换数据不一样。

注册会计师有时自己去获取数据，但他们有时使用管理层提取并验证过的数据。注册会计师围绕管理层的数据提取和验证过程执行一套控制测试，然后将管理层生成的信息用于自己的分析。这项工作的常规方面正在逐渐外包。在任何情况下，管理层必须在注册会计师做任何事情以前进行广泛的安全性和完整性检查。

大型事务所都面临一个基本技术问题——通过一个可使用的格式从系统中提取数据。为了开发一个可用的接口，注册会计师不得不为每一个大客户的每一系统、按照每一个排列去映射所有编码。他们也必须对完全定制的系统这样做。注册会计师正在开发多种策略，以使他们能够接入各种各样的系统。

专注于数据的提取、标准化和分析的软件供应商可以通过使用网页链接，从中小型公司广泛使用的专有会计系统中提取信息。供应商可以生成适合审计的信息，并对其进行分析。

数据和交易可以采用许多不同的方式进行分析，如通过交易类型，账户或活动代码，或者参考许多不同的数据成分。转换（Transformation）是关于使数据变为可用的方式。一个最新出现的问题是，为了实现可用性，数据应作多大程度的改变。事务所在作出这种改变之前需要仔细思考并消耗资源来进行的关键决策，是有关从常规分析工具中可能获得的审计证据的质量，以及管理层是否能转换该数据以使监管变得更加容易。“更改”客户数据所带来的不安是一个问题，但有时是不可避免的。

管理层提供给注册会计师的大量的数据中存在的一些问题，并不是“属于”事务所的。这不是一个新问题，但数据分析的规模和范围让这个问题成为关注焦点。在大容量数据存储引起一些法律和实务问题的背景下，审计质量问题则是需要保留支持关键思考过程的文档记录。注册会计师为了适应数百万兆字节的数据，为了分析上百家报告单位的数百万交易所的基础设施，已超出了标准服务器的容量。

以何种方式保留数据，从而满足审计准则的文件记录要求，人们有不同的观点。这实质上是一个测试单个交易所需的信息是否充分的问题。有观点认为，保留大量的数据不仅成本高昂，而且对于遵守审计准则而言也是不必要的。其他人则认为，分析的数据至少需要保留很多年，因为这些数据分析平台就是这样构建的，并且他们不相信与数据保留相关的风险状况发生了改变。有人认为，由于在数据分析中使用了海量数据，与数据保留相关的风险状况已经改变。虽然数据分析平台的质量对数据保留有影响，但什么应当被保留的标准并没有改变。如果一个项目已被测试，那么关于它的信息就应该被保留，以便在必要时再次找出该项目信息。

【知识链接】

审计署"金审工程"

一是建立健全的审计信息收集系统，通过多种方式高效而有针对性的采集有效数据。审计机关可在原有网站、信箱、问卷的基础上，开放新的咨询、访问网络、电话入口，专门采集来自于民众渠道的审计数据，使审计工作更为透明化。

二是在建设"国家审计云"的主题下，各地方建立自己的审计数据库，并且由各地方政府建立互通的网络通道，使数据得到最大程度的共享和利用。

三是加大对审计部门信息化装备的投资。大数据时代的关键不在于数据是否得到存储与备份，而在于已接受的数据是否得到了及时的分析与处理。设备不仅仅包括硬件计算机，还包括其中的数据处理函数算法与程序。网络技术的发展要求审计工作用更为先进的计算方法来处理数据，得出更为详细科学的审计结果。以推动审计工作科学发展为基本点，科学全面地考核业绩。

四是审计部门要加强各地方的队伍建设。人才是信息处理过程中最重要的环节，培育出能够熟练掌握大数据信息化技术的审计工作人员，是各地方审计部门信息化建设的基本要求。

五是创建完善的数据分析系统及环境。随着大数据的发展，数据挖掘技术日渐成熟。数据概化、统计分析、聚类分析、关联分析是其衍生的四大方法。利用这些先进技术，可建立审计模拟实验室、完善的审计内网外网等云部门，使一切数据及运算都规范化、科学化，不仅处理数据，更能预测数据，从而及时合理地作出决策。

第六节 不同信息技术环境下的问题

本节在公司层面信息技术控制的范畴内，重点讨论被审计单位运用网络、数据库管理系统、电子商务、信息技术职能外包安排等不同信息技术环境下的问题。

一、网络环境

很多企业可能使用局域网或互联网将各种类型的计算机、工作站、打印机、服务器等互相连接起来。在网络环境下，用于处理交易的应用软件和数据文件可能分布于不同位置但互相连接的计算机设备上，由此产生了与内部控制相关的问题，包括对分布于不同位置的服务器的安全、数据和信息的分布及同步、管理监督以及兼容性问题。

二、数据库管理系统

数据管理系统(Database Management System)是一种操纵和管理数据库的大型软件，用于建立、使用和维护数据库，简称DBMS。它对数据库进行统一的管理和控制，以保证数据的安全性和完整性。使用数据库管理系统能够实现不同应用软件之间的数据共事,减少数据冗余,改进对数据的控制,提高数据的决策支撑作用。

很多被审计单位使用ERP系统实现整个单位数据库系统的整合。ERP是Enterprise Resource Planning(企业资源计划)的简称。FRP是针对物资资源管理(物流)、人力资源管理(人流)、财务资源管理(财流)、信息资源管理(信息流)集成一体化的企业管理软件。ERP系统能够实现会计部门与业务部门的数据共享。当然,数据库管理系统也带来了与内部控制相关的问题,包括多重使用者能够访问和修改共享数据的风险。因此,需要实施严格的数据库管理和接触控制,以及数据安全备份制度。

三、电子商务系统

越来越多的被审计单位采用电子商务的方式进行交易。电子商务是指在互联网开放的网络环境下,以信息技术为手段,买卖双方不谋面地进行各种商贸活动,实现消费者的网上购物、商户之间的网上交易和在线电子支付以及各种商务活动、交易活动、金融活动和相关的综合服务活动的一种新型的商业运营模式。在这种方式下,交易信息在网上传输,容易被拦截、篡改或不当获取,需要采取相应的安全控制。此外,被审计单位的会计信息系统可能与交易对方的系统相连接,产生了互相依赖的风险,即交易一方的风险部分取决于交易对手如何识别和管理其自身系统中的风险。

四、外包安排

被审计单位可能将全部或部分的信息技术职能外包给专门的应用软件服务提供商或云计算服务商等计算机服务机构。根据美国国家标准与技术研究院(NIST)的定义,云计算是一种按使用量付费的模式,这种模式提供可用的、便捷的、按需的网络访问,进入可配置的计算资源共享池(资源包括网络、服务器、存储、应用软件、服务),这些资源能够被快速提供,只需投入很少的管理工作,或与服务供应商进行很少的交互。

如果服务机构提供的服务和对服务的控制,构成被审计单位与财务报告相关的信息系统(包括相关业务流程)的一部分,注册会计师应当参照《中国注册会计审计准则第1241号——对被审计单位使用服务机构的考虑》的规定办理。

注册会计师应当实施与服务机构活动相关的下列程序:

(1) 了解服务机构中与内部控制相关的控制以及针对服务机构活动所实施的控制。

(2) 获取相关控制运行有效性的证据。

注册会计师可通过以下程序获取相关控制运行有效性的证据,包括:

(1) 了解服务机构注册会计师对服务机构内部控制有效性出具的报告或与控制测试相关的商定程序报告。

(2) 测试被审计单位对服务机构活动的控制。

(3) 对服务机构实施控制测试。

如果可以获取服务机构注册会计师对服务机构内部控制有效性出具的报告,注册会计师应当评价该报告是否提供了充分、适当的证据,以支持注册会计师的意见。

在评价时,注册会计师可能考虑下列因素:

(1) 对控制的测试涵盖的期间及其与管理层评估时间点的关系。

(2) 对控制的测试涵盖的范围、测试的控制及其与企业控制的关联度。

(3) 对控制的测试结果,以及服务机构注册会计师对控制运行有效性发表的意见。

【关键术语】

信息技术　财务报告　内部控制　控制测试　审计过程　计算机辅助审计技术　电子表格的运用　数据分析

【问题思考】

1. 信息技术对企业财务报告有何影响?
2. 如何确定信息技术一般控制、应用控制与公司层面控制三者之间的关系?
3. 信息技术审计的范围如何确定?
4. 数据分析的作用有哪些?

【实训案例】

1. 想知道一个地区繁荣程度如何,最简单的就看用电和用水,带有远程抄表功能的智能电表、水表可以进行实时数据归集,每天都能看到数字的变化。做做同比、环比就知道这个地区的电器和人口活跃程度有没有变化,不管是常驻的还是流动的,而且还能区分是民用水电的增加还是工业水电的增加。

2. 想知道一个地区交通状况如何?看看那些高速公路和国道、省道上的测速摄像头记录就能知道。什么时间,车流通过多少,车速如何,就能够从一定程度上反映出交通情况,是人迹寥寥还是车水马龙,是风驰电掣还是拥堵不堪。如果做路段改造,成果也能从这些数据里直接得到体现,而且都是立竿见影。

根据以上资料说明信息技术下大数据对审计的影响。

练　习　题

姓名______
学号______
分数______

扫二维码获得更多本章习题及案例

一、单项选择题

1. 公司层面信息技术控制是公司信息技术整体(　　),决定了信息技术一般控制和信息技术应用控制的风险基调。

A. 控制环境　　B. 控制要求　　C. 控制能力　　D. 控制监督

2. 数据分析工具可用于(　　)交易和控制测试、分析性程序,用于为判断提供支撑并提供见解。

A. 风险分析　　B. 制度分析　　C. 技术分析　　D. 常规分析

3. 当面临不太复杂的IT环境时,如在信息技术并不对传统的审计线索产生重大影响的情况下,注册会计师可采取传统方式进行审计,即"(　　)计算机进行审计"。

A. 通过　　B. 嵌入　　C. 辅助　　D. 绕过

4. 在信息技术环境下,审计工作与对系统的依赖程度是直接关联的,注册会计师需要全面考虑其关联关系,从而可以准确定义相关的信息系统(　　)。

A. 审计效果　　B. 审计思路　　C. 审计细致　　D. 审计范围

二、多项选择题

1. 信息技术是指利用电子计算机和现代通信手段实现获取信息、传递信息、(　　)等的相关技术。

A. 存储信息　　B. 处理信息　　C. 显示信息　　D. 分配信息

2. 随着信息技术的发展,内部控制虽然在形式及内涵方面发生了变化,但内部控制的目标并没有发生改变,即(　　)。

A. 提高管理层决策制定的效果和业务流程的效率
B. 提高会计信息的可靠性
C. 提高会计信息的配比性
D. 促进企业遵守法律和法规

3. 计算机运行一般包括但不限于以下要素(　　)。

A. 系统作业管理　　B. 问题和故障管理
C. 数据备份和恢复　　D. 备份介质的异地存放

4. 面向数据的计算机辅助审计技术,包括(　　)、数值分析等方法。

A. 账表分析　　B. 审计抽样
C. 统计分析　　D. 数据输入

三、判断题

1. 企业可以运用信息系统来创建、记录、处理和报告各项交易，以衡量和审查自身的财务业绩，并持续记录资产、负债及所有者权益。 （ ）
2. 信息技术一般控制包括程序开发、程序变更、程序访问以及计算机运行四个方面。 （ ）
3. 数据分析是通过基础数据结构中的字段来提取数据，而不是通过数据记录的格式。 （ ）
4. 最广泛地应用计算机辅助审计技术的领域是符合性程序，特别是在与分析程序相关的方面。 （ ）
5. 数据库需要实施严格的数据库管理和接触控制，以及数据安全备份制度。 （ ）

第二篇

审计测试流程

章前导引

第七章 风险评估与风险应对

教学目标

本章主要介绍风险评估程序、重大错报风险的评估及风险应对措施、控制测试和实质性程序。通过学习，学生应理解掌握风险评估程序的运用、风险应对措施、控制测试的程序及内容。

第一节 风险评估程序

审计技术方法的演进经历了账项导向审计、内控导向审计、风险导向审计三个阶段。风险导向审计是当今主流的审计技术，它要求注册会计师以重大错报风险的识别、评估和应对为审计工作的主线，提高审计效率和效果。

《中国注册会计师审计准则第 1211 号——通过了解被审计单位及其环境识别和评估重大错报风险》作为专门规范风险评估的准则，规定注册会计师应当了解被审计单位及其环境，充分识别和评估财务报表重大错报风险，设计和实施进一步审计程序。

一、风险评估程序

注册会计师了解被审计单位及其环境，目的是为了识别和评估财务报表重大错报风险。为了解被审计单位及其环境而实施的程序称为“风险评估程序”。注册会计师应当依据实施这些程序所获取的信息，评估重大错报风险。

注册会计师应当实施下列风险评估程序，以了解被审计单位及其环境：询问管理层和被审计单位内部其他人员，分析程序，观察和检查。

（一）询问管理层和被审计单位内部相关人员

询问管理层和被审计单位内部相关人员是注册会计师了解被审计单位及其环境的一个重要信息来源。注册会计师可以考虑向管理层和财务负责人询问下列事项：

(1) 管理层所关注的主要问题。如新的竞争对手、主要客户和供应商的流失、新的税收法规的实施以及经营目标或战略的变化等。

(2) 被审计单位最近的财务状况、经营成果和现金流量。

(3) 可能影响财务报告的交易和事项,或者目前发生的重大会计处理问题。如重大的兼并事宜等。

(4) 被审计单位发生的其他重要变化。如所有权结构、组织结构的变化,以及内部控制的变化等。

尽管注册会计师通过询问管理层和财务负责人可获取大部分信息,但是询问被审计单位内部的其他不同层级的人员可能为注册会计师提供不同的视角,有助于评估重大错报风险。因此,注册会计师除了询问管理层和对财务报告负有责任的人员外,还应当考虑询问内部审计人员、采购人员、生产人员、销售人员等其他人员,并考虑询问不同级别的员工,以获取对识别重大错报风险有用的信息。

(二) 实施分析程序

分析程序是指注册会计师通过研究不同财务数据之间以及财务数据与非财务数据之间的内在关系,对财务信息作出评价。分析程序还包括调查识别出的、与其他相关信息不一致或与预期数据严重偏离的波动和关系。

注册会计师实施分析程序有助于识别异常的交易或事项,以及对财务报表和审计产生影响的金额、比率和趋势。在实施分析程序时,注册会计师应当预期可能存在的合理关系,并与被审计单位记录的金额,依据记录金额计算的比率或趋势相比较;如果发现异常或未预期到的关系,注册会计师应当在识别重大错报风险时考虑这些比较结果。例如,注册会计师通过对被审计单位性质的了解,获知在生产成本中占较大比例的原材料成本在相关期间内上升,注册会计师预期销售成本也应相应上升,毛利率应相应下降。但是注册会计师通过分析程序发现,两个会计期间毛利率相当。上述分析可能使注册会计师得出结论:销售成本可能存在重大错报风险,应作为审计的重点。

(三) 观察和检查

观察和检查程序可以支持对管理层和其他相关人员的询问结果,并可以提供有关被审计单位及其环境的信息,注册会计师应当实施下列观察和检查程序:

(1) 观察被审计单位的经营活动。例如,观察被审计单位人员正在从事的生产活动和内部控制活动,增加注册会计师对被审计单位人员如何进行生产经营活动及实施内部控制的了解。

(2) 检查文件、记录和内部控制手册。例如,检查被审计单位的经营计划、策略、章程,与其他单位签订的合同、协议,各业务流程操作指引和内部控制手册等,了解被审计单位组织结构和内部控制制度。

(3) 阅读由管理层和治理层编制的报告。例如,阅读被审计单位年度和中期财务报告,股东大会、董事会会议、高级管理层会议的会议记录或纪要,了解被审计单位发生的重大事项。

(4) 实地察看被审计单位的生产经营场所和厂房设备。通过现场访问和实地察看被审计单位的生产经营场所和厂房设备,可以帮助注册会计师了解被审计单位的性质及其经营活动。

(5) 追踪交易在财务报告信息系统中处理过程(穿行测试)。这是注册会计师了解被审计单位业务流程及其相关控制时经常使用的审计程序。通过追踪某笔或某几笔交易在业务流程中如何生成、记录、处理和报告,以及相关控制如何执行,注册会计师可以确定被审计单位的交易流程和相关控制是否与之前通过其他程序所获得的了解一致，并确定相关控制是否得到执行。

二、其他审计程序和信息来源

（一）其他审计程序

除了采用上述程序从被审计单位内部获取信息以外，如果根据职业判断认为从被审计单位外部获取的信息有助于识别重大错报风险，注册会计师应当实施其他审计程序以获取这些信息。例如，询问被审计单位聘请的外部法律顾问、专业评估师、投资顾问和财务顾问等。外部信息包括证券分析师、银行、评级机构出具的有关被审计单位及其所处行业的经济或市场环境等状况的报告，贸易与经济方面的报纸期刊，法规或金融出版物，以及政府部门或民间组织发布的行业报告和统计数据等。

（二）其他信息来源

注册会计师应当考虑在客户接受或保持过程中获取的信息是否与识别重大错报风险相关。通常，对新的审计业务，注册会计师应在业务承接阶段对被审计单位及其环境有一个初步的了解，以确定是否承接该业务。而对连续审计业务，也应在每年的续约过程中对上年审计作总体评价，并更新对被审计单位的了解和风险评估结果，以确定是否续约。注册会计师还应当考虑向被审计单位提供其他服务（如执行中期财务报表审阅业务）所获得的经验是否有助于识别重大错报风险。

第二节／了解被审计单位及其环境

注册会计师应当从下列方面了解被审计单位及其环境：①相关行业状况、法律环境和监管环境及其他外部因素；②被审计单位的性质；③被审计单位对会计政策的选择和运用；④被审计单位的目标、战略以及可能导致重大错报风险的相关经营风险；⑤对被审计单位财务业绩的衡量和评价；⑥被审计单位的内部控制。

上述第①项是被审计单位的外部环境，第②、第③、第④项以及第⑥项是被审计单位的内部因素，第⑤项则既有外部因素也有内部因素。

一、行业状况、法律环境和监管环境及其他外部因素

（一）行业状况

了解行业状况有助于注册会计师识别与被审计单位所处行业有关的重大错报风险。

注册会计师应当了解被审计单位的行业状况，主要包括：①所处行业的市场与竞争，包括市场需求、生产能力和价格竞争；②生产经营的季节性和周期性；③与被审计单位产品相关的生产技术；④能源供应与成本；⑤行业的关键指标和统计数据。

（二）法律环境与监管环境

注册会计师应当了解被审计单位所处的法律环境与监管环境，主要包括：①会计原则和

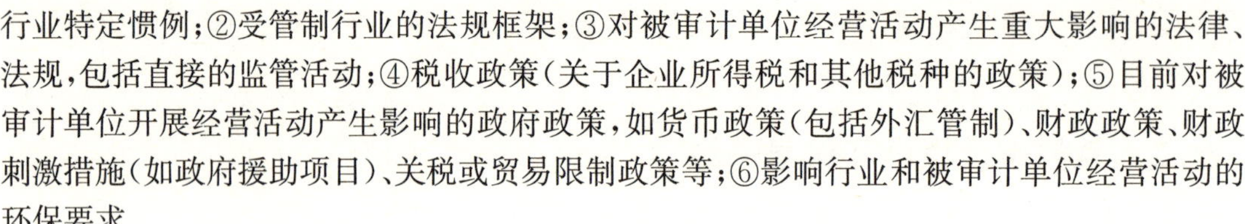

行业特定惯例；②受管制行业的法规框架；③对被审计单位经营活动产生重大影响的法律、法规，包括直接的监管活动；④税收政策（关于企业所得税和其他税种的政策）；⑤目前对被审计单位开展经营活动产生影响的政府政策，如货币政策（包括外汇管制）、财政政策、财政刺激措施（如政府援助项目）、关税或贸易限制政策等；⑥影响行业和被审计单位经营活动的环保要求。

（三）其他外部因素

注册会计师应当了解影响被审计单位经营的其他外部因素，主要包括：①宏观经济的景气度；②利率和资金供求状况；③通货膨胀水平及币值变动；④国际经济环境和汇率变动。

二、被审计单位的性质

注册会计师应当从下列方面了解被审计单位的性质：所有权结构、治理结构、组织结构、经营活动、投资活动和筹资活动。了解被审计单位的性质有助于注册会计师理解预期在财务报表中反映的各类交易、账户余额及列报。

（一）所有权结构

注册会计师应当了解被审计单位是属于国有企业、外商投资企业、民营企业，还是属于其他类型的企业，还应当了解其直接控股母公司、间接控股母公司、最终控股母公司和其他股东的构成，以及所有者与其他人员或实体，如控股母公司控制的其他企业之间的关系。对被审计单位所有权结构的了解有助于注册会计师识别关联方关系并了解被审计单位的决策过程。

（二）治理结构

良好的治理结构可以对被审计单位的经营和财务运作实施有效的监督，从而降低财务报表发生重大错报的风险。例如，董事会的构成情况、董事会内部是否有独立董事；治理结构中是否设有审计委员会或监事会及其运作情况。注册会计师应当考虑治理层是否能够在独立于管理层的情况下对被审计单位事务（包括财务报告）作出客观判断。

（三）组织结构

复杂的组织结构可能导致某些特定的重大错报风险。注册会计师应当了解被审计单位的组织结构，考虑复杂组织结构可能导致的重大错报风险，包括财务报表合并、商誉减值以及长期股权投资核算等问题。

（四）经营活动

了解被审计单位经营活动有助于注册会计师识别预期在财务报表中反映的主要交易类别、重要账户余额和列报。注册会计师应当了解被审计单位的经营活动，主要包括：主营业务的性质、与生产产品或提供劳务相关的市场信息、业务的开展情况、联盟、合营与外包情况、关键客户、重要供应商、关联方交易等。

（五）投资活动

了解被审计单位投资活动有助于注册会计师关注被审计单位在经营策略和方向上的重大变化。注册会计师应当了解被审计单位的投资活动主要包括：近期拟实施或已实施的并购活动与资产处置情况、证券投资、委托贷款的发生与处置、资本性投资活动、不纳入合并范围的投资。

（六）筹资活动

了解被审计单位筹资活动有助于注册会计师评估被审计单位在融资方面的压力，并进一步考虑被审计单位在可预见未来的持续经营能力。注册会计师应当了解被审计单位的筹资活动主要包括：债务结构和相关条款、主要子公司和联营企业、关联方融资的特殊条款等。

三、被审计单位对会计政策的选择和运用

注册会计师应当了解被审计单位对会计政策的选择和运用是否符合国家颁布的会计准则，是否符合被审计单位的具体情况。

（一）重要项目的会计政策与行业惯例

重要项目的会计政策包括收入确认方法、存货计价方法、固定资产折旧的方法等。除会计政策外，某些行业可能还存在一些行业惯例，注册会计师应当熟悉这些行业惯例。当被审计单位采用与行业惯例不同的会计处理方法时，注册会计师应当了解其原因，并考虑采用与行业惯例不同的会计处理方法是否恰当。

（二）重大和异常交易的会计处理方法

例如，本期发生的投资的会计处理方法；某些被审计单位可能存在与其所处行业相关的重大交易，例如，银行向客户发放贷款、证券公司对外投资等。注册会计师应当考虑被审计单位对重大的和不经常发生的交易的会计处理方法是否适当。

（三）在缺乏权威性标准或共识、有争议的或新兴领域采用重要会计政策产生的影响

在缺乏权威性标准或共识的领域，注册会计师应当关注被审计单位选用了哪些会计政策，为什么选用这些会计政策以及选用这些会计政策产生的影响。

（四）会计政策的变更

如果被审计单位变更了重要的会计政策，注册会计师应当考虑变更的原因及其适当性：会计政策变更是否符合法律、行政法规或者适用的会计准则和相关会计制度要求；会计政策变更是否能够提供更可靠、更相关的会计信息。除此之外，注册会计师还应当关注会计政策的变更是否得到充分披露。

四、被审计单位的目标、战略以及相关经营风险

（一）目标、战略与经营风险

注册会计师应当了解被审计单位的目标和战略，以及可能导致财务报表重大错报的经营风险。注册会计师应当了解被审计单位是否存在与下列方面有关的目标和战略，并考虑相应的经营风险：①行业发展，可能导致被审计单位不具备足以应对行业变化的人力资源和业务专长等风险；②开发新产品或提供新服务，可能导致被审计单位产品责任增加等风险；③业务扩张，可能导致被审计单位对市场需求的估计不准确等风险；④新的会计要求，可能导致被审计单位执行不当或不完整，或会计处理成本增加等风险；⑤监管要求，可能导致被审计单位法律责任增加等风险；⑥本期及未来的融资条件，可能导致被审计单位由于无法满

足融资条件而失去融资机会等风险；⑦信息技术的运用，可能导致被审计单位信息系统与业务流程难以融合等风险。

（二）经营风险对重大错报风险的影响

经营风险与财务报表重大错报风险是既有联系又相互区别的两个概念，前者比后者范围更广。注册会计师了解被审计单位的经营风险有助于其识别财务报表重大错报风险，但是注册会计师没有责任识别或评估所有的经营风险。

多数经营风险最终都会产生财务后果，从而影响财务报表，但并非所有的经营风险都会导致重大错报风险。经营风险可能对各类交易、账户余额和列报的认定层次或财务报表层次产生直接影响。例如，企业业务扩张涉足新的领域，导致企业对市场需求估计不准确，生产的产品过剩，由此产生的经营风险可能增加与存货计价（计提跌价准备）认定有关的重大错报风险。同样的风险，在经济紧缩时，可能具有更为长期的后果，注册会计师在评估持续经营假设的适当性时需要考虑这一问题。注册会计师应当根据被审计单位的具体情况考虑经营风险是否可能导致财务报表产生重大错报。

五、被审计单位财务业绩的衡量和评价

被审计单位内部或外部对财务业绩的衡量与评价可能对管理层产生压力，促使其采取行动改善财务业绩或歪曲财务报表。注册会计师应当了解被审计单位财务业绩衡量和评价情况，考虑这种压力是否能够导致管理层采取行动，以至于增加财务报表产生重大错报的风险，注册会计师应当关注下列信息：关键业绩指标；业绩趋势；预算、预测、差异分析；员工业绩考核与激励性报酬政策；与竞争对手的业绩比较。

第三节 了解被审计单位的内部控制

一、内部控制的内涵及要素

（一）内部控制的内涵

内部控制是被审计单位为了合理保证财务报告的可靠性、经营的效率和效果以及对法律、法规的遵守，由治理层、管理层和其他人员设计与执行的政策及程序。从保证程度上来看，内部控制是合理保证；从目标上来看，内部控制是为实现财务报告的可靠性、经营的效率和效果以及对法律、法规的遵守；从责任主体来看，设计和实施内部控制的责任主体是治理层、管理层和其他人员；从实现内部控制目标的手段来看是设计和执行控制政策及程序。

（二）内部控制的要素

内部控制的内容是由基本要素组成的。企业内部控制的建立一般是根据其特征和需求设计的，如企业规模、所处行业、业务构成、管理目标等。目前，国内外审计界在讲述、设计和评价内部控制时，多采用美国“科索委员会”（COSO）提出的内部控制五要素框架，五要素框

架具有较强的理论可取性和实践可行性。以五要素框架为基础的内部控制包括下列要素：①控制环境；②风险评估过程；③与财务报告相关的信息系统和沟通；④控制活动；⑤对控制的监督。

1. 控制环境

控制环境包括治理职能和管理职能，以及治理层和管理层对内部控制及其重要性的态度、认识和措施。同时，控制环境是企业内部控制的基础，它反过来又影响企业各级管理人员和一般员工的控制意识。控制环境的具体内容主要包括以下几个方面：

(1) 诚信原则和道德价值观。内部控制是由人来实施并受人的因素影响的，建立良好的内部控制，首先要在企业从最高管理层到普通员工中建立起保持诚信行为的理念和原则，确立健康的道德价值标准；不盲目追求不切实际的目标，不给虚夸造假风气创造条件；注重企业文化建设和提供道德方面的指导，使所有员工都能正确地进行判断、明辨是非，遵章守纪成为发自员工内心的自觉行动。

(2) 员工的胜任能力和公司的人力资源政策。内部控制有效运行需要公司员工具有一定的知识、技能和能力水平，所以企业管理层须制定正式的职务说明书，逐项分析并规定各工作岗位对知识和技能的要求，同时还要有完善的员工招聘与选拔政策及操作性程序；对员工制定职业发展规划、有计划地进行业务技能培训，使员工的知识技能水平不断地得到更新，保持胜任其工作岗位的能力。

(3) 管理理念和经营风格。公司的管理理念应当是明确的，全体员工都了解公司的愿景和使命，公司的经营目标和计划与公司的愿景和使命紧密相连。

(4) 组织结构和管理层的安排。组织结构是指为实现公司目标和计划、确保其执行和得到监督的整体框架。良好的内部控制应存在于合适的组织结构之中，这种组织结构应能提供管理企业所需的各种信息；应能使管理指令畅通无阻；应能根据反馈的信息做出调整和纠正。对于注册会计师来说，尤其应当关注的是董事会及其审计委员会的构成、职责和发挥的作用。

(5) 职权与责任的分配。有效的内部控制需要在组织内部对全部经营活动的各项职责进行合理有效的分配，同时要进行适当授权，为执行任务和承担职责的部门及其成员提供和配备所需的资源并确保他们的经验和知识与职责权限相匹配，通过周密的设计使员工的职责和相应的工作行为与实现公司目标保持一致。

2. 风险评估过程

在市场经济条件下，每个企业都会面临各种不同的风险，企业对这些风险必须进行评估。风险评估是分析和辨认实现企业所定目标和计划的过程中可能发生的不利事件和情况。风险评估包括对风险点进行选择、识别、分析和评估的全过程。进行风险评估首先要列出重要风险要素和风险控制点，要清楚在企业经营管理过程中会出现的风险，既要考虑内部风险，又要考虑外部因素引起的风险；既要考虑静态风险，又要考虑动态风险；既要考虑操作风险，又要考虑体制和政策风险。

企业的目标和计划是由企业的愿景和使命决定的，有了目标和计划企业各级部门和员工就有了具体的工作目标和行动方向。在实现企业目标和计划的过程中，会出现各种各样的不利事件和情况阻碍企业目标和计划的实现，也就是企业会遇到风险。管理层必须建立持续的风险评估机制对风险进行评估，并根据评估结果采取必要的应对措施。被审计单位

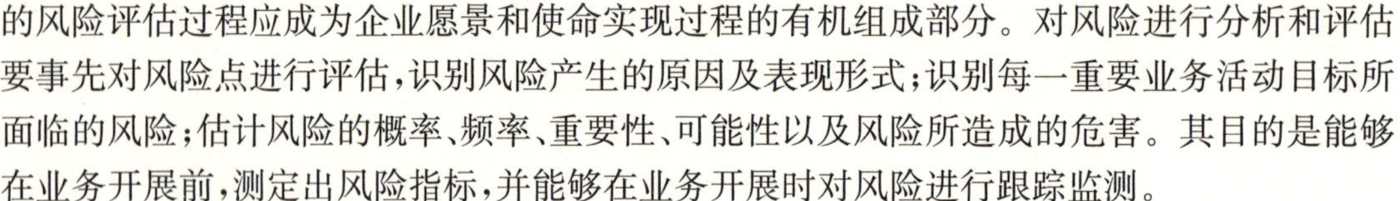

的风险评估过程应成为企业愿景和使命实现过程的有机组成部分。对风险进行分析和评估要事先对风险点进行评估，识别风险产生的原因及表现形式；识别每一重要业务活动目标所面临的风险；估计风险的概率、频率、重要性、可能性以及风险所造成的危害。其目的是能够在业务开展前，测定出风险指标，并能够在业务开展时对风险进行跟踪监测。

3. 与财务报告相关的信息系统和沟通

企业在实现其经营目标和计划的过程中，需要通过从上到下和从下到上的各种形式的信息进行沟通，以使企业的目标和计划转化为员工的责任和行动，所以现代企业必须建立完善的信息系统，保障沟通的顺畅。信息系统不仅处理企业内部所产生的信息，而且要处理与外部发生联系的各种信息。企业的各级管理者和所有员工必须能够从最高管理层明确地得到其应承担责任的信息，同时企业最基层的行动信息也必须向上级各层管理部门进行传递，企业内部的信息也需要以适当的方式向企业外界的客户、供应商、政府管理机构和股东等作有效的沟通。

随着企业规模的扩大和信息技术的发展，企业信息系统日益庞大和复杂，注册会计师不可能也没有必要评价企业的整个信息系统，只需了解和清楚与财务报告相关的信息系统和相关业务流程。与财务报告相关的信息系统包括用以生成、记录、处理、报告各类交易和事项，对相关资产、负债和所有者权益履行经管责任的程序和记录。与财务报告相关的信息系统应当与业务流程相适应，这里的业务流程是指被审计单位开发、采购、生产、销售、发送产品和提供服务、保证遵守法律、法规、记录信息等一系列活动。

与财务报告相关的信息系统所生成信息的质量，对管理层能否作出恰当的经营管理决策以及编制可靠的财务报告具有重大影响。与财务报告相关的信息系统通常包括以下职能：①识别与记录所有的有效交易；②及时、详细地描述交易，以便在财务报告中对交易作出恰当分类；③恰当计量交易，以便在财务报告中对交易的货币金额作出准确记录；④恰当确定交易生成的会计期间；⑤在财务报表中恰当列报交易及相关披露。

4. 控制活动

控制活动是指被审计单位有助于确保管理层的指令得以执行的政策和程序，包括与授权批准、业绩评价、信息处理、实物控制和职责分离等相关的活动。具体来说主要包括：

(1) 授权。注册会计师应当了解与授权有关的控制活动，包括一般授权和特别授权。授权的目的在于保证交易在管理层授权范围内进行。一般授权是指管理层制定的要求组织内部遵守的普遍适用于某类交易或活动的政策。属于部门权限范围之内的经济业务可以由部门执行授权，自行批准。例如，销售部门可以自行决定单价在固定的价格表5%范围内的销售，就是属于一般授权。如果某位客户由于采购数量庞大要求额外的折扣，那么销售部门就无法自行决定，要求提交其上级管理层决定，这就是特殊授权。特殊授权是指管理层针对特定类别的交易或活动逐一设置的授权，如重大资本支出和股票发行等。

(2) 业绩评价。注册会计师应当了解与业绩评价相关的控制活动，主要包括被审计单位分析评价实际业绩与预算的差异，综合分析财务数据与经营数据的内在关系，将内部数据与外部数据来源相比较，评价职能部门、分支机构或项目活动的业绩，以及对发现的异常差异或关系采取必要的调整与纠正措施。

(3) 信息处理。注册会计师应当了解与信息处理有关的控制活动，包括信息技术的一般控制和应用控制。信息技术的一般控制是指与多个应用系统有关的政策和程序，有助于保证信息系统持续恰当地运行，支持应用控制作用的有效发挥，通常包括数据中心和网络运行控制，系统软件的购置、修改及维护控制，接触或访问权限控制，应用系统的购置、开发及维护控制。信息技术应用控制是指主要在业务流程层面运行的人工或自动化程序，与用于生成、记录、处理、报告交易或其他财务数据的程序相关，通常包括检查数据计算的准确性，审核账户和试算平衡表，设置对输入数据和数字序号的自动检查，以及对例外报告进行人工干预。

（4）实物控制。注册会计师应当了解实物控制，主要包括了解对资产和记录采取适当的安全保护措施，对访问计算机程序和数据文件设置授权，以及定期盘点并将盘点记录与会计记录相核对。例如，现金、有价证券和存货的定期盘点控制。

（5）职责分离。注册会计师应当了解职责分离，主要包括了解被审计单位如何将交易授权、交易记录以及资产保管等职责分配给不同员工，以防范同一员工在履行多项职责时可能发生的舞弊或错误。当信息技术运用于信息系统时，职责分离可以通过设置安全控制来实现。

5. 对控制的监督

对控制的监督是指被审计单位评价内部控制在一段时间内运行有效性的过程，该过程包括及时评价控制的设计和运行，以及根据情况的变化采取必要的纠正措施。监控可以有多种渠道，例如，对现有内部控制的专门调查、内部审计人员的报告、控制活动的例外报告、操作人员的反馈、顾客的投诉等。在监控这一内部控制成分中发挥较大作用的是企业的内部审计职能。对于许多企业，特别是大型企业而言，内部审计部门在有效发挥监控作用的方面是非常关键的。内部审计职能得以有效发挥的前提是内部审计部门的独立性，内部审计部门应该独立于其所要检查、监督的经营部门及会计部门，并直接将结果报告给企业董事会或其审计委员会。内部审计部门的工作还能够协助外部审计人员的工作，这样可以在一定程度上降低外部审计成本。对于小型企业而言，充分的职责分工以及独立的内部审计部门的设置是不现实的。在小型企业中，监控职能主要通过所有者亲自参与管理经营并实施适当的监控措施而实现。所有者的监控再加上员工之间的密切关系，使其有可能认真地评价员工的胜任能力以及整个内部控制的有效性。

为了确保内部控制长时间有效，必须对其进行经常性的监控，对于某些控制可以进行“实时”监督，即持续性的自动监督。检查经营数据，将实际结果与预算相比较，然后采取正确行动是持续监督的一个例子。其他例子包括：邮寄清单给客户并调查意外情况，调查监管部门所提出的问题，进行双重复核以使错误降到最低，定期盘点并与账面记录相核对。对于其他诸如正直性、道德价值观、胜任能力和控制环境等无法做到持续监管的控制，要求单独评估，并需要不断复核其有效性。规定由不同层次的管理人员以及内部审计人员定期对这些控制进行复核，是很有必要的。

被审计单位设计、执行和维护内部控制的方式会因被审计单位的规模和复杂程度的不同而不同。小型被审计单位可能采用非正式和简单的流程与程序实现内部控制的目标，参与日常经营管理的业主（以下简称业主）可能承担多项职能，内部控制要素可能得不到清晰的区分。

二、关注与审计相关的控制

注册会计师必须调查和了解被审计单位的内部控制，重点了解与审计相关的各项控制。

被审计单位旨在实现财务报告可靠性目标的控制以及防止财务报表重大错报风险的控制通常与审计相关。旨在保护资产的内部控制可能包括与实现财务报告可靠性和经营效率、效果目标相关的控制,注册会计师在了解内部控制各个要素时,可仅考虑其中与财务报告可靠性目标相关的控制。

如果旨在保证经营效率、效果的控制以及对法律、法规遵循的控制与实施审计程序时评价或使用的数据相关,注册会计师则可考虑这些控制可能与审计相关。如果在设计和实施进一步审计程序时拟利用被审计单位内部生成的信息,注册会计师则可考虑旨在保证信息完整性和准确性的控制可能与审计相关。

注册会计师需要运用职业判断,考虑一项控制单独或连同其他控制是否与评估重大错报风险,以及针对评估的风险设计和实施的进一步审计程序有关。注册会计师在运用职业判断时要和重要性判断结合起来,要考虑作为内部控制一部分的系统的性质和复杂性,同时还要考虑被审计单位的规模、性质、经营的多样性和复杂性。

三、认识内部控制的局限性

内部控制存在固有局限性,没有完美的内部控制,只有相对强一些、弱一些的内部控制,以及相对完善或不够完善的内部控制,所以任何内部控制都会有某种程度的缺陷,无论内部控制的设计和执行多么严密,也不能认为它是完全有效的。即使管理层能够设计出一套严密的控制制度,这套制度的有效性也还要取决于执行制度的人的胜任能力和可靠性。内部控制通常存在下列固有局限性,无论如何设计和执行,只能对财务报告的可靠性提供合理的保证。

在决策时人为判断可能出现错误以及由于人为失误而导致内部控制失效。例如,被审计单位信息技术工作人员没有完全理解系统如何处理销售交易,为使系统能够处理新型产品的销售,可能错误地对系统进行更改;或者对系统的更改是正确的,但是程序员没能把更改转化为正确的程序代码。

可能由于两个或更多的人员进行串通或管理层凌驾于内部控制之上而被规避。例如,管理层可能与客户签订背后协议,对标准的销售合同作出变动,从而导致确认收入发生错误。再如,软件中的编辑控制旨在发现和报告超过赊销信用额度的交易,但这一控制可能被逾越或规避。

管理层往往是在综合考虑了各项控制的成本与效益之后才建立内部控制的。当实施某项控制成本大于控制效果而发生损失时,就没有必要设置控制环节或控制措施。

此外,如果被审计单位内部行使控制职能的人员素质不适应岗位要求,也会影响内部控制功能的正常发挥。内部控制一般都是针对经常而重复发生的业务而设置的,如果出现不经常发生或未预计到的业务,原有控制就可能不适用。

【知识链接】

COSO 报告

COSO 是反虚假财务报告委员会下属的发起人委员会(The Committee of Sponsoring Organizations of the Treadway Commission)的英文缩写。1985 年,由美国注册会计师协

会、美国会计协会、财务经理人协会、内部审计师协会、管理会计师协会联合创建了反虚假财务报告委员会，旨在探讨财务报告中的舞弊产生的原因，并寻找解决之道。两年后，基于该委员会的建议，其赞助机构成立COSO委员会，专门研究内部控制问题。1992年9月，COSO委员会发布《内部控制整合框架》，简称COSO报告，1994年进行了增补。

根据萨班斯法案第404节条款以及美国证券交易委员会(SEC)的相应实施标准，要求公众公司的管理层评估和报告公司最近年度财务报告内部控制的有效性。2004年3月9日，PCAOB发布了其第2号审计标准："与财务报表审计相关的针对财务报告的内部控制的审计"，并于6月18日经SEC批准。SEC对该标准的认同等于从另外一个侧面承认了1992年COSO公布的《内部控制——综合框架》(也称"COSO内部控制框架")。这也表明COSO框架已正式成为美国上市公司内部控制框架的参照性标准。

COSO报告提出内部控制是用以促进效率，减少资产损失风险，帮助保证财务报告的可靠性和对法律、法规的遵从。COSO报告认为内部控制有如下目标：经营的效率和效果(基本经济目标，包括绩效、利润目标和资源、安全)，财务报告的可靠性(与对外公布的财务报表编制相关的，包括中期报告、合并财务报表中选取的数据的可靠性)和符合相应的法律、法规。

第四节 重大错报风险的评估及风险应对措施

注册会计师了解被审计单位及其环境的目的就是评估重大错报风险。

一、识别和评估重大错报风险

(一) 在两个层次上进行评估

注册会计师可以在两个层次上识别和评估重大错报风险，一是财务报表层次，二是各类交易、账户余额、列报与披露认定层次。注册会计师应当确定识别的重大错报风险是与特定的某类交易、账户余额、列报与披露的认定相关，还是与财务报表整体广泛相关，进而影响多项认定。财务报表层次的重大错报风险很可能源于薄弱的控制环境。薄弱的控制环境带来的风险可能对财务报表产生广泛影响，并不限于某类交易、账户余额、列报与披露，在这种情况下注册会计师必须采取总体的应对措施。

在识别和评估重大错报风险时，注册会计师需要考虑做到以下几点：①在了解被审计单位及其环境的整个过程中都要进行风险识别，并考虑各类交易、账户余额、列报与披露等各个方面；②将识别的风险与认定层次可能发生错报的领域相联系；③考虑识别的风险是否重大；④考虑识别的风险导致财务报表发生重大错报的可能性。

如果通过对内部控制的了解发现下列情况，并对财务报表局部或整体的可审计性产生疑问，注册会计师应当考虑发表保留意见或无法表示意见，必要时解除业务约定：①对管理层的诚信和正直存在严重疑虑，由此推断财务报表的错报风险非常重大；②被审计单位会计

记录的状况和可靠性存在重大问题，不能获取充分、适当的审计证据以发表无保留意见。

注册会计师可以将实施风险评估程序获取的信息，包括在评价控制设计和确定其是否得到执行时获取的审计证据，作为支持风险评估结果的审计证据。注册会计师要根据风险评估结果，确定实施进一步审计程序的性质、时间和范围。

（二）需要特别考虑的重大风险

在进行风险评估的过程中，注册会计师应当运用职业判断，确定识别的风险哪些是需要特别考虑的重大风险。在确定哪些风险是特别风险时，注册会计师应当在考虑经过了解和测试识别出的控制对相关风险的抵消效果后，根据风险的性质、风险发生的可能性、潜在错报的重要程度，判断剩余风险是否仍然属于特别风险。

特别风险的产生通常与存在重大的非常规交易和判断事项有关。非常规交易是指由于金额或性质异常而不经常发生的交易。判断事项通常包括作出的会计估计。

非常规交易具有以下特征：①管理层不适当地过多介入会计处理过程；②数据收集和处理涉及更多的人工成分；③复杂的计算或会计核算方法；④非常规交易的性质可能使被审计单位难以对由此产生的特别风险实施有效控制。与重大非常规交易相关的特别风险可能导致更高的财务报表重大错报风险。

企业经济业务处理和会计核算过程中有大量的判断事项，与重大判断事项相关的特别风险可能会导致更高的重大错报风险，这是因为：①人们对问题的认识不可能完全一致，对会计制度和会计准则的理解不可能完全相同，比如对涉及会计估计和收入确认的会计原则就会存在不同的理解；②所要求的判断往往是主观和复杂的，或需要对未来事项作出假设。

对某项特别风险，注册会计师应当了解被审计单位是否针对该特别风险设计和实施了控制。注册会计师需要对相关控制的设计进行评价，观察相关的控制活动情况，确定其是否已经得到执行。与重大非常规交易或判断事项相关的风险很少受到日常控制的约束，注册会计师应当了解被审计单位是否针对该特别风险设计和实施了控制。如果管理层未能实施控制以恰当应对特别风险，注册会计师应当认为内部控制存在重大缺陷，并考虑对风险评估的影响。需要注册会计师注意的是，与重大非常规交易或判断事项相关的风险在许多情况下不能受到日常控制的约束，这也正是特别风险的特别之处。

（三）仅通过实质性程序无法应对的重大错报风险

作为风险评估的一部分，如果认为仅通过实质性程序获取的审计证据无法将认定层次的重大错报风险降至可接受的低水平，注册会计师必须评价被审计单位针对这些风险设计的控制，并确定其执行情况。

在被审计单位对日常交易采用高度自动化处理的情况下，审计证据可能仅以电子形式存在，其充分性和适当性通常取决于自动化信息系统相关控制的有效性，在这种情况下注册会计师要考虑仅通过实施实质性程序不能获取充分、适当审计证据的可能性。如认为仅通过实施实质性程序不能获取充分、适当的审计证据，注册会计师应当考虑依赖相关控制的有效性。

（四）对风险评估的修正和适当的沟通

注册会计师应以获取的审计证据为基础对认定层次重大错报风险进行评估，这种评估结果会随着审计过程中对审计证据的不断获取而相应变化。如果通过实施进一步审计程序所获取的审计证据与初始评估所获取的审计证据相矛盾，注册会计师应当修正风险评估结果，并相应修改原计划实施的进一步审计程序。

注册会计师应当及时将其注意到的内部控制设计或执行方面的重大缺陷告知被审计单位适当级别的治理层或管理层。如果识别出被审计单位未加控制或控制不当的重大错报风险，或认为被审计单位的风险评估过程存在重大缺陷，注册会计师应当就此类内部控制缺陷与治理层沟通，必要时提交管理建议书。

二、风险应对措施

注册会计师对识别和评估的重大错报风险需要采取相应的应对措施，以将审计风险降至可接受的低水平。针对评估的财务报表层次的重大错报风险，应当确定总体应对措施；针对评估的认定层次的重大错报风险，应当设计和实施进一步审计程序。在确定总体应对措施，以及设计和实施进一步审计程序的性质、时间和范围时，注册会计师应当运用职业判断。

（一）财务报表层次重大错报风险的总体应对措施

1. 向项目组强调在收集和评价审计证据过程中保持职业怀疑态度的必要性

职业怀疑态度是指注册会计师以质疑的思维方式评价所获取审计证据的有效性，并对相互矛盾的审计证据，以及引起对文件记录或管理层和治理层提供的信息的可靠性产生怀疑的审计证据保持警觉。职业怀疑态度并不要求注册会计师假设管理层是不诚信的，但是注册会计师也不能假设管理层的诚信就毫无疑问。职业怀疑态度要求注册会计师凭证据“说话”。在整个审计过程中，职业怀疑态度十分必要。例如，它有助于降低注册会计师疏忽异常情况的风险，有助于降低注册会计师在确定审计程序的性质、时间、范围及评价由此得出的结论时采用错误假设的风险，有助于注册会计师避免根据有限的测试范围过度推断总体实际情况。

2. 分派更有经验或具有特殊技能的注册会计师，或利用专家的工作

由于各行业在经营业务、经营风险、财务报告、法规要求等方面具有特殊性，审计人员的专业分工细化成为一种趋势。审计项目组成员中应有一定比例的人员曾经参与过被审计单位以前年度的审计，或具有被审计单位所处特定行业的相关审计经验。必要时，要考虑利用信息技术、税务、评估、精算师等方面专家的工作。

3. 提供更多的督导

对于财务报表层次重大错报风险较高的审计项目，项目组的高级别成员，如项目负责人、项目经理等经验较丰富的人员，要对其他成员提供更详细、更及时的指导和监督并加强项目质量复核。

4. 在选择进一步审计程序时，应当注意使某些程序不被被审计单位管理层预见或事先了解

被审计单位人员，尤其是管理层，如果熟悉注册会计师的审计套路，就可能采取种种规避手段，掩盖财务报告中的舞弊行为。因此，在设计拟实施审计程序的性质、时间和范围时，为了避免既定思维对审计方案的限制，避免对审计效果的人为干涉，从而使得针对重大错报风险的进一步审计程序更加有效，注册会计师要考虑使某些程序不被被审计单位管理层预

见或事先了解。

在实务中，注册会计师可以通过以下方式提高审计程序的不可预见性：①对某些未测试过的低于设定的重要性水平或风险较小的账户余额和认定实施实质性程序；②调整实施审计程序的时间，使被审计单位不可预期；③采取不同的审计抽样方法，使当期抽取的测试样本与以前有所不同；④选取不同的地点实施审计程序，或预先不告知被审计单位所选定的测试地点。

5. 对拟实施审计程序的性质、时间和范围作出总体修改

财务报表层次的重大错报风险很可能源于薄弱的控制环境。薄弱的控制环境带来的风险可能对财务报表产生广泛影响，难以限于某类交易、账户余额、列报，注册会计师应当采取总体应对措施。注册会计师对控制环境的了解影响其对财务报表层次重大错报风险的评估。有效的控制环境可以使注册会计师增强对内部控制和被审计单位内部产生的证据的信赖程度。如果控制环境存在缺陷，注册会计师在对拟实施审计程序的性质、时间和范围作出总体修改时应当考虑：

（1）在期末而非期中实施更多的审计程序。控制环境的缺陷通常会削弱期中获得的审计证据的可信赖程度。

（2）主要依赖实质性程序获取审计证据。良好的控制环境是其他控制要素发挥作用的基础。控制环境存在缺陷通常会削弱其他控制要素的作用，导致注册会计师可能无法信赖内部控制，而主要依赖实施实质性程序获取审计证据。

（3）修改审计程序的性质，获取更具说服力的审计证据。修改审计程序的性质主要是指调整拟实施审计程序的类别及组合，比如，原先可能主要限于检查某项资产的账面记录或相关文件，而调整审计程序的性质后可能意味着更加重视实地检查该项资产。

（4）扩大审计程序的范围。例如，扩大样本规模，或采用更详细的数据实施分析程序。财务报表层次重大错报风险难以限于某类交易、账户余额、列报的特点，意味着此类风险可能对财务报表的多项认定产生广泛影响，并相应增加注册会计师对认定层次重大错报风险的评估难度。因此，注册会计师评估的财务报表层次重大错报风险以及采取的总体应对措施，对拟实施进一步审计程序的总体方案具有重大影响。

拟实施进一步审计程序的总体方案包括实质性方案和综合性方案。其中，实质性方案是指注册会计师实施的进一步审计程序以实质性程序为主；综合性方案是指注册会计师在实施进一步审计程序时，将控制测试与实质性程序结合使用。当评估的财务报表层次重大错报风险属于高风险水平时，拟实施进一步审计程序的总体方案往往更倾向于实质性方案。

（二）针对认定层次重大错报风险的进一步审计程序

1. 进一步审计程序的含义

进一步审计程序相对于风险评估程序而言，是指注册会计师针对评估的各类交易、账户余额及列报认定层次重大错报风险所实施的审计程序，包括控制测试和实质性程序。实质性程序包括对各类交易、账户余额、列报的细节测试和实质性分析程序。

注册会计师应当针对评估的认定层次重大错报风险设计和实施进一步审计程序，包括审计程序的性质、时间和范围。同时，注册会计师设计和实施的进一步审计程序的性质、时间和范围，应当与评估的认定层次重大错报风险具备明确的对应关系。注册会计师实施的审计程序具有目的性和针对性，有的放矢地配置审计资源，提高审计效率和

效果。

需要说明的是，尽管在应对评估的认定层次重大错报风险时，拟实施的进一步审计程序的性质、时间和范围都应当确保其具有针对性，但其中进一步审计程序的性质是最重要的。例如，注册会计师评估的重大错报风险越高，实施进一步审计程序的范围通常越大；但是只有首先确保进一步审计程序的性质与特定风险相关时，扩大审计程序的范围才是有效的。

2. 进一步审计程序的性质

进一步审计程序的性质是指进一步审计程序的目的和类型。其中，进一步审计程序的目的包括通过实施控制测试以确定内部控制运行的有效性，通过实施实质性程序以发现认定层次的重大错报。进一步审计程序的类型包括检查、观察、询问、函证、重新计算、重新执行和分析程序。

在应对评估的风险时，合理确定审计程序的性质是最重要的。这是因为不同的审计程序应对特定认定错报风险的效力是不同的。例如，对于与收入完整性认定相关的重大错报风险，控制测试通常更能有效应对；对于与收入发生认定相关的重大错报风险，实质性程序通常更能有效应对。再如，实施应收账款的函证程序可以为应收账款在某一时点存在的认定提供审计证据，但通常不能为应收账款的计价认定提供审计证据。对应收账款的计价认定，注册会计师通常需要实施其他更为有效的审计程序，如审查应收账款账龄和期后收款情况，了解欠款客户的信用情况等。

3. 进一步审计程序的时间

注册会计师进一步审计程序的时间是指注册会计师何时实施进一步审计程序，或审计证据适用的期间或时点。注册会计师可在期中或期末实施控制测试或实质性程序。当重大错报风险较高时，注册会计师应当考虑在期末或接近期末实施实质性程序，或采用不通知的方式，或在管理层不能预见的时间实施审计程序。在期中实施进一步审计程序，可能有助于注册会计师在审计工作初期识别重大事项，并在管理层的协助下及时解决这些事项，或针对这些事项制定有效的实质性方案或综合性方案。如果在期中实施了进一步审计程序，注册会计师还应当针对剩余期间获取审计证据。如果被审计单位在期末或接近期末发生了重大交易，或重大交易在期末尚未完成，注册会计师应当考虑截止认定可能存在的重大错报风险，并在期末或期末以后检查此类交易。

4. 进一步审计程序的范围

进一步审计程序的范围是指实施某项审计程序的数量，包括抽取的样本量，对某项控制活动的观察次数等。在确定其范围时，注册会计师应当考虑确定的重要性水平、评估的重大错报风险以及计划取得的保证程度。随着重大错报风险的增加，注册会计师应考虑扩大程序范围。

第五节　控制测试

控制测试是指为了获取关于控制防止或发现并纠正认定层次重大错报的有效性而实施

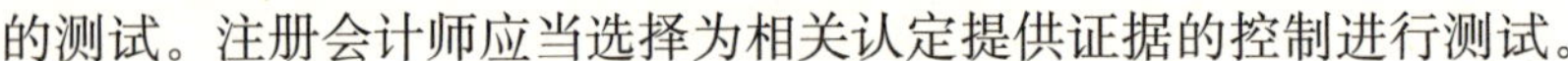

的测试。注册会计师应当选择为相关认定提供证据的控制进行测试。

一、控制测试的含义与要求

控制测试是指用于评价内部控制在防止或发现并纠正认定层次重大错报方面的运行有效性的审计程序。

控制测试这一概念需要与“了解内部控制”进行区分。“了解内部控制”包含两层含义：一是评价控制的设计，二是确定控制是否得到执行。在实施风险评估程序以获取控制是否得到执行的审计证据时，注册会计师应当确定某项控制是否存在，被审计单位是否正在使用。

在测试控制运行的有效性时，注册会计师应当从下列方面获取关于控制是否有效运行的审计证据：①控制在所审计期间的相关时点是如何运行的；②控制是否得到一贯执行；③控制由谁执行。从这三个方面来看，控制运行有效性强调的是控制能够在各个不同时点按照既定设计得以一贯执行。因此，在了解控制是否得到执行时，注册会计师只需抽取少量的交易进行检查或观察某几个时点。但在测试控制运行的有效性时，注册会计师需要抽取足够数量的交易进行检查或对多个不同时点进行观察。

作为进一步审计程序类型之一，控制测试并非在任何情况中都需要实施。当存在下列情形其中之一时，注册会计师就应当实施控制测试：①在评估认定层次重大错报风险时，预期控制运行是有效的；②仅实施实质性程序不足以提供认定层次充分、适当的审计证据。

如果在评估认定层次重大错报风险时预期控制的运行是有效的，注册会计师应当实施控制测试，就控制在相关期间或时点的运行有效性获取充分、适当的审计证据。注册会计师通过实施风险评估程序，可能发现某项控制的设计是存在的，也是合理的，同时得到了执行。在这种情况下，出于成本效益的考虑，注册会计师可能预期，如果相关控制在不同时点都得到了一贯执行，与该项控制有关的财务报表认定发生重大错报的可能性就不会很大，也就不需要实施很多的实质性程序。为此，注册会计师可能会认为值得对相关控制在不同时点是否得到一贯执行进行测试，就是实施控制测试。这一种测试主要是出于成本效益的考虑，其前提为注册会计师通过了解内部控制以后认为某项控制存在着被信赖和利用的可能。因此，只有认为控制设计是合理、能够防止或者发现和纠正认定层次的重大错报，注册会计师才有必要对控制运行有效性实施测试。

假如认为仅实施实质性程序获取的审计证据无法将认定层次重大错报风险降至可接受的低水平，注册会计师就应当实施相关控制测试，以取得控制运行有效性的审计证据。

二、控制测试的性质

控制测试的性质是指控制测试所使用的审计程序的类型及其组合。计划从控制测试中获取的保证水平是决定控制测试性质的主要因素之一。

注册会计师应当选择适当类型的审计程序以获取有关控制运行有效性的保证。计划的保证水平越高，对有关控制运行有效性的审计证据的可靠性要求越高。当拟实施的进一步审计程序主要以控制测试为主，尤其是仅实施实质性程序获取的审计证据无法将认定层次重大错报风险降至可接受的低水平时。注册会计师应当获取有关控制运行有效性的更高的保证水平。

虽然控制测试与了解内部控制的目的不同，但两者采用审计程序的类型通常相同，包括询问、观察、检查和重新执行。

(1) 询问。注册会计师可以向被审计单位适当员工询问，获取与内部控制运行情况相关的信息。例如，询问信息系统管理人员有无未经授权接触计算机硬件和软件，向负责复核银行存款余额调节表的人员询问如何进行复核，包括复核的要点是什么、发现不符事项如何处理等。然而，仅仅通过询问不能为控制运行的有效性提供充分的证据，注册会计师通常需要印证被询问者的答复，如向其他人员询问和检查执行控制时所使用的报告、手册或其他文件等。因此，虽然询问是一种有用的手段，但它必须和其他测试手段结合使用才能发挥作用。在询问过程中，注册会计师应当保持职业怀疑态度。

(2) 观察。观察是测试不留下书面记录的控制（如职责分离）的运行情况的有效方法。例如，观察存货盘点控制的执行情况。观察也可运用于实物控制，如查看仓库门是否锁好，或空白支票是否妥善保管。通常情况下，注册会计师通过观察直接获取的证据比间接获取的证据更可靠。但是注册会计师还要考虑其所观察到的控制在注册会计师不在场时可能未被执行的情况。

(3) 检查。对运行情况留有书面证据的控制，检查非常适用。书面说明、复核时留下的记号，或其他记录在偏差报告中的标志，都可以被当作控制运行情况的证据。例如，检查销售发票是否有复核人员签字，检查销售发票是否附有客户订购单和出库单等。

(4) 重新执行。通常只有当询问、观察和检查程序结合在一起仍无法获得充分的证据时，注册会计师才考虑通过重新执行来证实控制是否有效运行。例如，为了合理保证计价认定的准确性，被审计单位的一项控制是由复核人员核对销售发票上的价格与统一价格单上的价格是否一致。但是，要检查复核人员有没有认真执行核对。仅检查复核人员是否在相关文件上签字是不够的，注册会计师还需要自己选取一部分销售发票进行核对，这就是重新执行程序。但是，如果需要进行大量的重新执行，注册会计师就要考虑通过实施控制测试以缩小实质性程序的范围是否有效率。

三、控制测试的范围

对于控制测试的范围，其含义主要是指某项控制活动的测试次数。注册会计师应当设计控制测试，以获取控制在整个拟信赖的期间有效运行的充分、适当的审计证据。注册会计师在确定某项控制的测试范围时通常考虑下列因素：

(1) 在整个拟信赖的期间，被审计单位执行控制的频率。控制执行的频率越高，控制测试的范围越大。

(2) 在所审计期间，注册会计师拟信赖控制运行有效性的时间长度。拟信赖控制运行有效性的时间长度不同，在该时间长度内发生的控制活动次数也不同。注册会计师需要根据拟信赖控制的时间长度确定控制测试的范围。拟信赖期间越长，控制测试的范围越大。

(3) 控制的预期偏差。预期偏差可以用控制未得到执行的预期次数占控制应当得到执行次数的比率加以衡量（也可称为预期偏差率）。考虑该因素，是因为在考虑测试结果是否可以得出控制运行有效性的结论时，不可能只要出现任何控制执行偏差就认定控制运行无效，所以需要确定一个合理水平的预期偏差率。控制的预期偏差率越高，需要实施控制测试

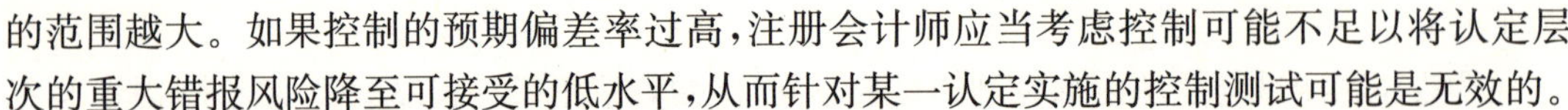

的范围越大。如果控制的预期偏差率过高,注册会计师应当考虑控制可能不足以将认定层次的重大错报风险降至可接受的低水平,从而针对某一认定实施的控制测试可能是无效的。

(4) 通过测试与认定相关的其他控制获取的审计证据的范围。针对同一认定,可能存在不同的控制。当针对其他控制获取审计证据的充分性和适当性较高时,测试该控制的范围可适当缩小。

(5) 拟获取有关认定层次控制运行有效性的审计证据的相关性和可靠性。对审计证据的相关性和可靠性要求越高,控制测试的范围越大。

信息技术处理具有内在一贯性,除非系统发生变动,一项自动化应用控制应当一贯运行。对于一项自动化应用控制,一旦确定被审计单位正在执行该控制,注册会计师通常无需扩大控制测试的范围。

【知识链接】

管理建议书

管理建议书是指注册会计师在完成审计工作后,针对审计过程中已注意到的,可能导致被审计单位财务报表产生重大错误报告的内部控制重大缺陷提出书面建议。现行审计准则要求,注册会计师对审计过程中注意到的内部控制重大缺陷,应当告知被审计单位管理当局,必要时,可出具管理建议书。

其主要内容包括:

(1) 标题。管理建议书的标题应当统一规范为“管理建议书”。

(2) 收件人。管理建议书的收件人应为被审计单位管理当局。

(3) 会计报表审计目的及管理建议书的性质。管理建议书应当指明审计目的是对会计报表发表审计意见。管理建议书仅指出了注册会计师在审计过程中注意到的内部控制重大缺陷,不应被视为对内部控制发表的签证意见,所提建议不具有强制性和公证性。

(4) 内部控制重大缺陷及其影响和改进建议。管理建议书应当指明注册会计师在审计过程中注意到的内部控制设计及运行方面的重大缺陷,包括前期建议改进但本期仍然存在的重大缺陷。

(5) 使用范围及使用责任。管理建议书应当指明其仅供被审计单位管理当局内部参考,因使用不当造成的后果,与注册会计师及其所在会计师事务所无关。

(6) 签章。管理建议书应当由注册会计师签章,并加盖会计师事务所公章。

第六节 实质性程序

实质性程序是注册会计师针对评估的重大错报风险实施的直接用以发现认定层次重大错报的审计程序。实质性程序包括对各类交易、账户余额、列报与披露的细节测试以及实质性分析程序。注册会计师应当针对评估的重大错报风险设计和实施实质性程序,以发现认定层次的重大错报。

一、实质性程序的性质

注册会计师要根据各类交易、账户余额、列报的性质选择实质性程序的类型。实质性程序首先包括细节测试，注册会计师为了达到认定层次所计划的保证水平，应当针对评估的风险情况设计细节测试，细节测试适用于对各类交易、账户余额、列报认定的测试，以此获取充分、适当的审计证据，尤其是对存在或发生、计价认定的测试。

在设计实质性分析程序时，注册会计师应当考虑以下几个方面：第一，对既定的认定使用实质性分析程序的适当性；第二，对已记录的金额或比率进行预期时，所依据的内部或外部数据的可靠性；第三，在计划的保证水平上，作出的预期是否足以准确识别重大错报；第四，已记录金额与预期值之间可接受的差异额。

二、实质性程序的时间

注册会计师可以在会计年度结束前实施实质性测试，但需要注意的是在期中实施实质性程序，可能增加期末存在错报而未被发现的风险，并且该风险随着剩余期间的延长而增加。如果在期中实施了实质性程序，注册会计师应当针对剩余期间实施进一步的实质性程序，或将实质性程序和控制测试结合使用，以将期中测试得出的结论合理延伸至期末。

如果已在期中实施了实质性程序，或将控制测试与实质性程序相结合，并拟信赖期中测试得出的结论，注册会计师应当将期末信息和期中的可比信息进行比较、调节，识别和调查出现的异常金额，并针对剩余期间实施实质性分析程序或细节测试。如果拟针对剩余期间实施实质性分析程序，注册会计师应当考虑某类交易的期末累计发生额或账户期末余额在金额、相对重要性及构成方面能否被合理预期。

如果在期中检查出各类交易或账户余额存在错报，注册会计师应当考虑修改与各类交易或账户余额相关的风险评估以及针对剩余期间拟实施实质性程序的性质、时间和范围，或扩大实质性程序的范围，或在期末重新执行实质性程序。

三、实质性程序的范围

重大错报风险与实质性程序的范围呈正比关系，故注册会计师评估的重大错报风险越高，实施实质性程序的范围越广。如果对控制测试结果不满意，注册会计师应当考虑扩大实质性程序的范围。

在设计细节测试时，注册会计师除了从样本量的角度考虑测试范围外，还要考虑其他选择样本的方法是否更为有效。在设计实质性分析程序时，注册会计师应当考虑已记录金额与预期值之间的差异额是否可以接受而无须进一步调查，这种考虑主要受重要性和计划的保证水平的影响。

四、评价审计证据的充分性和适当性

注册会计师应当根据实施的审计程序和获取的审计证据，评价对认定层次重大错报风险的评估是否仍然适当。财务报表审计是一个累积和反复的过程。随着计划的审计程序的

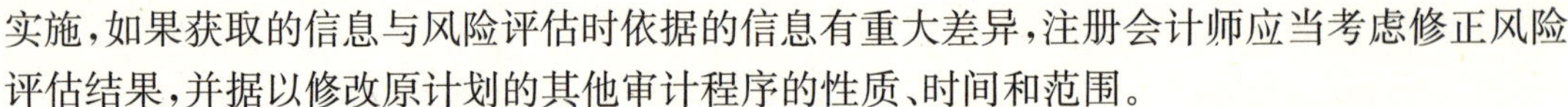

实施，如果获取的信息与风险评估时依据的信息有重大差异，注册会计师应当考虑修正风险评估结果，并据以修改原计划的其他审计程序的性质、时间和范围。

注册会计师对充分适当的审计证据都应当在工作底稿中进行记录，包括对评估的财务报表层次重大错报风险采取的总体应对措施；实施进一步审计程序的性质、时间和范围；实施的进一步审计程序与评估的认定层次重大错报风险的联系；实施进一步审计程序的结果。如果拟利用以前审计获取的有关控制运行有效性的审计证据，注册会计师应当记录信赖这些控制的理由和结论。如果对重大的财务报表认定没有获取充分、适当的审计证据，注册会计师应当尽量获取进一步的审计证据。如果不能获取充分、适当的审计证据，注册会计师应当发表保留意见或无法表示意见。

【关键术语】

重大错报风险　风险评估　风险应对　内部控制　控制测试　进一步审计程序　实质性程序　细节测试

【问题思考】

1. 如何理解风险评估?
2. 你认为什么是内部控制? 内部控制应该包括哪些要素?
3. 内部控制存在哪些方面的局限性?
4. 对内部控制的审计应从哪些方面进行?
5. 如何理解进一步审计程序?

【实训案例】

云南绿大地财务造假案例

一、基本概况

云南省绿大地生物科技股份有限公司(002200.SZ，下称“绿大地”)被称为信誉度最差的A股上市公司。成立于1996年，上市前每股净资产4.43元，于2007年12月21日在深圳证券交易所挂牌上市，发行价16.49元，以绿化工程和苗木销售为主营业务，是云南省最大的特色苗木生产企业。它是国内绿化行业第一家上市公司，号称园林行业上市第一股，其复权后股价曾一路飙升到81.05元。何学葵于2001年到2011年3月任公司董事长，持43 257 985股，占比28.63%，是第一大股东，占有绝对优势，其既是管理层又是公司所有者。虽然公司与控股股东在业务、人员、资产做到一定程度相互分离，但是一度存在控股股东以公司的名义进行不当行为的情形。2009年之前公司一直未实现董事长和总(副)经理的职务分离，一直由董事长何学葵兼任总经理。2010年4月起，由于董事会秘书唐林明的辞职，董事会秘书由董事长兼任。

该公司2010年3月因涉嫌信息披露违规被立案稽查。证监会发现该公司存在涉嫌“虚增资产、虚增收入、虚增利润”等多项违法违规行为。2011年3月17日，绿大地创始人兼董事长何学葵因涉嫌欺诈发行股票罪被捕，自此股价一路下跌，半年多跌幅超过75%。由此逐步揭开了绿大地的财务“造假术”。

二、基本案情——善变的“变脸王”

1. 五度变更业绩

2009年10月30日至2010年4月30日，五度变更2009年年报的预计金额，最终披露公司2009年净利润为－15 123万元。绿大地披露的业绩经过五次反复，由之前的预增过亿，变更为最后的巨亏1.5亿元。正是它“恶搞”般的财务报告，引发了监管部门的注意。

2. 高管频频变动

董事、监事及高级管理人员变动频繁。公司上市以来有四任总经理、三任财务总监，董秘更是变更四次，由徐云葵变更到唐林明，最后又由何学葵、郑亚光两任董事长相继兼任。加之其董事会、监事会的频繁变更，绿大地的高层管理者可谓频繁更迭，为公司发展带来了不稳定的信号。

3. 三年三换审计机构(见表1)

表1　2008—2010年绿大地聘请的审计机构

年份	事务所名称	审计费用	审计意见	上年变更原因
2008	中和正信	30万元	无保留意见	鹏城会计师事务所工作安排
2009	中审亚太	50万元	保留意见	中和正信与天健光华合并
2010	中准	50万元	无法表示意见	中审亚太的工作安排

三、具体罪状

1. 虚增资产

绿大地2007年上市时的招股说明书显示，截至2007年6月30日，绿大地的固定资产净额为5 066.35万元，该公司在昆明开发区内的办公楼等固定资产金额为942.59万元，总共26.5亩土地，其总部所在地除房屋、道路及庭前绿化外的“外地坪、沟道”，也作价107.66万元。

另一处固定资产“马鸣基地”围墙的固定资产值为686.9万元，其招股说明书上显示的该基地4块地(原为荒山)共3 500亩，如果其围墙只围地块的周长，折算下来，其每米围墙的价格高达1 268.86元。

此外，马鸣基地的三口深水井也造价惊人，计入固定资产216.83万元，每口价值72.27万元。而该招股说明书上的另一口深井，金殿基地深水井却只值8.13万元，价格相差近10倍。多项资产的实际价值存在疑问。

昆明市官渡区人民法院判定认为，2004年2月，绿大地购买马龙县旧县村委会土地960亩，金额为955万元，虚增土地成本900万元；2005年4月购买马龙县马鸣土地四宗计3 500亩，金额为3 360万元，虚增土地成本3 190万元；截至2007年6月30日，绿大地在马龙县马鸣基地灌溉系统、灌溉管网价值共虚增797万元；2007年1～3月，绿大地对马鸣乡基地土壤改良价值虚增2 124万元。

另外，绿大地2010年6月17日发布的《关于2010年一季度报表更正差异的专项说明》显示，其2010年一季度的固定资产多计5 983.67万元。绿大地对此的解释是，固定资产的差异原因在于“工作失误”，将北京分公司的固定资产已包含在本部报表中，又将其列入合并报表，即计算两次，造成该项目虚增。

2. 虚增收入

为达到上市目的，被告人赵海丽、赵海艳等注册了一批绿大地公司实际控制的关联公司，采用伪造合同、发票等手段虚构交易业务，虚增资产、收入。

绿大地的苗木采购大户订单，2004 年 1 月至 2007 年 6 月为公司增加营业收入、净利润作出重要贡献。根据绿大地招股书，2004 年至 2007 年上半年，绿大地排名靠前的大销售客户分别有昆明鑫景园艺工程有限公司、昆明润林园艺有限公司、昆明滇文卉园艺有限公司、昆明自由空间园艺有限公司、昆明千可花卉有限公司、昆明天绿园艺有限公司等一大批昆明企业以及部分成都、北京企业。

但其上市后，一些曾经的采购大户陆续神秘蒸发。北京市都丰培花卉有限公司 2006 年 12 月 25 日被吊销了营业执照；昆明天绿园艺有限公司 2008 年 4 月 15 日被吊销了营业执照；昆明鑫景园艺工程有限公司于 2010 年 2 月 3 日在昆明市工商局办理了工商注销手续；昆明自由空间园艺有限公司 2010 年 3 月 18 日办理了工商注销手续；成都贝叶园艺有限公司与成都万朵园艺有限公司，同时在 2008 年 6 月 5 日进行了工商注销，且两公司均成立于 2005 年 11 月 15 日。

2009 年到 2010 年期间，金额巨大的销售退回突然出现。2010 年 4 月 30 日，披露确认 2008 年苗木销售退回 2 348 万元；与此同时，绿大地确认 2009 年苗木销售退回金额高达 1.58亿元。

昆明市官渡区人民法院判定认为，绿大地在招股说明书披露 2004 年至 2007 年 1～6 月累计收入为 6.26 亿元，虚增收入 2.96 亿元；2007 年绿大地披露的营业收入 2.57 亿元，经鉴定确认其中虚增收入 9 660 万元；2008 年虚增收入 8 565 万元；2009 年虚增收入 6 856 万元。

3. 虚增利润

2009 年 10 月 30 日，该公司发布 2009 年三季报称，预计 2009 年度净利润同比增长 20%～50%（其 2008 年度净利润为 8 677 万元）；2010 年 1 月 30 日，该公司发布 2009 年度业绩预告修正公告称，将 2009 年净利润增幅修正为较上年下降 30%以内，来了个大转折；随后，该公司 2010 年 2 月 27 日第三次发布 2009 年度业绩快报时，净利润却又变为 6 212 万元。三天后，绿大地又发布 2009 年度业绩预亏及持续旱灾的重大风险提示公告，预计公司 2009 年度经营业绩可能出现亏损。2010 年 4 月 28 日，绿大地又发布 2009 年度业绩快报修正公告将净利润修正为亏损 1.2796 亿元，再次大逆转一回。2010 年 4 月 30 日正式公布 2009 年年度报告时，该公司 2009 年净利润定格为亏损 1.512 3 亿元；同一天，绿大地发布第一季度报告，每股收益只有 0.1 元，比上年同期暴跌。绿大地 2010 年 6 月 17 日发布的《关于 2010 年一季度报表更正差异的专项说明》显示，其原一季报的营业收入少计 10 万元，营业利润多计 67.57 万元，净利润多计 52.57 万元。

绿大地公布的报告中，差错不断。其 2010 年一季报中仅合并现金流量项目，就有多达 26 项差错，其中有 8 项差错为几千万元，上亿元的差错多达 12 项。2010 年 4 月 30 日，绿大地发布关于前期会计差错更正情况的专项说明称，公司对 2008 年因销售退回未进行账务处理，本期对该项前期差错进行更正，追溯调整减少 2008 年度合并及母公司营业收入 23 485 195元、追溯调整减少 2008 年度合并及母公司营业成本 11 947 362.81 元、追溯调整增加 2008 年度合并及母公司应付账款 11 537 832.19 元，调减合并及母公司年初未分配利润10 384 048.97元，调减合并及母公司年初盈余公积 1 153 783.22 元。

四、法院宣判

1. 涉事公司绿大地

绿大地于2011年12月5日发布公告称，2011年12月2日，公司收到昆明市官渡区人民法院《刑事判决书》，(2011)官刑一初字第367号。根据判决结果，公司犯欺诈发行股票罪被判处罚金人民币400万元；原董事长何学葵犯欺诈发行股票罪，判处有期徒刑3年，缓刑4年；被告人原财务总监蒋凯西犯欺诈发行股票罪，判处有期徒刑3年，缓刑4年；外聘财务顾问庞明星和公司员工赵海丽获刑2年，缓刑3年；公司员工赵海艳获刑1年，缓刑2年。

2. 涉事会计师事务所

庞明星犯欺诈发行股票罪、伪造金融票证罪、违规披露重要信息罪，数罪并罚，决定执行有期徒刑5年，并处罚金30万元。庞明星是何许人也？其实他才是此案中会计师事务所的关键人物，他是四川华源会计师事务所的主任会计师，绿大地上市的财务策划人和实际审计人，是他挂靠的深圳鹏城会计师事务所出具了上市发行及以后年度的财务审计报告，深圳鹏城在本案中只是个盖章收管理费的角色。

2013年5月15日，中国证监会与财政部下文撤销了深圳鹏城的证券资格。

案例思考和讨论题

通过风险评估程序可以识别出绿大地有哪些重大错报风险？

练　习　题

姓名______
学号______
分数______

扫二维码获得更多
本章习题及案例

一、单项选择题

1. 注册会计师在执行财务报表审计时，首先应当了解被审计单位及其环境，以识别和评估（　　）。

   A. 可接受的检查风险　　B. 审计风险水平

   C. 控制风险水平　　D. 财务报表重大错报风险

2. 注册会计师应当了解被审计单位会计政策的选择和运用是否符合相应的会计准则和会计制度，是否符合被审计单位的具体情况。在了解被审计单位对会计政策的选择和运用是否恰当时，不属于注册会计师应当予以特别关注的事项时（　　）。

   A. 重要项目的会计政策和行业惯例

   B. 常规交易的会计处理方法

   C. 在新领域和缺乏权威性标准或共识的领域，采用重要会计政策产生的影响

   D. 会计政策的变更

3. 了解被审计单位财务业绩衡量和评价的最重要的目的是（　　）。

   A. 了解被审计单位的业绩趋势　　B. 确定被审计单位的业绩是否达到预算

   C. 将被审计单位的业绩与同行业作比较　　D. 考虑是否存在舞弊风险

4. 下列说法中不正确的是（　　）。

   A. 内部控制只能为财务报告的可靠性提供合理的保证，而非绝对的保证

   B. 在了解被审计单位的内部控制时，只需关注控制的设计

   C. 实质性程序包括细节测试和实质性分析程序

   D. 在某些情况下，仅通过实施实质性程序不能获取充分、适当的审计证据

5. 被审计单位内部或外部对财务业绩的衡量和评价可能对管理层产生压力，促使其采取行动改善财务业绩或歪曲财务报表。注册会计师应当了解被审计单位财务业绩的衡量和评价情况，考虑这种压力是否导致管理层采取行动，以至于增加财务报表发生重大错报的风险。在了解被审计单位财务业绩衡量和评价情况时，注册会计师在下列信息中不应关注的是（　　）。

   A. 关键业绩指标　　B. 业绩趋势

   C. 预测、预算和差异分析　　D. 内部控制变化情况

6. 下列被审计单位的控制中，与审计无关的控制是（　　）。

   A. 银行客户信贷经理复核各分行、地区和各种贷款类型的审批和收回

   B. 公司同意因某些原因，对某个不符合一般信用条件的客户赊销商品

   C. 航空公司用于维护航班时间表的自动控制系统

D. 工厂存货定期盘点

7. 注册会计师实施程序以确定控制是否得到一贯执行，其实质是在测试控制的(　　)。
A. 有效性　　B. 存在性　　C. 正在使用情况　　D. 完整性

8. 下列情况应当实施控制测试的是(　　)。
A. 在评估认定层次重大错报风险时预期控制的运行是无效的
B. 在评估认定层次重大错报风险时预期控制的运行是有效的
C. 注册会计师在了解内部控制时发现控制很薄弱
D. 即使现有控制得到执行也不足以防止财务报表发生重大错报

9. 当仅实施实质性程序不足以提供认定层次充分、适当的审计数据时，注册会计师应当(　　)。
A. 实施分析程序　　B. 实施控制测试
C. 重新评估认定层次的重大错报风险　　D. 扩大样本规模

10. 下列审计程序中不用于控制测试和了解内部控制的是(　　)。
A. 询问　　B. 观察　　C. 检查　　D. 函证

11. 即使注册会计师已获取了控制在期中有效运行的审计证据，仍然需要(　　)。
A. 考虑如何将控制在期中运行有效性的审计证据合理延伸至期末
B. 重新考虑重要性水平
C. 重新评估财务报表层次重大错报风险
D. 重新评估认定层次的重大错报风险

12. 实质性程序的类型包括(　　)。
A. 控制测试和细节测试　　B. 控制测试和实质性测试
C. 细节测试和实质性分析程序　　D. 控制测试和实质性分析程序

二、多项选择题

1. 了解被审计单位及其环境是注册会计师必须执行的审计程序，这些审计程序有(　　)。
A. 询问被审计单位管理层和内部其他相关人员
B. 分析程序
C. 观察和检查
D. 函证被审计单位债务人

2. 注册会计师应当了解被审计单位及其环境，以充分识别和评估财务报表重大错报风险，设计和实施进一步审计程序。其中，注册会计师应当了解被审计单位所处的法律环境及其监管环境的内容主要包括(　　)。
A. 适用的会计准则、会计制度和行业特定惯例
B. 对经营活动产生重大影响的法律、法规及监管活动
C. 对开展业务产生重大影响的政府政策，包括货币、财政、税收和贸易等政策
D. 与被审计单位所处行业和所从事经营活动相关的环保要求

3. 内部控制的目标包括(　　)。
A. 保证业务活动按照适当的授权进行
B. 保证账面资产与实存资产定期核对相符

C. 保证对资产和记录的接触、处理均经过适当的授权

D. 保证企业具有盈利

4. 内部控制的固有限制包括(　　)。

A. 内部控制的设计和运行受制于成本与效益原则

B. 内部控制一般仅针对常规业务活动而设计

C. 内部控制可能因执行人员滥用职权或屈从于外部压力而失效

D. 内部控制可能因经营环境、业务性质的改变而削弱或失效

5. 内部控制的要素包括(　　)。

A. 控制环境、控制活动　　B. 风险评估过程

C. 信息系统与沟通　　D. 对控制的监督

6. 以下关于评估重大错报风险的说法中,正确的有(　　)。

A. 注册会计师应当了解被审计单位及其环境的整个过程中识别风险

B. 注册会计师在评估重大错报风险时,可以不考虑相关内部控制

C. 注册会计师应当确定识别的重大错报风险是否与财务报表整体相关,进而影响多项认定,还是与特定的各类交易、账户余额、列报的认定相关

D. 评估重大错报风险时,注册会计师应当将所了解的控制与特定认定相联系

7. 注册会计师应当了解影响被审计单位经营的其他外部因素,其主要包括(　　)。

A. 宏观经济的景气度　　B. 利率和资金供求状况

C. 通货膨胀水平及币值变动　　D. 国际经济环境和汇率变化

8. 注册会计师应当了解控制活动,以评估认定层次的重大错报风险,并针对评估的风险设计进一步审计程序。控制活动是指有助于确保管理层的指令得以执行的政策和程序,包括的活动有(　　)。

A. 授权　　B. 业绩评价　　C. 信息处理　　D. 实物控制

9. 下列属于注册会计师应当了解的被审计单位行业情况的有(　　)。

A. 所在行业的市场供求与竞争　　B. 生产经营的季节性和周期性

C. 产品生产技术的变化　　D. 能源供应与成本

10. 下列项目中,属于财务报表层次重大错报风险总体应对措施的有(　　)。

A. 向项目组强调保持职业怀疑态度的必要性

B. 分派更有经验或具有特殊技能的审计人员,或利用专家的工作

C. 提供更多的督导

D. 选择的进一步审计程序不被管理层预见或事先了解

11. 实施进一步审计程序的总体方案包括(　　)。

A. 综合性方案　　B. 风险审计方案

C. 实质性程序　　D. 控制测试方案

12. 下列项目中,属于进一步审计程序的包括(　　)。

A. 控制测试　　B. 抽样测试

C. 细节测试　　D. 实质性分析程序

13. 要测试控制的有效性,注册会计师需要获取的审计证据包括(　　)。

A. 控制在所审期间的不同时点是如何运行的

B. 控制由谁执行

C. 控制是否得到一贯执行

D. 控制以何种方式运行

三、判断题

1. 注册会计师无须了解被审计单位的所有内部控制，而只需了解与审计相关的内部控制。（　）

2. 内部控制良好的单位，注册会计师可能将其控制风险水平评估为零，从而不必执行任何实质性测试程序。（　）

3. 控制环境本身能够防止或发现并纠正各类交易、账户余额、列报认定层次的重大错报，注册会计师在评估风险时应当将控制环境连同其他内部控制要素产生的影响一并考虑。（　）

4. 了解被审计单位及其环境是注册会计师必须执行的审计程序，注册会计师应有针对性地向被审计单位管理层和对财务报告负有责任的人员进行询问，还要考虑其他一些重要人员，如内部审计人员，但对级别较低或其他部门的人员，如采购人员、生产人员、销售人员等其他人员，不应浪费审计成本进行询问。（　）

5. 如果注册会计师不打算依赖被审计单位的内部控制，则无须对内部控制进行了解。（　）

6. 注册会计师应当了解被审计单位的可能导致财务报表重大错报的相关经营风险，而无须关注被审计单位的目标和战略。（　）

7. 被审计单位内部或外部对财务业绩的衡量和评价可能对管理层产生压力，促使其采取行动改善财务业绩或歪曲财务报表。注册会计师应当了解被审计单位财务业绩的衡量和评价情况，考虑这种压力是否可能导致管理层采取财务行动以至于增加财务报表发生重大错报的风险。（　）

8. 在了解内部控制时，注册会计师应当考虑被审计单位是否通过建立有效的控制，以恰当应对由于使用信息技术系统而非人工系统产生的风险。（　）

9. 内部控制是被审计单位为了合理保证财务报告的可靠性、经营的效率和效果以及对法律、法规的遵守，由治理层设计和执行的政策和程序。（　）

10. 实施控制测试与了解内部控制所采用的审计程序大体相同，主要区别在于了解内部控制所采用的审计程序中通常不包括重新执行。（　）

11. 财务报表层次的重大错报风险与财务报表整体相关。（　）

12. 控制测试的程序包括询问、分析程序、检查和观察以及重新执行。（　）

四、分析题

1. 天河公司主要从事小型电子消费品的生产和销售，产品销售以天河公司仓库为交货地点。天河公司日常交易采用自动化信息系统和手工控制相结合的方式进行，系统自2006年至今没有发生变化。天河公司的产品主要销向国内各主要城市的电子消费品经销商。注册会计师A和B负责审计天河公司2018年度财务报表。

注册会计师A和B在审计工作底稿中记录了所了解的天河公司及其环境的情况，部分内容摘录如下：

(1) 在2017年实现销售收入增长10%的基础上，天河公司董事会确定的2018年销售收入增长目标为20%。天河公司管理层实行年薪制，总体薪酬水平根据上述目标的完成情况上下浮动。天河公司所处行业2018年的平均销售收入增长率为12%。

(2) 天河公司财务总监已为天河公司工作超过6年，于2018年9月劳动合同到期后被天河公司的竞争对手高薪聘请。由于工作压力大，天河公司会计部门人员流动频繁，除会计主管服务期超过4年外，其余人员的平均服务期少于2年。

(3) 天河公司的产品面临快速更新换代的压力，市场竞争激烈。为巩固市场占有率，天河公司于2018年4月将主要产品(C产品)的售价下调8%～10%(C产品2018年毛利率为8%)。另外，天河公司在2018年8月推出了D产品(C产品的改良型号)，市场表现良好，计划在2019年全面扩大产量，并在2019年1月停止C产品的生产。为了加速资金流转，天河公司于2019年1月针对C产品开始实施新一轮的降价促销，平均降价幅度达到10%。

(4) 天河公司销售的产品均由客户认可的外部运输公司实施运输，运费由天河公司承担，但运输途中的风险仍由客户自行承担。由于受能源价格上涨影响，2018年的运输单价比上年平均上升了15%，但运输商同意将运输结算周期从原来的30天延长至60天。2018年的运输费用与2017年大体持平。

(5) 2018年度天河公司主要原料的价格与上年基本持平，供应商也没有大的变化。但由于技术要求发生变化，D产品所耗高档金属材料比例比C产品略有上升，使得D产品的原材料成本比C产品上升了3%。

要求：针对注册会计师所了解的天河公司及其环境的情况，假定不考虑其他条件，请逐项指出所列事项是否可能存在重大错报风险。如果认为存在，请简要说明理由，并分别说明该风险是属于财务报表层次还是认定层次的风险。如果认为属于认定层次，请指出相关事项与何种交易或账户的何种认定相关。

2. 粤星会计师事务所注册会计师甲和乙接受事务所的委派对天河股份有限公司(以下简称天河公司)2018年度财务报表进行审计。在预备调查阶段，通过调查问卷等形式了解到天河公司销售收款循环的内部控制，描述如下：

(1) 销售部门收到顾客的订单后，由经理对品种、规格、数量、价格、付款条件、结算方式等详细审核后签章，交仓库办理发货手续。

(2) 仓库在发运商品出库时，均必须有管理员根据经批准的订单填制的一式四联的销售单。在各联上签章后，第一联作为发运单，由工作人员配货并随货交给顾客；第二联送会计部；第三联送应收账款专管员；第四联则由管理员按编号顺序连同订单一并归档保存，作为盘存的依据。

(3) 会计部收到销售单后，根据销售单中所列资料，开具统一的销售发票，将顾客联寄送顾客，将销售联交应收账款专管员，作为记账和收款的凭据。

(4) 应收账款专管员收到发票后，将发票与销售单核对，如无错误，据以登记应收账明细账，并将发票和销售单按顾客顺序归档保存。

要求：指出天河公司在销售收款循环的内部控制中存在的缺陷，并针对存在的缺陷，提出改进措施。

第三篇

各类交易和账户余额的审计

章前导引

第八章 销售与收款循环的审计

教学目标

通过本章的学习，学生应了解销售与收款循环涉及的主要经济业务活动、相关的会计凭证及记录；理解销售与收款循环的内部控制及其控制测试；掌握主营业务收入、应收账款、坏账准备账户的实质性审计程序。

引例

万福生科财务造假案

2013 年，万福生科欺诈上市被证监会立案调查，成为创业板欺诈上市第一案。万福生科前身系 2003 年 5 月 8 日成立的湖南省桃源县湘鲁万福有限责任公司，成立时注册资本为 300 万元，分别由龚永福和杨荣华以实物资产各出资 150 万元，其经营范围变更为：收购、仓储、销售粮食；加工、销售大米、饲料；淀粉、淀粉糖、糖果、饼干、豆奶粉；生产销售稻壳活性炭、油脂。湘鲁万福以 2009 年 9 月 30 日为基准日，采用整体变更方式设立万福生科(湖南)农业开发股份有限公司，注册资本 5 000 万元，股份总数 5 000 万股。2011 年，经中国证监会许可，公司向社会公开发行人民币普通股 1.7 亿股，每股面值为人民币 1 元，并于 2011 年 9 月 27 日在创业板上市，股票简称“万福生科”。2012 年，湖南证监局在一次例行检查中发现，万福生科 2012 年半年报存在造假行为，虚增营业收入 1.88 亿元，虚增营业成本 1.46 亿元，虚增净利润 4 023.16 万元，导致该公司 2012 年上半年财务报告盈亏方向发生变化。由于案情严重，万福生科被湖南省证监局立案调查。万福生科 2013 年 3 月 2 日发布公告称，经公司自查发现 2008—2011 年定期报告财务数据存在虚假记载，累计虚增收入 7.4 亿元左右。据证监会现在披露，万福生科 2008—2010 年分别虚增销售收入约 1.2 亿元、1.5 亿元和 1.9 亿元，虚增营业利润约 2 851 万元、3 857 万元和 4 590 万元。而万福生科招股说明书及 2011 年年报统计，2008—2011 年 4 年内净利润总数为 1.81 亿元，实际虚增营业利润 11 298 万元净利润，六成以上为造假所得。

根据调查发现，万福生科在 2008—2011 年，通过编制虚假销售合同与进库入库单据累计虚增收入 7.4 亿元，虚增营业利润 1.8 亿元，虚增净利润 1.6 亿元。由于资产负债表与利润表的联动对应关系，为了消化虚增的收入，万福生科以在建工程为“溶化池”，把虚增的收入转移到在建工程科目，因而资产类中的在建工程对应虚增 1.6 亿元左右。万福生科的财务造假活动基本上可以分为两个循环：第一个为收入确认与收入资金流入循环，通过对外卖出商品与收取资金，实现销售收入的非法虚增；第二个为收入消化与收入资金流出循环，对外购买工程物资与支付货款，实现收入的隐蔽转移与虚构销售资金的返还，通过两个循环之间的转换最终实现销售收入的“合理”虚增。

2013 年 5 月 10 日，中国证监会对万福生科案开出了罚单。

万福生科的行为违反了《中华人民共和国证券法》等相关法律、法规的规定，构成《中华人民共和国证券法》第 189 条所述“发行人不符合发行条件，以欺骗手段骗取发行核准”及第 193 条所述“发行人、上市公司或者其他信息披露义务人未按照规定披露信息，或者所披露的信息有虚假记载、误导性陈述或者重大遗漏”的行为。其中，万福生科、龚永福、覃学军的欺诈发行及虚假记载行为涉嫌犯罪，已移送公安机关追究刑事责任。根据《中华人民共和国证券法》的相关规定，证监会拟责令万福生科改正违法行为，给予警告，并处以 30 万元罚款；对龚永福给予警告，并处以 30 万元罚款。同时，对严平贵等其他 19 名高管给予警告，并处以 25 万元至 5 万元罚款。此外，拟对龚永福、覃学军采取终身证券市场禁入措施。

中磊会计师事务所在万福生科发行上市审计和 2011 年年度报告的审计中，未勤勉尽责，审计程序缺失，在审计证据的获取以及审计意见的形成方面存在不当行为，所出具的审计报告存在虚假记载。该所的上述行为，违反了《中华人民共和国证券法》等法律、法规的相关规定，构成《中华人民共和国证券法》第 223 条等法律、法规所述情形。拟对中磊会计师事务所没收业务收入 138 万元，并处以两倍的罚款，撤销其证券服务业务许可。对签字会计师王越、黄国华给予警告，并分别处 10 万元、13 万元罚款，均采取终身证券市场禁入措施。对签字会计师邹宏文给予警告，并处 3 万元罚款。

第一节 销售与收款循环的特点

销售与收款循环是企业接受销售订单向客户销售商品或提供劳务，直到取得货款或劳务收入的有关活动所组成的业务循环。销售与收款循环涉及的资产负债表项目主要包括应收票据、应收账款、长期应收款、预收账款、应交税费；所涉及的利润表项目主要包括营业收入、税金及附加、销售费用等。

注册会计师只有了解销售与收款循环涉及的主要凭证和记录及其业务活动，才能站在整个循环的角度把握该循环涉及的相关账户的审计风险，进而提高审计的效率。

一、涉及的主要凭证和会计记录

在内部控制比较健全的企业，处理销售与收款业务通常需要使用很多凭证与会计记录。典型的销售与收款循环所涉及的主要凭证与会计记录有以下几种。

（一）客户订购单

客户订购单即客户提出的书面购货要求，企业可以通过销售人员或其他途径向客户发送订购单等方式接受客户订货。

(二) 销售单

销售单是列示客户所订商品的名称、规格、数量以及其他有关信息的凭证，作为销售方内部处理客户订购单的凭证。

(三) 发运凭证

发运凭证即在发运货物时编制的，用以反映发出商品的规格、数量和其他有关内容的凭据。发运凭证的一联寄送给客户，其余联(一联或数联)由企业保留。这种凭证可用做向客户开票收款的依据。

(四) 销售发票

销售发票是在会计账簿中登记销售交易的基本凭证。以增值税发票为例，销售发票的两联(抵扣联和记账联)寄送给客户，一联由企业保留。

(五) 商品价目表

商品价目表是列示已经授权批准的、可供销售的各种商品的价格清单。

(六) 贷项通知单

贷项通知单是一种用来表示由于销售退回或经批准的折让而引起的应收销货款减少的凭证。

(七) 应收账款账龄分析表

应收账款账龄分析表是按月编制的反映月末尚未收回的应收账款总额和账龄。

(八) 应收账款明细账

应收账款明细账是用来记录每个客户各项赊销、还款、销售退回及折让的明细账。

(九) 主营业务收入明细账

主营业务收入明细账是一种用来记录销售业务的明细账。它通常记载和反映不同类别商品或服务的营业收入的明细发生情况和总额。

(十) 折扣与折让明细账

折扣与折让明细账是一种用来核算企业销售商品时，按销售合同规定为了及早收回货款而给予客户的销售折扣，以及因商品品种、质量等原因而给予客户的销售折让情况的明细账。

(十一) 汇款通知书

汇款通知书是一种与销售发票一起寄给客户，由客户在付款时再寄回销售单位的凭证。该凭证注明了客户的姓名、销售发票号码、销售单位开户银行账号以及金额等内容。

(十二) 库存现金日记账和银行存款日记账

库存现金日记账和银行存款日记账是用来记录应收账款的收回或现销收入以及其他各种现金、银行存款收入和支出的日记账。

(十三) 坏账审批表

坏账审批表是仅在企业内部使用的用来批准注销某些应收款项为坏账的凭证。

(十四) 客户月末对账单

客户月末对账单是一种按月定期寄送给客户的用于购销双方定期核对账目的凭证。

(十五) 转账凭证

转账凭证是指记录转账业务的记账凭证，它是根据有关转账业务的原始凭证编制的。

(十六) 收款凭证

收款凭证是指用来记录现金和银行存款收入业务的记账凭证。

二、涉及的主要业务活动

(一) 接受客户订购单

企业接受客户的订购单要求是销售与收款循环的起点。客户的订购单只有在符合企业管理层的授权标准时才能被接受。销售单管理部门首先应审查该客户是否在已经批准的客户名单内，如果该客户未被列入，则通常需要由销售单管理部门的主管来决定是否同意销售。企业在接受了客户订购单之后，下一步就应编制一式多联的销售单。

(二) 批准赊销信用

赊销业务的批准是由信用管理部门根据管理层的赊销政策及每个客户的已授权的信用额度来决定给予客户多少信用限额的业务。信用管理部门的职员在收到销售管理部门的销售单后，应将销售单与该客户已被授权的赊销信用额度以及至今尚欠的账款余额加以比较。执行人工赊销信用检查时，还应合理划分工作职责，以避免销售人员为扩大销售而使企业承受不适当的信用风险。

(三) 按销售单供货

企业管理层通常要求商品仓库只有在收到经过批准的销售单时才能供货。设立这项控制程序的目的是为了防止仓库在未经授权的情况下擅自发货。因此，已批准销售单的一联通常应送达仓库，作为仓库按销售单供货和发货给装运部门的授权依据。

(四) 按销售单装运货物

将按经批准的销售单供货与按销售单装运货物职责相分离，有助于避免负责装运货物的职员在未经授权的情况下装运产品。此外，装运部门职员在装运之前，还必须进行独立验证，以确定从仓库提取的商品都附有经批准的销售单，并且所装运商品与销售单列示的项目一致。发运凭证的一联寄送给客户，其余联(一份或数份)由企业保留。

(五) 开具账单

开具账单包括编制账单和开具并向客户寄送事先连续编号的销售发票。

为了降低开具账单过程中出现遗漏、重复、错误计价或其他差错的风险，应设立以下控制程序：

(1) 开具账单部门职员在开具每张销售发票之前，独立检查是否存在装运凭证和相应的经批准的销售单。

(2) 依据已授权批准的商品价目表开具销售发票。

(3) 独立检查销售发票计价和计算的正确性。

(4) 将装运凭证上的商品总数与相对应的销售发票上的商品总数进行比较。

（六）记录销售

在手工会计系统中，记录销售的过程包括区分赊销、现销，按销售发票编制转账凭证或现金、银行存款收款凭证，再据以登记销售明细账和应收账款明细账或库存现金、银行存款日记账。

（七）办理和记录现金、银行存款收入

这项业务涉及的是有关货款收回，现金、银行存款增加以及应收账款减少的活动。在办理和记录现金、银行存款收入时，最应关心的是货币资金失窃的可能性。货币资金失窃可能发生在货币资金收入登记入账之前或登记入账之后。处理货币资金收入时最重要的是要保证全部货币资金都必须如数、及时地记入库存现金、银行存款日记账或应收账款明细账，并如数、及时地将现金存入银行。在这方面，汇款通知单起着很重要的作用。

（八）办理和记录销售退回、销售折扣与折让

客户如果对商品不满意，销售企业一般都会同意接受退货，或给予一定的销售折让；客户如果提前支付货款，销售企业则可能会给予一定的销售折扣。发生此类事项时，必须经授权批准，并应确保与办理此事有关的部门和职员各司其职，分别控制实物流和会计处理。在这方面，严格使用贷项通知单会起到关键的作用。

（九）注销坏账

不管赊销部门的工作如何主动，客户因经营不善、宣告破产、死亡等原因而不支付货款的事仍可能发生。销售企业若认为某项货款再也无法收回，就必须注销这笔货款。对这些坏账，正确的处理方法应该是获取货款无法收回的确凿证据，经适当审批后及时作会计调整。

（十）提取坏账准备

坏账准备提取的数额应当能够抵补企业以后无法收回的本期销货款。

【例 8-1】销售单和客户订购单都是与销售交易的(　　)认定相关的证据之一。

A. 发生　　　　B. 存在

C. 计价和分摊　　　　D. 准确性

【解答】A。销售单是证明管理层有关销售交易的“发生”认定的凭据之一，也是此笔销售的交易轨迹的起点之一。此外，由于客户订购单也是来自外部的引发销售交易的文件之一，有时也能为有关销售交易的“发生”认定提供补充凭据。选项 A 正确。

【例 8-2】下列关于销售与收款循环中的批准赊销信用的说法中，正确的是(　　)。

A. 根据管理层的赊销政策由销售部门在每个客户已授权的信用额度内进行赊销审批

B. 对于每个新客户都要进行信用调查

C. 进行赊销审批时，应将销售单与该客户已被授权的赊销信用额度加以比较

D. 赊销业务需要由专人进行信用审批并和营业收入的发生认定直接相关

【解答】B。选项 A，应当是信用部门进行赊销审批；选项 C，应将销售单与该客户已被授权的赊销信用额度以及至今尚欠的账款余额加以比较；选项 D，设计信用批准控制的目的是为了降低坏账风险，因此，该控制与应收账款的“计价和分摊”认定直接相关。

第二节 销售与收款循环的内部控制和控制测试

一、销售与收款循环的内部控制

销售与收款循环的内部控制主要包括以下几个方面。

（一）销售交易的内部控制

1. 职责分离控制

适当的职责分离有助于防止各种有意或无意的错误。例如，为了防止舞弊的发生，主营业务收入账与应收账款账由不同的职员独立登记，并由另一位不负责账簿记录的职员定期调节总账和明细账；规定负责主营业务收入和应收账款记账的职员不得经手货币资金。赊销批准职能与销售职能的分离，也是一种理想的控制。明确的职责分工可保证销售业务处理的有效性和可靠性。

2. 授权审批控制

对于授权审批问题，注册会计师应当关注以下四个关键点上的审批程序：其一，在销售发生之前，赊销已经正确审批；其二，非经正当审批，不得发出货物；其三，销售价格、销售条件、运费、折扣等必须经过审批；其四，审批人应当根据销售与收款授权批准制度的规定，在授权范围内进行审批，不得超越审批权限。对于超过企业既定销售政策和信用政策规定范围的特殊销售交易，企业应当进行集体决策。前两项控制的目的在于防止企业因向虚构的或者无力支付货款的客户发货而蒙受损失；价格审批控制的目的在于保证销售交易按照企业定价政策规定的价格开票收款；对授权审批范围设定权限的目的则在于防止因审批人决策失误而造成严重损失。

3. 凭证和记录控制

只有具备充分的记录程序，才有可能实现其他各项控制目标。例如，有的企业在收到客户订购单后，就立即编制一份预先编号的一式多联的销售单，分别用于批准赊销、审批发货、记录发货数量以及向客户开具账单和销售发票等。在这种制度下，只要定期清点销售单和销售发票，漏开账单的情形几乎就不太会发生。

另外，凭证应预先编号，这是为了防止销售以后遗漏向客户开具账单或登记入账，也可防止重复开具账单或重复记账。当然，如果对凭证的编号不作清点，预先编号就会失去其控制意义。

4. 寄收对账单控制

由不负责现金出纳、销售及应收账款记账的人员按月向客户寄发对账单，能促使客户在发现应付账款余额不正确后及时作出说明。为了使这项控制更加有效，最好将账户余额中出现的所有核对不符的账项，指定一位既不掌管货币资金也不记录主营业务收入和应收账款的主管人员处理。

5. 内部核查程序

由内部审计人员或其他独立人员核查销售业务员的处理和记录，是实现内部控制目标不可缺少的一项控制措施。表 8-1 所列程序是针对相应控制目标的典型的内部核查程序。

表 8-1　　内部核查程序

内部控制目标	内部核查程序举例
登记入账的销售业务是真实的	检查销售发票及所附的佐证凭证
销售业务均经适当审批	了解客户的信用情况，确定是否符合企业的赊销政策
所有销售业务均已登记入账	检查发运凭证的连续性，并将其与主营业务收入明细账核对
登记入账的销售业务金额准确	检查会计记录中的数据以验证其正确性
登记入账的销售业务分类恰当	将登记入账的销售业务的原始凭证与会计科目表比较核对
销售业务的记录及时	检查开票员所保管的未开票发运凭证，确定是否存在未在恰当期间及时开票的发运凭证

（二）收款交易的内部控制

尽管由于每个企业的性质、所处行业、规模以及内部控制健全程度等不同，而使得其与收款交易相关的内部控制内容有所不同，但以下与收款交易相关的内部控制内容是通常应当共同遵循的：

（1）企业应当按照《现金管理暂行条例》《支付结算办法》等规定，及时办理销售收款业务。

（2）企业应将销售收入及时入账，不得账外设账，不得擅自坐支现金。销售人员应当避免接触销售现款。

（3）企业应当建立应收账款账龄分析制度和逾期应收账款催收制度。销售部门应当负责应收账款的催收，财会部门应当督促销售部门加紧催收。对催收无效的逾期应收账款可通过法律程序予以解决。

（4）企业应当按客户设置应收账款台账，及时登记每一客户应收账款余额增减变动情况和信用额度使用情况。对长期往来客户应当建立起完善的客户资料，并对客户资料实行动态管理，及时更新。

（5）企业对于可能成为坏账的应收账款应当报告有关决策机构，由其进行审查，确定是否确认为坏账。企业发生的各项坏账，应查明原因，明确责任，并在履行规定的审批程序后做出会计处理。

（6）企业注销的坏账应当进行备查登记，做到账销案存。已注销的坏账又收回时应当及时入账，防止形成账外资金。

（7）企业应收票据的取得和贴现必须经由保管票据以外的主管人员的书面批准。应有专人保管应收票据，对于即将到期的应收票据，应及时向付款人提示付款；已贴现票据应在备查簿中登记，以便日后追踪管理；并应制定逾期票据的冲销管理程序和逾期票据追踪监控制度。

（8）企业应当定期与往来客户通过函证等方式核对应收账款、应收票据、预收款项等往来款项。如有不符，应查明原因，及时处理。

【知识链接】

第一份否定意见的内部控制审计报告

2011 年 3 月 26 日，信永中和会计师事务所给新华制药出具了我国资本市场出现内部控制审计报告以来第一份否定意见的审计报告。信永中和在内部控制审计报告中指出该公司内部控制存在以下两个重大缺陷：①新华制药下属子公司山东新华医药贸易有限公司内部控制制度对多头授信无明确规定，在实际执行中，该医贸公司的鲁中分公司、工业销售部门、商业销售部门三个部门分别向同一客户授信，使得最终的总授信额度过大。②新华制药下属子公司医贸公司内部控制制度规定，对客户授信额度不大于该客户的注册资本。但在实际执行中，对部分客户超出客户的注册资本授信，使得授信额度过大，同时医贸公司也存在未授信的发货情况。

二、评估重大错报风险

收入确认是审计的高风险领域，注册会计师应当考虑影响收入交易的重大错报风险，并对被审计单位经营活动中可能发生的重大错报风险保持警觉。营业收入存在的风险可能包括以下几项。

1. 收入的舞弊风险

有些企业往往为了达到粉饰财务报表的目的而采用虚增或隐瞒收入等方式实施舞弊。例如，为虚构销售收入，将商品从某一地点移送至另一地点，凭出库单和运输单据为依据记录销售收入。为降低税负或转移利润，将商品发出、收到货款并满足收入确认条件后，不确认收入，将收到的货款作为负债挂账，或转入本单位以外的其他账户。中国注册会计师审计准则要求注册会计师基于收入确认存在舞弊风险的假定，评价哪些类型的收入、收入交易或认定导致舞弊风险。

2. 收入的复杂性

被审计单位可能针对一些特定的产品或者服务提供一些特殊的交易安排（例如，特殊的退货约定、特殊的服务期限安排等），但管理层可能对这些不同安排下所涉及的交易风险的判断缺乏经验，收入确认上就容易发生错误。

3. 期末收入交易和收款交易的截止错误

将属于下一会计期间的收入有意或无意地计入本期，或者将属于本期的收入有意或无意地计入下一会计期间，可能导致本期收入以及本期期末应收账款余额、货币资金余额和应交税费余额的高估或低估。

4. 收款未及时入账或记入不正确的账户

例如，被审计单位将商品发出、收到货款并满足收入确认条件后，不确认收入，而将收到的货款作为负债挂账，或转入本单位以外的其他账户。

5. 应收账款坏账准备的计提不准确

例如，有些企业人为改变应收账款的账龄分类，或者人为改变坏账准备计提比例和计提方法来达到调节利润的目的。

三、销售应收款循环的控制测试

（一）记录对内部控制的了解

注册会计师通过询问、观察和检查凭证，可以取得对被审计单位销售与收款循环的控制要点。如果审计的是老客户，上期的审计工作底稿是一重要的信息来源。注册会计师通常使用问卷调查表、流程图或者文字说明性备忘录等方式来记录所了解到的情况。

（二）测试控制制度

注册会计师应运用职业判断，结合对被审计单位内部控制制度的了解来设计和执行控制测试。注册会计师将执行控制测试所获取的证据，用来评价与销售交易有关的每项重要认定的控制风险，并将评价过程的结论和相关依据记录在审计工作底稿中。表 8-2 列示了通常情况下，注册会计师对销售与收款循环实施的控制测试。

表 8-2　　销售与收款的控制风险、控制测试程序

关键控制环节	可能存在的错报	相关财务报表项目及认定	控制测试程序
接受客户订购单	可能将商品销售给了未经授权的客户	营业收入：发生 应收账款：存在	审查已批准的客户清单和销售单
批准赊销信用	可能向没有获得赊销授权或超出了其信用额度的客户赊销	营业收入：发生 应收账款：存在	询问员工销售单的生成过程，检查是否所有生成的销售单均有对应的客户订购单为依据；询问对新客户作信用调查的程序；核对信用额度与销售情况；审查赊销信用是否经适当的授权批准
按销售单供货、装运货物	发运的商品与客户销售单可能不一致	营业收入：准确性 应收账款：计价与分摊	审查装运凭证及独立稽核的证据
	可能在没有批准发货的情况下发出了商品	营业收入：发生 应收账款：存在	检查发运凭证是否连续编号，观察发货、装运货的职责分工情况
	已销售商品可能未实际发运给客户	营业收入：发生 应收账款：存在	检查发运凭证上客户签名，作为收货的证据
开具账单	商品发运可能未开具销售发票或已开出发票没有相应的发运凭证	营业收入：发生，完整性 应收账款：存在，完整性，权利和义务	将发票核对至发运凭证和已批准的销售单；追查发运凭证至销售发票
	销售价格不正确或发票金额出现计算错误	营业收入：准确性 应收账款：计价与分摊	核对经授权的价格清单与发票上的价格； 检查文件以确定价格更改是否经授权； 检查发票中价格复核人员的签名； 重新执行发票的核对过程

（续表）

关键控制环节	可能存在的错报	相关财务报表项目及认定	控制测试程序
记录销售	销售发票入账的会计期间可能不正确	营业收入：截止，发生 应收账款：存在，完整性，权利和义务	审查销售截止检查程序；观察月末对账单情况
	销售发票可能被记入错误的客户账户	应收账款：计价与分摊	复核独立检查证据；观察月末对账单情况
办理和记录现金、银行存款收入	登记入账的现金收入与企业实际收到的现金不符	营业收入：完整性，发生，截止，准确性 货币资金：完整性，存在	核对发运凭证与相关的销售发票和主营业务收入明细账及应收账款中的分录；检查银行存款余额调节表的编制和复核人员的审核记录
提取坏账准备	坏账准备的计提可能不充分	应收账款：计价与分摊	检查财务系统计算账龄分析表的规则是否正确；询问管理层如何复核坏账准备计提表的计算；检查是否有复核人员的签字

在对被审计单位的内部控制系统进行了必要的了解与测试之后，注册会计师应当对其控制风险作出评价，并对实质性测试的内容作出相应的调整。同时，对测试过程中发现的问题，应当在工作底稿中进行记录，并以适当的形式告知被审计单位的管理层。

【例 8-3】 ABC 会计师事务所承接了天河公司 2018 年度财务报表审计业务，注册会计师 A 于 2018 年 12 月 1～6 日对天河公司的销售与收款循环的内部控制进行了解和测试，并在相关工作底稿中记录了了解和测试的事项，部分摘录如下：

(1) 开具账单部门在收到发运单并与销售单核对无误后，编制预先连续编号的销售发票，并将其连同发运单和销售单及时送交会计部门。会计部门在核对无误后由财务部门职员王某据以登记销售收入和应收账款明细账。

(2) 由负责登记应收账款备查簿的人员在每月末定期给顾客寄送对账单，并对顾客提出的异议进行专门追查。

请代注册会计师 A 指出上述事项中天河公司内部控制存在的缺陷，说明理由并提出改进建议。

【解答】 第(1)项存在缺陷。理由：由财务部门职员王某一个人登记销售收入和应收账款明细账。建议：登记收入明细账和应收账款明细账的职务应该分离。

第(2)项存在缺陷。理由：登记应收账款备查簿的人员不能寄发对账单。建议：由不负责现金出纳和销售及应收账款记账的人员寄发对账单。

【例 8-4】 天河股份有限公司是 ABC 会计师事务所的常年审计客户，A 注册会计师负责审计天河公司 2018 年度财务报表，A 注册会计师在审计工作底稿中记录了实施的控制测试和实质性程序及其结果，部分内容摘录如表 8-3 所示。

表 8-3　　工作底稿部分内容

序号	控制	控制测试和实质性程序及其结果
(1)	产品送达后，天河股份有限公司要求客户的经办人员在发运凭单上签字。财务部将客户签字确认的发运凭单作为收入确认的依据之一	A 注册会计师对控制的预期偏差率为零，从收入明细账中抽取 25 笔交易，检查发运凭单是否经客户签字确认。经检查，有 2 张发运凭单未经客户签字。 销售人员解释，这 2 批货物在运抵客户时，客户的经办人员出差。由于以往未发生过客户拒绝签收的情况，经财务部经理批准后确认收入。 A 注册会计师对上述客户的应收账款实施函证，回函结果表明不存在差异
(2)	现金销售通过收银机集中收款，并自动生成销售小票和每日现金销售汇总表。财务人员将每日现金销售汇总表金额和收到的现金核对一致。除财务部经理批准外，出纳应在当日将收到的现金存入指定银行	A 注册会计师对控制的预期偏差率为零，抽取 26 张银行现金缴款单回单与每日现金销售汇总表进行核对，发现有 3 张银行现金缴款单回单的日期比每日现金销售汇总表的日期晚一天。 财务人员解释，由于当日核对工作结束较晚，银行已结束营业，经财务部经理批准，出纳将现金存入公司保险柜，并于次日存入银行。 A 注册会计师检查了财务部经理签字批准的记录，未发现异常

要求：假定控制的设计有效并得到执行，根据控制测试和实质性程序及其结果，指出上述资料所列控制运行是否有效，如认为运行无效，简要说明理由。

【解答】①控制运行无效。理由：抽取的 25 个样本中有 2 个样本没有经客户签字确认，该控制未得到一贯执行。②该控制运行有效。

第三节　营业收入的审计

营业收入包括主营业务收入和其他业务收入，该项目核算企业在销售商品，提供劳务等主营业务活动中所产生的收入，以及企业确认的除主营业务活动以外的其他经营活动实现的收入。主营业务收入一般占企业总收入的较大比重，对企业的经济效益产生较大影响，如工业企业的主营业务收入主要包括销售商品、自制半成品、代制品、代修品，提供工业性劳务等实现的收入。其他业务收入是企业为完成其经营目标所从事的经常性相关的活动实现的收入，如工业企业出租固定资产、出租无形资产、出租包装物和商品、销售材料等实现的收入。

一、营业收入的审计目标

(1) 确定利润表中记录的营业收入已发生，且与被审计单位有关。

(2) 确定所有应当记录的营业收入是否均已记录。

(3) 确定与营业收入有关的金额及其他数据是否已恰当记录。

(4) 确定营业收入是否已记录于正确的会计期间。

(5) 确定营业收入是否已按照企业会计准则的规定在财务报表中作出恰当的列报。

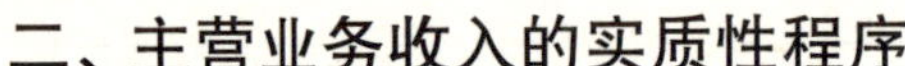

二、主营业务收入的实质性程序

1. 获取或编制主营业务收入明细表

复核加计是否正确，并与总账数和明细账合计数核对是否相符，结合其他业务收入科目与报表数核对是否相符。

2. 检查主营业务收入的确认条件、方法是否符合企业会计准则，前后期是否一致；关注周期性、偶然性的收入是否符合既定的收入确认原则、方法

根据财会 2017 年 22 号《关于修订印发〈企业会计准则第 14 号——收入〉的通知》的规定，企业应当在履行了合同中的履约义务，即在客户取得相关商品控制权时确认收入。取得相关商品控制权，是指能够主导该商品的使用并从中获得几乎全部的经济利益。合同开始日，企业应当对合同进行评估，识别该合同所包含的各单项履约义务，并确定各单项履约义务是在某一时段内履行，还是在某一时点履行，然后在履行了各单项履约义务时分别确认收入。收入确认的总体原则：第一步：识别与客户的合同；第二步：识别履约义务；第三步：确定交易价格；第四步：将交易价格分摊至合同中各项履约义务；第五步：在企业履行履约义务的某一时点（或某一时段）确认收入。

（1）采用交款提货销售方式，通常应于货款已收到或取得收取货款权利的同时已将发票账单和提货单交给购货单位时确认收入的实现。对此，注册会计师应着重检查被审计单位是否收到货款或取得收取货款的权利，发票账单和提货单是否已交付购货单位。应注意有无扣压结算凭证，将当期收入转入下期入账的现象，或者虚记收入、开具假发票、虚列购货单位，将当期未实现的收入虚转为收入记账，在下期予以冲销的现象。

【例 8-5】 ABC 会计师事务所负责审计天河股份有限公司 2018 年财务报表，A 注册会计师盘点存货时发现甲产品账面数量大于实际库存数量 300 吨，询问相关人员得知，该产品已开发票，且发票账单和提货单均已交给购货单位，双方约定 20 天后付款，天河股份有限公司既没有保留继续管理权，也未对其实施控制。天河股份有限公司以未收到货款为由，没有做任何会计处理，该产品销售单价为 1 500 元，单位成本为 700 元。

要求：指出上述账务处理中存在的问题，并作出审计调整分录。

【解答】 根据《企业会计准则》的规定，采用交款提货销售方式，应于货款已收到或取得收取货款权利的同时已将发票账单和提货单交给购货单位时确认收入的实现。因此，该交易符合收入确认条件，应确认为当期销售。注册会计师应提请天河股份有限公司调整报表。审计调整分录为：

	借方	贷方
借：应收账款	526 500	
贷：营业收入（主营业务收入）		450 000
应交税费——应交增值税（销项税额）		76 500
借：营业成本（主营业务成本）	210 000	
贷：存货（库存商品）		210 000

（2）采用预收账款销售方式，通常应于商品已经发出时，确认收入的实现。对此，注册会计师应重点检查被审计单位是否收到了货款，商品是否已经发出。应注意是否存在对已收货款并已将商品发出的交易不入账、转为下期收入，或开具虚假出库凭证、虚增收入等

现象。

【例 8-6】 ABC 会计师事务所负责审计天河股份有限公司 2018 年财务报表，B 注册会计师审计时发现有一笔预收 M 公司 702 000 元的货款，产品已发出，成本为 240 000 元。但天河股份有限公司没有做任何账务处理。

要求：指出上述账务处理中存在的问题，并作出审计调整分录。

【解答】 根据《企业会计准则》的规定，采用预收账款销售方式，应于商品已经发出时确认收入的实现。由于该笔交易货物已经发出，相关的风险和报酬已经转移，符合收入的确认条件，应当确认销售收入实现。注册会计师应提请天河股份有限公司调整报表。审计调整分录为：

借：预收款项(预收账款)	702 000	
贷：营业收入(主营业务收入)		600 000
应交税费——应交增值税(销项税额)		102 000
借：营业成本(主营业务成本)	240 000	
贷：存货(库存商品)		240 000

(3) 采用托收承付结算方式，通常应于商品已经发出，劳务已经提供，并已将发票账单提交银行、办妥收款手续时确认收入的实现。对此，注册会计师应重点检查被审计单位是否发货，托收手续是否办妥，货物发运凭证是否真实，托收承付结算回单是否正确。

(4) 销售合同或协议明确销售价款的收取采用递延方式，可能实质上具有融资性质的，应当按照应收的合同或协议价款的公允价值确定销售商品收入金额。应收的合同或协议价款与其公允价值之间的差额，通常应当在合同或协议期间内采用实际利率法进行摊销，计入当期损益。

(5) 长期工程合同收入，如果合同的结果能够可靠估计，通常应当根据完工百分比法确认合同收入。注册会计师应重点检查收入的计算、确认方法是否合乎规定，并核对应计收入与实际收入是否一致，注意查明有无随意确认收入、虚增或虚减本期收入的情况。

【知识链接】

中国注册会计师审计准则问题解答第 4 号——收入确认

会协〔2013〕77 号

收入是利润的来源，直接关系到企业的财务状况和经营成果。有些企业往往为了达到粉饰财务报表的目的而采用虚增或隐瞒收入等方式实施舞弊。在财务报表舞弊案件中，涉及收入确认的舞弊占有很大比例，收入确认已成为注册会计师审计的高风险领域。中国注册会计师审计准则要求注册会计师基于收入确认存在舞弊风险的假定，评价哪些类型的收入、收入交易或认定导致舞弊风险。本问题解答旨在指导注册会计师基于收入确认存在舞弊风险的假定，选择并实施恰当的审计程序，以将与收入确认相关的审计风险降至可接受的低水平。

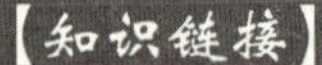

2014 年 5 月，IASB 和 FASB（统称“委员会”）联合发布了一项全面的新收入确认准则：《国际财务报告准则第 15 号——与客户之间的合同产生的收入》（IFRS 15）。该准则将取代 IFRS 和 US GAAP 中几乎所有现行收入的规定。该准则的核心原则是，主体确认的收入应反映其向客户转移已承诺商品或劳务，其金额为主体预计有权向客户收取的该商品或劳务的对价。这与现行的收入准则相比，将要求主体运用更多判断，作出更多估计。

3. 实施实质性分析程序

注册会计师应实施分析程序，检查主营业务收入是否有异常变动和重大波动，从而在总体上对主营业务收入的真实性作出初步判断。注册会计师通常在以下几方面进行比较分析：

（1）针对已识别需要运用分析程序的有关项目，并基于对被审计单位及其环境的了解，通过进行以下比较，同时考虑有关数据间关系的影响，以建立有关数据的期望值：①将本期的主营业务收入与上期的主营业务收入、销售预算或预测数等进行比较，分析主营业务收入及其构成的变动是否异常，并分析异常变动的原因；②计算本期重要产品的毛利率，与上期或预算或预测数据比较，检查是否存在异常，各期之间是否存在重大波动，查明原因；③比较本期各月各类主营业务收入的波动情况，分析其变动趋势是否正常，是否符合被审计单位季节性、周期性的经营规律，查明异常现象和重大波动的原因；④将本期重要产品的毛利率与同行业企业进行对比分析，检查是否存在异常；⑤根据增值税专用发票或普通发票，估算全年收入，与实际收入金额比较。

（2）确定可接受的差异额。

（3）将实际的情况与期望值相比较，识别需要进一步调查的差异。

（4）如果其差额超过可接受的差异额，调查并获取充分的解释和恰当的、佐证性质的审计证据（如通过检查相关的凭证等）。

（5）评估分析程序的测试结果。

【例 8-7】天河股份有限公司的产品主要通过公司的销售部及分销商进行销售。该公司非常关注其产品质量，并根据产品质量确定销售价格。2014—2016 年，该公司的销售情况增长缓慢。2017 年 11 月，该公司从另一公司高价雇用了一个销售经理 Q，Q 将其原来在公司的客户也带了过来，使得该公司 2017 年 12 月份的销售量增加了 25%。由于客户的增加，该公司 2018 年度的销售额比 2017 年度增加了 28.7%。2017—2018 年公司部分数据见表 8-4。

表 8-4　　2017 和 2018 年度公司销售收入等部分数据资料　　（金额单位：千元）

年度	2018 年度		2017 年度	
	金额	占销售收入比例	金额	占销售收入比例
销售收入	2 203	100%	1 712	100%
材料成本	867	39.4%	680	39.7%
人工成本	378	17.2%	350	20.4%

（续表）

年度	2018 年度		2017 年度	
	金额	占销售收入比例	金额	占销售收入比例
制造费用	117	5.3%	110	6.4%
销售成本	1 362	61.9%	1 140	66.5%
毛利	841	38.1%	572	3.35%

要求：根据以上资料，分析天河公司有关销售收入是否可靠，与之相关联的报表数字是否公允合理。

【解答】通过比率分析，审计人员发现，该公司材料的采购成本与销售收入同比例增加，但是人工成本与制造费用占销售收入的比例却下降，与合理性预测相违背。为了进一步查清事情真相并合理预测 2018 年的销售收入，审计人员在 2017 年该公司销售收入已经审计的基础上，对 2018 年度销售收入的发生、完整和准确认定执行了以下实质性分析程序。

第一，建立期望值。期望值是变量的输出值乘以其概率的总和。与 2017 年相比，天河股份有限公司在 2018 年度发生了以下变化：①由于客户增加，2018 年度 1～11 月份的销售额与 2017 年度相同期间相比，增加了 30%，审计人员通过向客户函证得到了证实；②自 2018 年 5 月起，该公司的平均销售价格增加 1%，审计人员通过检查该公司的标准价格表也得到了核实。审计人员将该公司 2018 年度的销售收入按月份拆分以建立期望值。拆分结果见表 8-5。

表 8-5　2017 和 2018 年度销售收入拆分表　（单位：千元）

月份	2017 年	销售量增加 30%	销售单价增加 1%	2018 年度期望值	2018 年实际发生额	差异（千元）
1	137	41		178	179	1
2	138	41		179	179	0
3	134	40		174	172	−2
4	138	41		179	178	−1
5	141	42	2	185	165	−20*
6	139	42	2	183	204	21*
7	143	43	2	188	185	−3
8	147	44	2	193	193	0
9	145	44	2	191	190	−1
10	143	43	2	188	186	−2
11	139	42	2	183	184	1
12	168	—	2	170	188	18*
合计	1 712	463	16	2 191	2 203	

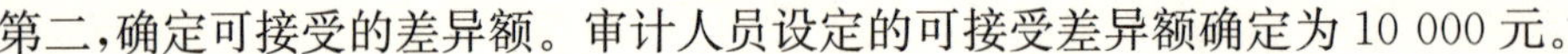

第二，确定可接受的差异额。审计人员设定的可接受差异额确定为10 000元。

第三，分析和调查差异。5月份和6月份的差异调查：5月份的实际值比期望值低20 000元，而6月份的实际值比期望值高21 000元。据此，审计人员首先找天河股份有限公司管理人员查询，原因不明；接着找财务主管谈话，财务主管回忆：5月份一名销售人员在结账以后才提交5月份销售单据，为了简化工作，会计人员将这些单据直接记到了6月份的账簿中。对这一解释，审计人员查阅了该公司6月份销售账簿中的相关销售记录，并抽取一部分追查到原始凭证。通过检查，审计人员发现记录在6月份账中的属于天河股份有限公司5月份的销售共计20 000元。12月的差异调查：天河股份有限公司12月实际销售额比期望值高18 000元，管理层解释：2018年11月份，销售经理Q又发展了两个新客户，这必然导致销售量增加。对此，审计人员检查了销售部门的月度总结报告，并对新客户在2018年度的销售记录和收款情况进行了检查，均得到证实，并发现新增客户在2018年12月使得天河股份有限公司的销售额增加了15 000元。考虑以上因素的影响，5月份、6月份和12月份的差异额低于审计人员设定的可接受的差异额。因此审计人员得出结论：该企业有关销售收入的数据是可以信赖的，与此相关联的报表项目数字也是公允合理的。

4. 审查产品售价是否合理

从销售发票中选取样本，将其单价与经批准的产品价格目录比较，并分析价格的合理性，并注意销售给关联方或关系密切的重要客户的产品价格是否合理，有无以低价或高价结算的方法相互之间转移利润的现象。

5. 抽取本期一定数量的发运凭证

审查存货出库日期、品名、数量等是否与销售发票、销售合同、记账凭证等一致。

6. 抽取本期一定数量的记账凭证

审查入账日期、品名、数量、单价、金额等是否与销售发票、发运凭证、销售合同等一致。

7. 结合对应收账款实施的函证程序，选择主要客户函证本期销售额

8. 对于出口销售，应当将销售记录与出口报关单、货运提单、销售发票等出口销售单据进行核对，必要时向海关函证

9. 实施销售的截止测试

截止测试是实质性测试中常用的一种具体审计技术，它被广泛应用于货币资金、往来款项、存货、主营业务收入和期间费用等许多会计报表项目的审计中，尤其在主营业务收入项目中的运用中更为典型。对主营业务收入实施截止测试，其目的主要在于确定被审计单位主营业务收入的会计记录归属期是否正确；应记入本期或下期的主营业务收入是否被推延至下期或提前至本期。

注册会计师对销售交易实施的截止测试可能包括以下程序：

(1) 选取资产负债表日前后若干天一定金额以上的发运凭证，与应收账款和收入明细账进行核对；同时，从应收账款和收入明细账中选取在资产负债表日前后若干天一定金额以上的凭证，与发运凭证核对，以确定销售是否存在跨期现象。

(2) 复核资产负债表日前后销售和发货水平，确定业务活动水平是否异常，并考虑是否有必要追加截止测试程序。

(3) 取得资产负债表日后所有的销售退回记录，检查是否存在提前确认收入的情况。

(4) 结合对资产负债表日应收账款的函证程序，检查有无未取得对方认可的大额销售。

实施截至测试的前提是注册会计师充分了解被审计单位的收入确认会计实务，并识别能够证明某笔销售符合收入确认条件的关键单据。在审计实务中，注册会计师可以考虑选择以下两条审计路径实施主营业务收入的截止测试：

一是以账簿记录为起点。从资产负债表日前后若干天的账簿记录查至记账凭证，检查发票存根与发运凭证，目的是证实已入账收入是否在同一期间已开具发票并发货，有无多记收入。

二是以发运凭证为起点。从资产负债表日前后若干天的发运凭证查至发票开具情况与账簿记录，确定主营业务收入是否已记入恰当的会计期间。使用这种方法主要是为了防止少计收入。

实际上，由于被审计单位的具体情况各异，管理层意图各不相同，有的为了完成利润目标、承包指标，更多地享受税收等优惠政策，便于筹资等目的，可能会多计收入；有的则为了以丰补歉、留有余地、推迟缴税时间等目的而少计收入。注册会计师应当凭借专业经验和所掌握的信息、资料作出正确判断，选择其中的一条或两条审计路径实施更有效的收入截止测试。

【例 8-8】注册会计师接受委托对天河股份有限公司 2018 年度的财务报表进行审计。天河股份有限公司为增值税一般纳税人，增值税税率 17%。该公司确认收入的依据是货物出库。为了确定天河股份有限公司的销售业务是否记录于恰当的会计期间，注册会计师决定对销售进行截止测试。截止测试的简化工作底稿如表 8-6 所示。

表 8-6　　截止测试的简化工作底稿

销售发票号	金额(万元)	计入销售明细账日期	发运日期	发票日期	销售成本(万元)
2430	18	2018.12.30	12.27	12.27	10
3812	22	2018.12.31	01.03	01.04	14
5637	25	2019.01.03	12.31	12.31	16
6528	5	2019.01.09	01.08	01.09	1

要求：

(1) 根据上述资料指出注册会计师所执行的截止测试的具体方法及其目的。

(2) 根据上述资料分析天河股份有限公司是否存在提前入账的问题。如果有，请编制调整分录。

(3) 根据上述资料分析天河股份有限公司是否存在推迟入账的问题，并简要说明理由。

【解答】(1) 注册会计师执行的截止测试的具体方法是从资产负债表日前后若干天的主营业务收入明细账记录追查至记账凭证，检查发票存根和发运凭证，目的是证实已经入账的收入是否在同一期间开具发票并发货，有无多计收入的情况。

(2) 天河股份有限公司主营业务收入明细账中 2018 年 12 月 31 日发票号 3812 属于提前入账的销售业务。审计调整分录为：

借：营业收入(主营业务收入)　　220 000
　　应交税费——应交增值税(销项税额)　　37 400
　贷：应收账款　　257 400

借：存货(库存商品)　　140 000
　贷：营业成本(主营业务成本)　　140 000

(3) 天河股份有限公司主营业务收入明细账中 2019 年 1 月 3 日发票号 5637 属于推迟入账的销售业务。审计调整分录为：

借：应收账款　　292 500
　贷：营业收入(主营业务收入)　　250 000
　　应交税费——应交增值税(销项税额)　　42 500

借：营业成本 (主营业务成本)　　160 000
　贷：存货(库存商品)　　160 000

10. 检查销售退回

存在销货退回的，检查相关手续是否符合规定，结合相关原始凭证检查其会计处理是否正确，结合存货项目审计关注其真实性。

11. 检查销售折扣与折让

企业在销售业务中，经常会因产品质量、品种不符合要求以及结算方面的原因发生销售折扣与折让。尽管引起销售折扣与折让的原因不尽相同，其表现形式也不尽一致，但都是对收入的抵减，直接影响收入的确认和计量。因此，注册会计师应注意检查销售折扣与折让业务是否真实，内容是否完整，相关手续是否符合规定，折扣与折让的数额计算是否正确，会计处理是否恰当。

12. 检查有无特殊的销售行为

对特殊的销售行为，如附有销售退回条件的商品销售、委托代销、售后回购、以旧换新、商品需要安装和检验的销售、分期收款销售、出口销售、售后租回等，选择恰当的审计程序进行审核。

13. 确认主营业务收入在利润表上的列报是否恰当

【知识链接】

神开股份财务舞弊案

2013 年 11 月 20 日晚，神开股份公告称，公司当天收到中国证监会《调查通知书》。因公司涉嫌信息披露违法违规，中国证监会决定对公司立案稽查。同日，公司还收到上海监管局下发的《关于对上海神开石油化工装备股份有限公司采取责令改正措施的决定》。决定书显示，神开股份的外销收入确认时点不恰当。同时，公司季度报告、半年度报告收入确认也不准确。

上海监管局表示，2012 年，神开股份与某境外客户签订了供货合同，约定以 FOB 形式交货。2012 年 12 月 21 日，公司确认了相关外销收入 63.19 万美元，但截至 2012 年底该笔销售收入对应的货物未装船、公司也未办妥出口手续。公司该笔外销收入的确认时点不恰当。此外，2012 年度，神开股份对部分客户存在开具发票即确认销售收入并暂估成本、相应货物实际未发出或劳务未提供的情况。神开股份于 2012 年年末一次性冲销了上述相关销售收入和对应的成本，但 2012 年一季度、半年度和三季度报告中未冲减提前确认的收入及相应成本。公司 2012 年第一季度提前确认收入 904.98 万元，影响税前利润 316.74 万元、半年度提前确认收入 2 014.74 万元，影响税前利润 705.16 万元，2012 年前三季度提前确认收入 1 460.11万元，影响税前利润 511.04 万元。这也使得神开股份披露的 2012 年一季度、半年度和三季度报告未能真实反映公司财务状况和经营成果。

三、其他业务收入的实质性程序

(1) 获取或编制其他业务收入明细表，复核加计是否正确，并与总账数和明细账合计数核对是否相符，结合主营业务收入科目与营业收入报表数核对是否相符。

(2) 计算本期其他业务收入与其他业务成本的比率，并与上期该比率比较，检查是否有重大波动，如有，应查明原因。

(3) 检查其他业务收入内容是否真实、合法，收入确认原则及会计处理是否符合规定，抽查原始凭证予以核实。

(4) 对异常项目，应追查入账依据及有关法律文件是否充分。

(5) 抽查资产负债表日前后一定数量的记账凭证，实施截止测试，追踪到销售发票、收据等，确定入账时间是否正确，对于重大跨期事项作必要的调整建议。

(6) 确认其他业务收入在利润表上的列报是否恰当。

第四节 应收账款的审计

应收账款指企业因销售商品、提供劳务而形成的债权，即由于企业销售商品、提供劳务等原因，应向购货客户或接受劳务的客户收取的款项或代垫的运杂费，其是企业的债权性资产。

一、应收账款的审计目标

(1) 确定资产负债表中记录的应收账款是否存在。

(2) 确定所有应当记录的应收账款是否均已记录。

(3) 确定记录的应收账款是否被审计单位拥有或控制。

(4) 确定应收账款的期末余额是否正确。

(5) 确定应收账款在财务报表中的列报是否恰当。

二、应收账款的实质性程序

(一) 取得或编制应收账款明细表

注册会计师应获取或编制应收账款明细表，复核加计是否正确，并与总账数和明细账合计数核对是否相符；结合坏账准备科目与报表数核对是否相符。

(二) 分析应收账款账龄

应收账款的账龄，是指资产负债表中的应收账款从销售实现、产生应收账款之日起，至

资产负债表日止所经历的时间。注册会计师可以通过获取或编制应收账款账龄分析表来分析应收账款的账龄,主要目的是了解应收账款的可收回性。

编制应收账款账龄分析表时,可以考虑选择重要的客户及其余额列示,而将不重要的或余额较小的汇总列示。应收账款账龄分析表的合计数减去已计提的相应坏账准备后的净额,应该等于资产负债表中的应收账款项目余额。检查原始凭证,如销售发票、运输记录等,测试账龄划分的准确性。应收账款账龄分析表参考格式如表 8-7 所示。

表 8-7　　应收账款账龄分析表

年　月　日　　　　货币单位:

客户名称	期末余额	账龄			
		1 年以内	1～2 年	2～3 年	3 年以上
合计					

【例 8-9】天河股份有限公司的销售收入主要来源于国内销售和出口销售。ABC 会计师事务所负责天河股份有限公司 2018 年度财务报表审计,并委派 A 注册会计师担任项目负责人。

资料:2018 年 12 月 31 日,中国人民银行公布的人民币对美元汇率为 1 美元=6.37 元人民币。天河公司编制的应收账款账龄分析表摘录如表 8-8 所示。

表 8-8　　应收账款账龄分析表摘录

2018 年 12 月 31 日账龄分析						
客户类别	原币(万元)	人民币(万元)	账龄			
			1 年以内	1～2 年	2～3 年	3 年以上
国内客户		41 158	28 183	7 434	4 341	1 200
国外客户	美元 2 046	15 345	10 981	2 164	2 200	0
合　计		56 503	39 164	9 598	6 541	1 200
2017 年 12 月 31 日账龄分析						
客户类别	原币(万元)	人民币(万元)	账龄			
			1 年以内	1～2 年	2～3 年	3 年以上
国内客户		31 982	23 953	4 169	3 860	0
国外客户	美元 2 006	14 046	11 337	2 539	170	0
合　计		46 028	35 290	6 708	4 030	0

要求:不考虑其他条件,指出资料中应收账款账龄分析表存在哪些不当之处,并简单说明理由。

【解答】(1) 国外客户美元余额折算为人民币时采用的汇率为 1∶7.5,与中国人民银行 2018 年 12 月 31 日公布的汇率不一致;

(2) 国内客户 2018 年 12 月 31 日账龄 2～3 年的金额(4 341 万元)大于 2017 年 12 月 31 日账龄 1～2 年的金额(4 169 万元),不合逻辑。

（三）函证应收账款

应收账款函证是指注册会计师直接从第三方（被询证者）获取书面答复作为审计证据的过程。函证应收账款的目的在于证实应收账款账户余额的真实性、正确性，防止或发现被审计单位及其有关人员在销售交易中发生的错误或舞弊行为。

【知识链接】

中国注册会计师审计准则问题解答第2号——函证

会协〔2013〕77号

恰当地设计和实施函证程序可以为相关认定提供可靠的审计证据，也是应对舞弊风险的有效方式之一。函证程序设计和实施不当，可能会导致其无效。《中国注册会计师审计准则第1312号——函证》要求注册会计师恰当设计和实施函证程序，以获取相关、可靠的审计证据。本问题解答旨在针对与函证有关的实务问题，强调注册会计师在函证过程中保持职业怀疑，提示注册会计师在确定是否实施函证程序、如何设计和实施函证程序，以及评价回函结果时需要关注和考虑的事项，以提高函证程序在应对舞弊风险方面的有效性。

注册会计师应当考虑被审计单位的经营环境、内部控制的有效性、应收账款账户的性质、被询证者处理询证函的习惯做法及回函的可能性等，以确定应收账款函证的范围、对象、方式和时间。

1. 函证的范围和对象

除非有充分证据表明应收账款对被审计单位财务报表而言是不重要的，或者函证很可能是无效的，否则，注册会计师应当对应收账款进行函证。如果注册会计师不对应收账款进行函证，应当在审计工作底稿中说明理由。如果认为函证很可能是无效的，注册会计师应当实施替代审计程序，获取相关、可靠的审计证据。

函证数量的多少、范围是由诸多因素决定的，主要有：①应收账款在全部资产中的重要性。若应收账款在全部资产中所占的比重较大，则函证的范围相应大一些。②被审计单位内部控制的强弱。若内部控制制度较健全，则可以相应减少函证量；反之，则应相应扩大函证范围。③以前期间的函证结果。若以前期间函证中发现过重大差异，或欠款纠纷较多，则函证范围应相应扩大一些。

一般情况下，注册会计师应选择以下项目作为函证对象：大额或账龄较长的项目；与债务人发生纠纷的项目；重大关联方项目；主要客户（包括关系密切的客户）项目；交易频繁但期末余额较小甚至余额为零的项目；可能产生重大错报或舞弊的非正常的项目。

2. 函证的方式

注册会计师可采用积极的或消极的函证方式实施函证，也可将两种方式结合使用。

积极式询证函的格式如下。

企业询证函

编号：

××（公司）：

本公司聘请的××会计师事务所正在对本公司××年度财务报表进行审计，按照中国

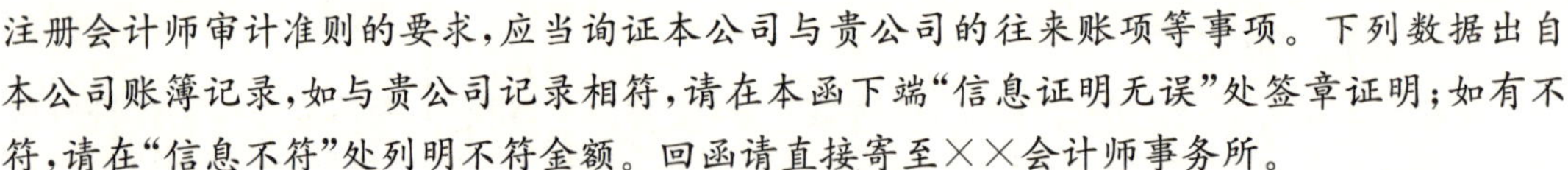

注册会计师审计准则的要求，应当询证本公司与贵公司的往来账项等事项。下列数据出自本公司账簿记录，如与贵公司记录相符，请在本函下端“信息证明无误”处签章证明；如有不符，请在“信息不符”处列明不符金额。回函请直接寄至××会计师事务所。

回函地址：

邮编：　　　　电话：　　　　传真：　　　　联系人：

本公司与贵公司的往来账项列示如下：

单位：元

截止日期	贵公司欠	欠贵公司	备　注

其他事项：

本函仅为复核账目之用，并非催款结算。若款项在上述日期之后已经付清，仍请及时函复为盼。

（公司盖章）

年　月　日

结论：信息证明无误。

（公司盖章）

年　月　日

经办人：

信息不符，请列明不符的详细情况

（公司盖章）

年　月　日

经办人：

积极函证方式的适用范围：相关的内部控制是无效的；预计差错率较高；个别账户的欠款金额较大；有理由相信欠款有可能会存在争议、差错等问题。

消极式询证函参考格式如下：

企业询证函

编号：

××（公司）：

本公司聘请的××会计师事务所正在对本公司××年度财务报表进行审计，按照中国注册会计师审计准则的要求，应当询证本公司与贵公司的往来账项等事项。下列数据出自本公司账簿记录，如与贵公司记录相符，则无需回复；如有不符，请直接通知会计师事务所，并请在空白处列明贵公司认为是正确的信息。回函请直接寄至××会计师事务所。

回函地址：

邮编：　　　　电话：　　　　传真：　　　　联系人：

本公司与贵公司的往来账项列示如下：

单位:元

截止日期	贵公司欠	欠贵公司	备　注

其他事项:

本函仅为复核账目之用,并非催款结算。若款项在上述日期之后已经付清,仍请及时核对为盼。

(公司盖章)

年　月　日

××会计师事务所:

上面的信息不正确,差异如下:

(公司盖章)

年　月　日

经办人:

消极式函证方式的适用范围:①重大错报风险评估为低水平;②涉及大量余额较小的账户;③预期不存在大量的错误;④相信被询证者能够认真对待函证。

3. 函证时间的选择

注册会计师通常在资产负债表日后适当时间内实施函证。如果重大错报风险评估为低水平,可选择资产负债表日前适当日期为截止日实施函证,并对所函证项目自该截止日起至资产负债表日止发生的变动实施实质性程序。

4. 函证的控制

注册会计师应直接控制询证函的发送和回收,对函证实施过程应采取必要的控制措施:将被询证者的名称、单位名称和地址与被审计单位有关记录核对;将询证函中列示的账户余额或其他信息与被审计单位有关资料核对;在询证函中指明直接向接受审计业务委托的会计师事务所回函;询证函经被审计单位盖章后,由注册会计师直接发出;将发出询证函的情况形成审计工作记录;将收到的回函形成审计工作记录,并汇总统计函证结果。

函证结果汇总表如表 8-9 所示。

表 8-9　　应收账款函证结果汇总表

被审计单位名称:　　制表:　　日期:

结账日:年　月　日　　复核:　　日期:

询证函编号	债务人名称	债务人地址及联系方式	账面金额	函证方式	函证日期		回函日期	替代程序	确认余额	差异金额及说明	备注
					第一次	第二次					
合　计											

如果被询证者以传真、电子邮件等方式回函,注册会计师应当直接接收,并要求被询证

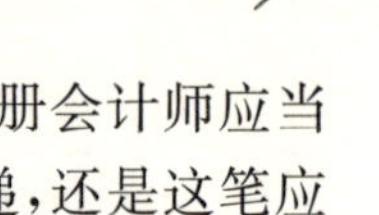

者寄回询证函原件。如果采用积极的函证方式实施函证而未能收到回函，注册会计师应当考虑与被询证者联系，查明是由于被函证者地址迁移、差错而致信函无法投递，还是这笔应收账款本来就是一笔假账。注册会计师应发出第二封甚至第三封询证函，如果仍然得不到答复，应考虑采用必要的替代审计程序。例如检查与销售有关的文件，包括销售合同、销售订单、销售发票副本及发运凭证等，以验证应收账款的真实性。

5. 对不符事项的处理

对应收账款而言，登记入账的时间不同而产生的不符事项主要表现为：①询证函发出时，债务人已经付款，而被审计单位尚未收到货款；②询证函发出时，被审计单位的货物已经发出并已作销售记录，但货物仍在途中，债务人尚未收到货物；③债务人由于某种原因将货物退回，而被审计单位尚未收到；④债务人对收到的货物的数量、质量及价格等方面有异议而全部或部分拒付货款等。如果不符事项构成错报，注册会计师应当评价该错报是否表明存在舞弊，并重新考虑所实施审计程序的性质、时间和范围。

6. 对函证结果的总结和评价

①重新考虑对内部控制的原有评价是否适当，控制测试的结果是否适当；分析程序的结果是否适当；相关的风险评价是否适当等。②如果函证结果表明没有审计差异，则可以合理地推论，全部应收账款总体是正确的。③如果函证结果表明存在审计差异，则应当估算应收账款总额中可能出现的累计差错是多少，估算未被选中进行函证的应收账款的累计差错是多少。为取得对应收账款累计差错更加准确的估计，也可以进一步扩大函证范围。

【例 8-10】 ABC 会计师事务所接受委托，审计天河股份有限公司 2018 年度的财务报表。A 注册会计师了解和测试了与应收账款相关的内部控制，并将重大错报风险评估为高水平。A 注册会计师取得了 2018 年 12 月 31 日的应收账款明细表，并于 2019 年 1 月 15 日采用积极式函证方式对所有重要客户寄发了询证函。

A 注册会计师将与函证结果相关的重要异常情况汇总于表 8-10。

表 8-10　　与函证结果相关的重要异常情况

异常情况	函证编号	客户名称	询证金额(元)	回函日期	回 函 内 容
(1)	22	甲	300 000	2019 年 1 月 22 日	购买天河股份有限公司 300 000 元货物属实，但款项已于 2018 年 12 月 25 日用支票支付
(2)	56	乙	500 000	2019 年 1 月 19 日	因产品质量不符合要求，根据购货合同，于 2018 年 12 月 28 日将货物退回
(3)	64	丙	640 000	2019 年 1 月 19 日	2018 年 12 月 10 日收到天河股份有限公司委托本公司代销的货物 640 000 元，尚未销售
(4)	134	丁	600 000	因地址错误，被邮局退回	—

要求：针对上述异常情况，简要指出 A 注册会计师应分别实施的重要审计程序。

【解答】(1) 检查 2018 年 12 月与 2019 年 1 月银行对账单，核实该笔款项是否以及何时收到。

若2018年12月收到，应提请天河股份有限公司调整财务报表；

若2019年1月份收到，可合理确信被审计单位的相关记录；

若1月月末仍未收到，则应提醒天河股份有限公司进行必要的查询。

(2) 提请调整2018年度的财务报表，检查2019年1月份的入库单及存货明细账，证实所退产品是否已收到。

(3) 应在检查天河股份有限公司与丙公司往来函件的基础上提请天河股份有限公司调整财务报表。

(4) 核实函证地址与天河股份有限公司应收账款明细账户记录的地址是否一致。如不一致，在确认地址正确后再次发函询证。如一致，检查与销售有关的文件，如销售合同、销售发票副本及货运文件等，以证实产品确已发出。

(四) 确定已收回的应收账款金额

请被审计单位协助，在应收账款账龄明细表中标出至审计时已收回的应收账款金额，对已收回金额较大的款项进行常规检查，如核对收款凭证、银行对账单、销货发票等，并注意凭证发生日期的合理性，分析收款时间是否与合同相关要素一致。

(五) 对未函证应收账款实施替代审计程序

对于未函证应收账款，注册会计师应抽查有关原始凭据，如销售合同、销售订购单、销售发票副本、发运凭证及回款单据等，以验证与其相关的应收账款的真实性。

(六) 检查坏账的确认和处理

首先，注册会计师应检查有无债务人破产或者死亡的，以及破产或以遗产清偿后仍无法收回的，或者债务人长期未履行清偿义务的应收账款；其次，应检查被审计单位坏账的处理是否经授权批准，有关会计处理是否正确。

(七) 抽查有无不属于结算业务的债权

不属于结算业务的债权，不应在应收账款中进行核算。因此，注册会计师应抽查应收账款明细账，并追查有关原始凭证，查证被审计单位有无不属于结算业务的债权。如有，应建议被审计单位作适当调整。

(八) 检查非记账本位币应收账款的折算汇率及折算是否正确

对于用非记账本位币(通常为外币)结算的应收账款，注册会计师应检查被审计单位外币应收账款的增减变动是否采用交易发生日的即期汇率将外币金额折算为记账本位币金额，或者采用按照系统合理的方法确定的、与交易发生日即期汇率近似的汇率折算，选择采用汇率的方法前后各期是否一致；期末外币应收账款余额是否采用期末即期汇率折合为记账本位币金额；折算差额的会计处理是否正确。

(九) 分析有贷方余额的项目

应收账款明细账余额一般在借方，如果出现贷方余额，应查明原因，必要时建议作重分类调整。

【例8-11】注册会计师负责对天河股份有限公司2018年度财务报表的审计工作。天河股份有限公司按账龄分析法计提坏账准备：账龄1年(含1年，以下类推)以内的，按其余额的6%计提；账龄1～2年的，按其余额的30%计提；账龄2～3年的，按其余额的50%计提；账龄3年以上的，按其余额的80%计提。如表8-11所示。

表 8-11　　天河公司 2017 年应收账款账龄分析

客户名称 \ 账龄	1 年以内	1～2 年	2～3 年	3 年以上
应收账款——a 公司	20 150 000			
应收账款——b 公司	−2 000 000			
应收账款——c 公司	600 000		25 760	78 000
应收账款——d 公司	10 000 000	2 160 240	932 000	
应收账款——e 公司		54 000		
小计	28 750 000	2 214 240	957 760	78 000

要求：指出上述账务处理中存在的问题，并作出审计调整分录。

【解答】 应当注意应收账款——b 公司−2 000 000 元其经济意义已不是应收账款，而是预收账款，因此被审单位在编制报表时将其重分类调整至预收账款项目，审计调整分录：

借：应收账款——b 公司　　2 000 000

　贷：预收款项——b 公司　　2 000 000

$$补提坏账准备金额 = 2\ 000\ 000 \times 6\% = 120\ 000(元)$$

借：资产减值损失——坏账准备　　120 000

　贷：应收账款——坏账准备　　120 000

（十）确定应收账款是否已恰当列报

如果被审计单位为上市公司，则其财务报表附注通常应披露期初、期末余额的账龄分析，期末欠款金额较大的单位账款，以及持有 5%以上（含 5%）股份的股东单位账款等情况。

第五节 坏账准备的审计

坏账是指企业无法收回或收回的可能性极小的应收款项。由于发生坏账而产生的损失称为坏账损失。《企业会计准则》规定，企业应当在期末对应收款项进行检查，并合理预计可能产生的坏账损失。企业通常应采用备抵法按期估计坏账损失，形成坏账准备。应收款项包括应收票据、应收账款、预付款项、其他应收款和长期应收款等，下面以应收账款相关的坏账准备为例，阐述坏账准备审计常用的实质性程序。

一、坏账准备的审计目标

（1）确定计提坏账准备的方法和比例是否恰当。

（2）坏账准备的计提是否充分。

（3）确定坏账准备增减变动的记录是否完整。

(4) 确定坏账准备期末余额是否正确。

(5) 确定坏账准备的披露是否恰当。

二、坏账准备的实质性程序

(1) 取得或编制坏账准备明细表,复核加计是否正确,与坏账准备总账数、明细账合计数核对是否相符。

(2) 将应收账款坏账准备本期计提数与资产减值损失相应明细项目的发生额核对是否相符。

(3) 检查应收账款坏账准备计提和核销的批准程序,取得书面报告等证明文件,评价计提坏账准备所依据的资料、假设及方法。

企业应根据所持应收账款的实际可收回情况,合理计提坏账准备,不得多提或少提,否则应视为滥用会计估计,按照重大会计差错更正的方法进行会计处理。

企业只能采用备抵法核算坏账损失,计提坏账准备的具体方法由企业自行确定。企业应当列出目录,具体注明计提坏账准备的范围、提取方法、账龄的划分和提取比例,按照管理权限,经股东大会或董事会等类似机构批准,并报有关各方备案,同时,备置于公司所在地,以供投资者查阅。坏账准备提取方法一经确定,不得随意变更。

在确定坏账准备的计提比例时,企业应当综合考虑以往的经验、债务单位的实际财务状况和预计未来现金流量(不包括尚未发生的未来信用损失)等因素,以及其他相关信息作出合理估计。除有确凿证据表明该应收款项不能收回,或收回的可能性不大(如债务单位撤销、破产、资不抵债、现金流量严重不足、发生严重自然灾害等导致停产而在短期内无法偿付债务,以及应收账款逾期 3 年以上)外,下列各种情况一般不能全额计提坏账准备:①当年发生的应收账款,以及未到期的应收账款;②计划对应收账款进行债务重组;③与关联方发生的应收账款;④其他已逾期,但无确凿证据证明不能收回的应收账款。

(4) 实际发生坏账损失的,检查转销依据是否符合有关规定,会计处理是否正确。对于被审计单位在被审计期间内发生的坏账损失,注册会计师应检查其原因是否清楚,是否符合有关规定,有无授权批准,有无已作坏账处理后又重新收回的应收账款,相应的会计处理是否正确。

对有确凿证据表明确实无法收回的应收账款,如债务单位已撤销、破产、资不抵债、现金流量严重不足等,企业应根据管理权限,经股东(大)会或董事会,或经理(厂长)办公会或类似机构批准作为坏账损失,冲销提取的坏账准备。

【例 8-12】注册会计师李明审计天河股份有限公司坏账准备项目。天河股份有限公司采用应收账款年末余额的 3%计提坏账准备,“坏账准备——应收账款”账户年初贷方余额为 60 000 元,借方发生额为 30 000 元,另收回去年已注销的坏账 15 000 元,天河股份有限公司的会计处理为:

借:银行存款　　15 000

　贷:其他应付款　　15 000

年末应收账款余额 700 000 元,会计人员计提坏账准备金,其会计分录为:

借：资产减值损失　21 000
　贷：坏账准备——应收账款　21 000

要求：分析上述事项，判断天河股份有限公司的做法是否正确，如不正确，请你提出相应的处理意见。

【解答】存在问题：①收回已注销的坏账应增加坏账准备，该公司记入其他应付款为私设小金库或贪污舞弊提供了条件。②年末公司应冲销坏账准备 24 000 元（60 000－30 000＋15 000－700 000×3%），该公司反而又提 21 000 元，虚增资产减值损失45 000 元

审计建议：注册会计师应提请该公司作调账处理。

调整分录：

（1）调整其他应付款和应收账款

借：其他应付款　15 000
　贷：应收款项　15 000

（2）调整坏账准备和资产减值损失

借：应收款项——坏账准备　45 000
　贷：资产减值损失　45 000

同时调整财务报表的其他项目。

（5）检查函证结果。对债务人回函中反映的例外事项及存在争议的余额，注册会计师应查明原因并作记录。必要时，应建议被审计单位作相应的调整。

（6）实施分析程序。通过比较前期坏账准备计提数和实际发生数，以及检查期后事项，评价应收账款坏账准备计提的合理性。

（7）确定应收账款坏账准备的披露是否恰当。企业应当在财务报表附注中清晰地说明坏账的确认标准、坏账准备的计提方法和计提比例。上市公司应在财务报表附注中分项披露如下事项：①本期全额计提坏账准备，或计提坏账准备的比例较大的（计提比例一般超过 40%及以上的，下同），应说明计提的比例以及理由；②以前期间已全额计提坏账准备，或计提坏账准备的比例较大但在本期又全额或部分收回的，或通过重组等其他方式收回的，应说明其原因、原估计计提比例的理由以及原估计计提比例的合理性；③对某些金额较大的应收账款不计提坏账准备，或计提坏账准备比例较低（一般为 5%或低于 5%）的理由；④本期实际冲销的应收款项及其理由，其中，实际冲销的关联交易产生的应收账款应单独披露。

【关键术语】

销售与收款循环　内部控制　控制测试　实质性程序　截止测试　应收账款函证　积极式函证　消极式函证　坏账准备审计

【问题思考】

1. 销售与收款循环涉及哪些主要凭证和会计记录？
2. 销售与收款循环的内部控制包含哪些内容？

3. 销售与收款循环的控制测试应当包含哪些程序?
4. 对主营业务收入实施截止测试的方法有哪些? 并分别指出其实现的审计目标。
5. 为什么应收账款函证是应收账款审计中一个非常重要的审计程序?
6. 简述积极式函证和消极式函证的不同,如何协调?

【实训案例】

实训案例一

天河股份有限公司是ABC会计师事务所的常年审计客户,天河股份有限公司在客户签收后确认收入。ABC会计师事务所负责甲公司2018年度财务报表审计,并委派A注册会计师担任项目合伙人。天河股份有限公司2018年财务报告于2019年3月25日获董事会批准,并于同日报送证券交易所。其他相关资料如下。

资料一:天河股份有限公司会计政策规定,对应收款项采用账龄分析法计提坏账准备。确定的坏账准备计提比例分别为:账龄1年以内的(含1年,以下类推),按其余额的10%计提;账龄1～2年的,按其余额的20%计提;账龄2～3年的,按其余额的50%计提;账龄3年以上的,按其余额的80%计提。

天河股份有限公司2018年12月31日未经审计的应收款项账面余额为2 300万元,相关坏账准备为525万元,明细情况如表1所示。

表1　天河股份公司应收账款明细

金额单位:万元

账龄 客户名称	1年以内	1～2年	2～3年	3年以上
应收账款——A公司	500			
应收账款——B公司		250		
应收账款——C公司	1 000		500	
应收账款——D公司	−50			
应收账款——E公司				100
小计	1 450	250	500	100

资料二:在对天河股份有限公司审计过程中,A注册会计师注意到以下事项:

(1) 天河股份有限公司采用完工百分比法确认合同收入和合同费用,按累计实际发生的合同成本占合同预计总成本的比例确定合同完工程度。2018年1月,甲公司作为建筑承包商与建设单位签订一项总金额为3 600万元的固定造价合同,预计总成本为2 600万元。2018年度实际发生成本3 000万元。2018年年末,预计为完成该项合同尚需发生成本1 000万元,该合同的结果能够可靠估计,但甲公司在2018年度尚未确认与该项合同相关的主营业务收入和主营业务成本。

(2) 天河股份有限公司2019年1月5日收到A公司因质量问题而退回的商品1万件,

每件商品成本为210元。该批商品系天河股份有限公司2018年12月2日出售给A公司，每件商品售价为300元，适用的增值税税率为17%，货款尚未收到，天河股份有限公司尚未确认销售商品收入。因A公司提出的退货要求符合销售合同约定，天河股份有限公司同意退货，并按规定向A公司开具了增值税专用发票(红字)。天河股份有限公司在2019年1月冲减了当月的销售收入和成本。

(3) 2018年5月1日，天河股份有限公司因融资需要，将其生产的一批商品销售给同是一般纳税企业的B公司，销售价格为600万元(不含增值税)，商品销售成本为480万元，商品已经发出，货款已收到。按照双方协议，天河股份有限公司在该批商品销售给B公司后1年以660万元的价格购回所售商品。2018年12月31日，天河股份有限公司尚未回购该批商品。2018年5月1日，天河股份有限公司就该批商品销售确认了销售收入，并结转相应成本。

(4) 2018年12月1日，天河股份有限公司向C公司销售商品一批，价值100万元，成本为60万元，商品已经发出并开具了增值税专用发票，该批商品对方已预付货款。C公司当天收到商品后，发现商品质量未达到合同规定的要求，立即根据合同的有关价格减让和退货的条款与天河股份有限公司协商，要求天河股份有限公司在价格上给予一定的减让，否则予以退货。至年底，双方尚未达成一致意见。天河股份有限公司2018年确认了收入并结转了已售商品的成本。

(5) 2018年3月3日，天河股份有限公司采用托收承付结算方式向D公司销售一批商品，开出的增值税专用发票上注明售价为100万元，增值税额为17万元；该批商品成本为60万元。天河股份有限公司在销售该批商品时已得知D公司资金流转发生暂时困难，但为了减少存货积压，同时也为了维持与D公司长期以来建立的商业关系，天河股份有限公司仍将商品发出，并办妥托收手续，并确认了收入结转了成本。(假定天河股份有限公司销售该批商品的纳税义务已经发生。)

要求：

(1) 在资料一的基础上，如果不考虑审计重要性水平，请分别回答A注册会计师是否需要提出审计处理建议？若需提出审计调整建议，请直接列示审计调整分录(审计调整分录金额单位为万元，并且均不考虑对天河股份有限公司2018年度的税费、递延所得税资产和负债、期末结转损益及利润分配的影响，下同)。

(2) 假定天河股份有限公司分别只存在资料二的5个事项中的1个事项，假如你是A注册会计师，在不考虑其他条件的前提下，请针对事项(1)至事项(5)，逐项指出A注册会计师应当提出的审计处理建议(如果有)。

实训案例二　新大地科技财务造假上市案例

一、新大地企业概况

广东新大地生物科技股份有限公司成立于2004年，创立初期名为广东新大地生物科技有限公司，2008年更名为广东新大地生物科技股份有限公司。该公司位于广东省梅州市平远县长田镇，为主要从事油茶产业化的现代农业企业，2011年8月被有关部门评为国家高新技术企业。公司主营业务是茶皂素系列产品研发及山茶油加工、油茶苗培植及油茶基地开发与洗发护发、沐浴液化妆品及生物有机肥生产、销售。该公司生产的"曼佗神露"牌高山茶油，作为公司的主打产品，对公司的销售收入贡献不小。同时，该公司的产品获得了一些相关机构的认证，如有机转换产品认证、绿色食品认证、ISO9001 质量管理体系认证、食品安全管理体系认证等。

该公司分别在广东平远和江西遂川建成了两大产业基地，依托丰富的油茶资源优势，开拓创新，锐意进取，走出了一条"产业规划科学、加工布局合理、产品结构完善、综合利用水平高、经济效益、生态效益和社会效益良好"的绿色发展之路，形成了"三圃二基地一中心"的油茶产业化体系。公司主营业务为良种油茶苗的培育与推广及油茶精深加工系列产品的研发、生产和销售。该公司的业务覆盖了油茶产业链的上、中、下游，即上游的培育与推广良种油茶苗、开发与建设高产油茶林基地；中游的研发、生产和销售茶油系列产品，如精炼茶油等；下游的茶油精深开发如山茶油维 E 胶囊、护肤山茶油等，副产物茶粕、茶壳的综合利用，如茶粕有机肥等，茶皂素及其衍生品的开发如茶皂素洗涤品、茶皂素生物农药等。

二、新大地财务舞弊过程

新大地于 2012 年 4 月 12 日，通过首次公开发行股票在创业板上市的申请，并在证监会网站进行预先披露，而后在 2012 年 5 月 18 日召开的证监会创业板发审委 2012 年第 36 次会议上获得通过。然而，2012 年 5 月下旬，经过记者的深度调查，发现了大量与新大地招股书不符的事实，其涉嫌虚增利润、隐瞒关联交易，且财务数据自相矛盾的现象十分严重。2012 年 6 月，中国证监会已终止对广东新大地生物科技股份有限公司首发上市申请的后续审查。相比之前的云南绿大地等财务舞弊事件，新大地的舞弊手段更加精细，几乎可以代表中国目前财务造假的最高水平。新大地的舞弊手段主要有：虚增收入、虚减成本、虚增资产，隐瞒关联方交易等。具体如下。

1. 虚增收入

在构成收入的要素中，最能表现出一家企业经营获利能力、企业成长趋势的，同时引起投资者重视的是主营业务收入。上市公司财务舞弊最常用的舞弊手法之一就是虚增主营业务收入。

新大地在 2009 年、2010 年、2011 年连续 3 个年度中，虚增营业收入分别为：3 542 195.03 元、7 314 799.87元、6 150 129.86 元，如图 1 所示。

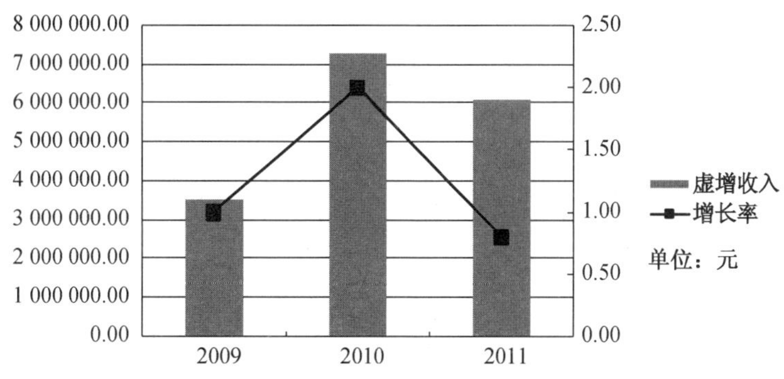

图 1　新大地虚增收入情况

新大地 2009—2011 年在收入账户中，向梅州市喜多多超市连锁有限公司、深圳市铁汉生态环境股份有限公司、梅州市林业局、深圳致君药业有限公司、平远县金利贸易有限公司、平远县飞龙实业有限公司飞龙超市、平远县农业局、平远县林业局、平远县财政局 9 家客户的商品销售中多计收入，3 年共计虚增营业收入 3 949 773.13 元。

另外，在 2011 年 11 月，五华县财政局应拨付给新大地政府补贴款 100 万元，新大地通过其控制的梅州维运新农业发展有限公司的账户向九州贸易转款 45 万元，收款的当日，九州贸易将这笔资金转至新大地的账户，新大地将该笔资金确认为其销售收入。

新大地在 2009 年、2010 年、2011 年连续 3 年虚增的利润分别是：2 319 084.10 元、2 891 506.12元、15 210 789.31 元，分别占当年利润总额的 14.87%、10.89%、36.13%，如图 2 所示。

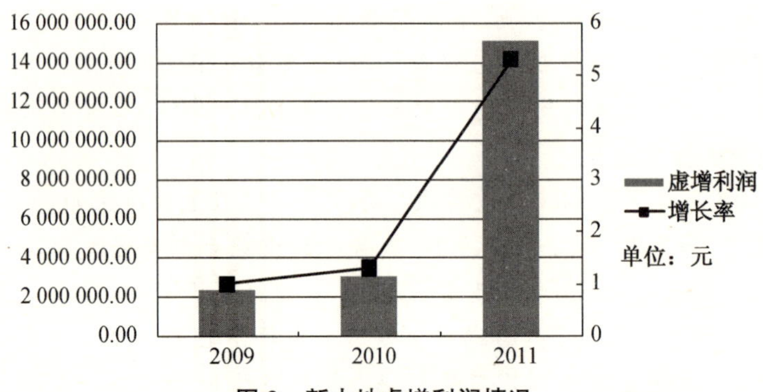

图 2　新大地虚增利润情况

2. 虚减成本

虚减成本难以被发现，相对于虚增收入容易留下造假证据，因此越来越多的上市公司采用这种手段。新大地公司作为制造业企业，将企业自身或者集团内部上下游企业编制的大部分单据作为成本类账户记账的根据，并且种类繁多是成本类账户的特点，如何归类大多数要依赖会计人员的职业判断，例如，将其归入资本性支出，或是收益性支出等。在这种背景下，像成本类账户这种需要依靠财务人员作出职业判断的项目，为财务舞弊者提供了实施舞弊的空间。

新大地在 2009 年、2010 年、2011 年 3 年里，虚减的成本分别为：1 223 110.93 元、4 256 610.71 元、3 811 340.55 元，如图 3 所示。

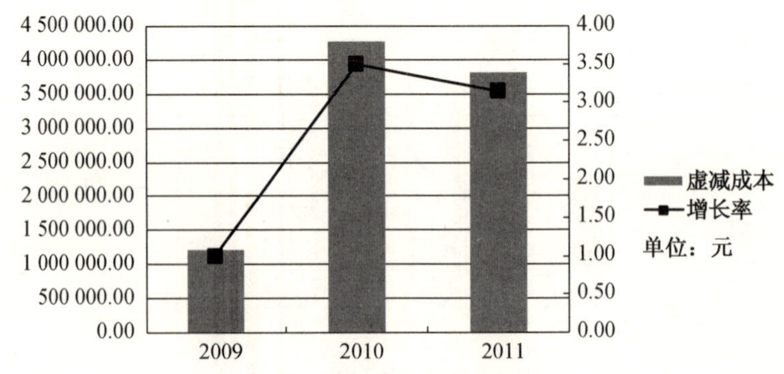

图 3　新大地虚减收入情况

3. 虚增资产

上市公司通过粉饰自己的财务报表，虚增企业资产的账面价值也是常用手段之一。新大地在 2009—2011 年，向平远县二轻建筑公司以支付工程款的名义付款，由此形成在建工程，并最后列入固定资产项目中，但平远县二轻建筑公司并没有实施建造工程，基于此行为，新大地2009年、2010年、2011年连续3年虚增的固定资产金额分别为227.68万元、648.73万元、264.5万元，如图4所示。

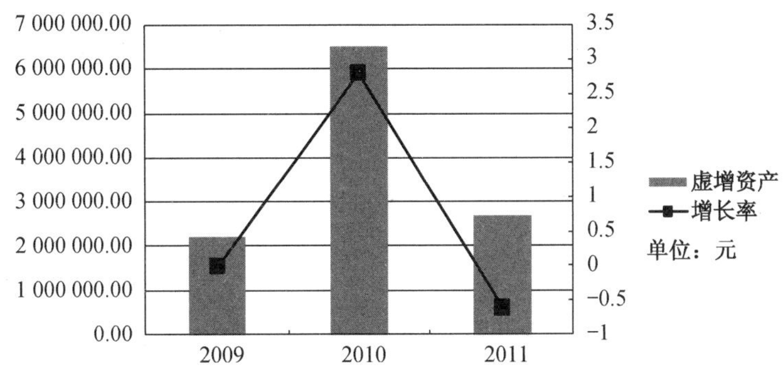

图4 新大地虚增资产情况

4. 隐瞒关联方交易

外部信息使用者如投资人、贷款银行等对关联交易难以了解，只能依赖上市公司在报表附注中的披露，在关联方交易大多发生在企业集团内部的条件下。正是因为关联方交易难以被发现，所以一些上市公司基于此原因，隐瞒关联方交易，并拆解及占用关联方资金。

新大地在2009年、2010年、2011年3个年度中，排名前十的大客户总共涉及22家，与近10家客户关存在联交易问题。

梅州市曼陀神露山茶油专卖店，连续3年为新大地最大的茶油客户，2010年曾被新大地的控制人黄运江的侄女黄双燕所持有，是新大地的关联方。查阅相关的工商资料后发现，该专卖店于2010年5月19日注册，注册号为441402600087288，目前已经注销。但是，仅10多天后，该专卖店的注册号就变成441402600188354，出资人也由黄双燕变成了邹琼，经营场所却没有改变。所以，招股说明书所披露的2009年该店出资人是邹琼为虚假记载，刻意隐瞒了该专卖店的出资人与新大地存在的特殊关系。由于这种特殊关系，以及新大地可能或已经为曼陀神露及其经营者提供了利益倾斜。新大地与曼陀神露专卖店的关联交易金额在2009年、2010年、2011年3年里，分别是19.89万元、122.13万元、104.31万元。但是，该关联方关系及其交易在新大地的招股说明书申报稿以及其上会稿中，并没有被披露出来。

鸿达装饰是新大地的关联方，鸿达装饰公司的法定代表人黄某光在2009—2011年间担任新大地的监事，并且黄某光是新大地控制人黄运江的弟弟。新大地与鸿达装饰的关联交易金额在2009年为23.41万元。该关联方关系及其交易在招股说明书申报稿以及上会稿中，也未被披露。

梅州绿康为新大地的关联方，梅州绿康的经营者陈某系凌洪之妻，凌洪是新大地副董事长凌梅兰的哥哥，且凌洪在2009年至2010年10月间担任新大地监事，2010年10月改任财务总监。在2009年和2010年两年中，新大地与梅州绿康交易金额分别为38.86万元和23.88万元。该关联方关系及其交易在新大地的招股说明书申报稿以及上会稿中，均未被披露。

此外，2010年和2011年，北京和风大地商贸有限责任公司(以下简称和风大地)、四川蜀

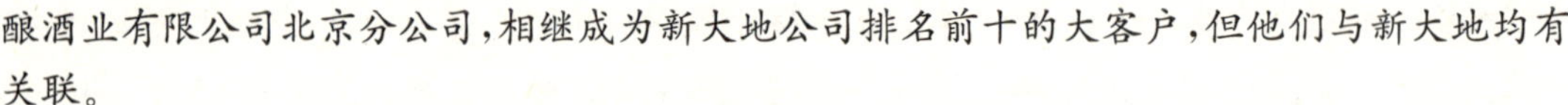

酿酒业有限公司北京分公司，相继成为新大地公司排名前十的大客户，但他们与新大地均有关联。

2011年5月11日，和风大地注册成立，两天后，和风大地与新大地公司签订了为期2年的华北地区《总经销合同》。合同签订7个月后，即2011年年末，和风大地销售茶油和洗涤品的收入达到405.24万元，并一跃成为新大地当年的第三大客户。但是，工商信息显示，和风大地的注册地址，与新大地的董事会秘书赵罡直接控制的北京福众金源环保科技有限公司的登记注册地址相同。

还有，一家名为四川蜀酿酒业有限公司北京分公司的客户与和风大地的情况类似，其注册地址与新大地的第三大股东赵合宇控制的中兴新世纪的注册地址相同。招股说明书中披露，该公司2010年的茶油销售额为247.16万元，位列当年的第三大客户，但是，新大地的2011年前十大客户的名单中也不见该公司。

我国上市公司财务舞弊经历了从利用母公司报表造假到集团集体造假，从运用单一舞弊手法到多样手法同时使用，从集中在期末的舞弊到连续、均匀、系统的舞弊。上市公司财务舞弊不仅给投资者、债权人的利益造成严重损害，而且也对上市公司自身的形象和长远的利益影响重大。

然而，负责审计工作的大华会计师事务所未能尽责，在2009年、2010年、2011年连续3年出具了标准无保留意见的《审计报告》，审计意见如下："我们认为，新大地公司的财务报表在所有重大方面按照企业会计准则的规定编制，公允反映了新大地公司2009年12月31日、2010年12月31日、2011年12月31日的合并及母公司财务状况以及2009年度、2010年度、2011年度的合并及母公司经营成果和现金流量。"

三、新大地的舞弊后果

2013年5月31日，在对广东新大地生物科技股份有限公司造假上市事件调查完成后，中国证监会宣布了调查结果及相关处罚决定。新大地是首个通过创业板发审委审核后因为媒体质疑其造假上市而终止IPO的公司。

2012年8月28日，证监会对新大地立案调查，发现新大地在2009—2011年采用资金循环、虚构销售业务、虚构固定资产等手法，在财务年报中发布虚假的财务数据信息。2011年、2010年、2009年3年分别虚增利润1,521.07万元、289.15万元、251.9万元，分别占当年利润总额比例为36.13%、10.89%、14.87%。由此断定，新大地于2012年4月预先披露的招股说明书申报稿和上会稿中存在虚假记载。

新大地和它的保荐机构南京证券有限责任公司于2012年7月3日向证监会提交终止发行上市的申请。证监会2013年10月15日出具对新大地的行政处罚决定书，内容如下：给予新大地公司警告处分，并罚款60万元；给予新大地的实际控制人黄运江、凌梅兰警告处分，终身市场禁入，并罚款30万元；给予凌洪(新大地财务总监、曾担任监事)警告处分，10年市场禁入，并罚款20万元；给予该公司董事黄鲜露、董事会秘书赵罡警告处分，并罚款20万元；给予其他的相关责任人警告处分，并罚款15万元。

南京证券作为新大地的IPO中介机构，调查工作的过程中未能尽职尽责，工作程序不够充分、适当，出具的发行保荐书等文件存在失实的部分，给予南京证券警告处分，责令其在6个月内整改，整改完后提交报告，并公开谴责，由于在新大地的IPO项目中，南京证券未取得收入，所以对其采取罚款措施；给予保荐代表人胡冰、廖建华警告处分，终身市场禁入，并罚款15万。

负责审计新大地财务报告的大华会计师事务所，未按准则执行业务，出具的审计意见不当，证监会没收其该项业务的收入110万元，罚款22万元，并责令其限期整改；给予签字注册会计师警告处分，终身市场禁入，罚款15万元。为新大地出具法律意见书的大成律师事务所，证监会没收其该项业务收入50万元，罚款100万元。给予签字的四位律师警告处分，并对其中两位罚款10万元，另两位罚款5万元。

2012年，随着绿大地、胜景山河、天能科技、新大地、万福生科等案件的爆发，证监会逐渐加大了对保荐机构和保荐代表人的处罚力度，对保荐代表人更是给予从未有过的终身市场禁入的处罚。2012年11月16日，证监会暂停IPO，同时对IPO公司进行财务检查，以查出IPO公司财务报告的虚假部分。

案例思考和讨论题

1. 新大地财务舞弊的动因是什么？
2. 分析新大地在销售环节造假的手法。
3. 谈谈CPA对新大地审计失败的原因及提出相关建议。

练　习　题

姓名______
学号______
分数______

扫二维码获得更多本章习题及案例

一、单项选择题

1. 销售与收款循环业务的起点是(　　)。
   A. 顾客提出订货要求　　B. 向顾客提供商品或劳务
   C. 商品或劳务转化为应收账款　　D. 收入货币资金
2. 属于外部证据的销售和收款循环所涉及的主要凭证或会计记录有(　　)。
   A. 顾客订货单　　B. 商品价目表
   C. 销售单　　D. 顾客月末对账单
3. 下列内部控制中,能防止企业因审批人决策失误而造成严重损失的是(　　)。
   A. 编制销售单要经过审批
   B. 非经正当审批,不得发出货物
   C. 销售价格、销售条件、运费、折扣等必须经过审批
   D. 审批人应当根据销售与收款授权批准制度的规定,在授权范围内进行审批,不得超越审批权限
4. 下列属于销售与收款循环中实质性程序的是(　　)。
   A. 检查客户的赊购是否经授权批准
   B. 追查主营业务收入明细账中的分录至销售发票
   C. 检查有关凭证上的内部核查标记
   D. 检查会计科目表是否适当
5. 企业设置严格的赊销审批制度,直接降低应收账款(　　)认定的报错风险。
   A. 存在　　B. 计价和分摊　　C. 完整性　　D. 准确性
6. 下列选项中,与营业收入的"发生"认定直接相关的是(　　)。
   A. 发运凭证连续编号
   B. 仓库只有在收到经批准的发货通知单时才能供货
   C. 负责开具发票的人员无权修改开票系统中已设置好的商品价目表
   D. 财务人员根据核对一致的销售合同、客户签收单和销售发票编制记账凭证并确认销售收入
7. 针对向虚构的客户发货并作为销售交易登记入账错误发生的可能性,注册会计师应当(　　)。
   A. 从主营业务收入明细账中抽取若干笔分录,追查有无发运凭证及其他佐证,借以查明有无事实上没有发货却已登记入账的销售交易
   B. 按订货数量发货,按发货数量准确地开具账单,以及将账单上的数额准确地记入会计账簿

C. 检查主营业务收入明细账中与销售分录相应的销货单，以确定销售是否履行赊销审批手续和发货审批手续

D. 从出库单追查至销售收入明细账

8. 下列不属于注册会计师应当关注的与主营业务收入密切相关的日期的是（　　）。

A. 赊销审批日期　　B. 发货日期

C. 记账日期　　D. 发票开具日期

9. 从资产负债表日前若干天的发运凭证查至发票开具情况与账簿记录，主要是为了（　　）。

A. 防止少计收入　　B. 防止多计收入

C. 防止收入金额错误　　D. 防止收入分类错误

10. 下列不属于注册会计师对应收账款实施分析程序时考虑的指标是（　　）。

A. 应收账款借方发生额占销售收入净额的百分比

B. 应收账款周转率

C. 应收账款周转天数

D. 应收账款借方余额占销售收入净额的百分比

11. 下列关于应收账款审计的说法中，不正确的是（　　）。

A. 在任何情况下，都要对应收账款函证

B. 函证可以是积极方式也可以是消极方式

C. 通过函证应收账款，可以证明应收账款的存在

D. 如果以前期间函证发现过重大差异，可以增加函证的数量

12. 如果重大错报风险评估为低水平，注册会计师可选择（　　）截止日实施函证。

A. 资产负债表日　　B. 审计报告日

C. 资产负债表日前适当日期　　D. 审计工作开始日

13. 2018 年 12 月初甲公司“应收账款”账户借方余额为 300 万元，相应的坏账准备账户贷方余额为 15 万元，本月实际发生坏账损失 5 万元，收回已转销的坏账 10 万元。2018 年 12 月 31 日经减值测试，该企业应补提坏账准备 12 万元。假定不考虑其他因素，2018 年 12 月 31 日甲公司资产负债表“应收账款”项目的金额为（　　）万元。

A. 263　　B. 268　　C. 280　　D. 275

14. 针对下列函证程序的替代程序，最有效的是（　　）。

A. 询问被审计单位管理层

B. 重新实施控制测试

C. 检查与应收账款对应的发运凭证

D. 实施实质性分析程序

15. 下列与收入相关的分析程序中，不适当的是（　　）。

A. 将销售收入与财务费用中现金折扣计提情况进行比较

B. 将本期销售收入金额与上一年进行比较

C. 将销售收入与销售费用进行比较

D. 将本年的毛利率与上一年的、同行业本年的毛利率进行比较

二、多项选择题

1. 下列选项中，不符合销售与收款循环中职责分离要求的有(　　)。

A. 如果编制销售发票通知单的人员生病，可以由开具销售发票的人员代行职责

B. 销售人员可以收款

C. 谈判人员与订立合同的人员职责分离

D. 企业应收票据的取得和贴现必须经由保管票据人员的书面批准

2. 针对销售的截止测试，注册会计师可以实施的程序有(　　)。

A. 选取资产负债表日前后若干天一定金额以上的发运凭证，与应收账款和收入明细账进行核对

B. 从应收账款和收入明细账中选取在资产负债表日前后若干天一定金额以上的凭证，与发运凭证核对，以确定销售是否存在跨期现象

C. 复核资产负债表日前后销售和发货水平，确定业务活动水平是否异常，并考虑是否有必要追加实施截止测试程序

D. 取得资产负债表日后所有的销售退回记录，检查是否存在提前确认收入的情况

3. 在确定函证数量时，需要考虑的因素有(　　)。

A. 应收账款在全部资产中的重要性　　B. 以前期间的函证结果

C. 被审计单位内部控制的强弱　　D. 被审计单位的要求

4. 在确定应收账款函证的范围、对象、方式和时间时，注册会计师需要考虑的因素有(　　)。

A. 被询证者处理询证函的习惯做法　　B. 内部控制的有效性

C. 回函的可能性　　D. 成本的高低

5. 一般情况下，注册会计师应选择(　　)作为函证对象。

A. 大额或账龄较长的项目

B. 交易频繁但期末余额较小甚至余额为零的项目

C. 可能产生重大错报的非正常的项目

D. 可能产生舞弊的非正常的项目

6. 注册会计师对应收账款实施函证时发现不符事项，下列不符事项中属于由于登记入账的时间不同而产生的有(　　)。

A. 被审计单位重复入账

B. 询证函发出时，债务人已经付款，而被审计单位尚未收到货款

C. 询证函发出时，被审计单位的货物已经发出并已作销售记录，但货物仍在途中，债务人尚未收到货物

D. 债务人由于某种原因将货物退回，而被审计单位尚未收到

7. 在符合下列(　　)情况时，注册会计师可以采用消极式函证。

A. 预计差错率较低　　B. 债务人欠款余额很小

C. 债务人能认真对待询证函　　D. 内部控制较差

8. 登记入账的销货业务是真实的，对这一目标，审计人员一般关心的错误类型有(　　)。

A. 未曾发货却已将销货业务登记入账　　B. 销货业务重复入账

C. 向虚构的顾客发货　　D. 销货业务发生不入账

9. 注册会计师对销售交易实施的截止测试可能包括(　　)。

A. 复核资产负债表日前后销售和发货水平，确定业务活动水平是否异常，并考虑是否有必要追加实施截止测试程序

B. 取得资产负债表日后所有的销售退回记录，检查是否存在提前确认收入的情况

C. 结合对资产负债表日应收账款的函证程序，检查有无未取得对方认可的销售

D. 选取资产负债表日前后若干天的发运凭证，与应收账款和收入明细账进行核对；同时，从应收账款和收入明细账中选取在资产负债表日前后若干天的凭证，与发运凭证核对，以确定销售是否存在跨期现象

10. 下列选项中，不能表明被审计单位存在收入舞弊风险的有（　　）。

A. 被审计单位销售旺季的收入明显高于淡季

B. 被审计单位本年的销售收入增长率和行业的销售收入增长率不存在明显差异

C. 在被审计单位业务或其他相关事项未发生重大变化的情况下，询证函回函相符比例明显异于以前年度

D. 被审计单位的客户在期末和被审计单位发生频繁采购交易，但是都未结算

11. 下列关于被审计单位内部控制的表述中，合理的有（　　）。

A. 信用部门与应收账款处理部门相互独立

B. 销售折让由业务记录以外的人员批准

C. 坏账冲销由登记应收账款总账的人员批准

D. 应收账款账簿记录员与出纳职责分离

E. 批准赊销与销售职能相互分离

12. 询证应收账款时，肯定式询证函经二次发出仍不回复，有可能（　　）。

A. 账款已还、不愿再回复　　B. 根本不存在该客户

C. 客户发生重大财务困难或已破产　　D. 被审计单位提供地址错误

E. 审计人员执行了替代程序

13. A注册会计师计划对X公司2018年度销售交易中形成的应收账款实施账龄分析，以下情况中恰当的判断有（　　）。

A. 应收甲公司账款自2017年起发生，2018年偿还了一部分，并发生了新的应收账款。X公司将应收甲公司账款账龄确定为1年以内和1～2年

B. 应收乙公司款项发生于2017年度，并于当年贴现，2018年度到期后，乙公司未能如期偿还。X公司将该笔应收款项账龄确定为1年以内

C. 应收丙公司账款系X公司2018年度从Y公司购买，Y公司对丙公司的该笔债权发生于2017年度。X公司将该笔应收账款账龄确定为1～2年

D. 应收丁公司账款发生于2017年度，2018年度根据债务转移协议转由某银行承担，并且银行没有对X公司的追索权。X公司将该笔应收账款账龄确定为1年以内

14. 下列关于收入交易和余额存在的固有风险中，正确的有（　　）。

A. 被审计单位管理层可能为了完成预算，满足业绩考核要求，保证从银行获得额外的资金，吸引潜在投资者，或影响公司股价，而在财务报告中虚增收入

B. 被审计单位可能针对一些特定的产品或者服务提供一些特殊的交易安排（例如特殊的退货约定、特殊的服务期限安排等），但管理层可能对这些不同安排下所涉及的交易风险的判断缺乏经验，收入确认上就容易发生错误

C. 被审计单位在年末编造虚假销售，然后在次年转回，可能导致当年收入以及当年年末应收账款余额、货币资金余额和应交税费余额的高估

D. 如果被审计单位从事贸易业务并且销售货款较多地以现金结算时，被审计单位员工发生舞弊和盗窃的风险会降低

15. 为了证实被审计单位登记入账的销货是否均经正确的计价，适当的计价测试有(　　)。

A. 复算销售发票上的数据

B. 追查主营业务收入明细账中的金额至销售发票

C. 追查销售发票上的详细资料至发运凭证、经批准的商品价目表和顾客订货单

D. 检查发运凭证连续编号的完整性

三、判断题

1. 注册会计师应当假定被审计单位在收入确认方面存在舞弊风险，并应当考虑哪些收入类别以及与收入有关的交易或认定可能导致舞弊风险。(　　)

2. 企业采用预收账款销售方式，应于商品已经发出时，确认收入的实现。(　　)

3. 实施收入截止测试时，注册会计师应当以该年度的账簿记录为起点，以检查是否低估业务收入。(　　)

4. 对于大额应收账款余额，注册会计师必须采用积极式函证予以证实。(　　)

5. 如果不对应收账款函证，注册会计师应当在工作底稿中说明理由。(　　)

6. 注册会计师对企业应收账款账龄进行分析的目的在于取得应收账款可收回性及坏账准备充分性方面的证据。(　　)

7. 应收账款询证函的寄发和收回均应由注册会计师直接控制。(　　)

8. 如果应收账款函证结果表明无审计差异，则注册会计师可以合理地推论，全部应收账款总体是合理的。(　　)

9. 对主营业务收入项目实施截止测试，其目的主要在于确定被审计单位主营业务收入的会计记录归属期是否正确；应计入本期或下期的主营业务收入是否被推迟到下期或提前至本期。(　　)

10. 对坏账准备的审计，可以运用分析性复核程序，以发现有重要问题的审计领域。(　　)

四、分析题

1. A注册会计师负责对M公司2018年12月31日的财务报告内部控制进行审计。A注册会计师了解到，M公司将客户验货签收作为销售收入确认的时点。部分与销售相关的控制内容摘录如下。

(1) 每笔销售业务均需与客户签订销售合同。

(2) 赊销业务需由专人审批信用。

(3) 仓库收到经批准的发货通知单时才能供货。

(4) 开票人员无权修改开票系统中已设置好的商品价目表。

(5) 财务人员根据核对一致的销售合同、客户签收单和销售发票编制记账凭证并确认销售收入。

(6) 每月末，由独立人员对应收账款明细账和总账进行调节。

要求：(1) 针对上述(1)～(6)项所列控制，逐项指出是否与销售收入的发生认定直接相关。

(2) 从所选出的与销售收入的发生认定直接相关的控制中，选出一项最应当测试的控制，并简要说明理由。

2. 注册会计师王强在审计N公司2018年度营业收入时，抽查了该公司12月份的销售业务，发现下列情况：

(1) 12月10日，采用交款提货销售方式售给B公司甲产品10 000万元(不含税，增值税税率为17%)，货款已收到，发票账单和提货单交给B公司，但产品仍在仓库，尚未入账。

(2) 12月15日，N公司收到C公司退回2017年销售的甲产品2 000万元(不含税，增值税税率为17%)，产品已收到，未作账务处理。

(3) 12月20日，N公司确认售给某商场丙产品25 000万元收入(不含税，增值税税率为17%)，相关资料显示：合同规定N公司需对出售的商品负责安装检验，N公司5个月才能完成安装、检验任务，但N公司在交付丙产品后，马上进行收入实现的账务处理。

(4) 12月24日，N公司确认对D公司销售收入共计2 000万元(不含税，增值税税率为17%)。相关记录显示：销售给D公司的产品系按其要求定制，成本为1 800万元；D公司监督该产品生产完工后，支付了1 000万元；但该产品尚存放于N公司，且N公司尚未开具增值税发票。

(5) 12月25日，N公司确认对E公司销售收入计3 000万元(不含税，增值税税率为17%)。相关记录显示：根据双方签订的协议，销售给E公司该批产品所形成的债权直接冲抵N公司所欠E公司原材料采购款；相关冲抵手续办妥后，N公司已向E公司开具增值税发票，该批产品的成本为2 500万元。

(6) 12月27日，N公司确认对F公司销售收入计1 000万元(不含税，增值税税率为17%)。相关记录显示：销售给F公司的产品系N公司生产的半成品，其成本为900万元，N公司已开具增值税发票且已经收到货款；F公司对其购进的上述半成品进行加工后又以1 287万元的价格(含税，增值税税率为17%)销售给N公司，F公司已开具增值税发票且已经收到货款，N公司已做存货购进处理。

要求：(1) 指出N公司在销售业务中存在的问题。

(2) 指出N公司2018年应调整的主营业务收入的数额。

3. A注册会计师负责审计W公司2018年度财务报表。W公司2018年12月31日应收账款余额为3 000万元。A注册会计师认为应收账款存在重大错报风险，决定选取金额较大以及风险较高的应收账款明细账户实施函证程序，选取的应收账款明细账户余额合计为1 800万元。相关事项如下：

(1) W公司客户Z公司的回函确认金额比W公司账面余额少150万元。W公司销售部人员解释，W公司于2018年12月末销售给Z公司的一批产品，在2018年年末尚未开具销售发票，Z公司因此未入账。A注册会计师认为该解释合理，未实施其他审计程序。

(2) 实施函证的1 800万元应收账款余额中，审计项目组未收到回函的余额合计950万元，审计项目组对此实施了替代程序：对其中的500万元查看了期后收款凭证；对没有期后收款记录的450万元，检查了与这些余额相关的销售合同和发票，未发现例外事项。

(3) 鉴于对60%应收账款余额实施函证程序未发现错报，A注册会计师推断其余40%的应收账款余额也不存在错报，无须实施进一步审计程序。

要求：针对上述第(1)至第(3)项，逐项指出W公司审计项目组的做法是否恰当。如不恰当，简要说明理由。

第九章 采购与付款循环的审计

章前导引

教学目标

通过本章的学习，学生应了解采购与付款循环涉及的主要经济业务活动、相关的会计凭证及记录；理解采购与付款循环的内部控制及其控制测试；掌握应付账款、固定资产等账户的实质性审计程序。

引例

达尔曼财务舞弊案例

西安达尔曼实业股份有限公司于1993年以定向募集方式设立，主要从事珠宝、玉器的加工和销售。1996年12月，公司在上交所挂牌上市，并于1998年、2001年两次配股，在股市募集资金共计7.17亿元。西安翠宝首饰集团公司一直是达尔曼第一大股东，翠宝集团名为集体企业，实际上完全由许宗林一手控制。

从公司报表数据看：1997—2003年，达尔曼销售收入合计18亿元，净利润合计4.12亿元，资产总额比上市时增长5倍，达到22亿元，净资产增长4倍，达到12亿元。在2003年之前，公司各项财务数据呈现均衡增长。然而，2003年公司首次出现净利润亏损，主营业务收入由2002年的3.16亿元下降到2.14亿元，亏损达1.4亿元，每股收益为－0.49元；同时，公司的重大违规担保事项浮出水面，涉及人民币3.45亿元、美元133.5万元，还有重大质押事项，涉及人民币5.18亿元。

2004年5月10日，达尔曼被上交所实行特别处理，变更为“ST达尔曼”，同时证监会对公司涉嫌虚假陈述行为立案调查。2004年9月，公司公告显示，截至2004年6月30日，公司总资产锐减为13亿元，净资产－3.46亿元，仅半年时间亏损高达14亿元，不仅抵消了上市以来大部分业绩，而且濒临退市破产。此后，达尔曼股价一路狂跌，2004年12月30日跌破1元面值。2005年3月25日，达尔曼被终止上市。

2005年5月17日，证监会公布了对达尔曼及相关人员的行政处罚决定书（证监罚字〔2005〕10号），指控达尔曼虚构销售收入、虚增利润，通过虚签建设施工合同和设备采购合同、虚假付款、虚增工程设备价款等方式虚增在建工程，重大信息（主要涉及公司对外担保、重大资产的抵押和质押、重大诉讼等事项）未披露或未及时披露。同时，证监会还处罚了担任达尔曼审计工作的3名注册会计师，理由是注册会计师在对货币资金、存货项目的审计过程中，未能充分勤勉尽责，未能揭示4.27亿元大额定期存单质押情况和未能识别1.06亿元虚假钻石毛坯。

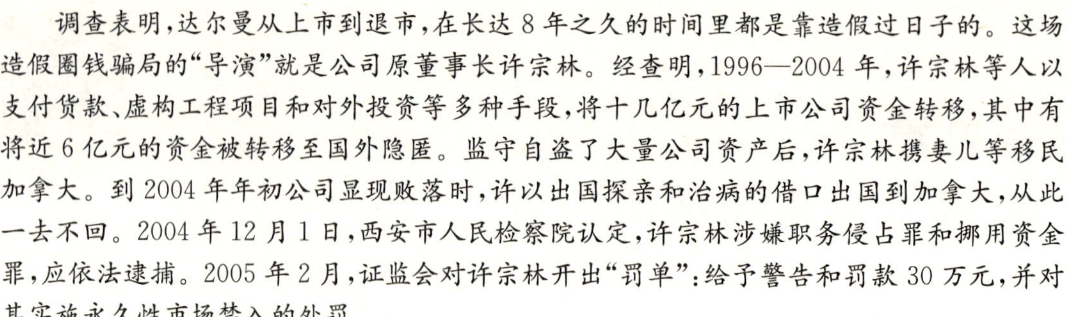

调查表明，达尔曼从上市到退市，在长达8年之久的时间里都是靠造假过日子的。这场造假圈钱骗局的“导演”就是公司原董事长许宗林。经查明，1996—2004年，许宗林等人以支付货款、虚构工程项目和对外投资等多种手段，将十几亿元的上市公司资金转移，其中有将近6亿元的资金被转移至国外隐匿。监守自盗了大量公司资产后，许宗林携妻儿等移民加拿大。到2004年年初公司显现败落时，许以出国探亲和治病的借口出国到加拿大，从此一去不回。2004年12月1日，西安市人民检察院认定，许宗林涉嫌职务侵占罪和挪用资金罪，应依法逮捕。2005年2月，证监会对许宗林开出“罚单”：给予警告和罚款30万元，并对其实施永久性市场禁入的处罚。

第一节 采购与付款循环的特点

采购与付款循环审计的内容是被审计单位的采购业务，通常要经过请购——订货——验收——付款这样的程序。本节主要介绍两部分内容：一是该循环涉及的主要凭证与会计记录，二是该循环涉及的主要业务活动。

一、主要凭证与会计记录

1. 采购计划

企业以销售和生产计划为基础，考虑供需关系及市场计划变化等因素，制订采购计划，并经适当的管理层审批后执行。

2. 供应商清单

企业通过文件审核及实地考察等方式对合作的供应商进行认证，将通过认证的供应商信息进行手工活系统维护，并及时进行更新。

3. 请购单

请购单是由产品制造、资产使用等部门的有关人员填写，送交采购部门，申请购买商品、劳务或其他资产的书面凭证。

4. 订购单

订购单是由采购部门填写，向另一企业购买订购单上所指定的商品、劳务或其他资产的书面凭证。

5. 验收单及入库单

验收单是由验收部门收到商品时所编制的列示所收到的商品的名称、种类、数量、供应商名称和订单号等内容的凭证。入库单是由仓库管理人员填写的验收合格品入库的凭证。

6. 供应商发票

供应商发票是供应商开具的，交给买方以载明发运的货物或提供的劳务、应付款金额和付款条件等事项的凭证。

7. 付款凭单

付款凭单是采购方企业的应付凭单部门编制的，载明已收到的商品、资产或接受的劳务、应付款金额和付款日期的凭证。付款凭单是采购方企业内部记录和支付负债的授权证明文件。

8. 转账凭证

转账凭证是指记录转账交易的记账凭证，它是根据有关转账交易（即不涉及库存现金、银行存款收付的各项交易）的原始凭证编制的。

9. 付款凭证

付款凭证包括现金付款凭证和银行存款付款凭证，是指用来记录库存现金和银行存款支出交易的记账凭证。

10. 应付账款明细账

11. 库存现金日记账和银行存款日记账

12. 供应商对账单

供应商对账单是由供应商按月编制的，标明期初余额、本期购买、本期支付给供应商的款项和期末余额的凭证。

二、主要业务活动

下面以采购商品为例，阐述采购与付款循环所涉及的主要业务活动。

（一）制订采购计划

基于企业的生产经营计划，生产、仓库等部门定期编制采购计划，经部门负责人等适当的管理人员审批后提交采购部门，具体安排商品及服务采购。

（二）供应商认证及信息维护

企业通常对于合作的供应商事先进行资质等审核，将通过审核的供应商信息录入系统，形成完整的供应商清单，并及时对其信息变更进行更新。采购部门只能向通过审核的供应商进行采购。

（三）请购商品和劳务

仓库负责对需要购买的已列入存货清单的项目填写请购单，其他部门也可以对所需要购买的未列入存货清单的项目编制请购单。大多数企业对正常经营所需物资的购买均作一般授权，但对资本支出和租赁合同，企业则通常要求作特别授权，只允许指定人员提出请购。请购单可由手工或计算机编制；由于企业内不少部门都可以填列请购单，可能不便事先编号，为加强控制，每张请购单必须经过对这类支出预算负责的主管人员签字批准。

（四）编制订购单

采购部门在收到请购单后，只能对经过批准的请购单发出订购单。对每张订购单，采购部门应确定最佳的供应来源。对一些大额、重要的采购项目，应采取竞价方式来确定供应商，以保证供货的质量、及时性和成本的低廉。订购单应正确填写所需要的商品品名、数量、价格、厂商名称和地址等，预先予以顺序编号并经过被授权的采购人员签名。

（五）验收商品

验收部门首先应比较所收商品与订购单上的要求是否相符，然后再盘点商品并检查商品有无损坏。验收后，验收部门应对已收货的每张订购单编制一式多联、预先按顺序编号的验收单，作为验收和检验商品的依据。

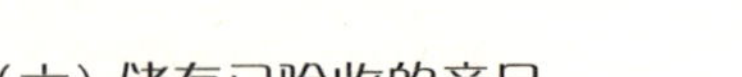

（六）储存已验收的商品

将已验收商品的保管与采购的其他职责相分离，可减少未经授权的采购和盗用商品的风险。存放商品的仓储区应相对独立，限制无关人员接近。

（七）编制付款凭单，确认与记录负债

货物验收后，确定供应商发票的内容与相关的验收单、订购单的一致性，确认负债，应付凭单部门编制有预先顺序编号的付款凭单，由被授权人员在凭单上签字，以示批准照此凭单要求付款，并将已批准的未付款凭单送达会计部门，据以编制有关记账凭证和登记有关账簿。

（八）付款

企业在准备付款前，应核对付款条件，并检查资金是否充足。在签发支票的同时登记支票簿和日记账，以便登记每一笔付款。已签发的支票连同有关发票、合同凭证应送交有关负责人审核签字，并将支票送交供应商。

（九）记录现金、银行存款支出

会计部门应根据已签发的支票编制付款记账凭证，并据以登记银行存款日记账及其他相关账簿。

【例 9-1】采购与付款环节的下列单据中，可能不需要连续编号的是(　　)。

A. 请购单　　B. 订购单　　C. 验收单　　D. 入库单

【解答】A。　由于企业内不少部门都可以填列请购单，可能不便事先编号，为加强控制，每张请购单必须经过对这类支出预算负责的主管人员签字批准。

【例 9-2】下列关于编制订购单的说法中，不正确的是(　　)。

A. 对一些大额、重要的采购项目，应采取竞价方式来确定供应商，以保证供货的质量、及时性和成本的低廉

B. 采购部门对所有的请购单发出订购单

C. 订购单一式多联，送交供应商、验收部门、应付凭单部门和编制请购单的部门

D. 订购单要连续编号并经过被授权的采购人员签名

【解答】B。　采购部门只能对经过批准的请购单发出订购单。

第二节　采购与付款循环的内部控制和控制测试

一、购货业务的内部控制

购货业务的内部控制主要包括以下方面。

（一）职责分离控制

企业应当建立采购与付款交易的岗位责任制，明确相关部门和岗位的职责、权限，确保办理采购与付款交易的不相容岗位相互分离、制约和监督。采购与付款交易不相容岗位至

少包括：请购与审批；询价与确定供应商；采购合同的订立与审批；采购与验收；采购、验收与相关会计记录；付款审批与付款执行。不得由同一个部门和同一个人负责采购及付款的全过程。

（二）采购计划控制

生产、仓储等部门根据生产计划制定需求计划，采购部门汇总需求，按采购类型制定采购计划，经复核人复核后执行。

（三）供应商控制

企业建立科学的供应商审核制度，对供应商资质、信誉情况进行审查和评估，确定

合格的供应商清单，完善企业统一的供应商网络，并及时对其信息变更进行更新。采购部门只能向通过审核的供应商进行采购。

（四）请购控制

企业应当建立采购申请制度，依据购置商品或劳务的类型，确定归口管理部门，授予相应的请购权，并明确相关部门或人员的职责权限及相应的请购程序。请购部门提出的采购需求，应明确采购类别、质量等级、规格、数量、相关要求和标准、到货时间等，由相关权责主管在相应的权限范围内，根据预算合理地签发请购申请单。临时需要的急件零星物品可由使用部门直接购买，但须列入预算。

（五）订货控制

无论何种需要的请购，购货部门在收到请购单后，在最终发出购货订单之前，都应明确订购多少、向谁订购、何时购货等问题。

1. 在订购多少的控制方面

购货部门首先应对每一份请购单审查其请购数量是否在控制限额的范围内，其次是检查使用物品和获得劳务的部门主管是否在请购单上签字同意。对于需大量采购的原材料、零配件等，必须进行各种采购数量对成本影响的成本分析，其内容是将各种请购项目进行有效归类，然后利用经济批量法来测算成本。

2. 关于向谁订购的问题

购货部门在正式填制购货订单前，必须向不同的供应商（通常需求两家以上）索取供应物品的价格、质量指标、折扣和付款条件以及交货时间等资料，比较不同供应商所提供的资料，选择最有利于企业生产和成本最低的供应商，与供应商签订合同。

3. 关于何时订货的问题

关于何时订货的问题主要由存货管理部门运用经济批量法和分析最低存货点来进行，而不是由购货部门进行。当请购单已提出，购货部门应对这些请购单的处理结果及时告知仓储和生产部门。

在上述三方面的决定作出之后，购货部门应及时填制购货订单，并对其进行控制，主要是预先应对每份订单进行编号；在购货订单向供应商发出前，必须由专人检查该订单是否得到授权人的签字；由专人复查购货订单的编制过程和内容；购货订单的副本应递交给请购、保管与会计部门等。

（六）验收控制

验收的职能必须独立于请购、采购、会计的部门人员来承担，根据企业规定的验收制度

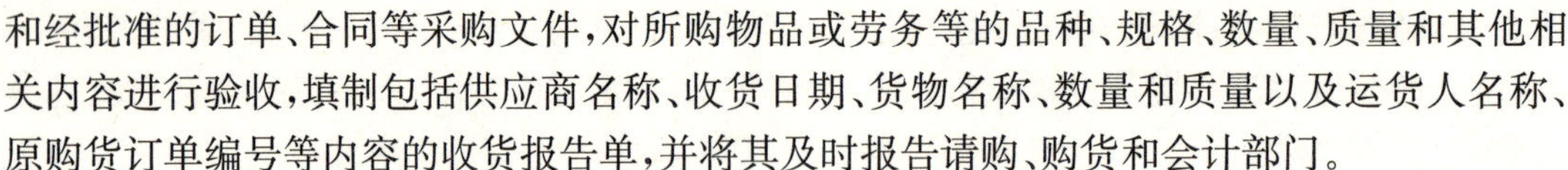

和经批准的订单、合同等采购文件，对所购物品或劳务等的品种、规格、数量、质量和其他相关内容进行验收，填制包括供应商名称、收货日期、货物名称、数量和质量以及运货人名称、原购货订单编号等内容的收货报告单，并将其及时报告请购、购货和会计部门。

(七) 应付账款的控制

任何应付账款的不正确记录和不按时偿还该债务，都会导致交易双方不必要的债务纠纷。对应付账款的控制有：应付账款的记录必须由独立于请购、采购、验收、付款的职员来进行；应付账款的入账还必须在取得和审核各种必要的凭证以后才能进行；对于有预付货款的交易，在收到供应商发票后，应将预付金额冲抵部分发票金额来记录应付账款；必须分别设置应付账款的统驭账户和明细账；对于享有折扣的交易，应根据供应商发票金额减去折扣金额的净额登记应付账款；每月应将应付账款明细账与客户的对账单进行核对。

(八) 付款控制

1. 支票准备

支票准备应独立于采购、付款确认和函证程序，所有付款都应有事前编号的支票，对已签发的支票应将其原始凭证加盖“已付款”印章，以避免重复付款，尽可能使用有安全保障的支票书写器或电脑生成的支票，对于空白支票应安全存放，作废的支票应立即注销等。

2. 支付

付款前，应复核客户发票上的数量、价格和合计数以及折扣条件等，核对支票的金额，采购和付款应由各自独立的签名，对支票应采取函寄或其他安全方式送交。

3. 会计处理

会计部门及时记录付款业务，定期核对总账的分类账以及日记账，注意未付账款。检查应付账款的明细账和有关文件，以防失去可能的现金折扣。

二、固定资产的内部控制

对于制造业企业来说，固定资产在其资产总额中占有很大的比重，固定资产的购建会影响其现金流量，而固定资产的折旧、维修等费用则是影响其损益的重要因素。固定资产管理一旦失控，所造成的损失将远远超过一般的商品存货等流动资产。所以，为了确保固定资产的真实、完整、安全和有效利用，被审计单位应当建立和健全固定资产的内部控制。

(一) 固定资产的预算制度

预算制度是固定资产内部控制中最重要的部分。通常，大中型企业应编制旨在预测与控制固定资产增减和合理运用资金的年度预算；小企业即使没有正规的预算，对固定资产的购建也要事先加以计划。

(二) 授权批准制度

完善的授权批准制度包括：企业的资本性预算只有经过董事会等高层管理机构批准方可生效；所有固定资产的取得和处置均需经企业管理层书面认可。

（三）账簿记录制度

除固定资产总账外，被审计单位还需设置固定资产明细分类账和固定资产登记卡，按固定资产类别、使用部门和每项固定资产进行明细分类核算。固定资产的增减变化均应有充分的原始凭证。

（四）职责分工制度

对固定资产的取得、记录、保管、使用、维修、处置等，均应明确划分责任，由专门部门和专人负责。

（五）资本性支出和收益性支出的区分制度

企业应制定区分资本性支出和收益性支出的书面标准。通常需明确资本性支出的范围和最低金额，凡不属于资本性支出的范围、金额低于下限的任何支出，均应列作费用并抵减当期收益。

（六）固定资产的处置制度

固定资产的处置，包括投资转出、报废、出售等，均要有一定的申请报批程序。

（七）固定资产的定期盘点制度

对固定资产的定期盘点，是验证账面各项固定资产是否真实存在、了解固定资产放置地点和使用状况以及发现是否存在未入账固定备产的必要手段。

（八）固定资产的维护保养制度

固定资产应有严密的维护保养制度，以防止其因各种自然和人为的因素而遭受损失，并应建立日常维护和定期检修制度，以延长其使用寿命。

严格地讲，固定资产的保险不属于企业固定资产的内部控制范围，但它作为一项针对企业重要资产的特别保障，往往对企业非常重要。

【知识链接】

长安福特公司的固定资产的内部控制特点

长安福特是由中国汽车工业最大的“百年老店”——长安汽车集团和世界领先的福特汽车公司共同出资成立的，双方各拥有50%的股份，专业生产满足中国消费者需求的轿车。长安福特的固定资产内部控制特点主要有以下几个方面：

(1) 注重流程管理。长安福特的固定资产内部控制进行的是流程管理。从固定资产投资项目的决策、购置到固定资产的日常管理、最后处置都有一系列的流程图，在流程设计上比较科学合理，有效地指导了业务人员的工作。

(2) 加强固定资产实物台账管理。固定资产的内部控制是全方位的控制，从固定资产投资决策、购置，一直到日常管理和处置，每个环节都很重要。长安福特公司设立了完善的固定资产实物台账管理制度，对台账的设置、登记、保管、报告进行了详细的规定，并加以执行。通过对固定资产的台账管理，公司较好地保证了固定资产的完整性和安全性，维护了资产的正常运行。

(3) 注重固定资产的内部控制自我评价。内部控制的评价，在我国很多企业中一直是

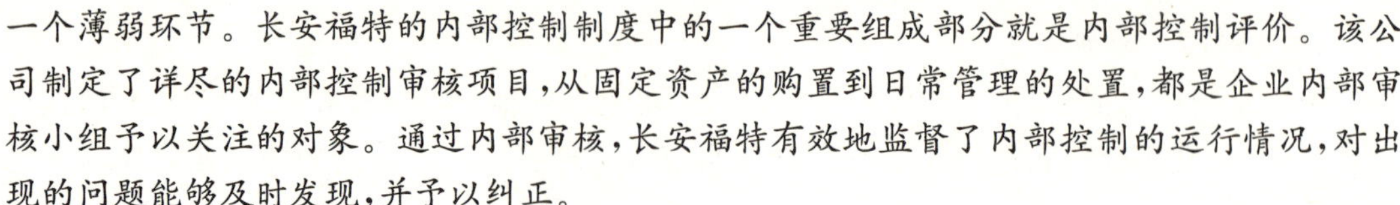

一个薄弱环节。长安福特的内部控制制度中的一个重要组成部分就是内部控制评价。该公司制定了详尽的内部控制审核项目,从固定资产的购置到日常管理的处置,都是企业内部审核小组予以关注的对象。通过内部审核,长安福特有效地监督了内部控制的运行情况,对出现的问题能够及时发现,并予以纠正。

三、评估重大错报风险

采购与付款交易和余额的重大错报风险可能包括如下几个方面。

1. 管理层错报费用支出的偏好和动因

被审计单位管理层可能为了完成预算、保证从银行获得额外的资金、吸引潜在投资者、误导股东、影响公司股价,或通过把私人费用计入公司进行个人盈利而错报支出。

2. 费用支出的复杂性

例如,被审计单位开始在国外开展销售交易,管理层对于可能遭遇的问题解决经验有限,甚至不具备进行正确交易的能力。这可能导致费用支出分配的错误、外币换算错误和准备计提的错误。

3. 管理层凌驾于控制之上和员工舞弊的风险

例如,通过与第三方串通,把私人费用计入企业费用支出,或有意无意地重复付款。

4. 采用不正确的费用支出截止期

将本期采购并收到的商品计入下一会计期间,或者将下一会计期间采购的商品提前计入本期,未及时计提尚未付款的已经购买的服务支出等。

5. 低估

在承受反映较高盈利水平和营运资本的压力下,被审计单位管理层可能试图低估准备和应付账款,包括低估对存货、应收账款应计提的减值以及对已售商品提供的担保(例如,售后服务承诺)应计提的准备。

6. 不正确地记录外币交易

当被审计单位进口用于出售的商品时,可能由于采用不恰当的外币汇率而导致该项采购的记录出现差错。

7. 舞弊和盗窃的固有风险

如在大型零售业务中,由于采购商品和固定资产的数量及支付的款项庞大,交易复杂,容易造成商品发运错误,员工和客户发生舞弊和盗窃的风险较高。如果负责付款的会计人员有权接触应付账款主文档,并能够通过在应付账款主文档中擅自添加新的账户来虚构采购交易,风险也会增加。

8. 存货的采购成本确认不当

存货的采购成本没有按照适当的计量属性确认,结果可能导致存货成本和销售成本的核算不正确。

9. 存在未记录的权利和义务

这可能导致资产负债表分类错误以及财务报表附注不正确或披露不充分。

在计算机环境下,注册会计师既应当考虑常用的控制活动的有效性,也应当考虑特殊的控制活动对于采购与付款交易的适用性。其中，最为重要的控制应着眼于计算机程序的更改和供应商主文档中重要数据的变动，因为这会对采购与付款、应付账款带来影响，也会影响对差错和例外事项的处理过程和结果。

总之，当被审计单位管理层具有高估利润的动机时，注册会计师应当主要关注费用支出和应付账款的低估。重大错报风险集中体现在遗漏交易，采用不正确的费用支出截止期，以及错误划分资本性支出和费用性支出。

四、采购业务内部控制测试

（一）记录对内部控制的了解

注册会计师主要凭借以往与客户交往的经验，并通过运用询问、观察和检查凭证等审计程序取得对被审计单位采购交易控制程序的了解。例如，注册会计师可以询问批准订购单所遵循的程序，观察验收程序，检查应付凭单部门的凭单和相关原始凭证等。注册会计师通常使用问卷调查表、流程图或者文字说明性备忘录等方式来记录所了解到的情况。

（二）测试控制制度

注册会计师进行控制测试，应结合业务控制环节进行。另外，鉴于固定资产项目有着不同于一般商品的特殊性，对其控制测试问题也单独加以阐述。表 9-1 列示了采购业务控制风险、控制测试程序。

表 9-1　　采购业务控制风险、控制测试程序

关键控制环节	可能存在的错报	相关财务报表项目及认定	控制测试程序
制定采购计划	采购计划未经适当审批	存货:存在 应付账款:存在	询问复核人复核采购计划的过程,检查采购计划是否经复核人恰当复核
供应商认证及信息维护	新增供应商或供应商信息变更未经恰当的认证	存货:存在 应付账款:存在	询问复核人复核供应商数据变更请求的过程;抽样检查变更需求是否有相关文件支持及有复核人的复核确认
请购商品和劳务	请购过多的商品	—	检查请购授权和审批的情况
编制订购单	订购单与有效的请购单不符	存货:存在，计价与分摊 应付账款:存在，计价与分摊	询问复核人复核订购单的过程,包括复核人提出的问题及其跟进记录;抽样检查订购单是否有对应的请购单及复核人签署确认
验收商品	收到未订购的商品,收到商品的名称、数量、质量不符合要求	存货:存在,完整性 应付账款:存在,完整性	检查验收单后附有的请购单、订购单;询问和检查验收人员实际验收过程
储存已验收的商品	商品可能被盗走	存货:存在 应付账款:存在	检查入库单；观察接近资产的情况

（续表）

关键控制环节	可能存在的错报	相关财务报表项目及认定	控制测试程序
编制付款凭单、确认与记录负债	对未订购的商品或未收到的商品编制凭单	存货：存在，计价与分摊 应付账款：存在，计价与分摊	检查与每张凭单相配合的订购单、验收单和供应商发票
	凭单可能未入账	存货：完整性，计价与分摊 应付账款：完整性，计价与分摊	审查执行独立检查的证据，重新执行独立检查
付款	可能对未授权的采购签发支票	应付账款：存在	观察支票签署人对支付凭证进行的独立检查
	可能对一张凭证重复付款	应付账款：存在	检查已付款凭单上的“已付讫”印章
	支票金额可能开错	应付账款：计价与分摊	重新执行独立检查
	支票可能在签署后被篡改	应付账款：存在，完整性，计价与分摊	询问邮寄程序，观察邮寄过程
记录现金支出	现金支付未记录或者记录金额不正确	应付账款：存在，完整性，计价与分摊 存货：存在，计价与分摊	检查使用和控制预先编号支票的证据；审查银行存款余额调节表及复核情况；抽取供应商对账单，检查其是否与应付账款明细账得到正确的核对。

【例 9-3】永诚会计师事务所 A 和 B 审计人员接受委派，于 2018 年 11 月 1 日至 7 日对天河股份有限公司的采购与付款循环的内部控制制度进行了解和测试，并在相关审计工作底稿中记录了了解和测试的事项，摘录如下：

（1）天河股份有限公司的材料采购需要经授权批准后方可进行，采购部根据经批准的请购单发出订购单。货物运达后，验收部根据订购单的要求验收货物，并编制一式多联的未连续编号的验收单。仓库根据验收单验收货物，在验收单上签字后，将货物移入仓库加以保管。验收单上有数量、品名、单价等要素。验收单一联交采购部登记采购明细账和编制付款凭单，付款凭单经批准后，月末交会计部；一联交会计部登记材料明细账，一联由仓库保留并登记材料明细账。会计部根据只附验收单的付款凭单登记有关账簿。采购合同规定，天河股份有限公司收货后须在 7 天内付款，逾期每天支付货款 5‰的违约金，严重的供货方停止供货。

（2）会计部审核付款凭单后，支付采购款项。天河股份有限公司授权会计部的经理签署支票，经理将其授权给会计人员小王负责，但保留了支票印章。小王根据已适当批准的凭单，在确定支票收款人名称与凭单内容一致后签署支票，并在凭单上加盖“已支付”的印章。A 和 B 审计人员对付款控制程序的穿行测试表明，未发现与公司规定有不一致之处。

【解答】天河股份有限公司采购与付款循环内部控制方面的缺陷有：

（1）验收单未连续编号，不能保证所有的采购都已记录或不被重复记录。应建议天河公司对验收单进行连续编号。

（2）付款凭单未附订购单及购货发票等，会计部门无法核对采购事项是否真实，登记有关账簿时，金额或数量可能会出现差错。应建议天河公司将订购单和发票等与付款凭单一起交会计部门。

(3) 会计部门月末审核付款凭单后才付款，未能及时将材料采购和债务登记入账并按约定时间付款。应建议天河公司采购部门及时将付款凭单交会计部门，按约定时间付款。

五、固定资产的内部控制测试

注册会计师在对被审计单位的固定资产实施控制测试时应注意：

(1) 对于固定资产的预算制度，注册会计师应选取固定资产投资预算和投资可行性项目论证报告，检查是否编制预算并进行论证，以及是否经适当层次审批；对实际支出与预算之间的差异以及未列入预算的特殊事项，应检查其是否履行特别的审批手续。如果固定资产增减均能处于良好的经批准的预算控制之内，注册会计师即可适当减少针对固定资产增加、减少实施的实质性程序的样本量。

(2) 对于固定资产的授权批准制度，注册会计师不仅应检查被审计单位固定资产授权批准制度本身是否完善，还应选取固定资产请购单及相关采购合同，检查是否得到适当审批和签署，关注授权批准制度是否得到切实执行。

(3) 对于固定资产的账簿记录制度，注册会计师应当认识到，一套设置完善的固定资产明细分类账和登记卡，将为分析固定资产的取得和处置、复核折旧费用和修理支出的列支带来帮助。

(4) 对于固定资产的职责分工制度，注册会计师应当认识到，明确的职责分工制度，有利于防止舞弊，降低注册会计师的审计风险。

(5) 对于资本性支出和收益性支出的区分制度，注册会计师应当检查该制度是否遵循企业会计准则的要求，是否适应被审计单位的行业特点和经营规模，并抽查实际发生与固定资产相关的支出时是否按照该制度进行恰当的会计处理。

(6) 对于固定资产的处置制度，注册会计师应当关注被审计单位是否建立了有关固定资产处置的分级申请报批程序；抽取固定资产盘点明细表，检查账实之间的差异是否经审批后及时处理；抽取固定资产报废单，检查报废是否经适当批准和处理；抽取固定资产内部调拨单，检查调入、调出是否已进行适当处理；抽取固定资产增减变动情况分析报告，检查是否经复核。

(7) 对于固定资产的定期盘点制度，注册会计师应了解和评价企业固定资产盘点制度，并应注意查询盘盈、盘亏固定资产的处理情况。

(8) 对于固定资产的保险情况，注册会计师应抽取固定资产保险单盘点表，检查是否已办理商业保险。

第三节　应付账款的审计

应付账款是企业在正常经营过程中，因购买材料、商品和接受劳务供应等经营活动而应付给供应商的款项。注册会计师应结合赊购交易进行应付账款的审计。

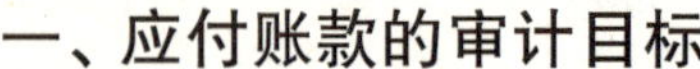

一、应付账款的审计目标

应付账款的审计目标一般包括:

(1) 确定资产负债表中记录的应付账款是否存在,是否为被审计单位应当履行的现时义务。

(2) 确定应付账款的发生和偿还记录是否完整。

(3) 确定应付账款是否以恰当的金额包括在财务报表中,与之相关的计价调整已恰当记录。

(4) 确定应付账款是否已按照《企业会计准则》的规定在财务报表中作出恰当的列报。

二、应付账款的实质性程序

(一) 获取或编制应付账款明细表

(1) 复核加计是否正确,并与报表数、总账数和明细账合计数核对是否相符。

(2) 检查非记账本位币应付账款的折算汇率及折算是否正确。

(3) 分析出现借方余额的项目,查明原因,必要时,建议作重分类调整。

(4) 结合预付账款、其他应付款等往来项目的明细余额,调查有无同挂的项目、异常余额或与购货无关的其他款项(如关联方账户或雇员账户),如有,应做出记录,必要时建议作调整。

(二) 根据被审计单位实际情况,选择以下方法对应付账款执行实质性分析程序

(1) 将本期期末应付账款余额与上期期末余额进行比较,分析波动原因。

(2) 分析长期挂账的应付账款,要求被审计单位作出解释,判断被审计单位是否缺乏偿债能力或利用应付账款隐瞒利润,并注意其是否可能无需支付。

(3) 计算应付账款与存货的比率、应付账款与流动负债的比率,并与以前年度相关比率对比分析,评价应付账款整体的合理性。

(4) 分析存货和营业成本等项目的增减变动,判断应付账款增减变动的合理性。

(三) 函证应付账款

一般情况下,并非必须函证应付账款,这是因为函证不能保证查出未记录的应付账款,况且注册会计师能够取得采购发票等外部凭证来证实应付账款的余额。但如果控制风险较高,某应付账款明细账户金额较大,则应考虑进行应付账款的函证。

(1) 函证对象:应选择较大金额的债权人,以及那些在资产负债表日金额不大,甚至为零,但为被审计单位重要供应商的债权人,作为函证对象。

(2) 函证方式:最好采用积极函证方式。

(3) 函证的控制:要求债权人直接回函,并根据回函情况编制与分析函证结果汇总表,对未回函的,应考虑是否再次函证。

(4) 函证替代程序:对于未回函的重大项目,注册会计师应采用替代审计程序,即检查决算日后应付账款明细账及库存现金和银行存款日记账,核实其是否已支付,同时检查该笔债务的相关凭证资料,如合同、发票、验收单,核实应付账款的真实性。

【例 9-4】A 注册会计师对天河股份有限公司的应付账款项目进行审计。根据需要，该注册会计师决定对天河股份有限公司下列四个明细账户（见表 9-2）中的两个进行函证。

表 9-2　　四个明细账户　　单位:元

	应付账款年末余额	本年度进货总额
A 公司	22 650	46 100
B 公司	—	1 980 000
C 公司	65 000	75 000
D 公司	190 000	2 123 000

请问该注册会计师应该选择哪两位供货商进行函证，为什么?

【解答】该注册会计师应该选择 B 公司和 D 公司进行应付账款余额的函证。因为函证客户的应付账款，应选择那些可能存在较大金额而并非在会计决算日有较大余额的债权人。函证的目的在于查实有无未入账负债，而不在于验证具有较大年末余额的债务。本年度天河股份有限公司从 B 公司和 D 公司采购了大量商品，存在漏记负债业务的可能性更大。

（四）查找未入账的应付账款

为了防止企业低估负债，确认应付账款的完整性，注册会计师应检查被审计单位有无故意漏记应付账款行为：

（1）检查被审计单位在资产负债表日未处理的不相符的购货发票及是否存在有材料入库凭证单未收到购货发票的经济业务。

（2）检查资产负债表日后收到的购货发票，关注购货发票的日期，确认其入账时间是否正确。

（3）检查资产负债表日后应付账款明细账贷方发生额的相应凭证，确认其入账时间是否正确。

（4）获取被审计单位与其供应商之间的对账单，并将对账单和被审计单位财务记录之间的差异进行调节（如在途款项、在途商品、付款折扣、未记录的负债等），查找有无未入账的应付账款，确定应付账款金额的准确性。

（5）结合存货监盘程序，检查被审计单位在资产负债日前后的存货入库资料（验收报告或入库单），检查相关负债是否计入了正确的会计期间。

（五）其他测试程序

（1）检查应付账款是否存在借方余额。如有，应查明原因，必要时建议被审计单位作重分类调整。

（2）结合预付账款明细账余额，查明是否存在应付账款和预付账款同时挂账的项目；结合其他应付款明细账余额，查明有无不属于应付账款的其他应付款。如有，应作出记录，必要时，建议被审计单位作重分类调整或会计误差调整。

（3）检查长期挂账的应付账款的原因，作出记录。对确实无法支付的应付账款，看其是否按规定转入了营业外收入，相关依据和有关手续是否完备。

(4) 针对异常或大额交易及重大调整事项(如大额的购货折扣或退回,会计处理异常的交易,未经授权的交易,或缺乏支持性凭证的交易等),检查相关原始凭证和会计记录,以分析交易的真实性、合理性。

(5) 被审计单位与债权人进行债务重组的,检查不同债务重组方式下的会计处理是否正确。

(6) 标明应付关联方包括持5%以上(含5%)表决权股份的股东的款项,应通过了解关联交易事项的内容、价格和条件,检查采购合同等方法确认该应付账款的合法性和合理性;通过向关联方或其他注册会计师查询及函证等方法,以确认交易的真实性。

(六) 查明应付账款在资产负债表上的披露是否恰当

一般来说,"应付账款"项目应根据"应付账款"和"预付账款"账户所属明细账户的期末贷方余额的合计数填列。

【例 9-5】 天河股份有限公司 2018 年 12 月 31 日资产负债表"应付账款"项目为540 000元,应付账款总账贷方余额 540 000 元,注册会计师审计时发现:

应付 A 公司明细账户借方余额 400 000 元,属于正常交易的预付款项。

应付 B 公司明细账户贷方余额 500 000 元,为天河股份有限公司临时借入款项,用于结算工程价款。

要求:如果你是注册会计师,你将对被审计单位提出什么建议呢?

【解答】 (1) A 公司账户借方余额 400 000 元,属于正常经济业务往来款项,应做重分类调整。因此,注册会计师应建议被审单位作如下调整:

借:预付账款——A 公司　　400 000
　贷:应付账款——A 公司　　400 000

(2) 按规定,不属于购销原因引起的应付款项不应计入"应付账款"账户核算。B 公司账户贷方余额 500 000 元,为天河股份有限公司临时借入款项用于结算工程价款。因此,注册会计师应建议被审单位作如下调整:

借:应付账款——B 公司　　500 000
　贷:其他应付款——B 公司　　500 000

调整后天河股份有限公司 2018 年 12 月 31 日资产负债表"应付账款"项目余额应为440 000(540 000-500 000+400 000)元。

第四节 固定资产的审计

就审计而言,一方面固定资产的增减变化发生的频率较流动资产要小得多,相对发生数量上的差错或弊端也较少,因此在整个审计计划中通常安排的时间较少,审计程序与方法也较简单。另一方面由于固定资产在企业资产总额中一般都占有较大的比例,固定资产的安全、完整对企业的生产经营影响极大,注册会计师应对固定资产的审计给予高度重视。固定资产审计通常会涉及累计折旧的审计。

固定资产是指同时具有下列两个特征的有形资产：①为生产商品、提供劳务、出租或经营管理而持有的；②使用寿命超过一个会计年度。这里的使用寿命是指企业使用固定资产的预计期间，或者该固定资产所能生产产品或提供劳务的数量。固定资产只有同时满足下列两个条件才能予以确认：①与该固定资产有关的经济利益很可能流入企业；②该固定资产的成本能够可靠地计量。

固定资产折旧则是指在固定资产的使用寿命内，按照确定的方法对应计折旧额进行系统分摊。

一、固定资产的审计目标

固定资产的审计目标一般包括：

(1) 确定固定资产是否存在。

(2) 确定所有应记录的固定资产是否均已记录。

(3) 确定记录的固定资产是否由被审计单位拥有或控制。

(4) 确定固定资产以恰当的金额包括在财务报表中，与之相关的计价或分摊已恰当记录。

(5) 确定固定资产在财务报表上的列报与披露是否恰当。

二、固定资产的实质性程序

1. 获取或编制固定资产和累计折旧分类汇总表

检查固定资产的分类是否正确并与总账数和明细账合计数核对是否相符，结合累计折旧、减值准备科目与报表数核对是否相符，主要是为了分析固定资产账户余额的变动，并为固定资产的取得、处置和出售等提供进一步的证据。该汇总表参考格式如表 9-3 所示。

表 9-3　　固定资产和累计折旧分类汇总表

年　月　日

被审计单位：________　　编制人：　　日期：

复核人：　　日期：

固定资产类别	固定资产				累计折旧					
	期初余额	本期增加	本期减少	期末余额	折旧方法	折旧率	期初余额	本期增加	本期减少	期末余额
合计										

2. 对固定资产实施实质性分析程序

(1) 将本期各类固定资产占全部固定资产总额的比率与上期比较、本期固定资产周转率与上期比较，分析固定资产构成的合理性。

(2) 分别将本期折旧额、累计折旧额占固定资产原值的比率同上期比较，分析本期折旧、累计折旧核算的正确性。

(3) 分别将本期折旧额、累计折旧额占制造费用的比率同上期比较，分析本期折旧、累计折旧核算的正确性。

(4) 将本期固定资产维修费占固定资产原值比率同上期比较,分析维修费用的合理性。

3. 实地检查重要固定资产

实地检查重要固定资产,确定其是否存在,关注是否存在已报废但仍未核销的固定资产。

实施实地检查审计程序时,注册会计师可以以固定资产明细分类账为起点,进行实地追查,以证明会计记录中所列固定资产确实存在,并了解其目前的使用状况;也应考虑以实地为起点,追查至固定资产明细分类账,以获取实际存在的固定资产均已入账的证据。

当然,注册会计师实地检查的重点是本期新增加的重要固定资产,有时,观察范围也会扩展到以前期间增加的重要固定资产。观察范围的确定需要依据被审计单位内部控制的强弱、固定资产的重要性和注册会计师的经验来判断。如为首次接受审计,则应适当扩大检查范围。

4. 验证固定资产的所有权或控制权

对各类固定资产,注册会计师应获取、收集不同的证据以确定其是否确归被审计单位所有;对外购的机器设备等固定资产,通常经审核采购发票、采购合同等予以确定;对于房地产类固定资产,需查阅有关的合同、产权证明、财产税单、抵押借款的还款凭据、保险单等书面文件;对融资租入的固定资产,应验证有关融资租赁合同,证实其并非经营租赁;对汽车等运输设备,应验证有关运营证件等;对受留置权限制的固定资产,通常还应审核被审计单位的有关负债项目等予以证实。

5. 审查本期固定资产的增加

审计固定资产的增加,是固定资产实质性程序中的重要内容。被审计单位如果不正确核算固定资产的增加,将对资产负债表和利润表产生长期的影响。固定资产的增加有购置、自制自建、投资者投入、更新改造增加、债务人抵债增加等多种途径。注册会计师的审计要点如下:

(1) 询问管理层当年固定资产的增加情况,并与获取或编制的固定资产明细表进行核对。

(2) 检查本年度增加固定资产的计价是否正确,手续是否齐备,会计处理是否正确。

A. 对于外购固定资产,通过核对采购合同、发票、保险单、发运凭证等资料,抽查测试其入账价值是否正确,授权批准手续是否齐备,会计处理是否正确;如果购买的是房屋建筑物,还应检查契税的会计处理是否正确;检查分期付款购买固定资产的入账价值及会计处理是否正确。

B. 对于在建工程转入的固定资产,应检查在建工程转入固定资产的时点是否符合会计准则的规定,入账价值与在建工程的相关记录是否核对相符,是否与竣工决算、验收和移交报告等一致;对已经达到预定可使用状态,但尚未办理竣工决算手续的固定资产,检查其是否已按估计价值入账,相关估价是否合理,并按规定计提折旧。

C. 对于投资者投入的固定资产,检查投资者投入的固定资产是否按投资各方确认的价值入账,并检查确认价值是否公允,交接手续是否齐全;涉及国有资产的,是否有评估报告并经国有资产管理部门评审备案或核准确认。

D. 对于更新改造增加的固定资产,检查通过更新改造而增加的固定资产,增加的原值是否符合资本化条件,是否真实,会计处理是否正确,重新确定的剩余折旧年限是否恰当。

E. 对于融资租赁增加的固定资产,获取融资租入固定资产的相关证明文件,检查融资租赁合同的主要内容,并结合长期应付款、未确认融资费用科目检查相关的会计处理是否正确。

F. 对于企业合并、债务重组和非货币性资产交换增加的固定资产,检查产权过户手续是否齐备,检查固定资产入账价值及确认的损益和负债是否符合规定。

G. 如果被审计单位为外商投资企业,检查其采购国产设备退还增值税的会计处理是否正确。

H. 对于通过其他途径增加的固定资产,应检查增加固定资产的原始凭证,核对其计价及会计处理是否正确,法律手续是否齐全。

(3) 检查固定资产是否存在弃置费用,如果存在弃置费用,检查弃置费用的估计方法和弃置费用现值的计算是否合理,会计处理是否正确。

6. 审查本期固定资产的减少

固定资产的减少主要包括出售、向其他单位投资转出、向债权人抵债转出、报废、毁损、盘亏等。有的被审计单位在全面清查固定资产时,常常会出现固定资产账存实亡现象,这可能是由于固定资产管理或使用部门不了解报废固定资产与会计核算两者间的关系,擅自报废固定资产而未及时通知财务部门作相应的会计核算所致,这样势必造成财务报表反映失真。审计固定资产减少的主要目的就在于查明已减少的固定资产是否已作适当的会计处理。其审计要点如下:

(1) 结合固定资产清理科目,抽查固定资产账面转销额是否正确。

(2) 检查出售、盘亏、转让、报废或毁损的固定资产是否经授权批准,会计处理是否正确。

(3) 检查因修理,更新改造而停止使用的固定资产的会计处理是否正确。

(4) 检查投资转出固定资产的会计处理是否正确。

(5) 检查债务重组或非货币性资产交换转出固定资产的会计处理是否正确。

(6) 检查转出的投资性房地产账面价值及会计处理是否正确。

(7) 检查其他减少固定资产的会计处理是否正确。

7. 检查固定资产的后续支出,确定与固定资产有关的后续支出是否满足资产确认条件;如不满足,该支出是否在该后续支出发生时计入当期损益。

8. 审查固定资产的租赁

租赁一般分为经营租赁和融资租赁两种。

在经营租赁中,租入固定资产的企业按合同规定的时间,交付一定的租金,享有固定资产的使用权,而固定资产的所有权仍属出租单位。因此,租入固定资产的企业的固定资产价值并未因此而增加,企业对临时租入的固定资产,不在“固定资产”账户内核算,只是另设备查簿进行登记。而租出固定资产的企业,仍继续提取折旧,同时取得租金收入。审查经营性租赁时,应查明以下内容:

(1) 固定资产的租赁是否签订了合同、租约,手续是否完备,合同内容是否符合国家规定,是否经相关管理部门审批。

(2) 租入的固定资产是否确属企业必需,或出租的固定资产是否确属企业多余、闲置不用的,双方是否认真履行合同,是否存在不正当交易。

(3) 租金收取是否签有合同,有无多收、少收现象。

(4) 租入固定资产有无久占不用、浪费损坏的现象;租出的固定资产有无长期不收租

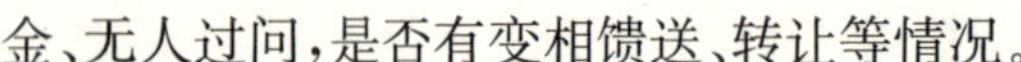

金、无人过问,是否有变相馈送、转让等情况。

(5) 租入固定资产是否已登入备查簿;租入固定资产改良支出的核算是否符合规定。必要时,向出租人函证租赁合同及执行情况。

在融资租赁中,租入企业在租赁期间,对融资租入的固定资产应按企业自有固定资产一样管理,并计提折旧、进行维修。如果被审计单位的固定资产中融资租赁占有相当大的比例,应当复核租赁协议,确定租赁是否符合融资租赁的条件,结合长期应付款、未确认融资费用等科目检查相关的会计处理是否正确(资产的入账价值、折旧、相关负债)。在审计融资租赁固定资产时,除可参照经营租赁固定资产检查要点以外,还应补充实施以下审计程序:

A. 复核租赁的折现率是否合理。

B. 检查租赁相关税费、保险费、维修费等费用的会计处理是否符合企业会计准则的规定。

C. 检查融资租入固定资产的折旧方法是否合理。

D. 检查租赁付款情况。

E. 检查租入固定资产的成新程度。

F. 检查融资租入固定资产发生的固定资产后续支出,其会计处理是否遵循自有固定资产发生的后续支出的处理原则。

9. 获取暂时闲置固定资产的相关证明文件,并观察其实际状况,检查是否已按规定计提折旧,相关的会计处理是否正确

10. 获取已提足折旧仍继续使用固定资产的相关证明文件,并作相应记录

11. 获取持有待售固定资产的相关证明文件,并作相应记录,检查对其预计净残值调整是否正确、会计处理是否正确

12. 检查固定资产保险情况,复核保险范围是否足够

13. 检查有无与关联方的固定资产购售活动,是否经适当授权,交易价格是否公允

对于合并范围内的购售活动,记录应予合并抵消的金额。

14. 对应计入固定资产的借款费用,应根据企业会计准则的规定,结合长短期借款、应付债券或长期应付款的审计,检查借款费用(借款利息、折溢价摊销、汇兑差额、辅助费用)资本化的计算方法和资本化金额,以及会计处理是否正确

15. 检查购置固定资产时是否存在与资本性支出有关的财务承诺

16. 检查固定资产的抵押、担保情况

结合对银行借款等的检查,了解固定资产是否存在重大的抵押、担保情况。如存在,应取证,并作相应的记录,同时提请被审计单位作恰当披露。

17. 确定固定资产是否已按照企业会计准则的规定在财务报表中做出恰当列报

财务报表附注通常应说明以下内容:

(1) 固定资产的标准、分类、计价方法和折旧方法。

(2) 融资租入固定资产的计价方法。

(3) 固定资产的预计使用寿命和预计净残值。

(4) 对固定资产所有权的限制及其金额(这一披露要求是指,企业因贷款或其他原因而以固定资产进行抵押、质押或担保的类别、金额、时间等情况)。

(5) 已承诺将为购买固定资产支付的金额。

(6) 暂时闲置的固定资产账面价值(这一披露要求是指,企业应披露暂时闲置的固定资产账面价值,导致固定资产暂时闲置的原因,如开工不足、自然灾害或其他情况等)。

(7) 已提足折旧仍继续使用的固定资产账面价值。

(8) 已报废和准备处置的固定资产账面价值。

如果被审计单位是上市公司,还应在其财务报表附注中按类别分项列示固定资产期初余额、本期增加额、本期减少额及期末余额;说明固定资产中存在的在建工程转入、出售、置换、抵押或担保等情况;披露通过融资租赁租入的固定资产每类租入资产的账面原值、累计折旧、账面净值;披露通过经营租赁租出的固定资产每类租出资产的账面价值。

【例 9-6】审计人员在审查天河股份有限公司 2018 年会计报表时,发现固定资产购入业务有下列疑点:

(1) 2018 年 3 月购入不需要安装的设备一台,调出单位账面原值为 90 000 元,已提折旧 20 000 元,经双方协商确定价款 80 000 元,该公司以银行存款支付 80 000 元价款外,还支付包装费和运输费共 1 000 元。账务处理如下:

借:固定资产　90 000
　贷:实收资本　70 000
　　累计折旧　20 000
借:盈余公积　80 000
　贷:银行存款　80 000
借:管理费用　1 000
　贷:银行存款　1 000

(2) 在清查该公司房屋建筑物时,发现固定资产上记录的两层楼的办公室,却是一幢三层楼房,系该公司利用本公司材料委托农村基建队扩建,共计开支工料费 60 000 元(其中材料款 40 000 元),均作为长期待摊费用,分两年摊销。2018 年 8 月完工,自 9～12 月已摊入生产成本 10 000 元。

(3) 2018 年 8 月购入电动机 3 台,共计 8 580 元(含已付增值税),列入"长期待摊费用"账户,并已全部摊入当年生产成本。经到生产车间核对,并调阅原始凭证,证实所购电动机为在用固定资产。

【解答】(1) 情形(1)存在的问题:虚增实收资本,人为冲减盈余公积,未能如实反映固定资产的价值及累计折旧,虚增费用,虚减当年利润。

调整分录如下:

借:实收资本　70 000
　累计折旧　10 000
　贷:盈余公积　80 000
借:固定资产　1 000
　贷:管理费用　1 000

并补提 2018 年度应提取的折旧。

(2) 情形(2)存在的问题:改扩建支出应列入固定资产价值,将其列入长期待摊费用,混淆了收益性支出和资本性支出,虚增费用,少计固定资产价值。

调整分录如下:

借:固定资产　60 000
　贷:长期待摊费用　50 000
　　库存商品　10 000

并补提2018年度应提取的折旧。

(3) 情形(3)存在的问题:购入的电动机属于固定资产,将其列入长期待摊费用,混淆了收益性支出和资本性支出,虚增费用,少计固定资产价值。

调整分录如下:

借:固定资产　8 580
　贷:库存商品　8 580

并补提2018年度应提取的折旧。

三、累计折旧的实质性程序

固定资产可以长期参加生产经营而仍保持其原有实物形态,但其价值将随着固定资产的使用而逐渐转移到生产的产品中,或构成经营成本与费用。这部分在固定资产使用寿命内,按照确定的方法对应计折旧额进行的系统分摊就是固定资产的折旧。

由于在计算折旧时,对固定资产的使用寿命、残余价值、清理费、有形和无形损耗、减值准备均带有估计的成分,因此,在一定程度上具有主观性。而且折旧的计算方法又呈多样化,各种方法可能导致不同的结果,并影响期间的净收益和所得税的申报。所以,注册会计师要认真审查被审计单位在会计年度内计提折旧方法选择的适当性。

(一) 累计折旧的审计目标

(1) 确定折旧方法是否符合相关规定,是否一贯遵循。

(2) 核实累计折旧增减变动的记录是否完整。

(3) 审查折旧金额的计算是否正确。

(4) 确定累计折旧的期末余额是否正确。

(5) 确定累计折旧的披露是否恰当。

(二) 累计折旧的实质性程序

累计折旧的实质性程序通常包括:

(1) 检查被审计单位制定的折旧政策和方法是否符合相关会计准则的规定,确定其所采用的折旧方法能否在固定资产预计使用寿命内合理分摊其成本,前后期是否一致,预计使用寿命和预计净残值是否合理。

(2) 获取或编制累计折旧分类汇总表,复核加计是否正确,并与总账数和明细账合计数核对是否相符。

(3) 复核本期折旧费用的计提和分配。

A. 了解被审计单位的折旧政策是否符合规定,计提折旧的范围是否正确,确定的使用寿命、预计净残值和折旧方法是否合理;如采用加速折旧法,是否取得批准文件。

B. 检查被审计单位折旧政策前后期是否一致。如果折旧政策或者相关会计估计(例如使用寿命、预计净残值)有变更,变更理由是否合理;如果没有变更,是否存在需要提请被审计单位关注的对折旧政策或者会计估计产生重大影响的事项(例如重大技术更新或者设备使用环境的恶化等)。

C. 复核本期折旧费用的计提是否正确:已计提部分减值准备的固定资产,计提的折旧是否正确。按照《企业会计准则第 4 号——固定资产》的规定,已计提减值准备的固定资产的应计折旧额应当扣除已计提的固定资产减值准备累计金额,按照该固定资产的账面价值以及尚可使用寿命重新计算确定折旧率和折旧额。

已全额计提减值准备的固定资产,是否已停止计提折旧。

因更新改造而停止使用的固定资产是否已停止计提折旧,因大修理而停止使用的固定资产是否照提折旧。

对按规定予以资本化的固定资产装修费用是否在两次装修期间与固定资产尚可使用年限两者中较短的期间内,采用合理的方法单独计提折旧,并在下次装修时将该项固定资产装修余额一次全部计入了当期营业外支出。

对融资租入固定资产发生的、按规定可予以资本化的固定资产装修费用,是否在两次装修期间、剩余租赁期与固定资产尚可使用年限三者中较短的期间内,采用合理的方法单独计提折旧。

对采用经营租赁方式租入的固定资产发生的改良支出,是否在剩余租赁期与租赁资产尚可使用年限两者中较短的期间内,采用合理的方法单独计提折旧。

未使用、不需用和暂时闲置的固定资产是否按规定计提折旧。

持有待售的固定资产折旧计提是否符合规定。

D. 检查折旧费用的分配方法是否合理,是否与上期一致;分配计入各项目的金额占本期全部折旧计提额的比例与上期比较是否有重大差异。

E. 注意固定资产增减变动时,有关折旧的会计处理是否符合规定,查明通过更新改造、接受捐赠或融资租入而增加的固定资产的折旧费用计算是否正确。

(4) 将“累计折旧”账户贷方的本期计提折旧额与相应的成本费用中的折旧费用明细账户的借方相比较,以查明所计提折旧金额是否已全部摊入本期产品成本或费用。若存在差异,应追查原因,并考虑是否应建议作适当调整。

(5) 检查累计折旧的减少是否合理、会计处理是否正确。

(6) 确定累计折旧的披露是否恰当。

如果被审计单位是上市公司,通常应在其财务报表附注中按固定资产类别分项列示累计折旧期初余额、本期计提额、本期减少额及期末余额。

【例 9-7】A 会计师事务所对天河股份有限公司 2018 年度会计报表进行审计时,取得了与折旧计提、分配相关的数据,见表 9-4。

表 9-4　　**与折旧计提、分配相关的数据**　　单位:元

月份	固定资产原值	计提折旧	制造费用负担额	管理费用负担额
1	23 000 000	2 070 000	1 449 000	621 000
2	23 000 000	2 070 000	1 449 000	621 000
3	25 500 000	2 295 000	1 606 500	688 500
4	25 500 000	2 295 000	1 606 500	688 500

（续表）

月份	固定资产原值	计提折旧	制造费用负担额	管理费用负担额
5	25 500 000	2 295 000	1 606 500	688 500
6	34 000 000	3 060 000	2 142 000	918 000
7	34 000 000	3 060 000	2 142 000	918 000
8	29 000 000	2 610 000	1 827 000	783 000
9	29 000 000	2 610 000	1 827 000	783 000
10	29 300 000	2 637 000	1 845 900	791 100
11	29 300 000	2 637 000	1 845 900	791 100
12	29 300 000	2 637 000	1 845 900	791 100
合计		30 276 000	21 193 200	9 082 800

审计人员通过调查了解，取得了与以上数据相关的资料：

(1) 3 月，固定资产原价增加了 2 500 000 元，折旧率没有变化。

(2) 6 月，固定资产原价增加了 8 500 000 元，折旧率没有变化。

(3) 8 月，由于固定资产报废，原价减少了 5 000 000 元，折旧率没有变化。

(4) 10 月，固定资产原价增加了 300 000 元，折旧率没有变化。

(5) 1～2 月份，该公司有固定资产出租业务，自 3 月份起，该公司将该项固定资产收回，用于生产经营。

经过审查，该公司固定资产的增加手续完备，核算内容真实，使用的固定资产折旧率均符合有关法律、法规要求。

要求：根据上述资料，分析该公司固定资产折旧提取及其分类情况，并提出进一步审查的建议。

【解答】(1) 从表中可以看出，3 月份增加固定资产，在原有固定资产折旧率没有变化的情况下，当月折旧额随之增加，很可能是将当月增加的固定资产也计提了折旧。同样的情况还发生在 6 月和 10 月。8 月减少固定资产时，在原有固定资产折旧率没有变化的情况下，当月折旧额随之减少，很可能是将当月减少的固定资产也随之停止计提折旧。由此分析，该公司在计算固定资产折旧额方面存在错误，应进一步进行审查，并提请调整有关账项。

(2) 该公司 1～2 月份有固定资产出租业务，但该项固定资产提取的折旧仍然有制造费用和管理费用负担，需要审计人员根据实际情况来确定该公司的处理是否正确。

【关键术语】

采购与付款循环　内部控制　控制测试　实质性程序　应付账款审计　固定资产审计　累计折旧审计

【问题思考】

1. 采购与付款循环涉及哪些主要凭证和会计记录？
2. 购货与付款循环中可能存在重大错报风险的情形有哪些？
3. 采购与付款循环的内部控制包含哪些内容？
4. 采购与付款循环的控制测试应当包含哪些程序？

5. 直接向供货方函证应付账款的审计程序是否和函证应收账款一样有用和重要？说明理由。

6. 审计人员如何查找未入账的应付账款？

7. 固定资产的实质性测试程序包括哪些内容？

8. 累计折旧的实质性测试程序包括哪些内容？

【实训案例】

实训案例一

(1) 天河股份有限公司是ABC会计师事务所的常年审计客户。ABC会计师事务所负责天河股份有限公司2018年度财务报表审计，并委派A注册会计师担任项目合伙人。A注册会计师在审计过程中，发现如下事项。

天河股份有限公司的坏账准备按应收款项余额的5%计提。2018年年末，未经审计的资产负债表反映的“应收账款”项目为借方余额5 000万元，“其他应收账款”项目为借方余额500万元。“应付账款”项目为贷方余额4 000万元，“预收款项”项目为贷方余额300万元，“坏账准备”项目为贷方余额275万元。其中，A注册会计师选取的部分明细科目金额列示如表1所示。

表1　部分明细科目金额

科目名称	金额(万元)	科目名称	金额(万元)
应付账款——A公司	−1 500	预收账款——C公司	500
应付账款——B公司	2 000	预收账款——D公司	−200

要求：针对上述资料，A注册会计师分别应提出何种审计调整建议？若提出调整建议，请直接列示审计调整分录(不考虑流转税费、损益结转以及对所得税和净利润的影响)。

(2) 天河股份有限公司是ABC会计师事务所的常年审计客户，天河股份有限公司从事小型生产线的生产和销售，产品主要用于出口。ABC会计师事务所承接了天河股份有限公司2018年度财务报表审计业务，并委派A注册会计师担任审计项目合伙人。

资料一：天河股份有限公司应收账款、预收账款、应付账款和预付账款明细表如表2所示(金额单位：万元)。

表2　应收账款、预收账款、应付账款和预付账款明细

科目名称	明细表余额合计	审计说明
应收账款	5 325(借方余额)	(1)
预收账款	521(贷方余额)	(2)
应付账款	621(贷方余额)	(3)
预付账款	123(贷方余额)	(4)

审计说明：

(1) 应收账款明细表包括100个客户，其中借方账户99个，借方余额合计5 350万元；贷方账户1个，余额25万元，系客户2018年2月偿还以前年度货款时支付的货款。天河股份有限公司采用账龄分析法对应收款项计提坏账准备。坏账准备的计提比例如下：账龄1年以下、1～2年、2年～3年、3年以上计提坏账准备的比例分别为5%、10%、30%、50%。

审计结论：不存在审计差异，无需提出审计处理建议。

(2) 预收账款明细表包括10位客户，其中借方账户余额1个，余额25万元，系天河股份有限公司于2018年10月多发出产品所致；贷方账户余额9个，贷方余额合计约为546万元。

审计结论：建议天河股份有限公司调整财务报表。调整分录为：

借：应收账款　　250 000

　贷：预收款项　　250 000

(3) 应付账款明细表包括8个供应商。其中借方账户余额1个，借方余额100万元，系天河股份有限公司2018年11月向供应商支付的原材料采购款；贷方账户7个，贷方余额721万元。审计结论：不存在审计差异，无需提出审计处理建议。

(4) 预付账款明细表包括3个客户，其中借方账户2个，余额45万元；贷方账户1个，余额168万元，系天河股份有限公司于2016年采购时供应商多发的货。

审计结论：不存在审计差异，无需提出审计处理建议。

资料二：A注册会计师在审计时发现，天河股份有限公司2017年新增大批固定资产，明细情况如下：

(1) 外购了一批电脑。

(2) 采用分期付款方式，购买了一条生产线。

(3) 融资租入一台专用设备。

要求：

(1) 针对资料一中所述事项，不考虑其他情况，逐一指出A注册会计师形成的审计结论是否存在不当之处。如存在不当之处，请代A注册会计师提出正确的审计结论或对A注册会计师的审计结论进行必要的更正或补充。如认为需要建议天河股份有限公司调整财务报表，请直接列示相关审计调整分录。

(2) 针对资料二，逐项指出为证实新增的固定资产的所有权，A注册会计师应当采取的实质性程序。

实训案例二　美国巨人零售公司审计案例

一、美国巨人零售公司简介

美国巨人零售公司是一家大型零售折扣商店，创建于1959年，总部设在马萨诸塞州的詹姆斯福特，公司在20年内迅速发展，到1971年，已拥有了112家零售批发商店，但就在那一年，巨人公司的管理部门面临着历史上第一次重大经营损失，为了掩盖这一真相，它们决定篡改公司的会计记录，把1971年发生的250万美元的经营损失篡改为150万美元的收益，并提高与之相关的流动比率和周转率。

罗斯会计师事务所担任巨人公司1972年年报的审计工作，签发了无保留意见的审计报告。

1972年4月28日，巨人零售公司把经过审计的财务报表提交给美国证券交易委员会，申请并获准发行了3 000万美元的股票，并贷到了1 200万美元的流动资金。但1973年年初，罗斯会计师事务所撤回了其签发的无保留审计意见的审计报告，1973年8月，巨人零售公司向波士顿法院提交破产申请，两个月后法院宣布该公司破产。

二、美国巨人零售公司蓄意调整应付账款及审计情况

根据法庭查证事实，巨人零售公司蓄意调整1972年1月29日结束的会计年度的应付

账款余额的情况,如表3所示。

表3 应付账款余额

相关方	应付账款减少金额(美元)	应付账款减少的理由
1 100家广告商	300 000	以前未入账的预付广告费用
米尔布鲁克公司	257 000	商品退回;总购折扣;折扣优惠
罗斯盖尔公司	130 000	商品退回
健身器材公司	170 000	以前购买货物索价过高
健美新产品制造商	163 000	商品退回

巨人零售公司舞弊行为与罗斯会计师事务所行为列示如下。

巨人零售公司的总裁和财务主管,在1972年1月19日结束的会计年度中,命令下属广告部门的经理,准备了14页的备忘录,虚构了大约1 100家广告商名单,记载着巨人零售公司以前曾向它们预付广告费用但并未入账。

罗斯会计师事务所的审计师为验证这些预付广告费是否属实,抽取了24个样本,向其中4家广告商发出函证询证,并要求巨人零售公司为另外20笔未入账的费用提供证明文件,虽然4家广告商回函曾指出预付广告费是错误的,但审计师并没有进一步追查,反而根据巨人零售公司提供的证明文件以及发的询证函确认了巨人零售公司预付的30万美元广告费。

巨人零售公司的财务副总裁假造了28个虚假的贷方通知单(红字发票),以此来抵减外发的应付给米尔布鲁克公司的账款25.7万美元。

审计师注意到这些贷项通知单,询问公司的职员,先后得到三个不同的解释,为证实这一事实,审计师要求向米尔布鲁克公司的高级行政人员求证此事,为了满足这个要求,巨人零售公司的财务副总裁当着审计师的面,打电话给一个听起来像是米尔布鲁克公司总裁的人,短暂交谈后,巨人零售公司的财务副总裁把电话递给了审计师,电话另一头的那个人,口头上证实了这一事项,并同意递交罗斯会计师事务所一份书面证明,但几天后,巨人零售公司的财务副总裁告诉审计师,米尔布鲁克公司总裁改变了签发书面证明的主意,现对此很生气,为此,审计师写了一份备忘录,附在工作底稿中,对贷项通知单的真实性提出质疑。但负责巨人零售公司审计工作的事务所合伙人却认为已经收集到充分的证据,可以证实贷项通知单的真实性,应不再深入追查此事。

巨人零售公司通过发出35份假造的贷项通知单蓄意减少了13万美元的应付给另一个供应商罗斯盖尔公司的账款。

审计师在审阅这些通知单的复印件时,发现有种特殊标志被隐藏在单据中,当把这些通知单高举在光线下观察时,他发现了单据中被隐藏起来的句子:“只有在收到货物时才可以记账”。于是,审计师打电话给罗斯盖尔公司的一位会计人员,询问他有关这些商品退回的问题,回答是并无任何商品曾被巨人零售公司退回。因此审计人员将这件事件报告给了事务所的合伙人。当合伙人与巨人零售公司副总裁交流时,巨人零售公司副总裁解释道,审计师误解了有关贷项通知单的电话询问,并断言的确是由于退回货物,才发出通知单,但却以

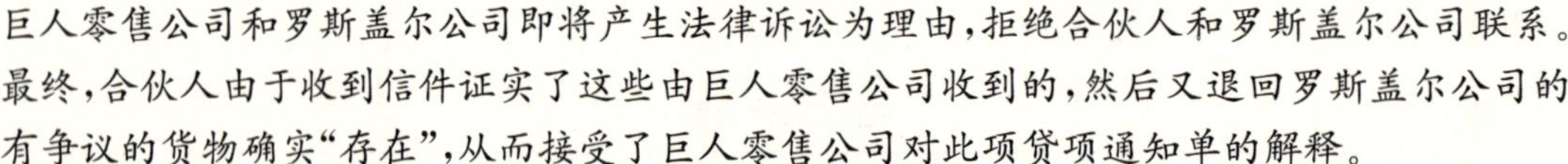

巨人零售公司和罗斯盖尔公司即将产生法律诉讼为理由，拒绝合伙人和罗斯盖尔公司联系。最终，合伙人由于收到信件证实了这些由巨人零售公司收到的，然后又退回罗斯盖尔公司的有争议的货物确实"存在"，从而接受了巨人零售公司对此项贷项通知单的解释。

巨人零售公司虚构几百家曾被供应商索价过高的赊购事项，减少应付账款 17 万美元。

罗斯会计师事务所调查这些问题，从巨人零售公司提供的名单中，随意抽取了几个供应商，然后给它们打电话，求证索价过高是否真实。然而，在 15 个电话求证过程中，会计师居然允许巨人零售公司先同供应商联系并通知此事，接着又打了个电话，再一次解释事务所要询问的事项。随后才把电话递给会计师，直至那时，罗斯会计师事务所的会计师才能与供应商通话。罗斯会计师事务所据此有限测试接受了巨人零售公司因索价过高而抵减应付账款的理由。

巨人零售公司假造了发给健美新产品制造商的贷项通知单，用根本没被确认的 16.3 万美元的商品退回来减少应付账款。

1978 年，巨人零售公司的 4 位管理者被陪审团以舞弊罪名起诉，经联盟法案审判定有罪。1979 年 1 月，美国证券交易委员会在经过调查后，严厉谴责了罗斯会计师事务所，并在联邦法院处理此事前，暂停负责该公司审计的合伙人执业 5 个月。证券交易委员会同时要求，由独立专家中的一名陪审员，对罗斯事务所的审计程序，进行一次大规模的检查。

案例思考和讨论题

1. 讨论罗斯会计师事务所对美国巨人零售公司年报审计中无效的审计程序有哪些？如何处理才能避免审计失败？

2. 结合本案讨论如何查找未入账的应付账款。

3. 结合本案例，讨论在审计中如果遇到客户临时增加凭证记录、大量退货、仅提供复印件等特殊事项，应当如何处理？

4. 结合本案例讨论应付账款进行函证时应注意的问题。

5. 结合本案例讨论审计中如何对待客户的进一步解释。

练　习　题

姓名______
学号______
分数______

扫二维码获得更多本章习题及案例

一、单项选择题

1. 下列采购与付款环节的内部控制中，不合理的是(　　)。
   A. 支票连续编号
   B. 记录应付账款的人员不得经手现金、有价证券和其他资产
   C. 会计主管应独立检查记入银行存款日记账和应付账款明细账的金额的一致性，以及与支票汇总记录的一致性
   D. 出纳定期编制银行存款余额调节表
2. 下列控制测试中，目标是能保证所记录的采购都确已收到商品或已接受劳务的是(　　)。
   A. 检查批准采购价格和折扣的标记
   B. 检查订购单连续编号的完整性
   C. 查验付款凭单后是否附有完整的相关单据
   D. 检查工作手册和会计科目表
3. 注册会计师在常用的控制测试中通常会用到检查内部核查的标记，这项控制测试通常不会涉及的认定是(　　)。
   A. 发生　　B. 完整性　　C. 准确性　　D. 截止
4. 固定资产的内部控制中最重要的控制是(　　)。
   A. 处置制度　　B. 定期盘点制度　　C. 职责分工制度　　D. 预算制度
5. 审计人员在证实被审计单位应付账款是否在资产负债表上充分披露时，不需要考虑(　　)。
   A. 应付账款发生是否恰当
   B. 预付账款明细账的期末贷方余额是否并入应付账款项目
   C. 应付账款明细账的期末借方余额是否并入预付账款项目
   D. 应付账款的分类是否恰当
6. 下列审计程序中，能发现多计应付账款的是(　　)。
   A. 从验收单追查至采购明细账
   B. 复核采购明细账、总账及应付账款明细账，注意是否有大额或不正常的金额
   C. 从卖方发票追查至采购明细账
   D. 针对资产负债表日后应付账款明细账贷方发生额的相应凭证，关注其购货发票日期，确认其入账时间是否合理
7. 在审查固定资产增加项目时，对于盘盈的固定资产，审计人员应审查其是否(　　)。
   A. 已按重置完全价值入账　　B. 已按资产评估价值入账
   C. 已按实际成本价入账　　D. 已按现值法计算的价值入账

8. 为证实受留置权限制的机器设备的所有权，注册会计师实施的下列审计程序中最有针对性的是(　　)。

A. 审核采购发票、采购合同等

B. 查阅有关的合同、产权证明、财产税单、抵押借款的还款凭据、保险单等书面文件

C. 验证有关运营证件等

D. 审核被审计单位的有关负债项目等

9. 以下不属于采购与付款业务不相容岗位的是(　　)。

A. 请购与审批　　B. 询价与确定供应商

C. 赊销批准与销售　　D. 付款审批与付款执行

10. 采购与付款循环交易进行实质性测试时，注册会计师从验收单追查至采购明细账，从卖方发票追查至采购明细账，目的是测试已经发生的购货业务的(　　)。

A. 存在性　　B. 完整性　　C. 分类　　D. 准确性

11. 对于购入固定资产，审计人员实地观察的重点是(　　)重要固定资产。

A. 本期新增加的　　B. 本期减少的　　C. 计提折旧的　　D. 正在使用的

12. 注册会计师在对应付账款进行函证时，函证应采用(　　)方式。

A. 积极式　　B. 消极式

C. 积极式和消极式结合　　D. 积极式和消极式均可

13. 下列固定资产中，需要计提折旧的是(　　)。

A. 已全额计提减值准备的固定资产　　B. 因更新改造而停止使用的固定资产

C. 因日常维修而停止使用的固定资产　　D. 经营租入的固定资产

14. 注册会计师为审查被审计单位未入账负债而实施的下列审计程序，最有效的是(　　)。

A. 审查资产负债表日后货币资金支出情况

B. 审查应付账款、应付票据明细账

C. 审查应付账款、应付票据的函证回函

D. 审查购货发票与债权人名单

15. 下列分析程序测试比率可能发现已减少固定资产未在账户上注销的问题的是(　　)。

A. 本年各月间和本年年度与以前各年度间的修理及维护费用之比较

B. 固定资产总成本与全年产品产量之比

C. 本年与以前各年度的固定资产增减之比

D. 本年计提折旧额与固定资产总成本之比

二、多项选择题

1. 采购和付款循环一般包括以下主要过程(　　)。

A. 处理请购单　　B. 处理客户订单

C. 验收商品和劳务　　D. 确认债务

E. 处理和记录价款的支付

2. 下列选项中，对采购与付款循环内部控制测试的程序包括(　　)。

A. 核对明细表　　B. 抽查部分采购业务

C. 走访、观察业务经办与记录是否独立　　D. 了解并描述内部控制

E. 抽查付款业务

3. 经适当批准和有预先编号的凭单为记录采购交易提供了依据，这些控制主要相关的认定为（　　）。

A. 准确性和计价　　B. 发生　　C. 完整性　　D. 分类

E. 可理解性

4. 在审查固定资产业务时发现被审计单位调增了一台设备的入账价值，对此审计人员认为比较合理的解释是（　　）。

A. 该设备已提足折旧但仍在使用

B. 同类设备的市场价格上升

C. 该设备增加了改良装置

D. 该设备原暂估价值偏低，现按实际价值调整

E. 该设备原入账价值由于某种差错而被少计

5. 在对固定资产审计时，如果审计人员发现与以前年度相比，审计期间的折旧费用大幅度增加，则可能的原因有（　　）。

A. 已减少的固定资产未在账面上注销　　B. 存在大量闲置的固定资产

C. 新购置大量固定资产　　D. 折旧额的计算有误

E. 固定资产折旧方法变更

6. 下列关于请购商品和劳务的说法中，正确的有（　　）。

A. 仓库部门编制请购单，其他部门不能编制

B. 请购单是采购部门编制，其他部门不能编制

C. 仓库在现有库存达到再订购点时就可直接提出采购申请

D. 对资本支出和租赁合同，企业通常要求作特别授权，只允许指定人员提出请购

7. 下列属于编制付款凭单时的内部控制的有（　　）。

A. 由被授权的财务人员负责签署支票

B. 确定供应商发票的内容与相关的验收单、订购单的一致性

C. 在付款凭单上填入应借记的资产或费用账户名称

D. 编制有预先顺序编号的付款凭单，并附上支持性凭证

8. 下列通常属于采购与付款循环中主要的重大错报风险的有（　　）。

A. 低估费用　　B. 高估费用

C. 低估应付账款　　D. 高估应付账款

9. 应付账款一般不需要函证，但出现（　　）时，审计人员还应实施函证程序。

A. 应付账款存在借方余额　　B. 控制风险较高

C. 某应付账款的账户余额较大　　D. 被审计单位处于经济困难阶段

10. 关于应付账款函证，下列说法中不正确的有（　　）。

A. 如果存在未回函的重大项目，注册会计师应采用替代审计程序

B. 必须函证应付账款

C. 函证最好采用积极函证方式，并且不说明应付金额

D. 如果控制风险较高，某应付账款明细账户金额较大，则应考虑进行应付账款的函证

11. 如果被审计单位是上市公司，在财务报表附注中应当列报的有（　　）。

A. 有无欠持有3%以上(含3%)表决权股份的股东账款
B. 有无欠持有5%以上(含5%)表决权股份的股东账款
C. 账龄超过5年的大额应付账款未偿还的原因,并在期后事项中反映资产负债表日后是否偿还
D. 账龄超过3年的大额应付账款未偿还的原因,并在期后事项中反映资产负债表日后是否偿还

12. 为了获取本年度增加固定资产的情况,注册会计师实施的下列审计程序中正确的有(　　)。
A. 对于外购的房屋,应检查契税的会计处理是否正确
B. 对于分期付款购买的房屋,要检查入账价值及会计处理是否正确
C. 对于已经达到预定可使用状态,但尚未竣工决算的固定资产,检查其是否已按估计价值入账,相关估价是否合理,并按规定计提折旧
D. 对于投资者投入的固定资产,检查投资者投入的固定资产是否按投资各方确认的价值入账,并检查确认价值是否公允,交接手续是否齐全

13. 审查被审计单位是否存在高估固定资产数额时,审计人员可以采取(　　)程序验证。
A. 被审计单位新增加的固定资产替换原有固定资产,原有固定资产是否未作记录
B. 分析营业外收支账户
C. 向固定资产管理部门查询本年有无未作会计记录的固定资产减少业务
D. 复核固定资产保险

14. 对融资租入的固定资产,主要应审核检查(　　)。
A. 产权证明　　B. 会计记录　　C. 租赁协议　　D. 采购发票

15. 下列情形中,注册会计师应当停止计提折旧或者不提折旧的有(　　)。
A. 单独计价入账的土地　　B. 闲置的固定资产
C. 更新改造的固定资产　　D. 持有待售的固定资产

三、判断题

1. 应付账款通常情况下不需要函证,如函证,最好采用消极式函证。(　　)
2. 注册会计师对固定资产进行实地观察时,可以以固定资产明细分类账为起点,重点观察本期新增加的重要固定资产。(　　)
3. 固定资产的保险不属于固定资产的内部控制,因此无须了解固定资产的保险情况。(　　)
4. 因为多数舞弊企业在低估应付账款时,是以漏记赊购业务为主,所以函证对于寻找未入账的应付账款效果并不好。(　　)
5. 注册会计师在对固定资产进行实质性测试时,常常将固定资产的分类汇总表与累计折旧的分类汇总表合并编制。(　　)
6. 一个良好的应付账款内部控制,在收到购货发票后,应立即送交会计部门支付货款。(　　)
7. 将"本年计提折旧额/固定资产总成本"比率同上年比较,旨在发现累计折旧核算的错误。(　　)
8. 在考虑固定资产减值准备的前提下,影响折旧的因素则包括折旧的基数、累计折旧、固定资产减值准备、固定资产预计净残值和固定资产尚可使用年限五个方面。(　　)

9. 注册会计师实地观察固定资产的重点应放在净值较高的固定资产。 ( )

10. 函证应付账款,应选择较大金额的债权人,以及那些在资产负债表日金额不大,甚至为零,但为企业重要供货人的债权人作为函证对象。 ( )

四、分析题

1. 甲公司是ABC会计师事务所的常年审计客户。ABC会计师事务所负责甲公司2018年度财务报表审计,并委派A注册会计师担任项目合伙人。A注册会计师在审计过程中,发现如表1所示问题。

表1 **审计过程中发现的问题** 金额单位:万元

项目	应付账款年末余额	本年度供货总额
A公司	400	500
B公司	0	1 590
C公司	10	1 600
D公司	1 000	1 200

要求:

(1) 针对长期挂账的应付账款,A注册会计师应当实施怎样的审计程序?

(2) A注册会计师应当选择哪几位供应商进行函证,并简要说明理由。

2. 注册会计师2019年2月在审查公甲司2018年度"主营业务明细账"时,发现该公司在下半年至年末正值销售旺季时,销售收入下滑幅度较大。注册会计师怀疑该公司利用"应付账款"账户隐匿收入,故决定作进一步审查。注册会计师查阅了2018年11月份与12月份的应付账款明细账,发现下列会计分录:

借:银行存款 240 585
  贷:应付账款——B公司 240 585

所附原始凭证为银行进账单回单和向B公司开出的发票。发票上注明货款为205 628元,增值税税额为34 957元,合计240 585元。

甲公司适用的增值税税率为17%,假定该笔业务的销售利润为160 000,所得税税率为25%。要求指出该企业存在的问题,并提出处理意见。

3. 注册会计师发现甲公司2018年9月购入一台需要安装的生产设备,买价为600万元,支付的运杂费及设备安装费支出为68.4万元,后者计入了管理费用。该设备于当月安装完毕并投入使用。该设备的使用期为5年,按直线法计提折旧,残值率为5%。

要求:甲公司将外购设备运杂费及安装费计入管理费用的会计处理是否合理?如不合理,说明应如何调整?

第十章
生产与存货循环的审计

教学目标

通过本章的学习，学生应了解生产与存货循环涉及的主要经济业务活动、相关的会计凭证及记录；理解生产与存货循环的内部控制及其控制测试；掌握存货监盘的程序，掌握对存货进行计价测试的要点，掌握存货截止测试的要点。

引例

美国法尔莫公司存货舞弊案

从孩提时代开始，米奇·莫纳斯就喜欢几乎所有的运动，尤其是篮球。但是因天资及身高所限，他没有机会到职业球队打球。然而，莫纳斯确实拥有一个所有顶级球员共有的特征，那就是他有一种无法抑制的求胜欲望。

莫纳斯把他无穷的精力从球场上转移到他的董事长办公室里。他首先设法获得了位于(美)俄亥俄州阳土敦市的一家药店，在随后的10年中他又收购了另外299家药店，从而组建了全国连锁的法尔莫公司。不幸的是，这一切辉煌都是建立在资产造假——未检查出来的存货高估和虚假利润的基础上的，这些舞弊行为最终导致了莫纳斯及其公司的破产。同时，也使为其提供审计服务的“五大”事务所损失了数百万美元。下面是这起案件的经过。

自获得第一家药店开始，莫纳斯就梦想着把他的小店发展成一个庞大的药品帝国。其所实施的策略就是他所谓的“强力购买”，即通过提供大比例折扣来销售商品。莫纳斯首先做的就是把实际上并不盈利且未经审计的药店报表拿来，用自己的笔为其加上并不存在的存货和利润。然后凭着自己空谈的天分及一套夸大了的报表，在1年之内骗得了足够的投资用以收购了8家药店，奠定了他的小型药品帝国的基础。这个帝国后来发展到了拥有300家连锁店的规模。一时间，莫纳斯成为金融领域的风云人物，他的公司则在阳土敦市获得了令人崇拜的地位。

在一次偶然的机会导致这个精心设计的、至少引起5亿美元损失的财务舞弊事件浮出水面之时，莫纳斯和他的公司炮制虚假利润已达10年之久。这并非是一件容易的事。当时法尔莫公司的财务总监认为因公司以低于成本出售商品而招致了严重的损失，但是莫纳斯认为通过“强力购买”，公司完全可以发展得足够大以使得它能顺利地坚持它的销售方式。最终在莫纳斯的强大压力下，这位财务总监卷入了这起舞弊案件。在随后的数年之中，他和他的几位下属保持了两套账簿，一套用以应付注册会计师的审计，一套反映糟糕的现实。

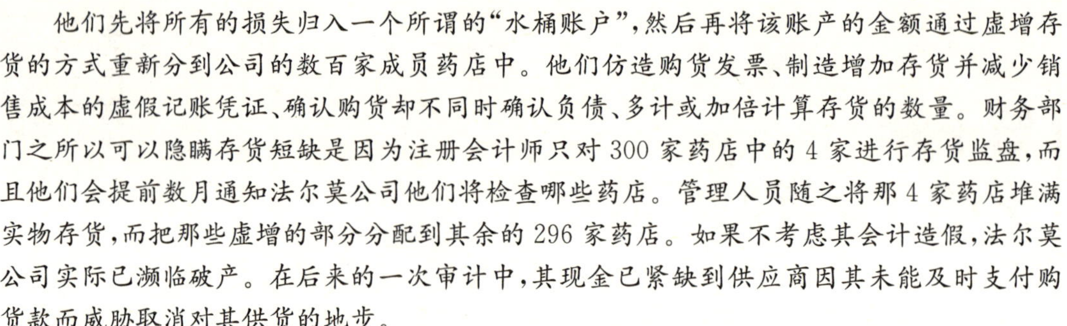

他们先将所有的损失归入一个所谓的“水桶账户”，然后再将该账产的金额通过虚增存货的方式重新分到公司的数百家成员药店中。他们仿造购货发票、制造增加存货并减少销售成本的虚假记账凭证、确认购货却不同时确认负债、多计或加倍计算存货的数量。财务部门之所以可以隐瞒存货短缺是因为注册会计师只对300家药店中的4家进行存货监盘，而且他们会提前数月通知法尔莫公司他们将检查哪些药店。管理人员随之将那4家药店堆满实物存货，而把那些虚增的部分分配到其余的296家药店。如果不考虑其会计造假，法尔莫公司实际已濒临破产。在后来的一次审计中，其现金已紧缺到供应商因其未能及时支付购货款而威胁取消对其供货的地步。

注册会计师们一直未能发现这起舞弊，他们为此付出了昂贵的代价。这项审计失败使会计师事务所在民事诉讼中损失了3亿美元。那位财务总监被判33个月的监禁，莫纳斯本人则被判入狱5年。

第一节 生产与存货循环的特点

本节主要介绍两部分内容：一是该循环涉及的主要凭证和会计记录，二是该循环涉及的主要业务活动。

一、涉及的主要凭证与会计记录

生产与存货循环由将原材料转化为产成品的有关活动组成，包括制定生产计划，控制、保持存货水平以及与制造过程有关的交易和事项。生产与存货循环所涉及的凭证和记录主要包括以下几项。

（一）生产指令

生产指令是企业下达制造产品等生产任务的书面文件，用以通知供应部门组织材料发放，生产车间组织产品制造，会计部门组织成本计算。

（二）领发料凭证

领发料凭证是企业为控制材料发出所采用的各种凭证，如材料发出汇总表、领料单、限额领料单、领料登记簿、退料单等。

（三）产量和工时记录

产量和工时记录是登记工人或生产班组在出勤时间内完成产品数量、质量和生产这些产品所耗费工时数量的原始记录。常见的产量和工时记录主要有工作通知单、工序进程单、工作班产量报告、产量通知单、产量明细表、废品通知单等。

（四）工薪汇总表及工薪费用分配表

工薪汇总表是为了反映企业全部工薪的结算情况，并据以进行工薪总分类核算和汇总整个企业工薪费用而编制的，它是企业进行工薪费用分配的依据。工薪费用分配表反映了各生产车间各产品应负担的生产工人工薪及福利费。

（五）材料费用分配表

材料费用分配表是用来汇总反映各生产车间各产品所耗费的材料费用的原始记录。

（六）制造费用分配汇总表

制造费用分配汇总表是用来汇总反映各生产车间各产品所应负担的制造费用的原始记录。

（七）成本计算单

成本计算单是用来归集某一成本计算对象所应承担的生产费用，计算该成本计算对象的总成本和单位成本的记录。

（八）产品入库单和出库单

产品入库单是产品生产完成并经检验合格后从生产部门转入仓库的凭证。产成品出库单是根据经批准的销售单发出产成品的凭证。

（九）存货明细账

存货明细账是用来反映各种存货增减变动情况、期末库存数量及相关成本信息的会计记录。

（十）存货盘点指令、盘点表及盘点标签

一般制造业企业通常会定期对存货实物进行盘点，将实物盘点数量与账面数量进行核对，对差异进行分析调查，必要时作账务调整，以确保账实相符。在实施存货盘点之前，管理人员通常编制存货盘点指令，对存货盘点的时间、人员、流程及后续处理等方面作出安排。在盘点过程中，我们通常会使用盘点表记录盘点结果，使用盘点标签对已盘点存货及数量作出标识。

（十一）存货货龄分析表

很多制造业企业通过编制存货货龄分析表，识别流动较慢或滞销的存货，并根据市场情况和经营预测，确定是否需要计提存货跌价准备。这对管理具有保质期的存货尤其重要。

二、涉及的主要业务活动

生产与存货循环所涉及的主要业务活动如下。

（一）计划和安排生产

生产计划部门的职责是根据顾客订购单或者对销售预测和产品需求的分析来决定生产授权。如决定授权生产，即签发预先顺序编号的生产通知单。该部门通常应将发出的所有生产通知单顺序编号并加以记录控制。此外，还需要编制一份材料需求报告，列示所需要的材料和零件及其库存。

（二）发出原材料

仓库部门的责任是根据从生产部门收到的领料单发出原材料。领料单上必须列示所需的材料数量和种类，以及领料部门的名称。领料单可以一料一单，也可以多料一单，通常需一式三联，一联交给领料部门，一联留在仓库登记材料明细账，一联交会计部门进行材料收发核算和成本核算。

（三）生产产品

生产部门在收到生产通知单及领取原材料后，将生产任务分解到每一个生产工人，并将所领取的原材料交给生产工人据以执行生产任务。完成生产任务后，生产工人将完成的产品交生产部门查点，然后转交检验员验收并办理入库手续；或是将所完成的产品移交下一个部门作进一步加工。

（四）核算产品成本

为了正确核算并有效控制产品成本，必须建立健全成本会计制度，将生产控制和成本核算有机结合在一起。生产过程中的各种记录、生产通知单、领料单、计工单、入库单等文件资料都要汇集到会计部门，由会计部门对其进行核算和控制。

（五）储存产成品

产成品入库，须由仓库部门先行点验和检查，然后签收。签收后，将实际入库数量通知会计部门。据此，仓库部门确立了应承担的责任，并验证了验收部门的工作。仓库部门应根据产成品的品质特征分类存放，并填制标签。

（六）发出产成品

产成品的发出须由独立的发运部门进行。装运产成品时必须持有经有关部门核准的发运通知单，并据此编制出库单。出库单一般为一式四联，一联交仓库部门；一联由发运部门留存；一联送交顾客；一联作为给顾客开发票的依据。

（七）存货盘点

管理人员编制盘点指令，安排适当人员对存货实物进行定期盘点，将盘点结果与存货账面数量进行核对，调查差异并进行适当调整。

（八）计提存货跌价准备

财务部门根据存货货龄分析表信息及相关部门提供的有关存货状况的信息，结合存货盘点过程中对存货状况的检查结果，对出现毁损、滞销、跌价等降低存货价值的情况进行分析计算，计提存货跌价准备。

【例 10-1】下列单据中，可以不全部连续编号的是（　　）。

A. 入库单　　B. 出库单　　C. 领料单　　D. 成本计算单

【解答】C。如果多个部门按顺序使用同一本预先连续编号的领料单，将对实际工作带来不便，影响经营活动的效率，可以不是全部连续编号。存在多个生产部门的情况下，领料单按部门编号或每个生产部门单独使用一本连续编号的领料单是可行的。

【例 10-2】下列关于发出产成品的说法中，不正确的是（　　）。

A. 发运部门是一个独立的部门

B. 装运产成品时必须持有经有关部门批准的发运通知单

C. 出库单一般为一式三联

D. 出库单一般为一式四联

【解答】C。出库单一般为一式四联，一联交仓库部门；一联由发运部门留存；一联送交顾客；一联作为给顾客开发票的依据。

第二节 生产与存货循环的内部控制和控制测试

一、生产与存货循环的内部控制

在实务中，为识别、防止企业生产与存货循环的控制风险，企业设计和执行的生产与存货循环的内部控制包括以下内容。

（一）计划和安排生产

对于计划和安排生产这项业务，有些企业的内部控制要求，根据经审批的月度生产计划书，由生产计划经理签发预先按顺序编号的生产通知单。

（二）发出原材料

领料单应当经生产主管批准，仓库管理员凭经批准的领料单发料；领料单一式三联，分别作为生产部门存根联、仓库联和财务联。仓库管理员应把领料单编号、领用数量、规格等信息输入计算机系统，经仓储经理复核并以电子签名方式确认后，系统自动更新材料明细台账。

（三）生产产品和核算产品成本

生产部门通过产量和工时记录登记生产工人所耗费工时数量。生产成本记账员根据原材料领料单财务联，编制原材料领用日报表，由会计主管审核无误后，生成记账凭证并过账至生产成本及原材料明细账和总分类账。每月末，由生产车间与仓库核对原材料和产成品的转出和转入记录，如有差异，仓库管理员应编制差异分析报告，经仓储经理和生产经理签字确认后交会计部门进行调整。将当月发生的生产成本在完工产品和在产品之间按比例分配，同时将完工产品成本在各不同产品类别之间分配，由此生成产品成本计算表和生产成本分配表，由生产成本记账员编制成生产成本结转凭证，经会计主管审核批准后进行账务处理。

（四）储存产成品

产成品入库时，质量检验员应检查并签发预先顺序编号的产成品验收单，由生产小组将产成品送交仓库，仓库管理员应检查产成品验收单，并清点产成品数量，填写预先顺序编号的产成品入库单经质检经理、生产经理和仓储经理签字确认。存货存放在安全的环境中，只有经过授权的工作人员可以接触及处理存货。

（五）发出产成品

产成品出库时，由仓库管理员填写预先顺序编号的出库单。产成品装运发出前，由运输经理独立检查出库单、销售订购单和发运通知单，确定从仓库提取的商品附有经批准的销售订购单，并且所提取商品的内容与销售订购单一致。每月末，生产成本记账员编制销售成本结转凭证，结转相应的销售成本，经会计主管审核批准后进行账务处理。

(六) 存货盘点

生产部门和仓储部门在盘点日前对所有存货进行清理和规整，安排不同的工作人员分别负责初盘和复盘，每一组盘点人员中应包括仓储部门以外的企业部门人员。盘点表和盘点标签事先连续编号，发给盘点人员时登记领用人员；盘点结束后回收并清点所有已使用和未使用的盘点表和盘点标签。不属于本单位的代其他方保管的存货单独堆放并作标识，将盘点期间需要领用的原材料或出库的产成品分开堆放并作标识。

汇总盘点结果，与存货账面数量进行比较，调查分析差异原因，并对认定的盘盈和盘亏提出账务调整，经仓储经理、生产经理、财务经理和总经理复核批注后入账。

(七) 计提存货跌价准备

定期编制存货货龄分析表，管理人员复核该分析表，确定是否有必要对滞销存货计提存货跌价准备，并计算存货可变现净值，据此计提存货跌价准备。

生产部门和仓储部门每月上报残次存货明细，采购部门和销售部门每月上报原材料和产成品最新价格信息，财务部门据此分析存货跌价风险并计提跌价准备，由财务经理和总经理复核批准并入账。

二、评估重大错报风险

以制造类企业为例，影响生产与存货交易和余额的重大错报风险可能包括：

(1) 管理层错报成本费用的偏好和动因。管理层为了完成预算、满足业绩考核要求、进行筹资、影响公司股价等，会通过一些方法错报成本费用。

(2) 存货交易的数量庞大，业务复杂，增加了错误和舞弊的风险。

(3) 成本基础的复杂性。虽然原材料和直接人工等直接费用的分配比较简单，但间接费用的分配可能较为复杂，并且，同一行业中的不同企业也可能采用不同的认定和计量基础。

(4) 产品的多元化。产品多元化会引起存货计量方法的差异，可能要求聘请专家来验证其质量、状况或价值。

(5) 某些存货项目的可变现净值难以确定。这将影响存货采购价格和销售价格的确定，也将影响注册会计师对与存货计价认定有关的风险进行的评估。

(6) 将存货存放在不同地点。这将增加商品途中毁损或遗失的风险，或者导致存货在两个地点被重复列示，也可能产生转移定价的错误或舞弊。

(7) 寄存的存货。有时候存货虽然还存放在企业，但可能已经不归企业所有。反之，企业的存货也可能被寄存在其他企业。

三、生产与存货循环的控制测试

测试生产与存货循环内部控制是在了解与描述的基础上，对其在实际业务中的执行与实施情况和过程进行检查和观察，以确定制定的内部控制与实际执行的是否相符。

表 10-1 列示了通常情况下注册会计师对生产与存货循环实施的控制测试。

表 10-1　　生产与存货的控制风险、控制测试程序

关键控制环节	可能存在的错报	相关财务报表项目及认定	控制测试程序
计划和安排生产	生产可能没计划		检查生产单是否连续编号；询问有关批准生产单的过程
发出原材料	原材料的发出可能未经授权	生产成本：发生	检查领料单项目是否与生产单相符；检查是否有生产主管的签字授权
生产产品和核算产品成本	发出的原材料可能未正确记入相应产品的生产成本中	生产成本：准确性	检查生产主管核对材料成本明细表的记录，并询问其核对过程及结果
	生产工人的人工成本可能未得到准确反映	生产成本：准确性	观察记工单的使用和计时程序；询问并检查财务经理复核工资费用分配表的过程和记录
	发生的制造费用可能没有得到完整归集	制造费用：完整性	询问并检查成本会计复核制造费用明细表的过程和记录；检查财务经理对调整制造费用的分录的批准记录
	生产成本和制造费用在不同产品之间、在产品和产成品之间的分配可能不正确	存货：计价与分摊 营业成本：准确性	询问财务经理如何执行复核及调查；选取产品成本计算表及相关资料，检查财务经理的复核记录
储存产成品	已完工产品的生产成本可能没有转移到产成品中	存货：计价与分摊	询问和检查成本会计将产成品收发存报表与成本计算表进行核对的过程和记录
发出产成品	销售发出的产成品的成本可能没有准确转入营业成本	存货：计价与分摊 营业成本：准确性	检查成本结转方式是否符合公司成本核算政策；询问和检查财务经理和总经理进行毛利率分析的过程和记录，并对异常波动的调查和处理结果进行核实
存货盘点	存货可能被盗或因材料领用、产品销售未入账而出现账实不符	存货：存在	询问和观察存货与记录的接触以及相应的批准程序；询问和观察存货盘点程序
计提存货跌价准备	可能存在残次的存货	存货：计价与分摊 资产减值损失：完整性	询问财务经理识别减值风险并确定减值准备的过程，检查总经理的复核批准记录

对生产与存货循环内部控制进行评价，是为了对生产与存货循环进行实质性测试前确定对该循环内部控制的可依赖程度。注册会计师在评价时应注意分析生产与存货循环中可

能发生哪些潜在的错报，哪些控制可以防止或者发现并纠正这些错报。通过比较必要的控制和现有控制，评价审计计划依赖的生产与存货内部控制的健全性与有效性。如果被审单位没有建立注册会计师认为必要的内部控制，或者现有控制不足以防止或发现错报，那么注册会计师应该考虑内部控制缺陷对审计的影响，确定是否扩大实质性测试的范围。

【例 10-3】天河股份有限公司是 ABC 会计师事务所的常年审计客户，A 注册会计师是天河股份有限公司 2018 年度财务报表审计业务的项目合伙人。A 注册会计师在对天河股份有限公司的内部控制进行了解，并在审计工作底稿中记录了所了解的内部控制，部分内容摘录如下：

(1) 根据经理审批的月度生产计划书，由生产经理签发预先按顺序编号的生产通知单。

(2) 由质量控制人员检查每一生产阶段完工的存货，以确保其在送达产成品仓库前符合质量标准。

(3) 会计部门的成本会计人员根据收到的生产通知单、领料单、计工单、入库单等文件资料，在月末编制原材料、人工与制造费用的分配表，以及完工产品与在产品成本分配表，并据以核算成本和登记相关账簿。

(4) 由独立的装运部门装运货物，装运部门收到发运通知后，装运产成品出库。

(5) 会计部门的人员在收到出库单、销售发票等后，编制结转成本的会计分录，登记相应明细账。

(6) 产成品仓库分别于每月、每季和年度终了，对产成品存货进行盘点，由会计部门对盘点结果进行复盘。仓库管理员应编写产成品存货盘点明细表，发现差异及时处理，经仓储经理和生产经理复核后调整入账。

针对所述的内部控制，A 注册会计师应当实施的控制测试程序？

【解答】A 注册会计师应当实施的控制测试程序如下：

(1) 抽取并检查生产通知单是否经过授权，编号是否连续。

(2) 检查接收完工产品到产成品仓库的证据。

(3) 抽取记录生产成本凭证测试各种费用的归集和分配以及成本的计算；测试是否按照规定的成本核算流程和账务处理流程进行核算和账务处理。

(4) 选取出库单，看是否有相应的发运通知单，询问和观察发运是否有独立的发运部门负责。

(5) 抽取销售成本结转凭证检查与支持性文件是否一致并适当复核。

(6) 抽取产成品存货盘点报告并检查是否经适当层次复核，有关差异是否得到处理。

第三节 存货的审计

一、存货的审计目标

存货在企业中一般十分重要。存货的重大错报对企业的资产负债表和利润表都有直接影响。实践中，公司的存货数量巨大，很容易发生存货的短缺和损失。因此，注册会计师对存货项目的审计应当予以特别的关注。对存货进行审计需要达到的审计目标是：

(1) 确定存货是否存在。

(2) 确定存货是否由被审计单位拥有或控制。

(3) 确定存货增减变动的记录是否完整。

(4) 确定存货的计价方法是否恰当。

(5) 确定存货的期末余额是否正确。

(6) 确定存货在财务报表上的披露是否恰当。

二、存货的实质性测试程序

(一) 获取或编制存货明细表

获取或编制存货明细表，复核加计是否正确，并与报表数、总账数和明细账合计数核对是否相符；同时抽查各存货明细账与仓库台账、卡片记录，检查是否相符。

(二) 对存货执行分析程序

分析程序在存货审计中普遍采用，注册会计师通常运用简单比较法和比率分析法两种。其中，简单比较法主要进行以下分析：

(1) 比较前后各期及本年度各个月份存货余额及其构成、存货成本差异率、产品成本总额及单位生产成本、直接材料成本、直接人工、制造费用、主营业务成本总额及单位销售成本等，以评价其总体合理性。

(2) 将存货的余额与现有的订单、资产负债表日后各期的销售额和下一年度的预测销售额进行比较，以评价存货滞销和跌价的可能性。

(3) 将存货跌价准备与本年度存货处理损失的金额进行比较，判断被审计单位是否已计提足额的跌价损失准备。

(4) 将与关联企业发生存货交易的频率、规模、价格和账款结算条件，与非关联企业对比，判断被审计单位是否利用关联企业的存货交易虚构交易业务、调节利润。

在实施生产与存货循环的分析程序中，注册会计师通常运用的比率主要是存货周转率和毛利率。存货周转率是用以衡量销售能力和存货是否积压的指标。存货周转率的异常波动可能意味着被审计单位存在有意无意地减少存货储备；存货管理或控制程序发生变动；存货成本项目或核算方法发生变动；存货跌价准备计提基础或冲销政策发生变动等情况。毛利率是反映盈利能力的主要指标，用以衡量成本控制及销售价格的变化。毛利率的异常变动可能意味着被审计单位存在销售价格、销售产品总体结构、单位产品成本发生变动等情况。

(三) 存货监盘

存货监盘是指注册会计师现场观察被审计单位存货的盘点，并对已盘点的存货进行适当检查。存货监盘程序是存货审计实质性程序中的一项核心程序，目的在于获取有关存货数量和状况的审计证据，以确证被审计单位记录的所有存货确实存在，已经反映了被审计单位拥有的全部存货，并属于被审计单位的合法财产。

注册会计师实施的存货监盘具体程序如下。

1. 制定监盘计划

(1) 制定存货监盘计划的基本要求。注册会计师应当根据被审计单位存货的特点、盘

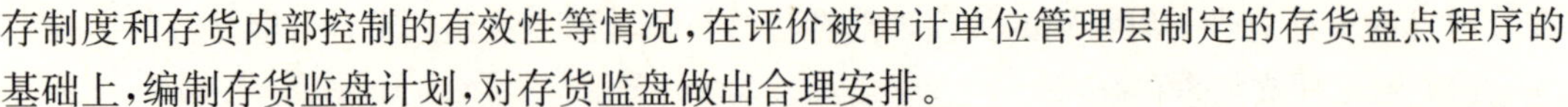

存制度和存货内部控制的有效性等情况，在评价被审计单位管理层制定的存货盘点程序的基础上，编制存货监盘计划，对存货监盘做出合理安排。

(2) 制定存货监盘计划应考虑的相关事项。在制定存货监盘计划时，注册会计师需要考虑的相关事项包括：①与存货相关的重大错报风险；②与存货相关的内部控制的性质；③对存货盘点是否制定了适当的程序，并下达了正确的指令；④存货盘点的时间安排；⑤被审计单位是否一贯采用永续盘存制；⑥存货的存放地点(包括不同存放地点的存货的重要性和重大错报风险)，以确定适当的监盘地点；⑦是否需要专家协助。

【例 10-4】审计项目组实施存货监盘的部分事项如下：审计项目组按 2018 年年末各存放地点存货余额进行排序，选取存货余额最大的 20 个地点(合计占年末存货余额的 60%)实施监盘。审计项目组根据选取地点的监盘结果，认为被审计单位年末存货盘点结果满意。

要求：指出注册会计师的处理是否适当。如认为不当，简要说明理由。

【解答】注册会计师的处理存在不当之处。确定存货存放地点时不仅要考虑金额的大小，还应考虑风险评估结果。对其他无法在存货盘点现场实施存货监盘的存货存放地点，实施替代审计程序。

(3) 存货监盘计划的主要内容。考虑到以上事项之后，制订存货监盘计划，包括以下主要内容：①存货监盘的目标、范围及时间安排；②存货监盘的要点及关注事项；③参加存货监盘人员的分工；④检查存货的范围。

【例 10-5】ABC 会计师事务所接受委托，对常年审计客户天河股份有限公司 2018 年度财务报表进行审计。天河股份有限公司为钻石加工企业，其中丁公司委托天河股份有限公司加工钻石，该部分未加工的钻石存放于天河股份有限公司的仓库。天河股份有限公司拟于 2018 年 12 月 30 日盘点存货，以下是注册会计师撰写的存货监盘计划的部分内容：

(1) 存货监盘的目标：检查天河股份有限公司 2018 年 12 月 31 日存货数量是否真实完整。

(2) 存货监盘范围：库存的所有存货，包括受托加工业务中的钻石。

(3) 监盘时间：存货的观察与检查时间均为 2018 年 12 月 31 日。

(4) 在监盘存货时，采用观察以及检查收发结存记录的方法，确定存货的数量。

(5) 检查相关凭证以证实盘点截止到日前所有已确认为销售但尚未装运出库的存货均已纳入盘点范围。

要求：针对上述存货监盘计划第(1)至第(5)项，请逐项判断是否恰当，若不恰当，请予以修改。

【解答】事项(1)中，存货监盘的目标不恰当。监盘目标应为获取有关存货数量和状况以及有关管理层存货盘点程序可靠性的审计证据。

事项(2)中，存货监盘范围不恰当。丁公司委托加工钻石的所有权仍然属于丁公司，不属于天河股份有限公司，不应纳入监盘范围。

事项(3)中，存货监盘时间不恰当。存货的观察与检查时间应与盘点时间相一致，应为 12 月 30 日。

事项(4)中，存货监盘方法不恰当。钻石是贵重物品，要选择样品进行化验与分析，以利用专家的工作。

事项(5)中，存货盘点范围不恰当。注册会计师应当检查相关凭证以证实盘点截止到日前所有已确认为销售但尚未装运出库的存货均未纳入盘点范围，确认为销售的存货的所有权不再属于被审计单位，不能纳入盘点范围。

2. 执行存货监盘程序

在存货盘点现场实施监盘时，注册会计师应当实施下列审计程序：

(1) 评价管理层用以记录和控制存货盘点结果的指令和程序。注册会计师需要考虑这些指令和程序是否包括下列方面：适当控制活动的运用，例如，收集已使用的存货盘点记录，清点未使用的存货盘点表单，实施盘点和复盘程序；准确认定在产品的完工程度，流动缓慢(呆滞)、过时或毁损的存货项目，以及第三方拥有的存货(如寄存货物)；在适用的情况下用于估计存货数量的方法，如可能需要估计煤堆的重量；对存货在不同存放地点之间的移动以及截止到日前后期间出入库的控制。

(2) 观察管理层制定的盘点程序的执行情况。①了解被审计单位对存货移动所采取的控制程序。尽管盘点存货时最好能保持存货不发生移动，但在某些情况下存货的移动是难以避免的。如果在盘点过程中被审计单位的生产经营仍将持续进行，注册会计师应通过实施必要的检查程序，确定被审计单位是否已经对此设置了相应的控制程序，确保在适当的期间内对存货做出了准确记录。②获取有关存货截止性信息。注册会计师可以获取有关截止性信息(如存货移动的具体情况)的复印件，有助于盘点日后对存货移动的会计处理实施审计程序。具体来说，注册会计师一般应当获取盘点日前后存货收发及移动的凭证，检查库存记录与会计记录期末截止是否正确。

注册会计师在对期末存货进行截止测试时，通常应当关注：

(1) 所有在截止日前入库的存货项目是否均已包括在盘点范围内，并已反映在截止日以前的会计记录中。

(2) 任何在截止日后入库的存货项目是否均未包括在盘点范围内，也未反映在截止日以前的会计记录中。

(3) 所有在截止日前装运出库的存货商品是否均未包括在盘点范围内，且未包括在截止日的存货账面余额中。

(4) 任何在截止日后装运出库的存货项目是否均已包括在盘点范围内，并已包括在截止日的存货账面余额中。

(5) 所有已确认为销售但尚未装运出库的商品是否均未包括在盘点范围内，且未包括在截止日的存货账面余额中。

(6) 所有已记录为购货但尚未入库的存货是否均已包括在盘点范围内，并已反映在会计记录中。

(7) 在途存货和被审计单位直接向顾客发运的存货是否均已得到了适当的会计处理。

(8) 在存货入库和装运过程中采用连续编号的凭证时，注册会计师应当关注截止日期前的最后编号。

(9) 如果被审计单位没有使用连续编号的凭证，注册会计师应当列出截止日期以前的最后几笔装运和入库记录。

(10) 如果被审计单位使用运货车厢或拖车进行存储、运输或验收入库，注册会计师应当详细列出存货场地上满载和空载的车厢或拖车，并记录各自的存货状况。

【例 10-6】在对天河股份有限公司 2018 年度财务报表进行审计时，注册会计师编制了存货审计的相关工作底稿，部分内容摘录如下：

(1) A原材料主要用于生产A产品。根据A原材料盘点结果，2018年结存金额未包括于2018年12月31日已入库但尚未收到采购发票的50万元A材料。审计处理建议：已提出审计调整建议，于2018年年末补计已入库的A原材料50万元。

(2) B原材料主要用于生产B产品。根据B原材料盘点结果，2018年结存金额中有20万元的B原材料在2018年12月31日收到采购发票，但于2019年1月1日才实际收到入库。审计处理建议：已提出审计调整建议，于2018年年末冲回尚未收到入库的B原材料20万元。

要求：假定不考虑其他条件，上述相关审计处理建议是否恰当？如果存在不当之处，请提出改进建议。

【解答】(1) 恰当。材料已于2018年入库，应当确认为天河股份有限公司2018年存货。

(2) 不恰当。不能因为没有收货就冲回相应存货，可能是在途材料。注册会计师要进一步检查相关存货发货情况和采购合同而定。如果合同约定供应商发货即转移相关原材料风险和报酬，并且于2018年12月31日供应商已发货，则不应冲回相应存货。

(3) 检查存货。在存货监盘过程中检查存货，虽然不一定确定存货的所有权，但有助于确定存货的存在，以及识别过时、毁损或陈旧的存货。注册会计师应当把所有过时、毁损或陈旧存货的详细情况记录下来，这既便于进一步追查这些存货的处置情况，也能为测试被审计单位存货跌价准备计提的准确性提供证据。

3. 执行抽盘

注册会计师应当进行适当抽查，抽查范围通常包括所有盘点工作小组的盘点内容以及难以盘点或隐蔽性较强的存货。注册会计师可以从存货盘点记录中选取项目追查至存货实物，以及从存货实物中选取项目追查至盘点记录，以获取有关盘点记录准确性和完整性的审计证据。注册会计师应尽可能避免让被审计单位事先了解将抽盘的存货项目。

注册会计师在实施抽盘程序时发现差异，很可能表明被审计单位的存货盘点在准确性或完整性方面存在错误。一方面，注册会计师应当查明原因，并及时提请被审计单位更正；另一方面，注册会计师应当考虑错误的潜在范围和重大程度，在可能的情况下，扩大检查范围以减少错误的发生。注册会计师还可要求被审计单位重新盘点。重新盘点的范围可限于某一特殊领域的存货或特定盘点小组。

4. 需要特别关注的情况

(1) 存货盘点范围。在被审计单位盘点存货前，注册会计师应当观察盘点现场，确定应纳入盘点范围的存货是否已经适当整理和排列，并附有盘点标识，防止遗漏或重复盘点。对未纳入盘点范围的存货，注册会计师应当查明未纳入的原因。

(2) 对所有权不属于被审计单位的存货，注册会计师应当取得其规格、数量等有关资料，确定是否已单独存放、标明，且未被纳入盘点范围。在存货监盘过程中，注册会计师应当根据取得的所有权不属于被审计单位的存货的有关资料，观察这些存货的实际存放情况，确保其未被纳入盘点范围。即使在被审计单位声明不存在受托代存存货的情形下，注册会计师在存货监盘时也应当关注是否存在某些存货不属于被审计单位的迹象，以避免盘点范围不当。

(3) 对特殊类型存货的监盘。对某些特殊类型的存货而言，被审计单位通常使用的盘点方法和控制程序并不完全适用。这些存货通常或者没有标签，或者其数量难以估计，或者其质量难以确定，或者盘点人员无法对其移动实施控制。在这些情况下，注册会计师需要运用职业判断，根据存货的实际情况，设计恰当的审计程序，对存货的数量和状况获取审计证据。

5. 存货监盘结束时的工作

在被审计单位存货盘点结束前，注册会计师应当：

(1) 再次观察盘点现场，以确定所有应纳入盘点范围的存货是否均已盘点。

(2) 取得并检查已填用、作废及未使用盘点表单的号码记录，确定其是否连续编号，查明已发放的表单是否均已收回，并与存货盘点的汇总记录进行核对。注册会计师应当根据自己在存货监盘过程中获取的信息对被审计单位最终的存货盘点结果汇总记录进行复核，并评估其是否正确地反映了实际盘点结果。

如果存货盘点日不是资产负债表日，注册会计师应当实施适当的审计程序，确定盘点日与资产负债表日之间存货的变动是否已得到恰当的记录。

6. 特殊情况的处理

(1) 在存货盘点现场实施存货监盘不可行。如果在存货盘点现场实施存货监盘不可行，注册会计师应当实施替代审计程序(如检查盘点日后出售盘点日之前取得或购买的特定存货的文件记录)，以获取有关存货的存在和状况的充分、适当的审计证据。

但在其他一些情况下，如果不能实施替代审计程序，或者实施替代审计程序可能无法获取有关存货的存在和状况的充分、适当的审计证据，注册会计师需要按照《中国注册会计师审计准则第 1502 号——在审计报告中发表非无保留意见》的规定发表非无保留意见。

(2) 因不可预见的情况导致无法在存货盘点现场实施监盘。如果由于不可预见的情况无法在存货盘点现场实施监盘，注册会计师应当另择日期实施监盘，并对间隔期内发生的交易实施审计程序。

(3) 由第三方保管或控制的存货。如果由第三方保管或控制的存货对财务报表是重要的，注册会计师应当实施下列一项或两项审计程序：向持有被审计单位存货的第三方函证存货的数量和状况；实施或安排其他注册会计师实施对第三方的存货监盘(如可行)；获取其他注册会计师或服务机构注册会计师针对用以保证存货得到恰当盘点和保管的内部控制的适当性而出具的报告；检查与第三方持有的存货相关的文件记录，如仓储单；当存货被作为抵押品时，要求其他机构或人员进行确认。

【知识链接】

《中国注册会计师审计准则问题解答第 3 号——存货监盘》

(自 2014 年 1 月 1 日起施行)

通常情况下，与其他资产项目相比，存货更能反映企业的经营特点。对于制造业、贸易业等行业的被审计单位而言，存货采购、生产和销售通常对其财务状况、经营成果和现金流量都具有重大影响，资本市场上很多实际的舞弊案例也都涉及存货等实物资产的虚增。该问题解答旨在指导注册会计师的实际监盘工作，并针对实务中经常存在疑问的一些方面提出进一步指引，供注册会计师在审计工作中参考。

(四) 存货计价测试

监盘程序主要是对存货的结存数量予以确认。为验证财务报表上存货余额的真实性，

还必须对存货的计价进行审计，即确定存货实物数量和永续盘存记录中的数量是否经过正确地计价和汇总，如表 10-2 所示。存货计价测试主要是针对被审计单位所使用的存货单位成本是否正确所做的测试。

表 10-2　　存货计价审计表

日期	品名及规格	购入			发出			余额		
		数量	单价	金额	数量	单价	金额	数量	单价	金额

1. 计价方法说明：
2. 情况说明及审计结论：

(1) 样本的选择。计价审计的样本，应从存货数量已经盘点、单价和总金额已经计入存货汇总表的结存存货中选择。选择样本时应着重选择结存余额较大且价格变化比较频繁的项目，同时考虑所选样本的代表性。

(2) 计价方法的确认。存货的计价方法有多种，结合企业会计准则的基本要求和企业实际情况，审查被审计单位选择的计价方法是否适合，还应对这种计价方法的合理性与一贯性予以关注，没有足够理由，计价方法在同一会计年度内不得变动。

(3) 计价测试。进行计价测试时，注册会计师首先应对存货价格的组成内容予以审核，然后按照所了解的计价方法对所选择的存货样本进行计价测试。测试时，应尽量排除被审计单位已有计算程序和结果的影响，进行独立测试。注册会计师将审计结果与被审计单位账面记录对比，编制对比分析表，分析形成差异的原因。如果差异过大，应扩大测试范围，并根据审计结果考虑是否应提出审计调整建议。

在存货计价审计中，由于被审计单位对期末存货采用成本与可变现净值孰低的方法计价，所以注册会计师应充分关注其对存货可变现净值的确定及存货跌价准备的计提。

【例 10-7】 A 注册会计师负责审计天河股份有限公司 2018 年财务报表。天河股份有限公司的会计政策规定，入库产成品按实际生产成本入账，发出产成品采用先进先出法核算。2018 年 12 月 31 日，天河股份有限公司 a 产品期末结存数量为 1 200 件，期末余额为 5 210 万元。天河股份有限公司 2018 年度 a 产品的相关明细资料如表 10-3 所示(数量单位为件，金额单位为人民币万元，假定期初余额和所有的数量、入库单价均无误)。

表 10-3　　a 产品的相关明细资料

日期	摘要	入库			发出			结存		
		数量	单价	金额	数量	单价	金额	数量	单价	金额
1.1	期初余额							500		2 500
3.1	入库	400	5.1	2 040				900		
4.1	销售				800			100		

（续表）

日期	摘要	入库			发出			结存		
		数量	单价	金额	数量	单价	金额	数量	单价	金额
8.1	入库	1 600	4.6	7 360				1 700		
10.3	销售				400			1 300		
12.1	入库	700	4.5	3 150				2 000		
12.31	销售				800			1 200		
12.31	期末余额							1 200		5 210

要求：分析a产品明细账有无问题，并指出所存在的问题。

【解答】A注册会计师应重新计算期末a产品成本，经计算发现期末a产品成本应为5 450万元[700×4.5+(1 200－700)×4.6＝5 450]，天河股份有限公司期末a产成品成本少计了240万元(5 450－5 210)，则说明当期营业成本多结转了240万元。其结果虚增了a产品营业成本，虚减利润，导致少缴所得税。注册会计师应提请天河股份有限公司调减2018年利润表中已多结转的营业成本240万元。

【例10-8】A注册会计师审计天河股份有限公司的存货跌价准备情况时，获取的资料如下：

(1) 天河股份有限公司2018年度初存货跌价准备为12万元。

(2) 2018年12月31日，天河股份有限公司已计提6万元跌价准备，其中对b产品已经计提跌价准备3万元。

经审查，A注册会计师发现b产品的市价在2018年12月31日不仅未下跌，反而已经超过原账面价值。

要求：你认为A注册会计师相应的审计处理意见是什么？

【解答】A注册会计师通过审查b产品已计提跌价准备的相关原始凭证，以及目前b产品市价恢复的相关资料，应提请天河股份有限公司调减多计提的存货跌价准备。审计调整分录为：

借：存货跌价准备　　30 000

　贷：资产减值损失——存货　　30 000

【关键术语】

生产与存货循环　存货监盘　存货截止　存货计价

【问题思考】

1. 生产与存货循环主要有哪些凭证及业务活动？
2. 生产与存货循环可能存在重大错报风险的情形有哪些？
3. 简述生产与存货循环中关键控制点及其控制措施。
4. 解释为什么存货审计是审计业务中最困难且最费时的部分。
5. 简述存货监盘的目的和流程。

6. 导致存货监盘程序无效的原因是什么？
7. 如何进行存货的计价测试？

【实训案例】

实训案例一

A会计师事务所于12月15日接受天河股份有限公司的委托审计其年度财务报表。天河股份有限公司总经理说，天河股份有限公司已经在11月30日对存货进行了全面盘点，但因历年负责对天河股份有限公司进行报表审计的C会计事务所的李注册会计师退休不再从业，所以11月30日的盘点未经过注册会计师现场观察。李注册会计师的退休也是天河股份有限公司变更委托事务所的主要原因。天河股份有限公司总经理说目前产品的交货期临近，不同意停工再度进行盘点，但11月30日的盘点所有资料可以交给A会计事务所进行复核。A事务所仔细研究了存货的相关内部控制，认为还是比较健全有效的。审计人员详细检查了天河股份有限公司的盘点资料，并于12月31日抽检了约占存货数量10%的项目，抽检项目经过追查永续盘存记录，未发现重大差异。天河股份有限公司12月31日的公司总资产900万元中存货达到400万元。

要求：假定天河股份有限公司会计报表中其他项目的审计均未发现重大差异，请问A会计事务所能否签发无保留的审计意见？为什么？

实训案例二

ABC会计师事务所负责审计天河股份有限公司2018年度财务报表。天河股份有限公司主要从事家电产品的生产和销售。审计项目组在审计工作底稿中记录了与存货监盘相关的情况，部分内容摘录如下：

(1) 审计项目组拟不信赖与存货相关的内部控制运行的有效性，故在监盘时不再观察管理层制定的盘点程序的执行情况。

(2) 审计项目组获取了盘点日前后存货收发及移动的凭证，以确定天河股份有限公司是否将盘点日前入库的存货、盘点日后出库的存货以及已确认为销售但尚未出库的存货包括在盘点范围内。

(3) 由于天河股份有限公司人手不足，审计项目组受管理层委托，于2018年12月31日代为盘点天河股份有限公司异地专卖店的存货，并将盘点记录作为公天河股份有限司的盘点记录和审计项目组的监盘工作底稿。

(4) 审计项目组按存货项目定义抽样单元，选取a产品为抽盘样本项目之一。a产品分布在5个仓库中，考虑到监盘人员安排困难，审计项目组对其中3个仓库的a产品执行抽盘，未发现差异，对该样本项目的抽盘结果满意。

(5) 在天河股份有限公司存货盘点结束前，审计项目组取得并检查了已填用、作废及未使用盘点表单的号码记录，确定其是否连续编号以及已发放的表单是否均已收回，并与存货盘点汇总表中记录的盘点表单使用情况核对一致。

(6) 天河股份有限公司部分产成品存放在第三方仓库，其年末余额占资产总额的10%。

要求：

(1) 针对上述第(1)至(5)项，逐项指出审计项目组的做法是否恰当。如不恰当，简要说明理由。

(2) 针对上述第(6)项，列举三项审计项目组可以实施的审计程序。

实训案例三

天河股份有限公司是一家上市公司，注册会计师在进行年度会计报表审计时了解到该公司对存货的期末计价采用成本与可变现净值孰低法，2018 年天河股份有限公司经年末盘点，认定有关存货及其会计处理的信息资料如下。

库存商品 A：账面余额 10 万元，已提取跌价准备 5 000 元，该商品市价持续下跌，并且在可预见的未来无回升的希望。天河股份有限公司对该商品全额补提跌价准备。

库存商品 B：账面余额 6 万元，无跌价准备，该商品不再为消费者所偏爱，从目前情况分析，其市价持续下跌。天河股份有限公司对该商品全额提取跌价准备。

库存商品 C：账面余额 20 万元，已提取跌价准备 2 万元，由于此类商品的更新换代，该商品已经落伍，目前已经形成滞销。天河股份有限公司对该商品全额补提跌价准备。

库存商品 D：账面余额 50 万元，无跌价准备，目前该商品供销两旺，未发现减值情况。天河股份有限公司按 10%提取跌价准备 5 万元。

库存商品 E：账面余额 15 万元，无跌价准备，现有条件下使用该原材料生产的产品成本大于产品的销售价格。天河股份有限公司未计提跌价准备。

要求：请分析天河股份有限公司对以上存货的会计处理是否恰当？如不恰当，注册会计师应提出何种建议？

实训案例四

请结合章前美国法尔莫公司舞弊案例，分析与讨论以下问题：

1. 结合案例思考注册会计师为什么没能发现存货舞弊？
2. 存货盘点有哪些局限性？
3. 注册会计师在存货监盘时应当注意什么？

练 习 题

姓名______
学号______
分数______

扫二维码获得更多本章习题及案例

一、单项选择题

1. 由(   )根据顾客订单或销售预测和存货需求的分析进行生产授权，填制预先编号好的生产通知单。

   A. 仓库　　B. 销售部门　　C. 生产计划部门　　D. 财务部门

2. 被审计单位有少量年终在途存货，未纳入盘点范围，当年也未作采购的会计处理，则(   )。

   A. 一般不影响注册会计师对财务报表发表意见
   B. 注册会计师对此应发表保留意见
   C. 注册会计师对此应发表否定意见
   D. 注册会计师应进一步搜集证据以确认其合理性

3. 下列内部控制中，存在设计缺陷的是(   )。

   A. 销售部门编制销售单　　B. 信用部门进行赊销审批
   C. 验收部门编制验收单　　D. 仓库部门编制发运凭证

4. 存货如果容易变质，那么存货的(   )认定存在重大错报风险。

   A. 权利和义务　　B. 完整性　　C. 计价和分摊　　D. 发生

5. 下列关于各类存货的重大错报风险的说法中，不正确的是(   )。

   A. 具有漫长制造过程的存货，其递延成本、预期发生成本以及未来市场波动可能对当期损益的影响通常存在重大错报风险
   B. 具有固定价格合约的存货，其预期发生成本的不确定性通常存在重大错报风险
   C. 时装行业的存货，其是否过时通常存在重大错报风险
   D. 具有高科技含量的存货，其被盗的风险较高

6. 下列关于存货监盘的说法中，不正确的是(   )。

   A. 存货监盘能减轻被审计单位存货盘点的责任
   B. 存货监盘针对的主要是存货的存在认定、完整性认定以及权利和义务认定
   C. 实施存货监盘是注册会计师的责任
   D. 注册会计师在测试存货的权利和义务认定和完整性认定时，除了实施存货监盘，可能还需要实施其他审计程序

7. 在制定存货监盘计划时，注册会计师需要考虑的事项中，不包括(   )。

   A. 与存货相关的重大错报风险
   B. 参加存货监盘人员的分工
   C. 对存货盘点是否制定了适当的程序，并下达了正确的指令

D. 与存货相关的内部控制的性质

8. 下列选项中，属于存货监盘计划的内容的是（　　）。

A. 存货的存放地点　　B. 是否需要专家的协助

C. 存货盘点的时间　　D. 存货监盘的时间

9. 与装运出库相关的内部控制的总体目标是所有的装运都得到了记录，使用（　　）是一项基本的内部控制措施。

A. 验收报告单　　B. 发运凭证

C. 生产报告　　D. 购货订购单

10. 下列选项中，属于被审计单位盘点存货前注册会计师的工作的是（　　）。

A. 检查存货

B. 观察盘点现场，确定应纳入盘点范围的存货是否已经适当整理和排列，并附有盘点标识，防止遗漏或重复盘点

C. 执行抽盘

D. 再次观察盘点现场，以确定所有应纳入盘点范围的存货是否均已纳入

11. 如果存货盘点日不是（　　），注册会计师应当实施适当的审计程序，确定盘点日与该日之间存货的变动是否已得到恰当的记录。

A. 审计报告日　　B. 财务报表批准报出日

C. 审计外勤开始日　　D. 财务报表日

12. 在存货监盘程序中，注册会计师的下列做法中，正确的是（　　）。

A. 如果实施存货监盘不可行，直接发表保留意见

B. 如果实施存货监盘不可行，直接发表无法表示意见

C. 如果实施存货监盘不可行，且不能实施替代审计程序，或者实施替代审计程序可能无法获取有关存货的存在和状况的充分、适当的审计证据，按照规定发表非无保留意见

D. 出于成本效益的考虑，省略存货监盘中的一些程序

13. 如果被审计单位存货为煤，那么注册会计师针对该类存货可以实施的监盘程序中效果最好的是（　　）。

A. 实施分析程序

B. 利用被审计单位内部审计的工作

C. 向供应商函证

D. 运用工程估测、几何计算、高空勘测，并依赖详细的存货记录

14. 以下有关存货计价测试的说法中不恰当的是（　　）。

A. 为验证财务报表上存货数量的真实性，应当对存货的计价进行审计

B. 在对存货的计价实施细节测试之前，注册会计师通常先要了解被审计单位本年度的存货计价方法与以前年度是否保持一致

C. 如被审计单位编制存货货龄分析表，则注册会计师可以通过审阅分析表识别滞销或陈旧的存货

D. 注册会计师应充分关注其对存货可变现净值的确定及存货跌价准备的计提

15. 从存货实物中选取项目追查至存货盘点记录，以测试存货盘点记录的（　　）。

A. 完整性　　B. 存货的计价

C. 存货是否存在　　D. 存货的所有权

二、多项选择题

1. 产成品出库单一式多联,分别送交(　　)。

A. 仓库部门　　B. 发运部门　　C. 顾客　　D. 领料部门

2. 注册会计师通过对成本实施分析程序,能够发现(　　)内部控制目标是否实现。

A. 成本以正确的金额,在恰当的会计期间及时记录于适当的账户

B. 对存货实施保护措施,保管人员与记录、批准人员相互独立

C. 生产业务是根据管理层一般或特定的授权进行的

D. 记录的成本为实际发生的而非虚构的

3. 下列各项审计程序中,属于对生产与存货业务循环控制测试的有(　　)。

A. 实地观察仓库验收原材料的情况

B. 抽查领料凭证上反映的手续是否齐备

C. 编制存货跌价准备明细表,并与报表、总账和明细账核对

D. 计算毛利率并分析本期与上期有无明显变化

E. 抽查被审计单位若干月份盘点记录,检查盘点程序的合规性

4. 生产与存货循环过程主要经历了(　　)。

A. 根据订单或销售预测制订生产计划

B. 由仓库部门审批存货报废

C. 根据生产通知单安排生产

D. 财会部门进行成本核算

E. 产品销售出库进行永续盘存记录

5. 导致存货审计复杂的原因有(　　)。

A. 存货通常是资产负债表中的一个主要项目,而且通常是构成营运资本的最大项目

B. 存货存放于不同的地点

C. 存货项目的多样性

D. 存货本身的陈旧

6. 存货监盘主要针对的是存货的(　　)认定。

A. 存在　　B. 计价和分摊　　C. 权利和义务　　D. 完整性

7. 下列属于存货监盘的目标的有(　　)。

A. 获取被审计单位资产负债表日有关存货数量和状况以及有关管理层存货盘点程序可靠性的审计证据

B. 对存货进行计价测试

C. 检查存货的数量是否真实完整

D. 检查存货有无毁损、陈旧、过时、残次和短缺等状况

8. 存货监盘范围的大小取决于(　　)。

A. 存货的内容　　B. 存货的性质

C. 与存货相关的内部控制的完善程度　　D. 重大错报风险的评估结果

9. 下列属于存货监盘程序的有(　　)。

A. 评价管理层用以记录和控制存货盘点结果的指令和程序

B. 盘点存货数量

C. 对纳入存货盘点范围的存货作出标识

D. 观察管理层制定的盘点程序的执行情况

10. 存货监盘的时间包括(　　)。

A. 实地查看盘点现场的时间

B. 与专家沟通预计负债的会计估计的时间

C. 观察存货盘点的时间

D. 对已盘点存货实施检查的时间

11. 下列选项中,属于存货监盘结束时的工作的有(　　)。

A. 再次观察盘点现场,以确定所有应纳入盘点范围的存货是否均已盘点

B. 取得并检查已填用、作废及未使用盘点表单的号码记录,确定其是否连续编号

C. 观察盘点现场,确定应纳入盘点范围的存货是否已经适当整理和排列,并附有盘点标识,防止遗漏或重复盘点

D. 查明已发放的表单是否均已收回,并与存货盘点的汇总记录进行核对

12. 针对第三方保管的存货,注册会计师可以实施的审计程序包括(　　)。

A. 实施或安排其他注册会计师实施对第三方的存货监盘(如可行)

B. 获取其他注册会计师或服务机构注册会计师针对用以保证存货得到恰当盘点和保管的内部控制的适当性而出具的报告

C. 检查与第三方持有的存货相关的文件记录

D. 当存货被作为抵押品时,要求其他机构或人员进行确认

13. 注册会计师在对被审计单位的期末存货进行截止时,下列说法中正确的有(　　)。

A. 所有在截止日期以前入库的存货项目应当均已包括在盘点范围内,并已反映在截止日以前的会计记录中

B. 任何在截止日期以后入库的存货项目应当均未包括在盘点范围内,也未反映在截止日以前的会计记录中

C. 所有截止日以前装运出库的存货商品应当均未包括在盘点范围内,且未包括在截止日的存货账面余额中

D. 所有截止日以前装运出库的存货商品不应当均未包括在盘点范围内,且未包括在截止日的存货账面余额中

14. 针对存货监盘的特殊情况,下列说法中不正确的有(　　)。

A. 如果在存货盘点现场实施存货监盘不可行,注册会计师应当实施替代审计程序以获取有关存货的存在和状况的充分、适当的审计证据

B. 如果在存货盘点现场实施存货监盘不可行,并且不能实施替代审计程序,或者实施替代审计程序可能无法获取有关存货的存在和状况的充分、适当的审计证据,注册会计师应当解除业务约定

C. 如果在存货盘点现场实施存货监盘不可行,并且不能实施替代审计程序,或者实施替代审计程序可能无法获取有关存货的存在和状况的充分、适当的审计证据,注册

会计师需要按照准则的要求发表非无保留意见

D. 如果由于不可预见的情况无法在存货盘点现场实施监盘,注册会计师应当实施替代审计程序

15. 注册会计师在对存货进行计价测试时需要考虑的问题有(　　)。

A. 存货计价方法是否合理且一贯　　B. 测试样本是否具有代表性

C. 存货跌价准备的计提是否正确　　D. 是否有抵押、担保的存货

三、判断题

1. 因为不存在满意的替代程序来观察和计量期末存货,所以注册会计师必须对被审计单位的存货进行监盘。(　　)
2. 存货盘点是注册会计师的责任,所以注册会计师应亲自制定盘点计划。(　　)
3. 通常情况下由销售部门确定并下达生产通知单。(　　)
4. 如果被审计单位的存货盘存制度和相关内部控制健全有效,注册会计师可以同意被审计单位将盘点时间安排在期中进行。(　　)
5. 对存货进行计价测试,一般要选取结存余额较大、价格变动较大的项目。(　　)
6. 存货监盘的目的仅是为了获取有关存货数量的审计证据。(　　)
7. 注册会计师应当从存货盘点记录中选取项目追查至存货实物,以测试盘点记录的准确性;注册会计师还应从存货实物中选取项目追查至存货盘点记录,以测试存货盘点记录的完整性。(　　)
8. 在实地观察盘点现场时,注册会计师应当特别关注存货的移动情况,防止遗漏或重复盘点。(　　)
9. 如果验收报告为次年 1 月份的日期,12 月份发货票已收到并入账,则货物未纳入年底实地盘点范围之内,就会虚增本年的存货和利润。(　　)
10. 存货计价方法如果变更,应在会计报表中予以披露。(　　)

四、分析题

1. 胜达公司 2018 年度的存货周转率为 2.5,与 2017 年度相比有所下降。请分析胜达公司对存货周转率变动趋势的解释是否合理?

(1) 胜达公司主要产品在 2018 年度市场需求稳定且盈利,但平均销售价格比 2017 年有所下降,且胜达公司预期销售价格将继续下降。

(2) 由于主要原材料价格比 2017 年度下降了 12%,胜达公司从 2018 年 1 月开始将主要原材料的储备量增加了 20%。

(3) 胜达公司在 2018 年第 4 季度接到了一笔巨额订单,订货数量相当于胜达公司月产能的 120%,交货日期为 2019 年 1 月 1 日。

2. A 注册会计师负责甲公司的存货审计工作,请判断以下 A 注册会计师和助理人员实施的存货监盘工作有无不妥之处,若有,请予以更正:

(1) 在甲公司开始盘点存货前,A 注册会计师和被审计单位沟通拟检查的范围,方便检查程序正常开展。

(2) 对外单位存放于甲公司的存货,A 注册会计师未要求纳入盘点范围,助理人员也未

实施其他审计程序。

(3) 对以标准规格包装箱包装的存货，监盘人员根据包装箱的数量及每箱的标准容量直接计算确定存货的数量。

(4) 年末前后是甲公司销售旺季，监盘时仓库同往常一样进行存货的收发，A 注册会计师检查后发现其收发数量是正确的，但收发的存货和甲公司其他存货放置在一起。

(5) 对废品和毁损品不进行盘点，以财务部门和仓储部门的账面记录为准。

(6) 盘点结束后，对出现盘盈或盘亏的存货，由仓库保管员将存货实物数量和仓库存货记录调节相符。

章前导引

第十一章
货币资金的审计

教学目标

通过本章的学习，学生应了解货币资金的内部控制及控制测试的主要内容；了解其他货币资金的审计目标和实质性程序；掌握库存现金和银行存款的审计目标；掌握库存现金和银行存款审计的实质性程序。

引例

诚信会计师事务所自2004年开始接受达美股份有限公司委托，对达美股份有限公司进行年度会计报表审计。达美股份有限公司是一家上市较早的商业类公司，公司主营为零售业务，同时兼营一部分房地产开发业务，并与某网站合作开展网上售货业务。公司对零售业务部分采用售价金额核算法，毛利率的计算结转采用分类毛利率法，定期对库存商品进行盘点，有一套相对严密的内部管理制度。公司自上市后业绩一直较为平稳，股价波动不大。项目组长杨福曾多次参与零售企业的审计业务，经验较为丰富，在零售企业因为现金流量比较大，对货币资金审计作为重点项目来安排，重要性水平确定的也较低，定为5 000元，并安排经验丰富的刘为负责货币资金的审计实施。

审计人员在对该公司货币资金的内部控制采用“调查表法”“检查凭证法”和“实地考察法”进行符合性测试的基础上，发现该公司货币资金的内部控制存在一定的漏洞，主要表现在以下几个方面：

(1) 财务部稽核人员对收款台的现金盘点上坚持不够好，未能经常进行不定期盘点。

(2) 通过查看支票登记本发现，领用的票据号码不连续，存在领用支票不登记的现象。

(3) 对现金和银行存款的支付基本能坚持审批制度，但在审批的职责权限划分上不够明确，从抽查的支付凭证来看，经常出现相同业务的审批有时是财务经理的签字，有时是业务经理的签字，控制不够严格。

在发现了上述问题之后，审计人员确认该公司的内部控制属于中信赖程度，因此，适当地扩大了对达美股份有限公司货币资金进行实质性测试范围。如采取盘存法对现金进行突击性盘点；采取抽查法对库存现金日记账和银行存款日记账进行审查；采取审阅法、调节法和函证法对银行存款的真实性和合法性进行审查。

经过审计人员对上述内容进行认真的检查、仔细的核对，针对审计过程中发现的达美股份有限公司“服装柜组发生短款次数频繁”“私设小金库”“出租出借银行账号”“因购货单位支付空头支票而未及时调账”“短期贷款未入账”“达美劳动服务公司明显存在开阴阳发票”

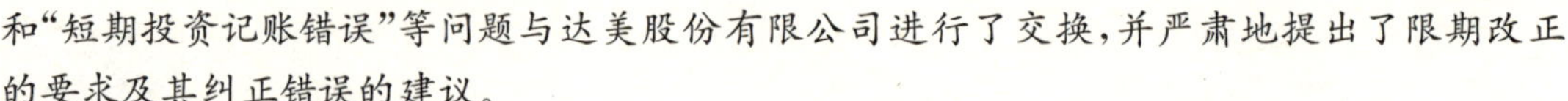

和“短期投资记账错误”等问题与达美股份有限公司进行了交换，并严肃地提出了限期改正的要求及其纠正错误的建议。

货币资金审计需要关注的问题：

(1) 为避免舞弊的情况发生，必须健全有效的货币资金内控制度。货币资产是极易被贪污挪用的对象，在内控制度中要充分体现不相容职务的分离，并有坚持良好的审核和核对制度。当然再好的内控制度也要人来执行，若有关人员蓄意舞弊，再好的控制制度也只流于形式，在本案例中就是一很好的例证，尽管该公司有相对完善的货币资金的内控制度，但在执行中未能得到很好的坚持，致使收款人员有机可乘，从中贪污现金。

(2) 应当运用调节法对现金进行突击式盘点。对现金盘点是证实现金存在的重要审计程序，但盘点日与会计截止日一般不一致，在编制盘点表时必须注意调整，并关注盘点日到会计截止日之间的收支是否真实；在盘点时应确保存放在不同地点的现金同时盘点，不能相互流动。

(3) 对货币资金大额收支凭证的抽查应结合其他业务的处理进行分析。在进行凭证抽查时，不能仅停留在账户对应关系、审批手续、金额相符等表面现象上，要深入分析业务内容和其合理性，对发现的疑点要紧追不放，这样才能将问题查清。

(4) 对银行存款的审查应当注意未达账项，尤其对长期未达账项要进行分析。为了验证未达账项的真实性，应向银行取得会计截止期后一段时间的对账单，对长期的未达账项要提请被审计单位进行调整，必要时应验证有关的支持性凭证，对在途时间较长的货币资金应持怀疑态度，验证其真实性。

(5) 利用银行存款的函证程序，发现企业可能存在的账外资金和贷款。银行存款函证程序是证实银行存款存在的重要证据，除了对经常提供对账单的开户行进行函证外，企业经常多头开户，有些账户较少发生业务，尤其是一些专用存款账户，函证时不能漏掉。有些户头年末存款余额也许为零，但也应进行必要的函证。

第一节 货币资金审计概述

货币资金是企业资产的重要组成部分，主要包括库存现金、银行存款及其他货币资金。持有货币资金是企业生产经营活动的基本条件。企业的经营活动几乎都会涉及货币资金，同时货币资金的流动性强，控制风险大，较容易产生弊端，因此，货币资金的审计是审计的重要业务内容之一。

【知识链接】

《中国注册会计师审计准则问题解答第 12 号——货币资金审计》(2014 年 12 月 31 日发布)指出：货币资金是企业日常经营活动的起点和终点，其增减变动与被审计单位的日常经营活动密切相关。较多舞弊案件都与被审计单位的货币资金相关，本问题解答旨在针对货币资金审计中的实务问题，提示注册会计师可能需要关注和考虑的事项。需要注意的是，本问题解答并未穷尽注册会计师在实施货币资金审计时可能实施的所有审计程序，所列举的审计程序也并不意味着注册会计师在所有情况下都必须实施。

一、货币资金涉及的主要凭证和会计记录

货币资金涉及的凭证和会计记录主要有：

(1) 库存现金盘点表。

(2) 银行对账单。

(3) 银行存款余额调节表。

(4) 有关科目的记账凭证(如库存现金收付款凭证、银行存款收付款凭证)。

(5) 有关会计账簿(如库存现金日记账、银行存款日记账等)。

二、货币资金与交易循环的关系

货币资金与各交易循环中的业务活动均存在密切关系，成为各循环的枢纽。一些最终影响货币资金的错误只有对其他各循环的审计测试中才会被发现。货币资金与各交易循环的关系如图 11-1 所示。

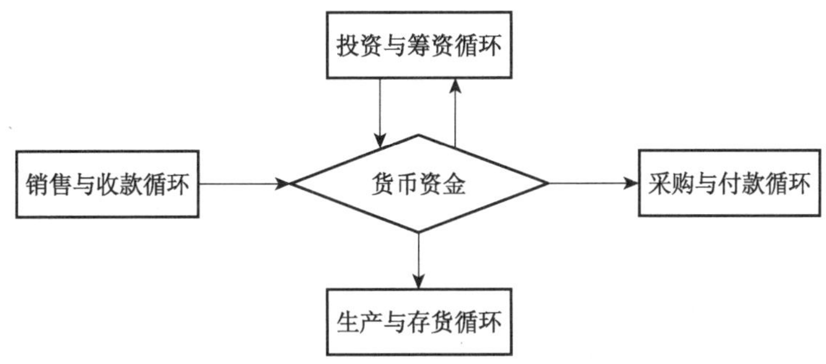

图 11-1 货币资金与交易循环的关系

三、货币资金内部控制概述

由于货币资金是企业流动性最强的资产，企业必须加强对货币资金的管理，建立良好的货币资金内部控制，以确保货币资金的安全与完整；保证货币资金的收付符合国家的有关规定，保证货币资金的会计记录正确、可靠；正确预测企业正常经营所需的货币资金收支额，确保企业有充足又不过剩的货币资金余额。一般而言，货币资金内部控制包括以下内容。

(一) 岗位分工及授权批准制度

(1) 建立货币资金业务的岗位责任制，明确相关部门和岗位的职责权限，确保办理货币资金业务的不相容岗位相互分离、制约和监督。出纳人员不得兼任稽核、会计档案保管和收入、支出、费用、债权债务账目的登记工作。企业不得由一人办理货币资金业务的全过程。

(2) 对货币资金业务建立严格的授权批准制度，明确审批人对货币资金业务的授权批准方式、权限、程序、责任和相关控制措施，规定经办人办理货币资金业务的职责范围和工作要求：审批人应当根据货币资金授权批准制度的规定，在授权范围内进行审批，不得超越审批权限；经办人应当在职责范围内，按照审批人的批准意见办理货币资金业务。对于审批人超越授权范围审批的货币资金业务，经办人员有权拒绝办理，并及时向审批人的上级授权部

门报告。

(3) 按照规定的程序(如支付申请、支付审批、支付复核、办理支付)办理货币资金支付业务。

(4) 对于重要货币资金支付业务,应当实行集体决策和审批,并建立责任追究制度,防范贪污、侵占、挪用货币资金等行为。

(5) 未经授权的机构或人员一律不得办理货币资金业务或直接接触货币资金。

(二) 库存现金和银行存款的管理制度

(1) 加强现金库存限额的管理,超过库存限额的现金应及时存入银行。

(2) 不属于现金开支范围的业务应当通过银行办理转账结算。

(3) 现金收入应当及时存入银行,不得用于直接支付企业自身的支出。因特殊情况需坐支现金的,应事先报经开户银行审查批准。借出款项必须执行严格的授权批准程序,严禁擅自挪用、借出货币资金。

(4) 取得的货币资金收入必须及时入账,不得私设"小金库",不得账外设账,严禁收款不入账。

(5) 严格按照《支付结算办法》等国家有关规定,加强银行账户的管理,严格按照规定开立账户。一个单位只能选择一家银行的一个应用机构开立一个基本账户,办理存款、取款和结算。

(6) 遵守银行结算纪律,不准签发没有资金保证的票据或远期支票,套取银行信用;不准签发、取得和转让没有真实交易和债权债务的票据,套取银行和他人资金;不准无理拒绝付款,任意占用他人资金。

(7) 定期核对银行账户(每月至少核对一次),编制银行存款余额调节表,使银行存款账面余额与银行对账单调节相符。如调节不符,应查明原因,及时处理。

(8) 企业应当定期和不定期地进行现金盘点,确保现金账面余额与实际库存相符。发现不符,及时查明原因,做出处理。

(三) 票据及有关印章的保管制度

(1) 企业应当加强与货币资金相关的票据的管理,明确各种票据的购买、保管、领用、背书转让、注销等环节的职责权限和程序,并专设登记簿进行记录,防止空白票据的遗失和被盗用。

(2) 企业应当加强银行预留印鉴的管理。财务专用章应由专人保管,个人名章必须由本人或其授权人员保管。严禁一人保管支付款项所需的全部印章。

(四) 监督检查制度

企业应当建立对货币资金业务的监督检查制度,明确监督检查机构或人员的职责权限,定期和不定期地进行检查。

第二节 库存现金的审计

库存现金包括人民币现金和外币现金。库存现金是企业流动性最强的资产,尽管其在企业资产总额中的比重不大，但容易发生舞弊，因此，注册会计师应该重视库存现金的审计。

一、库存现金的审计目标

（1）确定被审计单位资产负债表的货币资金项目中的库存现金在资产负债表日是否存在。

（2）确定记录的库存现金是否为被审计单位所拥有或控制。

（3）确定被审计单位所有应当记录的现金收支业务是否均已记录完毕，有无遗漏。

（4）确定库存现金的期末余额是否正确。

（5）确定库存现金在财务报表中的列报是否恰当。

二、库存现金的重大错报风险评估

现金业务中经常出现的舞弊行为有：

（1）坐支现金，指违反现金管理制度，将应交存银行的收入或应由银行结算的支出，不通过银行办理，而直接以收入的现金进行支出并不通报开户银行的作弊手段。

（2）套取现金，指将银行存款和非现金结算凭证非法转换为现金或现金支票的作弊手段。

（3）白条抵库，指违反财会制度和处理手续，用便条、收据、临时凭证等来抵充现金或实物的作弊手段。

（4）挪用现金，指工作人员利用职务上的便利，擅自将自己主管、管理、经手的公款私自使用，为个人谋取私利，一段时间后归还的违法行为。

（5）贪污或侵占现金，指工作人员利用职务上的便利，擅自将自己主管、管理、经手的公款私自使用不予归还的违法行为。

（6）私设小金库，指在规定自己或基金外，私自筹集或转移资金，账外私自存储以供本单位自由支配的作弊手段。

三、库存现金的内部控制测试

（一）了解库存现金内部控制

注册会计师首先要通过查阅被审计单位的有关规章制度等重要文件，询问被审计单位有关人员，现场观察被审计单位的有关业务活动等方法获取被审单位内部控制的资料，然后对掌握的内部控制情况进行适当地记录。通常，对于大中型企业，可采用编制内部控制流程图来记录被审单位的库存现金的内部控制情况。对中小企业，其业务处理流程较为简单，则可以文字叙述的方法对其内部控制情况进行记录。

（二）抽取并检查收款凭证

注册会计师应按现金的收款凭证分类，选取适当的样本量，进行以下检查：

（1）核对库存现金日记账的收入金额是否正确。

（2）核对现金收款凭证与应收账款明细账的有关记录是否相符。

（3）核对实收金额与销货发票是否一致。

（三）抽取并检查付款凭证

注册会计师应按照现金付款凭证分类，选取适当的样本量，进行以下检查：

（1）检查付款的授权批准手续是否符合规定。

（2）核对库存现金日记账的付出金额是否正确。

（3）核对现金付款凭证与应付账款明细账的记录是否一致。

（4）核对实付金额与购货发票是否相符。

（四）抽取一定期间的库存现金日记账与总账核对

注册会计师应抽取一定期间的库存现金日记账，检查其加总是否正确无误，库存现金日记账是否与总分类账核对相符。

（五）检查外币现金的折算方法是否符合有关规定，是否与上年度一致

对于有外币现金的被审计单位，注册会计师应检查外币库存现金日记账及“财务费用”“在建工程”等账户的记录，确定企业有关外币现金的增减变动是否采用交易发生日的即期汇率将外币金额折算为记账本位币金额，或者采用按照系统合理的方法确定的、与交易发生日即期汇率近似的汇率折算为记账本位币，选择采用汇率的方法前后各期是否一致；检查企业的外币现金的期末余额是否采用期末即期汇率折算为记账本位币金额；折算差额的会计处理是否正确。

（六）评价库存现金的内部控制

注册会计师在完成上述控制测试程序后，即可对库存现金的内部控制进行评价。评价时，注册会计师应首先确定库存现金内部控制可信赖的程度以及存在的薄弱环节和缺点，然后据以确定在库存现金实质性程序中对哪些环节可以适当减少审计程序，节约审计时间，对哪些环节应增加审计程序并作重点检查，提高审计质量，降低审计风险。

四、库存现金的实质性程序

库存现金的实质性程序一般包括如下几项。

（一）核对库存现金日记账与总账的金额是否相符

如果不相符，应查明原因，必要时应建议作出适当调整。

（二）监盘库存现金

监盘库存现金是证实资产负债表中货币资金项目所列库存现金是否存在的一项重要审计程序。盘点库存现金的时间和人员应视被审计单位的具体情况而定，但现金出纳员和被审计单位会计主管人员必须参加，并由注册会计师进行监盘。监盘库存现金的步骤与方法如下。

1. 制定监盘计划，确定监盘时间

对库存现金的监盘最好实施突击性的检查，时间最好选择在上午上班前或下午下班时。盘点的范围一般包括被审计单位各部门经管的现金，包括已收到但未存入银行的现金、零用金、找换金等。在进行现金盘点前，应由出纳员将现金集中起来存入保险柜。必要时可加以封存，然后由出纳员把已办妥现金收付手续的收付款凭证登入库存现金日记账。如被审计单位库存现金存放部门有两处或两处以上的，应同时进行盘点。

2. 审阅库存现金日记账并同时与现金收付凭证相核对

一方面检查库存现金日记账的记录与凭证的内容和金额是否相符，另一方面了解凭证日期与库存现金日记账日期是否相符或接近。

3. 由出纳员根据库存现金日记账加计累计数额，结出现金结余额

4. 盘点保险柜内的现金实存数

由注册会计师编制"库存现金监盘表"（格式参见表 11-1），分币种、面值列示盘点金额。出纳员、会计主管及注册会计师应在"库存现金监盘表"上共同签字，作为重要的审计工作底稿。

5. 将盘点金额与库存现金日记账余额进行核对

如有差异，应要求被审计单位查明原因，必要时应提请被审计单位作出调整；如无法查明原因，应要求被审计单位按管理权限批准后作出调整。

6. 若有冲抵库存现金的借条、未提现支票、未作报销的原始凭证，应在"库存现金监盘表"中注明，必要时应提请被审计单位做出调整

7. 在非资产负债表日进行盘点和监盘时，应调整至资产负债表日的金额

调整公式为：

资产负债表日库存现金实存金额＝盘点日库存现金实存金额＋资产负债表日后至盘点日库存现金支出数－资产负债表日后至盘点日库存现金收入数

表 11-1　　库存现金监盘表

被审计单位：________	索引号：________
项目：________	财务报表截止日/期间：________
编制：________	复核：________
日期：________	日期：________

检查盘点记录					实有库存现金盘点记录						
项目	项次	人民币	美元	×币	面额	人民币		美元		×币	
						张	金额	张	金额	张	金额
上一日账面库存余额	①				1 000 元						
盘点日未记账凭证收入金额	②				500 元						
盘点日未记账凭证支出金额	③				100 元						
盘点日账面应有金额	④＝①＋②－③				50 元						
盘点实有库存现金数额	⑤				20 元						
盘点日应有与实有差异	⑥＝④－⑤				10 元						

（续表）

<table>
<tr><td colspan="6">检查盘点记录</td><td colspan="7">实有库存现金盘点记录</td></tr>
<tr><td colspan="2" rowspan="2">项目</td><td rowspan="2">项次</td><td rowspan="2">人民币</td><td rowspan="2">美元</td><td rowspan="2">×币</td><td rowspan="2">面额</td><td colspan="2">人民币</td><td colspan="2">美元</td><td colspan="2">×币</td></tr>
<tr><td>张</td><td>金额</td><td>张</td><td>金额</td><td>张</td><td>金额</td></tr>
<tr><td rowspan="7">差异原因分析</td><td>白条抵库</td><td></td><td></td><td></td><td></td><td>5 元</td><td></td><td></td><td></td><td></td><td></td><td></td></tr>
<tr><td></td><td></td><td></td><td></td><td></td><td>2 元</td><td></td><td></td><td></td><td></td><td></td><td></td></tr>
<tr><td></td><td></td><td></td><td></td><td></td><td>1 元</td><td></td><td></td><td></td><td></td><td></td><td></td></tr>
<tr><td></td><td></td><td></td><td></td><td></td><td>0.5 元</td><td></td><td></td><td></td><td></td><td></td><td></td></tr>
<tr><td></td><td></td><td></td><td></td><td></td><td>0.2 元</td><td></td><td></td><td></td><td></td><td></td><td></td></tr>
<tr><td></td><td></td><td></td><td></td><td></td><td>0.1 元</td><td></td><td></td><td></td><td></td><td></td><td></td></tr>
<tr><td></td><td></td><td></td><td></td><td></td><td>合计</td><td></td><td></td><td></td><td></td><td></td><td></td></tr>
<tr><td rowspan="5">追溯调整</td><td colspan="2">报表日至审计日库存现金付出总额</td><td></td><td></td><td></td><td colspan="7" rowspan="6">出纳员：
会计主管人员：
监盘人：
检查日期：</td></tr>
<tr><td colspan="2">报表日至审计日库存现金收入总额</td><td></td><td></td><td></td></tr>
<tr><td colspan="2">报表日库存现金应有余额</td><td></td><td></td><td></td></tr>
<tr><td colspan="2">报表日账面汇率</td><td></td><td></td><td></td></tr>
<tr><td colspan="2">报表日余额折合本位币金额</td><td></td><td></td><td></td></tr>
<tr><td colspan="3">本位币合计</td><td></td><td></td><td></td></tr>
<tr><td colspan="13">审计说明：</td></tr>
</table>

（三）抽查大额库存现金收支

注册会计师检查大额现金收支的原始凭证是否齐全、内容是否完整，有无授权批准，记账凭证与原始凭证是否相符，账务处理是否正确。如有与被审计单位生产经营无关的收支事项，应查明原因作适当的记录。

（四）审查库存现金收支的正确截止

抽查资产负债表日前后若干天、一定金额以上的现金收支凭证实施截止测试，验证库存现金收支截止日期的正确性，以确定是否存在跨期事项、是否应考虑提出调整建议。

（五）检查库存现金是否在财务报表中做出恰当列报

根据《企业会计准则》规定，库存现金在资产负债表的“货币资金”项目中反映，注册会计师应在实施上述审计程序后，确定“库存现金”账户的期末余额是否恰当，进而确定库存现金是否在资产负债表中恰当披露。

【例 11-1】注册会计师李敏于 2019 年 3 月 15 上午 8 时对天河股份有限公司的库存现金进行监盘，结果如下：

（1）库存现金日记账余额为 4 365 元。

（2）清点库存现金计 100 元票 26 张，50 元票 19 张，20 元票 6 张，10 元票 13 张。

（3）保险柜中另有职工李林 2019 年 3 月 2 日预借差旅费 500 元，领导已批准，未入账。

已收款但未入账的凭证 6 张，金额 435 元。

(4) 未经批准的职工胡云借据一张，金额 500 元。

(5) 2018 年 1 月 1 日至 2018 年 3 月 14 日现金支出总额 23 000 元、现金收入总额 22 300元。

银行核定天河股份有限公司的库存限额为 5 000 元。审计工作底稿复核人王楠，复核日期为 2019 年 3 月 20 日。

要求：①根据上述审查和清点结果，编制库存现金监盘表。②针对该公司库存现金业务中存在的问题，提出改进意见。

【解答】库存现金监盘表及注册会计师针对该公司库存现金业务中存在的问题所提出的改进意见如表 11-2 所示。

表 11-2　　库存现金监盘表

被审计单位：天河公司	索引号：XJ－2
项目：库存现金监盘	财务报表截止日/期间：2018 年 12 月 31 日
编制：李敏	复核：王楠
日期：2019 年 3 月 15 日	日期：2019 年 3 月 20 日

<table>
<tr><th colspan="6">检查盘点记录</th><th colspan="7">实有库存现金盘点记录</th></tr>
<tr><th colspan="2" rowspan="2">项目</th><th rowspan="2">项次</th><th rowspan="2">人民币</th><th rowspan="2">美元</th><th rowspan="2">×币</th><th rowspan="2">面额</th><th colspan="2">人民币</th><th colspan="2">美元</th><th colspan="2">×币</th></tr>
<tr><th>张</th><th>金额</th><th>张</th><th>金额</th><th>张</th><th>金额</th></tr>
<tr><td colspan="2">上一日账面库存余额</td><td>①</td><td>4 365</td><td></td><td></td><td>1 000 元</td><td></td><td></td><td></td><td></td><td></td><td></td></tr>
<tr><td colspan="2">盘点日未记账凭证收入金额</td><td>②</td><td>435</td><td></td><td></td><td>500 元</td><td></td><td></td><td></td><td></td><td></td><td></td></tr>
<tr><td colspan="2">盘点日未记账凭证支出金额</td><td>③</td><td>500</td><td></td><td></td><td>100 元</td><td>26</td><td>2 600</td><td></td><td></td><td></td><td></td></tr>
<tr><td colspan="2">盘点日账面应有金额</td><td>④=①+②－③</td><td>4 300</td><td></td><td></td><td>50 元</td><td>19</td><td>950</td><td></td><td></td><td></td><td></td></tr>
<tr><td colspan="2">盘点实有库存现金数额</td><td>⑤</td><td>3 800</td><td></td><td></td><td>20 元</td><td>6</td><td>120</td><td></td><td></td><td></td><td></td></tr>
<tr><td colspan="2">盘点日应有与实有差异</td><td>⑥=④－⑤</td><td>500</td><td></td><td></td><td>10 元</td><td>13</td><td>130</td><td></td><td></td><td></td><td></td></tr>
<tr><td rowspan="7">差异原因分析</td><td>白条抵库</td><td></td><td>500</td><td></td><td></td><td>5 元</td><td></td><td></td><td></td><td></td><td></td><td></td></tr>
<tr><td></td><td></td><td></td><td></td><td></td><td>2 元</td><td></td><td></td><td></td><td></td><td></td><td></td></tr>
<tr><td></td><td></td><td></td><td></td><td></td><td>1 元</td><td></td><td></td><td></td><td></td><td></td><td></td></tr>
<tr><td></td><td></td><td></td><td></td><td></td><td>0.5 元</td><td></td><td></td><td></td><td></td><td></td><td></td></tr>
<tr><td></td><td></td><td></td><td></td><td></td><td>0.2 元</td><td></td><td></td><td></td><td></td><td></td><td></td></tr>
<tr><td></td><td></td><td></td><td></td><td></td><td>0.1 元</td><td></td><td></td><td></td><td></td><td></td><td></td></tr>
<tr><td></td><td></td><td></td><td></td><td></td><td>合计</td><td></td><td>3 800</td><td></td><td></td><td></td><td></td></tr>
</table>

（续表）

<table>
<tr><th colspan="6">检查盘点记录</th><th colspan="7">实有库存现金盘点记录</th></tr>
<tr><th colspan="2" rowspan="2">项目</th><th rowspan="2">项次</th><th rowspan="2">人民币</th><th rowspan="2">美元</th><th rowspan="2">×币</th><th rowspan="2">面额</th><th colspan="2">人民币</th><th colspan="2">美元</th><th colspan="2">×币</th></tr>
<tr><th>张</th><th>金额</th><th>张</th><th>金额</th><th>张</th><th>金额</th></tr>
<tr><td rowspan="5">追溯调整</td><td colspan="2">报表日至审计日库存现金付出总额</td><td>23 000</td><td></td><td></td><td colspan="7" rowspan="6">出纳员：吴琳
会计主管人员：冯志
监盘人：李敏
检查日期：2019 年 3 月 15 日</td></tr>
<tr><td colspan="2">报表日至审计日库存现金收入总额</td><td>22 300</td><td></td><td></td></tr>
<tr><td colspan="2">报表日库存现金应有余额</td><td>5 000</td><td></td><td></td></tr>
<tr><td colspan="2">报表日账面汇率</td><td></td><td></td><td></td></tr>
<tr><td colspan="2">报表日余额折合本位币金额</td><td></td><td></td><td></td></tr>
<tr><td colspan="3">本位币合计</td><td></td><td></td><td></td></tr>
<tr><td colspan="13">审计说明：天河公司 2019 年 3 月 15 日的库存现金账实不符，短缺现金 500 元的原因为白条抵库问题，应及时补办手续或尽快收回不符合规定的借出款项；天河公司出纳人员现金收支业务入账不及时；2018 年度财务报表中库存现金列报恰当。</td></tr>
</table>

第三节 银行存款的审计

一、银行存款审计目标

银行存款是指企业存放在银行或其他金融机构的各种款项。按照国家有关规定，凡是独立核算的企业都必须在当地银行开设账户。企业在银行开设账户以后，除按核定的限额保留库存现金外，超过限额的现金必须存入银行；除了在规定的范围内可以用现金直接支付款项外，在经营过程中所发生的一切货币收支业务，都必须通过银行存款账户进行结算。

银行存款的审计目标包括：

(1) 确定被审计单位资产负债表的货币资金项目中的银行存款在资产负债表日是否确实存在。

(2) 确定记录的银行存款是否为被审计单位所拥有或控制。

(3) 确定被审计单位所有应当记录的银行存款收支业务是否均已记录完毕，有无遗漏。

(4) 确定银行存款的期末余额是否正确。

(5) 确定银行存款在财务报表中的列报是否恰当。

二、银行存款的重大错报风险评估

银行存款业务中常见的舞弊行为如下。

1. 银行存款入账不及时、不足额

注册会计师可将应收账款明细账户的记录与银行转来的凭证及其他会计凭证进行核对

来发现问题和疑点，然后再追踪调查该项经济业务的来龙去脉，查清存在的问题。

2. 出租出借银行账户收取好处费

注册会计师可审阅银行存款日记账中的摘要及余额记录，分析有无收款不正常的业务内容或模糊不清的摘要记录，如有，应进行账证核对，了解与付款单位有无可能发生业务往来，结合审查银行存款减少过程中的情况来查证问题。

3. 多头开户，截留存款

指在不同银行中分别开设账户，根据需要将不同资金在不同账户中结算，以隐匿资金或逃避银行监督。注册会计师应将企业的主营业务收入明细账与库存商品明细账核对，检查是否有发出商品而货款长期未收，审查有无假退货。如发现疑点应与供应商联系，查证款项的去向。

4. 挪用或贪污银行存款

财务人员将销售款挪用或贪污后，在账上仍作银行存款和营业收入同时增加的处理。注册会计师应将银行存款日记账与银行对账单进行核对等方法来查证问题。

5. 从银行存款中提取库存现金的用途不合法、不合理

有些企业从银行存款中提取出库存现金用于非法开支。注册会计师应检查提取库存现金的有关会计资料中的摘要说明，有无正当理由；提取库存现金后核对其是否计入库存现金账；检查库存现金日记账和付款凭证上所反映的业务内容，以及通过“库存现金”的对方科目来分析该笔库存现金的去向是否明确、是否合法。

三、银行存款的内部控制测试

1. 了解银行存款的内部控制

注册会计师对银行存款内部控制的了解一般与了解库存现金的内部控制同时进行。注册会计师应当注意的内容包括：

(1) 银行存款的收支是否按规定的程序和权限办理。

(2) 银行账户是否存在与本单位经营无关的款项收支情况。

(3) 是否存在出租、出借银行账户的情况。

(4) 出纳与会计的职责是否严格分离。

(5) 是否定期取得银行对账单并编制银行存款余额调节表等。

2. 抽取并检查银行存款收款凭证

注册会计师应选取适当的样本量，进行以下检查：

(1) 核对银行存款收款凭证与存入银行账户的日期和金额是否相符。

(2) 核对银行存款日记账的收入金额是否正确。

(3) 核对银行存款收款凭证与银行对账单是否相符。

(4) 核对银行存款收款凭证与应收账款明细账的有关记录是否相符。

(5) 核对实收金额与销货发票是否一致。

3. 抽取并检查银行存款付款凭证

注册会计师应选取适当的样本量，进行以下检查：

(1) 检查付款的授权批准手续是否符合规定。

(2) 核对银行存款日记账的付出金额是否正确。

(3) 核对银行存款付款凭证与银行对账单是否相符。

(4) 核对银行存款付款凭证与应付账款明细账的记录是否一致。

(5) 核对实付金额与购货发票是否相符。

4. 抽取一定期间的银行存款日记账与总账核对

注册会计师应抽取一定期间的银行存款日记账，检查其有无计算错误，并与银行存款总分类账核对。

5. 抽取一定期间银行存款余额调节表，查验其是否按月正确编制并经复核

注册会计师必须抽取一定期间的银行存款余额调节表，将其同银行对账单、银行存款日记账及总账进行核对，确定被审计单位是否按月正确编制并复核银行存款余额调节表。

6. 检查外币银行存款的折算方法是否符合有关规定，是否与上年度一致

对于有外币银行存款的被审计单位，注册会计师应检查外币银行存款日记账及“财务费用”“在建工程”等账户的记录，确定有关外币银行存款的增减变动是否采用交易发生日的即期汇率将外币金额折算为记账本位币金额，或者采用按照系统合理的方法确定的、与交易发生日即期汇率近似的汇率折算为记账本位币，选择采用汇率的方法前后各期是否一致；检查企业的外币银行存款的余额是否采用期末即期汇率折算为记账本位币金额；折算差额的会计处理是否正确。

7. 评价银行存款的内部控制

注册会计师在完成上述程序之后，即可对银行存款的内部控制进行评价。评价时，注册会计师首先确定银行存款内部控制可信赖的程度以及存在的薄弱环节和缺点，然后据以确定在银行存款实质性程序中对哪些环节可以适当减少审计程序，节约审计时间，对哪些环节应增加审计程序并作重点检查，提高审计质量，降低审计风险。

四、银行存款的实质性程序

银行存款的实质性程序一般包括以下几项。

(一) 获取或编制银行存款余额明细表

复核加计是否正确，并与总账数和日记账合计数核对是否相符。如果不相符，应查明原因，必要时应建议做出适当调整。

(二) 执行实质性分析程序

注册会计师应计算银行存款累计余额应收利息收入，分析比较被审计单位银行存款应收利息收入与实际利息收入的差异是否恰当，评估利息收入的合理性，检查是否存在高息资金拆借，确认银行存款余额是否存在，利息收入是否已经完整记录。

(三) 取得并检查银行存款余额对账单和银行存款余额调节表

取得并检查银行存款余额对账单和银行存款余额调节表是证实资产负债表中所列银行存款是否存在的重要程序。银行存款余额调节表通常是按银行账户及货币种类分别编制，其格式如表 11-3 所示。如果企业的货币资金内部控制可以信赖，注册会计师可采用复核被审单位提供的银行存款余额调节表；反之，则应自行编制银行存款余额调节表。具体测试程序通常如下。

1. 核实银行存款余额调节表数据计算的正确性

(1) 将被审计单位资产负债表日的银行存款对账单余额与银行询证函回函核对，确认是否一致；将银行对账单、银行存款日记账和总账上的结账日余额与银行存款余额调节表上调节前的相应余额核对，验证调节表上的列示是否正确。

(2) 将银行对账单记录与银行存款日记账逐笔核对，核实调节表上各调节项目的列示是否真实、完整，验证调节后两者的余额计算是否正确、是否相符。如不相符，说明其中一方或双方存在记账差错，并进一步追查原因、扩大测试范围。

2. 调查未达账项的真实性

(1) 追查截止日银行对账单上的在途存款，并在银行存款余额调节表上注明存款日期。

(2) 列示未兑现支票清单，注明开票日期和收款人姓名或单位，并调查金额较大的未兑现支票、可提现的未兑现支票，以及注册会计师认为较重要的未兑现支票。

(3) 审查直至截止日银行已收、被审单位未收的款项的性质及其款项来源。

(4) 审查直至截止日银行已付、被审单位未付的款项的性质及其款项来源。

表 11-3　　银行存款余额调节表

年　月　日

编制人：　　日期：　　索引号：
复核人：　　日期：　　页次：
户　别：　　币别：

项　目
银行对账单余额(　年　月　日)
加：企业已收，银行尚未入账金额 其中：1. ________元 2. ________元 减：企业已付，银行尚未入账金额 其中：1. ________元 2. ________元 调整后银行对账单金额 企业银行存款日记账金额(　年　月　日) 加：银行已收，企业尚未入账金额 其中：1. ________元 2. ________元 减：银行已付，企业尚未入账金额 其中：1. ________元 2. ________元 调整后企业银行存款日记账金额
经办会计人员：(签字)　　会计主管：(签字)

【例 11-2】天河股份有限公司是 ABC 会计师事务所的常年审计客户，ABC 会计师事务所负责天河股份有限公司 2018 年度财务报表审计，并委派 A 注册会计师担任项目合伙人。A 注册会计师在审计银行存款过程中发现，12 月 31 日，天河股份有限公司银行存款日记账

余额为432万元，银行转来对账单余额为664万元。经逐笔核对，A注册会计师发现以下未达账项：

(1) 天河股份有限公司已将12月28日收到的A公司480万元转账支票赔款登记入账，但银行尚未记账。

(2) B公司尚未将12月29日收到的天河股份有限公司开出的支付B公司咨询费360万元转账支票送存银行。

(3) 天河股份有限公司委托银行代收C公司购货款384万元，银行已于12月30日收妥并登记入账，但甲公司尚未收到收款通知。

(4) 12月份天河公司发生借款利息32万元，银行已减少其存款，但天河公司尚未收到银行的付款通知。

要求：假定A注册会计师在2019年1月5日编制了银行存款余额调节表，2019年1月6日B注册会计师做了复核，被审计单位的经办会计人员为C，会计主管为D，请代为编制余下的银行存款余额调节表。

【解答】天河公司余下的银行存款余额调节表如表11-4所示。

表11-4 **银行存款余额调节表**

2018年12月31日

编制人：A　　日期：2019年1月5日　　索引号：ZA

复核人：B　　日期：2019年1月6日　　页次：1

户别：X　　币别：人民币

项 目
银行对账单余额(2018年12月31日)6 640 000元
加：企业已收，银行尚未入账金额 其中：1. 12月28日收到的A公司转账支票4 800 000元 2. ________元 减：企业已付，银行尚未入账金额 其中：1. 12月29日开出的支付B公司支票3 600 000元 2. ________元 调整后银行对账单金额：7 840 000元 企业银行存款日记账金额(2018年12月31日)4 320 000元 加：银行已收，企业尚未入账金额 其中：1. 12月30日银行已收妥C公司购货款3 840 000元 2. ________元 减：银行已付，企业尚未入账金额 其中：1. 12月份天河公司发生借款利息320 000元 2. ________元 调整后企业银行存款日记账金额：7 840 000元

经办会计人员：(C)　　会计主管：(D)

(四) 检查银行存单

编制银行存单检查表，检查是否与账面记录金额一致，是否被质押或限制使用，存单是否为被审计单位所拥有。

(1) 对已质押的定期存款,应检查定期存单,并与相应的质押合同核对,同时关注定期存单对应的质押借款有无入账。

(2) 对未质押的定期存款,应检查开户证实书原件。

(3) 对审计外勤工作结束日前已提取的定期存款,应核对相应的兑付凭证、银行对账单和定期存款复印件。

(五) 函证银行存款余额

函证银行存款余额是证实资产负债表所列货币资金中的银行存款是否存在的又一重要程序。通过向往来银行函证,注册会计师不仅可以了解企业银行存款的存在,还可了解企业所欠银行债务的情况,有助于发现企业未入账的银行借款和未披露的或有负债。向被审计单位开户银行的询证函参考格式见下面的知识链接。

【知识链接】

根据CSA1312第十二条规定,注册会计师应当对银行存款(包括零余额账户和在本期内注销的账户)、借款及与金融机构往来的其他重要信息实施函证程序,除非有充分证据表明某一银行存款、借款及与金融机构往来的其他重要信息对财务报表不重要且与之相关的重大错报风险很低。如果不对这些项目实施函证程序,注册会计师应当在审计工作底稿中说明理由。

根据财协字〔1999〕1号文件,各商业银行、政策性银行、非银行金融机构要在收到询证函之日起10个工作日内,根据函证的具体要求,及时回函,并可按国家有关规定收取询证费用。

银行询证函

编号

××(银行):

本公司聘请的××会计师事务所正在对本公司××年度财务报表进行审计,按照中国注册会计师审计准则的要求,询证本公司与贵行相关的信息。下列信息出自本公司记录,如与贵行记录相符,请在本函下端"信息证明无误"处签单证明;如有不符,请在"信息不符"处列明不符项目及具体内容;如存在与本公司有关的未列入本函的其他重要信息,也请在"信息不符"处列出其详细资料。回函请直接寄到××会计师事务所。

回函地址: 邮编:

电话: 传真: 联系人:

截至××年××月××日,本公司与贵行相关的信息列示如下:

1. 银行存款

账户名称	银行账号	币种	利率	余额	起止日期	是否被质押、用于担保或存在其他使用限制	备注

除上述列示的银行存款外,本公司并无在贵行的其他借款。

注:"截止日期"一栏仅适用于定期存款,如为活期或保证金存款,可只填写"活期"或"保证金"字样。

2. 银行借款

借款人名称	币种	本息余额	借款日期	到期日期	利率	借款条件	抵(质)押品担保人	备注

除上述列示的银行借款外,本公司并无自贵行的其他借款。

注:此项仅函证截至资产负债表日本公司尚未归还的借款。

3. 截至函证日之前12个月内注销的账户

账户名称	银行账号	币种	注销账户日期

除上述列示的账户外,本公司并无截至函证日之前12个月内在贵行注销的其他账户。

4. 委托存款

账户名称	银行账号	借款方	币种	利率	余额	存款起止日期	备注

除上述列示的委托存款外,本公司并无通过贵行办理的其他委托存款。

5. 委托贷款

账户名称	银行账号	资金使用方	币种	利率	本本金	利息	贷款起止日期	备注

除上述列示的委托贷款外,本公司并无通过贵行办理的其他委托贷款。

6. 担保

(1) 本公司为其他单位提供的、以贵行为担保受益人的担保。

被担保人	担保方式	担保金额	担保期限	担保事由	担保合同编号	被担保人与贵行就担保事项往来的内容(借款等)	备注

除上述列示的担保外，本公司并无其他以贵行为担保受益人的担保。

注：如采用抵押或质押方式提供担保的，应在备注中说明抵押物或质押物情况。

(2) 贵行向本公司提供的担保。

被担保人	担保方式	担保金额	担保期限	担保事由	担保合同编号	被担保人与贵行就担保事项往来的内容(借款等)	备注

除上述列示的担保外，本公司并无贵行提供的其他担保。

7. 本公司名称为出票人且由贵行承兑而尚未支付的银行承兑汇票

银行承兑汇票	票面金额	出票日	到期日

除上述列示的银行承兑汇票外，本公司并无由贵行承兑而尚未支付的其他银行承兑汇票。

8. 本公司向贵行已贴现而尚未到期的商业汇票

商业汇票号码	付款人名称	承兑人名称	票面金额	票面利率	出票日	到期日	贴现日	贴现率	贴现净额

除上述列示的商业汇票外，本公司并无向贵行已贴现而尚未到期的其他商业汇票。

9. 本公司为持票人且由贵行托收的商业汇票

商业汇票号码	承兑人名称	票面金额	出票日	到期日

除上述列示的商业汇票外，本公司并无由贵行托收的其他商业汇票。

10. 本公司为申请人，由贵行开具的、未履行完毕的不可撤销信用证

信用证号码	受益人	信用证金额	到期日	未使用金额

除上述列示的不可撤销信用证外，本公司并无由贵行开具的、未履行完毕的其他不可撤销信用证。

11. 本公司与贵行之间未履行完毕的外汇买卖合约

类　别	合约号码	买卖币种	未履行的 合约买卖金额	汇率	交收日期
贵行卖予本公司					
本公司卖予贵行					

除上述列示的外汇买卖合约外，本公司并无与贵行之间未履行完毕的其他外汇买卖合约。

12. 本公司存放于贵行的有价证券或其他产权文件

有价证券或其他产权文件名称	产权文件编号	数量	金额

除上述列示的有价证券或其他产权文件外，本公司并无存放于贵行的其他有价证券或其他产权文件。

注：此项不包括本公司存放在贵行保管箱中的有价证券或其他产权文件。

13. 其他重大事项

注：此项应填列注册会计师认为重大且应予函证的其他事项，如信托存款等；如无则应填写“不适用”。

（公司盖章）

年　月　日

以下仅供被询证银行使用

结论：(1) 信息证明无误。

（银行盖章）

经办人：　　　　年　月　日

(2) 信息不符，请列示不符项目及具体内容（对于在本函前述第 1 项至第 13 项中漏列的其他重要信息，请列出详细资料）。

（银行盖章）

经办人：　　　　年　月　日

【知识链接】

银行函证程序已成为全球会计行业公认的、能够有效提供审计证据的审计鉴证程序。澳大利亚、英国、美国、中国香港等国家和地区的大型银行已设立了集中的询证函处理中心，在获得有关客户的允许及授权下，直接应注册会计师或其他客户的要求，专责处理会计师事务所或其他第三方所要求的银行询证函。

（六）抽查大额银行存款收支

注册会计师应抽查大额银行存款收支的原始凭证，检查原始凭证是否齐全、记账凭证与原始凭证是否相符、账务处理是否正确、是否记录于恰当的会计期间等内容。如有与被审计单位生产经营无关的收支事项，应查明原因并作相应的记录。

（七）检查银行存款收支的正确截止日期

选取资产负债表日前后若干张、一定金额以上的凭证实施截止测试，关注业务内容及对应项目，如有跨期收支事项，应考虑是否提请被审计单位进行调整。为了确保银行存款收付的正确截止，注册会计师应当在清点支票及支票存根时，确定被审计单位在结束日签发的最后一张支票号码，并检查该号码之前的所有支票均已寄出并入账。

（八）审查外币银行存款的折算是否正确

对于有外币银行存款收支业务的被审计单位，注册会计师应审查被审计单位对外币银行存款的收支是否按所规定的汇率折合为记账本位币金额；外币银行存款的期末余额是否按期末市场汇率折合为记账本位币金额；外币折合差额是否按规定计入有关账户。

（九）检查银行存款是否在财务报表中做出恰当列报

根据《企业会计准则》规定，银行存款在资产负债表的“货币资金”项目中反映，所以，注册会计师应在实施上述审计程序后，确定“银行存款”账户的期末余额是否恰当，进而确定银行存款是否在资产负债表中恰当披露。此外，如果企业的银行存款存在抵押、冻结等使用限制情况或者潜在回收风险，注册会计师应关注企业是否已经恰当披露有关情况。

【关键术语】

货币资金内部控制　库存现金监盘　银行存款函证　银行存款余额调节表

【问题思考】

1. 为什么货币资金在资产负债表中所占比重不大，但注册会计师通常在年报审计中对其执行详细的审计？

2. 结合上市公司货币资金舞弊案例，分析货币资金业务容易出现的问题。

3. 为什么说由独立的专门人员每月对银行存款余额进行调节是一项重要的货币资金内部控制？哪些人被普遍认为与该项职责不独立？

4. 库存现金监盘程序与存货监盘程序有何区别？

5. 银行存款、应收账款和应付账款的函证有何区别？

6. 审查银行存款余额调节表的目的是什么？重点审查哪些内容？

7. 你认为银行存款余额调节表中的未达账项均应调整吗？为什么？银行存款余额调节表中的未达账项产生的原因有哪些？注册会计师应当如何处理？

【实训案例】

实训案例一

天河股份有限公司是ABC会计师事务所的常年审计客户，ABC会计师事务所负责天河股份有限公司2018年度财务报表审计，并委派A注册会计师担任项目合伙人。A注册会计师在监盘库存现金时，相关情况如下。

(1) 天河股份有限公司在总部和营业部均设有出纳，A注册会计师决定2019年1月6日监盘总部库存现金，2019年1月7日监盘营业部库存现金。

(2) 为了顺利监盘库存现金，A注册会计师在监盘前通知被审计单位做好准备。

(3) 参加库存现金盘点和监盘的人员为被审计单位出纳和A注册会计师。

(4) 监盘时，出纳把库存现金放入保险柜，并将已办妥现金收付手续的交易登入库存现金日记账，结出现金余额。

(5) 出纳当场盘点库存现金，A注册会计师在一旁监盘。

(6) 出纳编制"库存现金监盘表"，并签字交给A注册会计师作为审计工作底稿。

要求：假定不考虑其他因素，请逐项指出上述库存现金监盘过程中是否存在不当之处，若存在请指出并提出改进建议。

实训案例二

天河股份有限公司是ABC会计师事务所的常年审计客户，ABC会计师事务所负责天河股份有限公司2018年度财务报表审计，并委派A注册会计师担任项目合伙人。审计工作底稿记载的与货币资金相关资料如下。

资料一：天河股份有限公司规定所有货币资金的支付均须通过财务经理王某审批。A注册会计师通过询问王某，获悉天河股份有限公司有两名出纳，其中，张某为现金出纳员，李某为银行出纳员。

资料二：A注册会计师索取了天河股份有限公司2018年12月31日的银行存款余额调节表，表1。

表1　　银行存款余额调节表

2018年12月31日

编制人：李某	日期：2019年1月3日	索引号：××
复核人：张某	日期：2019年1月31日	页　次：××
户　别：X		币　别：人民币

项　　目
银行对账单余额(2018年12月31日)813 000元
加：企业已收，银行尚未入账金额 其中：1. 2018年12月24日收到丙公司转账支票250 000元 　　2. 2018年12月31日收到丁公司转账支票117 000元 减：企业已付，银行尚未入账金额

（续表）

项　　目
银行对账单余额(2018 年 12 月 31 日)813 000 元
其中:2018 年 12 月 28 日向 E 银行开出转账支票 30 000 元 调整后银行对账单金额 1 150 000 元 企业银行存款日记账金额(2018 年 12 月 31 日)974 880 元 加:银行已收,企业尚未入账金额 其中:1. 2018 年 12 月 23 日由 H 银行转入 200 000 元 　　　2. 2018 年 12 月 31 日开户银行计算本月利息 120 元 减:银行已付,企业尚未入账金额 其中:2018 年 12 月 31 日开户银行代扣水费 25 000 元 调整后企业银行存款日记账金额:1 150 000 元

资料三:A 注册会计师在审计时发现,天河股份有限公司某银行账户的银行存款对账单余额与银行存款日记账余额不符。

资料四:天河股份有限公司 2018 年度的借款规模、存款规模分别与 2017 年度基本持平,但财务费用比 2017 年度有所下降。A 注册会计师询问天河股份有限公司的财务人员时,给出如下解释:

(1) 天河股份有限公司于 2017 年 1 月初借入 3 年期的工程项目专门借款 10 000 000 元,该工程项目于 2018 年 1 月开工建设,预计在 2018 年 6 月完工。

(2) 天河股份有限公司在 2018 年度以美元结算的货币性负债的金额一直大于以美元结算的货币性资产的金额。人民币对美元的汇率在 2018 年上半年保持稳定,从 2018 年下半年开始有较大上升。

(3) 为了缓解流动资金紧张的压力,天河股份有限公司从 2018 年 4 月起增加了银行承兑汇票的贴现规模。

(4) 根据天河股份有限公司与开户银行签订的存款协议,从 2018 年 7 月 1 日起,天河股份有限公司在开户银行的存款余额超过 1 000 000 元的部分所适用的银行存款利率上浮 0.5%。

要求:

(1) 针对资料一及资料二,天河股份有限公司与货币资金相关的内部控制是否存在缺陷,简要说明理由。

(2) 针对资料二的每一项未达账项,注册会计师应当实施的审计程序是什么?(写出一项审计程序)

(3) 针对资料三,请列出注册会计师应当实施的最有效的审计程序。

(4) 针对资料四,天河股份有限公司提供的理由中,是否能解释财务费用变动趋势。如果不能解释,请说明原因。

练 习 题

姓名______
学号______
分数______

扫二维码获得更多本章习题及案例

一、单项选择题

1. 下列选项中,属于货币资金审计涉及的凭证和会计记录的是(　　)。
   A. 存货盘点表单　　B. 请购单
   C. 销售单　　D. 现金盘点表
2. 被审计单位货币资金循环的下列职责分工易导致内部控制失效的是(　　)。
   A. 出纳员负责库存现金、银行存款日记账和总账的登记
   B. 报销单据的填制和审核分离
   C. 支票与印章由不同人保管
   D. 出纳员以外人员负责银行存款余额调节表的编制
3. 以下有关货币资金的内部控制中,存在设计缺陷的是(　　)。
   A. 财务专用章应由专人保管,个人名章必须由本人或其授权人员保管
   B. 因特殊情况需坐支现金的,应事先报经总经理审查批准
   C. 严禁未经授权的机构或人员办理货币资金业务或直接接触货币资金
   D. 企业有关部门或个人用款时,应当提前向审批人提交货币资金支付申请,注明款项的用途、金额、预算、支付方式等内容,并附有效经济合同或相关证明
4. 审查库存现金时,由出纳员清点库存现金以后,填制"库存现金盘点表"的人员应是(　　)。
   A. 审计人员　　B. 出纳员
   C. 会计主管　　D. 财务经理
5. 库存现金盘点与存货盘点方式的区别在于(　　)。
   A. 存货盘点采取突击性方式
   B. 库存现金盘点采取突击性方式
   C. 库存现金和存货盘点均采取突击性方式
   D. 库存现金盘点采取预告方式
6. 注册会计师通常通过(　　)来了解库存现金内部控制。
   A. 库存现金盘点表
   B. 库存现金监盘表
   C. 银行对账单
   D. 库存现金内部控制流程图
7. 注册会计师测试库存现金余额的起点是(　　)。
   A. 核对库存现金日记账与总账的金额是否相符

B. 监盘库存现金
C. 抽取大额现金收支凭证
D. 检查库存现金是否在财务报表中作出恰当列报

8. 下列选项中，不属于注册会计师测试被审计单位现金收款凭证时检查的内容的是(　　)。
A. 核对库存现金日记账的收入金额是否正确
B. 检查收款的授权批准手续是否符合规定
C. 核对现金收款凭证与应收账款明细账的有关记录是否相符
D. 核对实收金额与销货发票是否一致

9. 下列关于库存现金监盘的说法中，正确的是(　　)。
A. 如果存在多处存放库存现金的情况，应同时进行盘点
B. 注册会计师盘点库存现金
C. 盘点库存现金前，注册会计师将库存现金都锁入保险柜
D. 库存现金盘点范围为财务部门保管的各种用途的库存现金

10. 下列选项中，不属于银行存款控制测试的是(　　)。
A. 抽取并检查银行存款付款凭证
B. 了解银行存款的内部控制
C. 检查外币银行存款的折算方法是否符合有关规定，是否与上年度一致
D. 获取或编制银行存款余额明细表，复核加计是否正确，并与总账数和日记账合计数核对是否相符

11. 以下有关银行存款审计的说法中，不正确的是(　　)。
A. 如果在同一银行开立多个账户，应针对每一账户分别编制对应的银行存款余额调节表
B. 如果在不同银行开立多个账户，应针对每一银行的每一账户分别编制对应的银行存款余额调节表
C. 如果本年银行存款账户少于上年，减少向银行函证的数量
D. 如果本年开户银行个数多于上年，增加向银行函证的数量

12. 各商业银行、政策性银行、非银行金融机构要在(　　)，根据函证的具体要求，及时回函并可按照国家的有关规定收取询证费用。
A. 收到询证函次日起10个工作日内
B. 收到询证函之日起10日内
C. 收到询证函之日起10个工作日内
D. 收到询证函次日起10日内

13. 如果被审计单位某银行账户的银行对账单余额与银行存款日记账余额不符，最有效的审计程序是(　　)。
A. 重新测试相关的内部控制
B. 检查该银行账户的银行存款余额调节表
C. 重新计算银行对账单和银行存款日记账的余额
D. 询问出纳

14. 如果注册会计师要证实被审计单位在临近资产负债表日签发的支票是否均已登记入账，最有效的审计程序是（　　）。

A. 检查最后一个月的支票存根和银行存款日记账

B. 询问出纳

C. 函证开户银行

D. 检查银行对账单

15. 银行存款截止测试的关键是（　　）。

A. 审查被审年度各月的银行存款余额调节表

B. 确定被审年度企业对各银行账户开出的最后一张支票的号码

C. 审查被审年度各月的银行对账单

D. 确定企业在被审年度记录的最后一笔银行存款业务

二、多项选择题

1. 货币资金审计涉及的凭证和会计记录主要有（　　）。

A. 存货盘点表单　　B. 请购单

C. 银行存款余额调节表　　D. 银行对账单

2. 下列属于一个良好的货币资金内部控制应该达到的要求有（　　）。

A. 货币资金收支与记账的岗位分离

B. 控制现金坐支，当日收入现金应及时送存银行

C. 按月盘点现金，编制银行存款余额调节表，以做到账实相符

D. 如果货币资金内部控制良好，可以不对货币资金收支业务进行内部审计

3. 下列与货币资金内部控制相关的说法中，不正确的有（　　）。

A. 对于审批人超越授权范围审批的货币资金业务，经办人员可以先办理，然后向审批人的上级授权部门报告

B. 出纳人员应当根据复核无误的支付申请，按规定办理货币资金支付手续，及时登记库存现金和银行存款日记账

C. 企业应当定期和不定期地进行库存现金盘点，确保库存现金账面余额与实际库存相符

D. 出纳人员支付货币资金后，复核人员应立即进行复核

4. 下列选项中，属于注册会计师测试现金付款内部控制时应当实施的程序有（　　）。

A. 核对库存现金日记账的收入金额是否正确

B. 核对库存现金收款凭证与应收账款明细账的有关记录是否相符

C. 检查付款的授权批准手续是否符合规定

D. 核对库存现金日记账的付出金额是否正确

5. 盘点库存现金前，注册会计师需要将库存现金日记账与现金收付原始凭证相核对，核对的内容包括（　　）。

A. 库存现金日记账的记录与凭证的内容是否相符

B. 库存现金日记账的记录与凭证的金额是否相符

C. 库存现金日记账的记录与凭证的日期是否相符或接近

D. 库存现金日记账的记录与凭证的签名是否为同一个人

6. 下列人员中，可以在库存现金监盘表中签字的有(　　)。

A. 被审计单位总经理　　B. 被审计单位出纳员

C. 被审计单位会计主管　　D. 被审计单位内部审计负责人

7. 下列选项中，属于库存现金监盘表中的内容的有(　　)。

A. 盘点日未记账传票收入金额　　B. 盘点日未记账传票支出金额

C. 银行已收企业未收金额　　D. 银行已付企业未付金额

8. 下列选项中，属于审计库存现金的实质性程序的有(　　)。

A. 检查外币现金的折算方法是否符合有关规定，是否与上年度一致

B. 抽查大额库存现金收支

C. 抽查资产负债表日前后若干天的、一定金额以上的现金收支凭证实施截止测试

D. 检查库存现金是否在财务报表中作出恰当列报

9. 下列关于库存现金监盘的说法中不正确的有(　　)。

A. 库存现金监盘表中的金额应当与资产负债表的货币资金项目相符

B. 如果存在多处存放库存现金的情况，应集中到一个保险柜

C. 库存现金监盘表应当由被审计单位的出纳编制

D. 在非资产负债表日进行盘点和监盘时，应调整至资产负债表日的金额

10. 下列选项中，属于银行存款实质性程序的有(　　)。

A. 函证银行存款余额，编制银行函证结果汇总表，检查银行回函

B. 检查外币银行存款的折算方法是否符合有关规定，是否与上年度一致

C. 了解银行存款的内部控制

D. 取得并检查银行存款余额对账单和银行存款余额调节表

11. 注册会计师通过向被审计单位的开户银行发送询证函，能够实现的目的有(　　)。

A. 了解企业资产的存在

B. 了解企业账面反映所欠银行债务的情况

C. 有助于发现企业未入账的银行借款

D. 有助于发现企业未披露的或有负债

12. 通常情况下，应当函证的银行存款账户包括(　　)。

A. 零余额账户

B. 本期内注销的账户

C. 本期新增的账户

D. 非零余额账户

13. 下列关于函证银行存款的说法中，正确的有(　　)。

A. 注册会计师应当向被审计单位在本期存过款的银行发函

B. 如果有充分证据表明某一银行存款及与金融机构往来的其他重要信息对财务报表不重要，那么可以不函证该账户与其他重要信息

C. 有充分证据表明与某一银行存款及与金融机构往来的其他重要信息相关的重大错报风险很低，那么可以不函证该账户与其他重要信息

D. 如果不函证银行存款及与金融机构往来的其他重要信息，注册会计师应当在审计工

作底稿中说明理由

14. 下列银行存款的内部控制中，不存在设计缺陷的有(　　)。

A. 除了在规定的范围内可以用现金直接支付款项外，在经营过程中所发生的一切货币收支业务，都必须通过“银行存款”账户进行结算

B. 按照我国现金管理的有关规定，超过规定限额以上的现金支出一律使用支票

C. 对于支票报销和现金报销，报销人员报销时应当有正常的报批手续、适当的付款凭据，有关采购支出还应具有验收手续

D. 企业应当指定出纳以外的专人不定期核对银行账户，编制银行存款余额调节表

15. 下列选项关于银行存款审计的说法中，不正确的有(　　)。

A. 如果注册会计师通过检查发现某“银行存款”账户存款人并非被审计单位，应当优先考虑建议通过银行将存款账户户名改为被审计单位

B. 未达账项表明不存在舞弊

C. 未经授权支付货币资金很可能表明存在舞弊

D. 授权不清支付货币资金很可能表明存在舞弊

三、判断题

1. 除了岗位分离和授权批准制度外，库存现金和银行存款的管理制度以及票据和有关印章的保管制度也是货币资金内部控制的要点。(　　)
2. 库存现金在企业资产总额中的比重很小，因此审计人员没必要重视库存现金的审计。(　　)
3. 货币资金的支出要有合理、合法的凭据，并要有核准手续。(　　)
4. 出纳人员可以兼任库存现金总账的登记工作，不得由一人办理货币资金业务的全过程。(　　)
5. 银行存款的函证一般采用否定式函证。(　　)
6. 单位现金收入应及时存入银行，不得直接用于单位自身的支出，因特殊情况需要坐支现金的，应事先报经开户银行审查批准。(　　)
7. 被审计单位资产负债表中的现金数额，应以盘点日实有数额为准。(　　)
8. 计算存入非银行金融机构的存款占银行存款的比例，主要是为了分析这些资金的安全性。(　　)
9. 函证银行存款的唯一目的是为了证实银行存款是否真实存在。(　　)
10. 被审计单位资产负债表上的银行存款余额应以编制的银行存款余额调节表调整后的数额为准。(　　)

四、分析题

ABC会计师事务所负责甲公司2018年度财务报表审计，审计项目组认为货币资金的存在和完整性认定存在舞弊导致的重大错报风险，审计工作底稿中与货币资金审计相关的内容摘录如下：

(1) 2019年2月2日，审计项目组要求甲公司管理层于次日对库存现金进行盘点，2月3日，审计项目组在现场实施了监盘，并将结果与库存现金日记账进行了核对，未发现差异。

(2) 在结合已有银行账户清单对甲公司银行存款进行审计时，项目组分析被审计单位可能存在账外账时，要求甲公司管理层重新提供了一份《已开立银行结算账户清单》。

(3) ×银行回函表明，甲公司的存款账户于2018年12月20日收到某账户的跨行汇款200万元，甲公司当日将该笔款项汇回该账户。考虑到该情况不影响2018年12月31日银行存款余额，注册会计师没有实施其他审计程序。

(4) 审计项目组未对年末余额小于10万元的银行账户实施函证，这些账户年末余额合计小于实际执行的重要性，审计项目组检查了银行对账单原件和银行存款余额调节表，对结果表示满意。

(5) 针对大额款项的支出，项目组根据评估结果考虑漏记的风险较大，从银行存款日记账追查至相关原始凭证加以确认。

(6) 审计项目组发现×银行询证函回函上的印章与以前年度的不同，甲公司管理层解释×银行于2018年年中变更了印章样式，并提供了×银行的收款回单，审计项目组通过比对印章样式，认可了甲公司管理层的解释。

要求：针对上述第(1)至第(6)项，逐项指出审计项目组的做法是否恰当，如不恰当，提出改进建议。

第十二章 其他特殊项目的审计

教学目标

通过本章的学习，学生应理解会计估计的审计目标和审计程序；掌握关联方及其交易的审计目标、审计程序及审计结果的处理；掌握持续经营假设的审计目标、审计程序以及审计结果对审计报告的影响；掌握期初余额的审计目标、审计程序以及审计结论对本期审计意见的影响。

在财务报表审计中，除了前面讲述的具体的财务报表项目审计外，还包括一些特殊项目的审计，比如会计估计、关联方、持续经营能力及期初余额的审计等。这些项目通常具有内容特殊、性质敏感、金额较大、情况复杂等特点，在审计实务中往往是由专业理论知识比较扎实、执业经验比较丰富的注册会计师专门实施，并单独编制相应的审计工作底稿。

第一节 审计会计估计

一、会计估计的含义及审计目标

（一）会计估计的含义

会计估计是指在缺乏精确计量手段的情况下，对结果不确定的交易或事项以最近可利用的信息为基础所作出的判断，对某项金额采用的近似值。会计估计一般包括存在估计不确定性时以公允价值计量的金额，以及其他需要估计的金额。其中，涉及公允价值计量的会计估计简称公允价值会计估计。例如，存货可变现净值的确定；固定资产的预计使用寿命、预计净残值和折旧方法、弃置费用的确定；固定资产、无形资产、长期股权投资等非流动资产可收回金额的确定；收入金额的确定、提供劳务完工进度的确定；建造合同完工进度的确定；预计负债的确定；与金融工具相关的公允价值的确定、摊余成本的确定、金融减值损失的确定、与股份支付相关的公允价值的确定等。

（二）审计目标

注册会计师审计会计估计的目标是获取充分、适当的审计证据以确定以下事项：

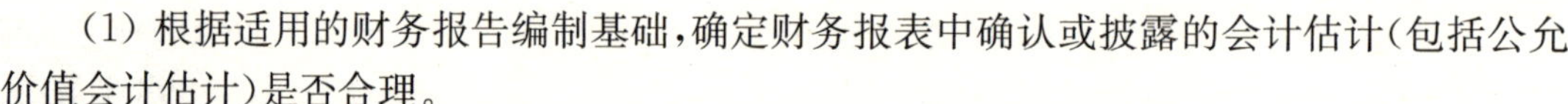

(1) 根据适用的财务报告编制基础,确定财务报表中确认或披露的会计估计(包括公允价值会计估计)是否合理。

(2) 根据适用的财务报告编制基础,确定财务报表中的相关披露是否充分。

会计估计通常是被审计单位在不确定情况下作出的,其准确程度取决于管理层对不确定的交易或事项的结果作出的主观判断。由于会计估计的主观性、复杂性和不确定性,管理层作出的会计估计发生重大错报的可能性较大,注册会计师应当按照《中同注册会计师审计准则第 1211 号——通过了解被审计单位及其环境识别和评估重大错报风险》和《中国注册会计师审计准则第 1141 号——财务报表审计中与舞弊相关的责任》的规定,评估与会计估计相关的舞弊行为导致的重大错报风险,并针对该风险设计和实施进一步审计程序。

二、针对会计估计的风险评估程序

(一) 风险评估

在实施风险评估程序和相关活动,以了解被审计单位及其环境时,注册会计师应当了解下列内容,作为识别和评估会计估计重大错报风险的基础:

(1) 了解与会计估计(包括相关披露)相关的适用的财务报告编制基础的要求。

(2) 了解管理层如何识别是否需要作出会计估计并在财务报表中确认或披露的交易、事项和情况。对此,注册会计师主要通过询问管理层,询问内容可以包括被审计单位是否已从事可能需要作出会计估计的新型交易、是否已经发生可能需要作出新估计或修改现有估计的新情况或事项等。

(3) 了解管理层如何作出会计估计。管理层作出会计估计的方法和依据包括:用以作出会计估计的方法,包括模型(如适用);相关控制;管理层是否利用专家的工作;会计估计所依据的假设;用以作出会计估计的方法是否已经发生或应当发生不同于上期的变化,以及变化的原因;管理层是否评估以及如何评估估计不确定性的影响。

(二) 识别和评估重大错报风险

按照《中同注册会计师审计准则第 1211 号——通过了解被审计单位及其环境识别和评估重大错报风险》的规定识别和评估重大错报风险时,注册会计师应当评价与会计估计相关的估计不确定性的程度,并根据职业判断确定识别出的具有高度估计不确定性的会计估计是否会导致特别风险。

三、针对会计估计的进一步审计程序

(一) 应对措施

基于评估的重大错报风险,注册会计师应当确定:

(1) 管理层是否恰当运用与会计估计相关的适用的财务报告编制基础的规定。

(2) 作出会计估计的方法是否恰当,并得到一贯运用,以及会计估计或作出会计估计的方法不同于上期的变化是否适合于具体情况。

在应对评估的重大错报风险时,注册会计师应当考虑会计估计的性质,并实施下列一项或多项程序:

(1) 确定截至审计报告日发生的事项是否提供有关会计估计的审计证据。

(2) 测试管理层如何作出会计估计以及会计估计所依据的数据;在进行测试时,注册会计师应当评价采用的计量方法在具体情况下是否恰当,以及根据适用的财务报告编制基础确定的计量目标,管理层使用的假设是否合理。

(3) 测试与管理层如何作出会计估计相关的控制的运行有效性,并实施恰当的实质性程序。

(4) 作出注册会计师的点估计或区间估计,以评价管理层的点估计。注册会计师的点估计或区间估计,是指从审计证据中得出的、用于评价管理层点估计的金额或金额区间。

注册会计师在作出点估计时,应当针对下列两种情况分别予以处理:①如果使用有别于管理层的假设或方法,注册会计师应当充分了解管理层的假设或方法,以确定注册会计师在作出点估计或区间估计时已考虑了相关变量,并评价与管理层的点估计存在的任何重大差异;②如果认为使用区间估计是恰当的,注册会计师应当基于可获得的审计证据来缩小区间估计,直至该区间估计范围内的所有结果均可被视为合理。

(二) 应对特别风险的进一步实质性程序

对导致特别风险的会计估计,除实施《中国注册会计师审计准则第 1231 号——针对评估的重大错报风险采取的应对措施》规定的其他实质性程序外,注册会计师还应当实施以下审计程序:

(1) 评价管理层如何考虑替代性的假设或结果,以及拒绝采纳的原因,或者在管理层没有考虑替代性的假设或结果的情况下,评价管理层在作出会计估计时如何处理估计不确定性。

(2) 评价管理层使用的重大假设是否合理。

(3) 当管理层实施特定措施的意图和能力与其使用的重大假设的合理性或对适用的财务报告编制基础的恰当应用相关时,评价这些意图和能力。

如果根据职业判断认为管理层没有适当处理估计不确定性对导致特别风险的会计估计的影响,注册会计师应当在必要时作出用于评价会计估计合理性的区间估计。

对导致特别风险的会计估计,注册会计师应当获取充分、适当的审计证据,以确定下列方面是否符合适用的财务报告编制基础的规定:

(1) 管理层对会计估计在财务报表中予以确认或不予确认的决策。

(2) 作出会计估计所选择的计量基础。

四、评价会计估计的合理性并确定错报

注册会计师应当根据获取的审计证据,评价财务报表中的会计估计在适用的财务报告编制基础下是合理的还是存在错报。

根据获取的审计证据,注册会计师可能认为这些证据指向与管理层的点估计不同的会计估计。当审计证据支持点估计时,注册会计师的点估计与管理层的点估计之间的差异构成错报。当注册会计师认为使用其区间估计能够获取充分、适当的审计证据时,管理层的点估计超出了注册会计师区间估计,该错报将大于管理层的点估计与注册会计师区间估计之间的差额。

当管理层主观认为环境已经发生变化，并相应改变会计估计或估计方法；或者环境已经发生变化，但管理层并未根据变化对会计估计或估计方法作出相应的改变；或者会计估计或估计方法频繁变更，但并非由所处环境的变化所致时，注册会计师可以基于获取的审计证据得出结论：管理层改变的会计估计或估计方法的结果是一项错报，或将其视为管理层偏向的迹象。

一项错报，无论是由于舞弊还是错误导致，当与会计估计相关时，可能是由于下列因素导致的：

(1) 毫无疑问地存在错报(事实错报)。

(2) 由注册会计师认为管理层对会计估计作出的判断不合理，或认为管理层对会计政策的选择或运用不恰当而产生的差异(判断错报)；

(3) 注册会计师对总体中错报的最佳估计，包括由审计样本中识别出的错报推断出总体中的错报(推断错报)。

在审计会计估计时，评价在财务报表附注中的会计估计和相关披露的合理性时考虑的事项，与在审计财务报表中确认的会计估计时考虑的事项在实质上是相同的。

【例 12-1】ABC 会计师事务所负责审计上市公司天河股份有限公司 2018 年度财务报表。审计项目组在审计工作底稿中记录了与会计估计相关的审计情况，部分内容摘录如下：

(1) 项目组成员虽然认为会计估计发生重大错报的可能性较大，但不认为需要专门考虑天河股份有限公司会计估计是否存在特别风险。

(2) 由于 2018 年年末存货滞销，天河股份有限公司依据对现有数据的详细分析针对滞销存货计提了跌价准备。项目组成员检查后认可天河股份有限公司的处理。

(3) 针对评估的与会计估计相关的重大错报风险，项目合伙人决定针对会计估计的性质，设计和实施进一步审计程序，以应对评估的重大错报风险。

(4) 在运用区间估计评价管理层的点估计时，项目合伙人拟基于审计证据来缩小区间估计，直至该区间估计范围内的所有结果均可被视为可能。

(5) 审计报告日，注册会计师拟向天河股份有限公司管理层和治理层获取书面声明，以确定其是否认为在作出会计估计时使用的所有假设是合理的。

要求：针对上述第(1)至第(5)项，逐项指出审计项目组的做法是否恰当。如不恰当，提出改进建议。

【解答】情况(1)不恰当。由于会计估计的主观性、复杂性和不确定性，管理层作出的会计估计发生重大错报的可能性较大，注册会计师应确定会计估计的重大错报风险是否属于特别风险。

情况(2)不恰当。项目组成员不应认可天河股份有限公司的处理。对滞销或过剩存货跌价准备的估计不仅包括对现有数据的详细分析，还应包括对未来销售的预测。

情况(3)恰当。针对评估的与会计估计相关的重大错报风险，项目合伙人应当针对会计估计的性质，设计和实施进一步审计程序，以应对评估的重大错报风险。

情况(4)不恰当。注册会计师应基于可获得的审计证据来缩小区间估计，直至该区间估计范围内的所有结果均可被视为合理。

情况(5)不恰当。注册会计师应当向管理层和治理层获取书面声明，以确定其是否认为在作出会计估计时使用的重大假设是合理的。

第二节 关联方审计

近年来，一些上市公司通过关联方交易舞弊来粉饰财务报表。《中国注册会计师审计准则1323号——关联方》指出在适用的财务报告编制基础作出这些规定的情况下，注册会计师有责任实施审计程序，以识别、评估和应对被审计单位未能按照适用的财务报告编制基础对关联方关系及其交易进行恰当会计处理或披露导致的重大错报风险。即使适用的财务报告编制基础对关联方作出很少的规定或没有作出规定，注册会计师仍然需要了解被审计单位的关联方关系及其交易，以足以确定财务报表（就其受到关联方关系及其交易的影响而言）是否实现公允反映。关联方交易作为一个高风险领域，其相关记录、会计处理和披露一直是审计人员问询和审查的重点。

【知识链接】

2014年6月10日，PCAOB发布了新修订的审计准则《审计准则第18号——关联方》，要求审计人员执行特定的程序以了解公司与关联方的具体关系和交易往来。公司用以确定关联关系和交易的程序是其内部控制的重要组成部分，审计人员必须像对待其他重要控制措施一样，对其加以了解和记录。如果审计人员识别出公司在此之前并未向其披露的关联方关系或交易往来，那么审计人员需要执行额外的审计程序。

一、关联方及其交易的含义

《企业会计准则第36号——关联方披露》规定，一方控制、共同控制另一方或对另一方施加重大影响，以及两方或两方以上同受一方控制、共同控制或重大影响的，构成关联方。控制是指有权决定一个企业的财务和经营政策，并能据以从该企业的经营活动中获取利益。共同控制是指按照合同约定对某项经济活动所共有的控制，仅在与该项经济活动相关的重要财务和经营政策有参与决策的权力，但并不能够控制或者与其他方一起共同控制这些政策的制定。下列各方构成企业的关联方：该企业的母公司，该企业的子公司，与该企业受同一母公司控制的其他企业，对该企业实施共同控制的投资方，对方企业施加重大影响的投资方，该企业的合营企业，该企业的联营企业，该企业的主要投资者个人及与其关系密切的家庭成员，该企业或其母公司的关键管理人员及与其关系密切的家庭成员，该企业主要投资者个人、关键管理人员或与其关系密切的家庭成员控制、共同控制或施加重大影响的其他企业。

《企业会计准则第36号——关联方披露》规定，关联方交易是指关联方之间转移资源、劳务或义务的行为，而不论是否收取价款。关联方交易的类型通常包括：购买或销售商品，购买或销售商品以外的其他资产，提供或接受劳务，担保，提供资金（贷款或股权投资），租赁，代理，研究与开发项目的转移，许可协议，代表企业或由企业代表另一方面进行债务结算，关键管理人员薪酬等。

许多关联方交易是在正常经营过程中发生的，与类似的非关联方交易相比，这些关联方

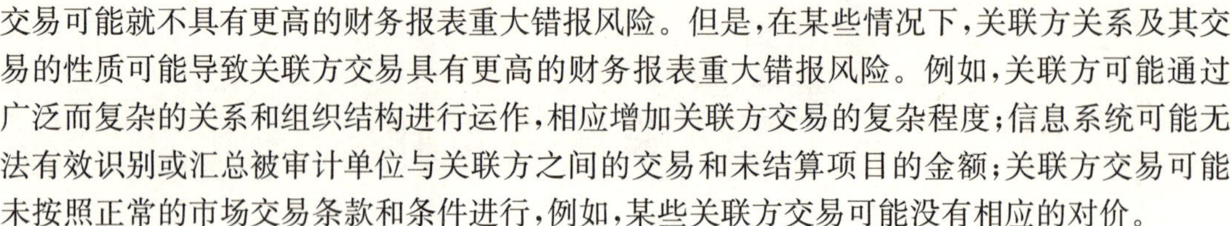

交易可能就不具有更高的财务报表重大错报风险。但是，在某些情况下，关联方关系及其交易的性质可能导致关联方交易具有更高的财务报表重大错报风险。例如，关联方可能通过广泛而复杂的关系和组织结构进行运作，相应增加关联方交易的复杂程度；信息系统可能无法有效识别或汇总被审计单位与关联方之间的交易和未结算项目的金额；关联方交易可能未按照正常的市场交易条款和条件进行，例如，某些关联方交易可能没有相应的对价。

【知识链接】

《审计准则第 1323 号——关联方》第三条："在某些情况下，关联方关系及其交易的性质可能导致关联方交易比非关联方交易具有更高的财务报表重大错报风险。"

二、关联方及其交易的审计目标

按照相关审计准则的要求，在财务报表审计中，注册会计师对关联方及关联方交易进行审计的主要目的在于：

（1）无论适用的财务报告编制基础是否对关联方作出规定，充分了解关联方关系及其交易，以便能够确认由此产生的、与识别和评估由于舞弊导致的重大错报风险相关的舞弊风险因素（如有）；根据获取的审计证据，就财务报表受到关联方关系及其交易的影响而言，确定财务报表是否实现公允反映。

（2）如果适用的财务报告编制基础对关联方作出规定，获取充分、适当的审计证据，确定关联方关系及其交易是否已按照适用的财务报告编制基础得到恰当识别、会计处理和披露。

三、实施风险评估程序并识别重大错报风险

项目组按照《中国注册会计师审计准则第 1211 号——通过了解被审计单位及其环境识别和评估重大错报风险》和《中国注册会计师审计准则第 1141 号——财务报表审计中与舞弊相关的责任》的规定进行内部讨论时，应当特别考虑由于关联方关系及其交易导致的舞弊或错误使得财务报表存在重大错报的可能性。

注册会计师可以运用询问、检查的审计程序实施风险评估程序。

（一）询问管理层

注册会计师应当向管理层询问下列事项：

（1）关联方的名称和特征，包括关联方自上期以来发生的变化。

（2）被审计单位和关联方之间关系的性质。

（3）被审计单位在本期是否与关联方发生交易，如发生，交易的类型、定价政策和目的。

如果管理层建立了下列与关联方关系及其交易相关的控制，注册会计师应当询问管理层和被审计单位内部其他人员，实施其他适当的风险评估程序，以获取对相关控制的了解：①按照适用的财务报告编制基础，对关联方关系及其交易进行识别、会计处理和披露；②授权和批准重大关联方交易和安排；③授权和批准超出正常经营过程的重大交易和安排。

（二）检查记录或文件

为确定是否存在管理层以前未识别或未向注册会计师披露的关联方关系或关联方交

易，注册会计师应当检查下列记录或文件并保持警觉：

（1）注册会计师实施审计程序时获取的银行和律师的询证函回函。

（2）股东会和治理层会议的纪要。

（3）注册会计师认为必要的其他记录或文件。

（三）识别重大错报风险

注册会计师应当按照《中国注册会计师审计准则第 1211 号——通过了解被审计单位及其环境识别和评估重大错报风险》的规定，识别和评估关联方关系及其交易导致的重大错报风险，并确定这些风险是否为特别风险。在确定时，注册会计师应当将识别出的、超出被审计单位正常经营过程的重大关联方交易导致的风险确定为特别风险。

如果在实施与关联方有关的风险评估程序和相关工作中识别出舞弊风险因素，包括与能够对被审计单位或管理层施加支配性影响的关联方有关的情形，注册会计师应当按照《中国注册会计师审计准则第 1141 号——财务报表审计中与舞弊相关的责任》的规定，在识别和评估由于舞弊导致的重大错报风险时考虑这些信息。

四、应对措施

注册会计师应当按照《中国注册会计师审计准则第 1231 号——针对评估的重大错报风险采取的应对措施》的规定，针对评估的与关联方关系及其交易相关的重大错报风险，设计和实施进一步审计程序，以获取充分、适当的审计证据。

如果识别出可能表明存在管理层以前未识别或未向注册会计师披露的关联方关系或关联方交易的安排或信息，注册会计师应当确定相关情况是否能够证实关联方关系或关联方交易的存在。

如果识别出管理层以前未识别出或未向注册会计师披露的关联方关系或重大关联方交易，注册会计师应当：

（1）立即将相关信息向项目组其他成员通报。

（2）在适用的财务报告编制基础对关联方作出规定的情况下，要求管理层识别与新识别出的关联方之间发生的所有交易，以便注册会计师作出进一步评价；询问与关联方关系及其交易相关的控制为何未能识别或披露关联方关系或交易。

（3）对新识别出的关联方或重大关联方交易实施恰当的实质性审计程序。

（4）重新考虑可能存在管理层以前未识别出或未向注册会计师披露的其他关联方或重大关联方交易的风险，如有必要，实施追加的审计程序。

（5）如果管理层不披露关联方关系或交易看似是有意的，因而显示可能存在由于舞弊导致的重大错报风险，评价这一情况对审计的影响。

对于识别出的超出正常经营过程的重大关联方交易，注册会计师应当：

（1）检查相关合同或协议（如有）。

（2）获取交易已经恰当授权和批准的审计证据。

如果检查相关合同或协议，注册会计师应当评价：

（1）交易的商业理由（或缺乏商业理由）是否表明被审计单位从事交易的目的可能是为了对财务信息作出虚假报告或为了隐瞒侵占资产的行为。

(2) 交易条款是否与管理层的解释一致。

(3) 关联方交易是否已按照适用的财务报告编制基础得到恰当会计处理和披露。

如果管理层在财务报表中作出认定，声明关联方交易是按照等同于公平交易中通行的条款执行的，注册会计师应当就该项认定获取充分、适当的审计证据。

五、评价识别出的关联方关系及其交易的会计处理和披露

当按照《中国注册会计师审计准则第 1501 号——对财务报表形成审计意见和出具审计报告》的规定对财务报表形成审计意见时，注册会计师应当评价：

(1) 识别出的关联方关系及其交易是否已按照适用的财务报告编制基础得到恰当会计处理和披露。

(2) 关联方关系及其交易是否导致财务报表未实现公允反映。

六、关联方及其交易审计的审计结论与报告

注册会计师应当根据获取的审计证据，形成对关联方及其交易的审计结论，并确定其对审计意见的影响。

如果注册会计师认为无法获取充分、适当的审计证据以作为形成意见的基础，应通过下列方式确定其影响：

(1) 如果未发现的错报(如存在)可能对财务报表产生的影响重大，但不具有广泛性，注册会计师应当发表保留意见；

(2) 如果未发现的错报(如存在)可能对财务报表产生的影响重大且具有广泛性，注册会计师应当在可行时解除业务约定(除非法律、法规禁止)；如果在出具审计报告之前解除业务约定被禁止或不可行，则应当发表无法表示意见。

如果注册会计师有充分、适当的审计证据证明被审计单位对关联方和关联方交易的披露不充分，应当根据其重要程度，发表保留或否定意见。

第三节 考虑持续经营

持续经营作为企业编制会计报表的基础之一。在竞争激烈的市场经济环境下，企业可能因财务危机而面临持续经营问题。如果注册会计师对公司的持续经营能力关注不够，将承担更大的审计风险。因此，注册会计师在审计过程中有责任取得充足的审计证据，对影响企业持续经营能力的所有重大疑虑事项进行考察，以此判断企业持续经营能力。

【知识链接】

1997 年，中华会计师事务所对深圳中浩集团股份有限公司出具了由于持续经营能力存在重大不确定性导致的保留意见，这是我国注册会计师第一次关注被审计单位的持续经营问题。

一、持续经营假设的概念

持续经营假设是指被审计单位在编制财务报表时，假定其经营活动在可预见的将来会继续下去，不拟也不必终止经营或破产清算，可以在正常的经营过程中变现资产、清偿债务。可预见的将来通常是指资产负债表日后 12 个月。持续经营假设是企业进行会计确认、计量和列报的前提。持续经营能力存在重大不确定性，并不一定意味着以持续经营假设为基础编制财务报表是不适当的。某些事项或情况可能会导致对被审计单位的持续经营能力产生重大疑虑，但是管理层可以通过采取一定的措施缓解面临的财务困境。在这种情况下，管理层仍然可以采用持续经营假设编制财务报表。

二、持续经营假设的审计目标

对被审计单位持续经营能力进行评估时，注册会计师的责任是就管理层在编制和列报财务报表时运用持续经营假设的适当性获取充分、适当的审计证据，并就持续经营能力是否存在重大不确定性得出结论。

注册会计师对持续经营假设进行审计的主要目标是：

（1）就管理层在编制和列报财务报表时运用持续经营假设的适当性获取充分、适当的审计证据。

（2）根据获取的审计证据，就可能导致对被审计单位持续经营能力产生重大疑虑的事项或情况是否存在重大不确定性得出结论。

（3）确定对审计报告的影响。

三、风险评估程序以及评价管理层的评估

（一）风险评估程序

在按照《中国注册会计师审计准则第 1211 号——通过了解被审计单位及其环境识别和评估重大错报风险》的规定实施风险评估程序时，注册会计师应当考虑是否存在可能导致对被审计单位持续经营能力产生重大疑虑的事项或情况，并确定管理层是否已对被审计单位持续经营能力作出初步评估。

如果管理层已对持续经营能力作出初步评估，注册会计师应当与管理层进行讨论，并确定管理层是否已识别出单独或汇总起来可能导致对被审计单位持续经营能力产生重大疑虑的事项或情况。如果管理层已识别出这些事项或情况，注册会计师应当与其讨论应对计划。

如果管理层未对持续经营能力作出初步评估，注册会计师应当与管理层讨论其拟运用持续经营假设的基础，询问管理层是否存在单独或汇总起来可能导致对被审计单位持续经营能力产生重大疑虑的事项或情况。

针对有关可能导致对被审计单位持续经营能力产生重大疑虑的事项或情况的审计证据，注册会计师应当在整个审计过程中保持警觉。

被审计单位在财务、经营以及其他方面存在的某些事项或情况可能导致经营风险，以下是单独或汇总起来可能导致对持续经营假设产生重大疑虑的事项或情况的示例。

财务方面：

(1) 净资产为负或营运资金出现负数。

(2) 定期借款即将到期，预期不能展期或偿还，或过度依赖短期借款为长期资产筹资。

(3) 存在债权人撤销财务支持的迹象。

(4) 历史财务报表或预测性财务报表表明经营活动产生的现金流量净额为负数。

(5) 关键财务比率不佳。

(6) 发生重大经营亏损或用以产生现金流量的资产的价值出现大幅下跌。

(7) 拖欠或停止发放股利。

(8) 在到期日无法偿还债务。

(9) 无法履行借款合同的条款。

(10) 与供应商由赊购变为货到付款。

(11) 无法获得开发必要的新产品或进行其他必要的投资所需的资金。

经营方面：

(1) 管理层计划清算被审计单位或终止经营。

(2) 关键管理人员离职且无人替代。

(3) 失去主要市场、关键客户、特许权、执照或主要供应商。

(4) 出现用工困难问题。

(5) 重要供应短缺。

(6) 出现非常成功的竞争者。

其他方面：

(1) 违反有关资本或其他法定要求。

(2) 未决诉讼或监管程序，可能导致其无法支付索赔金额。

(3) 法律、法规或政府政策的变化预期会产生不利影响。

(4) 对发生的灾害未购买保险或保额不足。

(二) 评价管理层的评估

注册会计师应当评价管理层对持续经营能力作出的评估。

在评价管理层对被审计单位持续经营能力作出的评估时，注册会计师的评价期间应当与管理层按照适用的财务报告编制基础或法律、法规(如果法律、法规要求的期间更长)的规定作出评估的涵盖期间相同。

如果管理层评估持续经营能力涵盖的期间短于自财务报表日起的 12 个月，注册会计师应当提请管理层将其至少延长至自财务报表日起的 12 个月。

在评价管理层作出的评估时，注册会计师应当考虑该评估是否已包括注册会计师在审计过程中注意到的所有相关信息。

(三) 询问超出管理层评估期间的事项或情况

注册会计师应当询问管理层是否知悉超出评估期间的、可能导致对持续经营能力产生重大疑虑的事项或情况。

四、识别出事项或情况时实施追加的审计程序

当识别出持续经营假设可能导致对持续经营能力产生重大疑虑的事项或情况时，注册

会计师应当实施下列进一步的审计程序：

(1) 如果管理层尚未对被审计单位持续经营能力作出评估，提请其进行评估。

(2) 评价管理层与经营能力评估相关的未来应对计划，这些计划的结果是否可能改善目前的状况，以及管理层的计划对于具体情况是否可行。

(3) 如果被审计单位已编制现金流量预测，且对预测的分析是评价管理层未来应对计划时考虑的事项或情况的未来结果的重要因素，评价用于编制预测的基础数据的可靠性，并确定预测所基于的假设是否具有充分的支持。

(4) 考虑自管理层作出评估后是否存在其他可获得的事实或信息。

(5) 要求管理层和治理层(如适用)提供有关未来应对计划及其可行性的书面声明。

五、审计结论与报告

注册会计师应当评价是否就管理层编制财务报表时运用持续经营假设的适当性获取了充分、适当的审计证据，并就运用持续经营假设的适当性得出结论。

注册会计师应当根据获取的审计证据，运用职业判断，确定是否存在与事项或情况相关的重大不确定性，且这些事项或情况单独或汇总起来可能导致对被审计单位持续经营能力产生重大疑虑。

(一) 持续经营假设适当，但存在重大不确定性

如果注册会计师根据职业判断认为，鉴于不确定性潜在影响的重要程度和发生的可能性，为了使财务报表实现公允反映，有必要适当披露该不确定性的性质和影响，则表明存在重大不确定性。

如果认为运用持续经营假设适合具体情况，但存在重大不确定性，注册会计师应当确定：

(1) 财务报表是否已充分描述可能导致对持续经营能力产生重大疑虑的主要事项或情况，以及管理层针对这些事项或情况的应对计划。

(2) 财务报表是否已清楚披露可能导致对持续经营能力产生重大疑虑的事项或情况存在重大不确定性，并由此导致被审计单位可能无法在正常的经营过程中变现资产和清偿债务。

如果运用持续经营假设是适当的，但存在重大不确定性，且财务报表对重大不确定性已作出充分披露，注册会计师应当发表无保留意见，并在审计报告中增加以“与持续经营相关的重大不确定性”为标题的单独部分，以便：

(1) 提醒财务报表使用者关注财务报表附注中队所述事项的披露。

(2) 说明这些事项或情况表明存在可能导致对被审计单位持续经营能力产生重大疑虑的重大不确定性，并说明该事项并不影响发表的审计意见。

如果财务报表未作出充分披露，注册会计师应当发表保留意见或否定意见。注册会计师应当在审计报告中说明，存在可能导致对被审计单位持续经营能力产生重大疑虑的重大不确定性。

(二) 运用持续经营假设不适当

如果财务报表按照持续经营基础编制，而注册会计师运用职业判断认为管理层在编制

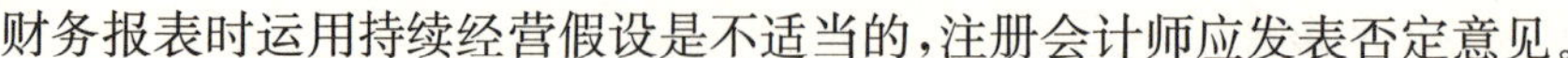

财务报表时运用持续经营假设是不适当的，注册会计师应发表否定意见。

如果在具体情况下运用持续经营假设是不适当的，但管理层被要求或自愿选择编制财务报表，则可以用替代基础(如清算基础)编制财务报表。注册会计师可以对财务报表进行审计，前提是注册会计师确定替代基础在具体情况下是可接受的编制基础。如果财务报表对此作出了充分披露，注册会计师可以发表无保留意见，但也可能认为在审计报告中增加强调事项段是适当或必要的，以提醒财务报表使用者注意替代基础及其使用理由。

(三) 严重拖延对财务报表的批准

如果管理层或治理层在财务报表日后严重拖延对财务报表的批准，注册会计师应当询问拖延的原因。如果认为拖延可能涉及与持续经营评估相关的事项或情况，注册会计师有必要实施前述识别出可能导致对持续经营能力产生重大疑虑的事项或情况时追加的审计程序，并就存在的重大不确定性考虑对审计结论的影响。

第四节 / 首次接受委托时对期初余额的审计

首次接受委托时指注册会计师在被审计单位财务报表首次接受审计，或上期财务报表由前任注册会计师审计的情况下接受的审计委托。随着 2005 年修订后的《中华人民共和国公司法》的颁布和实施，被审计单位财务报表首次接受审计的情况将日趋减少，但被审计单位更换对其财务报表进行审计的会计师事务所的情况仍将继续存在，即会计师事务所遇到的多是第二种情形下的首次接受委托。

一、期初余额的含义

期初余额是指期初存在的账户余额。期初余额以上期期末余额为基础，反映了以前期间的交易和事项以及上期采用的会计政策的结果。我们应该从以下三点理解期初余额的含义：

(1) 期初余额与注册会计师首次审计业务相联系，即只有在被审计单位首次接受审计或上期财务报表由前任注册会计师审计的情况下才涉及对期初余额进行审计。

(2) 期初余额是期初已存在的账户余额。通常，期初余额是上期账户结转至本期账户的余额，在数额上与相应账户的上期期末余额相等。但有时受上期期后事项、会计政策变更、前期会计差错更正等因素的影响，上期期末余额结转至本期时，有时需经过调整或重新表述。

(3) 期初余额反映了以前期间的交易和事项以及上期采用的会计政策的结果，即被审计单位按照上期采用的会计政策对以前会计期间发生的交易和事项进行处理的结果。

二、期初余额的审计目标

首次接受委托业务，注册会计师应当获取以下充分、适当的审计证据：

(1) 期初余额是否含有对本期财务报表产生重大影响的错报。注册会计师主要是判断期初余额的错报对本期财务报表使用者进行决策的影响程度，是否足以改变或影响其判断。如果期初余额存在对本期财务报表产生重大影响的错报，则注册会计师在审计中必须对此提出恰当的审计调整或披露建议；反之，注册会计师无须对此予以特别关注和处理。

（2）确定期初余额反映的恰当的会计政策是否在本期财务报表中得到一贯运用，或会计政策的变更是否已按照适用的财务报告编制基础作出恰当的会计处理和充分的列报与披露。在审计期初余额时，注册会计师应当按照《企业会计准则第28号——会计政策、会计估计变更和差错更正》的有关要求，评价被审计单位是否一贯运用恰当的会计政策，或是否对会计政策的变更作出了正确的会计处理和恰当的列报。

三、期初余额的审计程序

（一）关于期末结转问题的审计程序

期末结转包括两种：一种是不需要调整应该直接结转至本期的；另一种是可以直接结转，需要作出重新表述的。实施审计程序时，应注意：采用重新计算审计程序检查上期期末账户余额的计算是否有误；总账余额与所属明细账余额的合计数、日记账余额是否相符；上期期末凡是有余额的，是否均已对号入座分别过入新账簿；至于因企业会计准则和相关会计制度的要求而发生变化或上期期末余额存在重大前期会计差错的，是否已按相关规定采用追溯调整法进行了更正。

（二）关于会计政策选用问题的审计程序

一是判断被审计单位所选用的会计政策是否符合企业会计准则的要求，是否适合企业的具体情况，按选用的会计政策提供的会计信息是否满足会计信息质量要求；二是如果认定了企业所选的会计政策，接下来就应确认被审计单位是否遵循了一贯性原则；三是如果发现被审计单位存在会计政策变更，则应确认企业进行会计政策变更的理由是否充分适当，是否按规定要求进行了适当的会计处理、列报和充分的披露。如果企业上期选用的会计政策不合法或不恰当或违背了一贯性原则，注册会计师应提请调整或披露。

（三）实施一项或多项审计程序

注册会计师实施的一项或多项审计程序包括：

（1）利用前任注册会计师的工作。如果上期财务报表已由前任注册会计师审计，那后任就应按照审计准则的规定，在征得被审计单位同意后，与前任进行沟通并考虑利用前任的工作。但利用前任的工作的前提条件是前任本身具有专业胜任能力而且其独立性没有受到侵害。由于前任的工作是通过编制审计工作底稿来表现的，所以，最常用而且有效的沟通方式就是调阅前任的审计工作底稿，但在查阅时应考虑前任所执行的审计程序是否适当，收集的审计证据是否充分，能否支持报表重要项目的期初余额，如执行现金盘点，函证银行存款、应收账款，监盘存货、固定资产，检查固定资产所有权证明等审计程序后是否收集到了充分、适当的审计程序；还应复核前任建议的调整分录和未更正错报汇总表及其对本期财务报表审计的影响。

（2）判断并评价本期所执行的审计程序能否对期初余额的认定提供相应的审计证据。

（3）应根据期初有余额的账户的不同性质来选择适当的审计程序，以获取充分的审计

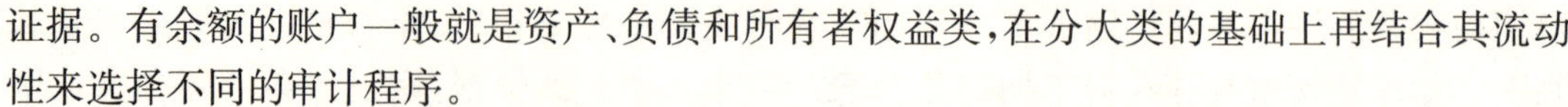

证据。有余额的账户一般就是资产、负债和所有者权益类，在分大类的基础上再结合其流动性来选择不同的审计程序。

对企业的流动资产和流动负债来说，因为流动性强，存在企业的时间较短，一般在本期的交易事项中通常会有所反映，所以注册会计师一般在本期实施的审计程序的同时就能获取部分审计证据。如因为受信用期限的限制，所以期初的应收账款、应付账款等短期的债权债务一般会在本期收回或偿还，收回或偿还就能在一定程度上证明它当初的存在。在期初流动资产中，存货比较特殊，因为存货是实物资产，应对其监盘，而期初存货到期末时基本被领用、加工或销售了，已经不存在于企业，所以无法再对其监盘。但如果存货又确实对本期财务报表存在重大影响，那就需要通过先实地盘点期末的存货数量，在核实本期存货的增减变化的基础上倒挤出期初存货的数量，在确定好数量的基础上，还要对期初存货项目的计价实施相应的审计程序后才能确定期初存货的价值，同时还可以结合毛利率法来对其进行分析和验证。

对非流动资产、非流动负债的审计，由于其流动性较差，存在企业的时间较长，所以只需要检查其产生时的会计记录和其他信息就能获取较为充分、适当的审计证据。如对期初外购固定资产原价的确认，一般只需要采用检查该固定资产在采购时买卖双方签署的采购合同、销售发票、验收凭证等即可。当然，有些审计证据还可以采用函证程序来收集，如对期初的长期借款，除了可以通过检查借贷合同、借入时的原始凭证和会计记录等审计程序外，还可以通过向银行函证来确认其期初余额的真实性。

【例 12-2】永诚会计师事务所自 2019 年 2 月 1 日首次对天河股份有限公司的年度会计报表进行审计。双方签订了审计业务约定书，并于 2019 年 2 月 2 日至 3 月 5 日对该公司 2018 年度的会计报表进行审计。因为对天河股份有限公司是首次接受委托，需要对期初余额进行确认。原承接年报审计的信华会计师事务所对该公司年报出具了保留意见的审计报告。注册会计师首先对信华会计师事务所的独立性和专业胜任能力进行分析，未发现异常。同时，经天河股份有限公司同意后，注册会计师与信华会计师事务所取得了联系，对方给予了充分合作，提供了涉及保留意见的相关资料。注册会计师根据审计工作底稿所反映的内容和被审计单位上年的会计资料，进行了核对和抽查。部分内容如下：

对应收款项和应付款项的年初数与 2018 年 1 月份的记录进行核对，应付款项未发现异常变化；对应收款项核对并结合对 2018 年的审计工作底稿进行衔接时发现：

(1) 2017 年 3 年以上的应收账款 340 万元尚未收回，天河股份有限公司仅按 5%计提了 17 万元的坏账准备，根据该公司的坏账计提政策，注册会计师认为应按 30%计提坏账准备。

(2) 2017 年年末其他应收款中应收集团母公司的 3 250 万元，未提坏账准备，从信华会计师事务所提供的底稿来看，去年该所负责审核的注册会计师对此就提出了调整意见，但被审计单位未接受调整意见，该公司解释的原因为，该项其他应收款为年末向集团公司出售一项专营权形成的，该项专营权账面价值为 2 230 万元，对此项出售天河股份有限公司还确认了 1 000 万元的营业外收入，并称款项将很快收回。对此项业务在上年的审计报告中已作说明，单独核对 2018 年的会计资料后发现至今尚未收回，天河集团公司财务状况也不是很理想。

【解答】对应收款项期初余额发现的上述问题，注册会计师认为必须进行调整，对已经逾期 3 年以上的应收账款应补提坏账准备，应补提：340×(30%－5%)＝85 万元。对其他应收款也应计提坏账准备：3 250×5%＝162.5 万元。

补提坏账准备时分录为：

借：资产减值损失　　2 475 000
　贷：坏账准备　　2 475 000

同时，调整本年利润账户，因其为亏损企业不涉及所得税、盈余公积和未分配利润的调整，调整分录为：

借：本年利润　　2 475 000
　贷：资产减值损失　　2 475 000

注意：对上述调整应调整 2018 年年初数，年初数调完后，应以年初数为基础计算 2018 年年末和本年数。

四、期初余额审计结论及对审计报告的影响

注册会计师应当根据已获取的审计证据，形成对被审计单位期初余额的审计结论，在此基础上确定其对本期财务报表出具审计报告的影响。

注册会计师应当根据已获取的审计证据，形成对被审计单位期初余额的审计结论，在此基础上确定其对本期财务报表出具审计报告的影响。

（一）审计后不能获取有关期初余额的充分、适当的审计证据

如果不能针对期初余额获取充分、适当的审计证据，注册会计师应当在审计报告中发表下列类型之一的非无保留意见：

(1) 发表适合具体情况的保留意见或无法表示意见。

(2) 除非法律、法规禁止，对经营成果和现金流量(如相关)发表保留意见或无法表示意见，而对财务状况发表无保留意见。

（二）期初余额存在对市期财务报表产生重大影响的错报

如果期初余额存在对本期财务报表产生重大影响的错报，注册会计师应当告知管理层；如果上期财务报表由前任注册会计师审计，注册会计师还应当考虑提请管理层告知前任注册会计师。如果错报的影响未能得到正确的会计处理和恰当的列报，注册会计师应当对财务报表发表保留意见或否定意见。

（三）会计政策变更对审计报告的影响

如果认为按照适用的财务报告编制基础与期初余额相关的会计政策未能在本期得到一贯运用，或者会计政策的变更未能得到恰当的会计处理或适当的列报与披露，注册会计师应当对财务报表发表保留意见或否定意见。

（四）前任注册会计师对上期财务报表发表了非无保留意见

如果前任注册会计师对上期财务报表发表非无保留意见，注册会计师应当考虑该审计报告对本期财务报表的影响。如果导致出具非标准审计报告的事项对本期财务报表仍然相关和重大，注册会计师应当对本期财务报表发表非无保留意见。

会计估计　关联方　关联方交易　持续经营假设　期初余额

【问题思考】

1. 当被审计单位发生会计估计变更时，注册会计师如何考虑变更的合理性？

2. 会计估计的审计结果如何处理？

3. 关联方及其交易的审计目标是什么？注册会计师实施哪些审计程序可能会识别出关联方交易的存在？

4. 当识别出关联方关系或关联方交易时，是否应当直接确定存在特别风险？

5. 如果识别出可能导致对持续经营能力产生重大疑虑的事项或情况，注册会计师应当实施哪些进一步审计程序？

6. 持续经营假设的审计结果对注册会计师出具审计报告有何影响？

7. 注册会计师在什么情况下需要对期初余额进行审计？期初余额的审计目标是什么？

8. 期初余额的审计程序通常包括哪些？

9. 怎样利用毛利率分析为存货期初余额收集相关证据？

10. 在初次接受业务委托时注册会计师如何考虑期初余额对所出具审计报告类型的影响？

【实训案例】

紫鑫药业关联交易审计案例

关联方及其交易复杂、频繁和隐蔽，往往是企业财务造假的主要手段，也是企业内部控制的重点对象和审计关注的重点风险领域。关联交易的难以识别极大地增加了审计失败的可能性，紫鑫药业即是其中的典型案例。

一、案情介绍

吉林紫鑫药业股份有限公司(股票代码 002118)前身是通化紫金药业有限责任公司，于1998 年 5 月 25 日由敦化市康平保健食品有限责任公司、敦化市吉泰经贸有限责任公司共同发起设立的有限责任公司。该公司是一家集科研、开发、生产、销售、药用动植物种植养殖为一体的高科技股份制企业。公司自成立以来，一直以现代中药和中药现代化为目标，初步形成了具有一定核心竞争力的中药制药价值链。

1998 年 11 月，根据临时股东会通过的增资扩股决议，公司注册资本增资扩股为人民币300 万元。2001 年 5 月 28 日，公司名称变更为吉林紫鑫药业股份有限公司。2007 年 1 月29 日，经证监会证监发行字〔2007〕25 号文核准，同意该公司向社会公开发行人民币普通股(A 股)1 690 万股，每股面值人民币 1 元，每股发行价格为人民币 9.56 元。该公司于 2007年 3 月 2 日在深圳证券交易所上市。

公司上市后，2007 年每股收益为 0.74 元，2008 年为 0.44 元，2009 年为 0.30 元，呈下降趋势。直到 2009 年年底，吉林省密集出台了人参产业振兴政策，该公司通过定向增发募资约 10 亿元进军人参系列化项目。增发完成后，公司具备 800 吨的人参深加工能力，形成中成药、人参深加工及精加工两条业务主线，并成为吉林省首批人参药食同源试点企业，有12个产品获批，其人参产业爆炸性发展，业绩与股价齐飞，被市场称为“股市人参”。2010年，该公司实现营收6.4亿元，同比增长151%，实现净利1.73亿元，同比暴增184%，每股收益0.84元，且10转10。2011年上半年紫鑫药业再掀狂潮，实现营业收入3.7亿元，净利润1.11亿元，分别同比增长226%和325%。2010年及2011年上半年，紫鑫药业营业收入和净利润均增长了数倍，其“神话”业绩引起广泛关注。2011年10月19日，因涉嫌违法、违规进行关联交易，紫鑫药业被证监会立案稽查。2014年2月13日，中国证监会因紫鑫药业在2010年度报告存在隐瞒多次关联交易的违法行为对其开出“行政处罚决定书”。2008—2011年紫鑫药业基本财务数据见表1。

表1　　2008—2011年紫鑫药业基本财务数据表　　单位:元

项目	2008年	2009年	2010年	2011年
总资产	545 980 586.38	655 193 783.69	2 569 265 077.05	2 789 164 038.40
营业收入	223 332 334.13	256 287 604.81	642 417 445.93	927 619 550.21
前五大客户收入	29 289 597.72	26 839 493.83	232 580 302.39	366 646 836.03
净利润	53 329 645.80	61 084 165.68	173 165 552.10	217 289 950.92
经营性现金流量	25 668 569.73	12 807 145.81	−215 418 190.86	−558 721 219.61
每股收益	0.44	0.30	−0.84	−1.09

一、关联交易主要事实

紫鑫药业关联交易主要为自买自卖虚增收入，通过上游关联供应商“延边系”与下游关联客户“通化系”虚假交易，使得营业收入和利润大增。

下游客户关联交易：根据紫鑫药业2010年年度报告，公司前五大客户分别为四川平大生物制品有限责任公司、亳州千草药业饮品厂、吉林正德药业有限公司、通化立发人参贸易有限公司、通化文博人参贸易有限公司。这五家公司共为紫鑫药业带来2.3亿元收入，占总营业收入比重达到36%，而紫鑫药业之前的年度报告中这五家公司并不曾出现。第一大客户平大生物，紫鑫药业关联方持股比例占60.88%，疑似间接被控制。第二大客户千草药业的实际控制人为紫鑫药业全资子公司“吉林草还丹药业”，即千草药业实际上与紫鑫药业间接相关。第三大客户正德药业，法人代表郭春林与紫鑫药业董事长郭春生是家族关系，所以正德药业可以说是被紫鑫药业实质控制。第四、第五大客户为受紫鑫药业实际控制的“通化系”公司。

上游供应商关联交易：紫鑫药业人参的主要上游供应商“延边嘉益”“延边耀宇”“延边欣鑫”“延边劲辉”这四家公司具有很强的相似性。从成立时间、注册地址、主营业务等都有惊人的巧合：都成立于2010年，以人参及人参粗加工为主营业务，营业场所为延边州新兴工业集中区。经过调查，这四家企业最终控制人均为紫鑫药业董事长、总经理郭春生，其公司内部管理层中紫鑫药业及其关联方无处不在，但紫鑫药业并未在年报中披露与其的关联方关系。

在紫鑫药业同一控制下，“延边系”公司将紫鑫药业采购款通过房地产公司等各种渠道转至紫鑫药业下游客户，再由其采购紫鑫药业的人参产品，钱款即重新流入由郭春生掌控的紫鑫药业，形成一条完整的内部购销链。因为整条链条均为郭春生及其家族控制，所以紫鑫药业就可以自由调节收入规模，形成一套自买自卖的关联交易系统。紫鑫药业关联方交易链条见图1。

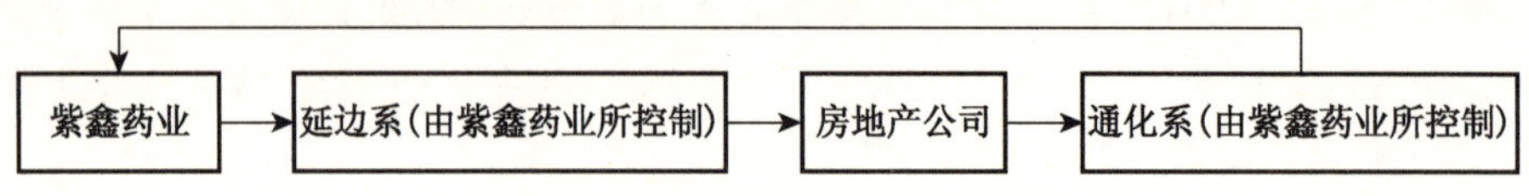

图1 紫鑫药业关联方交易链条

二、审计失败

关联方及其交易一直是CPA审计中重点关注的风险领域。不诚信的管理层往往利用隐瞒关联方从而给关联方交易披上非关联方交易的外衣。不诚信的管理层利用关联方之间不等价交易，甚至伪造关联方交易进行资金转移和财务欺诈。因此，连续多年，中国注册会计师协会审计风险提示中将关联方及其交易列入其中。然而，紫鑫药业隐瞒关联方关系，涉嫌关联方交易舞弊行为并非是由审计查出的，而且长期为紫鑫药业提供年度财务报表审计的中准会计师事务所非但没有发现隐瞒的关联方关系，还对紫鑫药业2010年度涉嫌虚假财务报告出具了无保留意见的审计报告，其中签字的CPA之一（刘昆因在审计*ST吉药2006年年报期间违规买入其股票获利，成为首例注册会计师在限制期内违规交易股票案）曾受到监管部门的惩戒，这无疑是典型的审计失败案例。

中注协给予中准会计师事务所紫鑫药业审计项目签字注册会计师刘昆、张忠伟通报批评。另外，中注协已向中准会计师事务所发出“整改通知书”，责成中准会计师事务所加强质量控制体系建设，强化总所对分所的管理，限期进行整改，中注协将对其整改情况进行跟踪检查。缺失职业操守的签字会计师是否会在上市公司年报中丢失自己的职业道德、丧失其本该有的独立性实在令人担心，而这次对中准会计师事务所及签字会计师的处罚正是给上市公司年报审计敲响的警钟。

案例思考和讨论题

1. 搜集相关资料，总结2000—2018年我国资本市场上市公司通过关联方实施舞弊行为的表现形式有哪些？

2. 分析紫鑫药业事件映射出哪些审计问题？注册会计师针对关联关系及其交易应当执行哪些审计程序？

练　习　题

姓名______
学号______
分数______

扫二维码获得更多
本章习题及案例

一、单项选择题

1. 由于经营活动具有内在不确定性，某些财务报表项目只能进行估计，下列涉及会计估计的选项中，会导致较低的重大错报风险的是(　　)。

　A. 因与常规交易相关而经常作出并更新的会计估计
　B. 非公开交易的衍生金融工具的公允价值会计估计
　C. 采用高度专业化的假设作出的公允价值会计估计
　D. 与诉讼结果相关的会计估计

2. A注册会计师负责审计甲公司2018度财务报表，为应对与会计估计相关的重大错报风险，A注册会计师一般视情况实施恰当的审计程序，下列(　　)情况下，A注册会计师一般会测试管理层如何作出会计估计和会计估计所依据的数据。

　A. 甲公司的会计估计是依据模型作出的公允价值会计估计
　B. 甲公司的会计估计源于会计系统对数据的非常规处理
　C. A注册会计师对上期财务报表中类似的会计估计的复核表明管理层本期的会计估计流程可能无效
　D. 甲公司会计估计建立在单项重要、数量较少的项目的基础上

3. 注册会计师针对导致特别风险的会计估计，以下关于实施进一步实质性程序的说法中，错误的是(　　)。

　A. 注册会计师需要重点评价管理层是如何评估估计不确定性对会计估计的影响
　B. 注册会计师需要重点评价会计估计的不确定性对财务报表中会计估计的确认的恰当性可能产生的影响
　C. 注册会计师需要重点评价相关披露的充分性
　D. 注册会计师需要重点评价相关披露的可靠性

4. 下列各项中，不属于关联方及其交易审计目标的是(　　)。

　A. 关联方及其交易是否真实存在
　B. 关联方交易是否合法
　C. 关联方交易的记录是否适当
　D. 关联方及其交易的披露是否恰当

5. 注册会计师在识别和评估与关联方交易相关的重大错报风险时，应当将识别出的(　　)的重大关联方交易导致的风险确定为特别风险。

　A. 超出被审计单位正常经营过程
　B. 管理层以前未识别出

C. 管理层对交易结果很满意

D. 按照关联方合同约定执行

6. 在财务报表审计中,下列有关注册会计师审计关联方的相关表述中,不恰当的是(　　)。

A. 如果适用的财务报告编制基础作出规定,注册会计师有责任实施审计程序,以识别、评估和应对被审计单位未能对关联方关系及其交易进行恰当会计处理或披露导致的重大错报风险

B. 如果适用的财务报告编制基础对关联方没有作出规定,注册会计师就不需要了解被审计单位的关联方关系及其交易

C. 即使注册会计师按照审计准则的规定恰当计划和实施了审计工作,也不可避免地存在财务报表中的某些重大错报未被发现的风险

D. 注册会计师在计划和实施与关联方关系及其交易有关的审计工作时,保持职业怀疑尤为重要

7. 关于财务报表的持续经营能力,管理层和注册会计师责任的下列表述中,不恰当的是(　　)。

A. 某些适用的财务报告编制基础明确要求管理层对持续经营能力作出评估

B. 某些财务报告编制基础没有要求对持续经营能力作出评估的,管理层不必对持续经营能力作出评估

C. 注册会计师的责任是就持续经营能力是否存在重大不确定性得出结论

D. 注册会计师未在审计报告中提及持续经营的不确定性,不能被视为对被审计单位持续经营能力的保证

8. 如果识别出管理层以前未识别出或未向注册会计师披露的关联方关系或重大关联方交易,注册会计师首先应该做的是(　　)。

A. 将相关信息向项目组其他成员通报

B. 要求管理层识别与新识别出的关联方之间发生的所有交易

C. 对新识别出的关联方或重大关联方交易实施恰当的实质性程序

D. 询问被审计单位与新识别出的关联方之间的关系的性质

9. 下列关于管理层和注册会计师在持续经营能力作出评估应承担责任的表述中,不恰当的是(　　)。

A. 管理层应该对持续经营能力作出评估,即使财务报告编制基础没有作出规定

B. 管理层对持续经营的评估是根据目前可获得的信息为基础,之后发生的事项可能与作出的判断不一致

C. 如果注册会计师未在审计报告中提及持续经营的不确定性,则视为被审计单位持续经营不存在不确定性因素

D. 财务报告编制基础没有要求管理层对持续经营能力进行评估,注册会计师仍有责任对持续经营能力获取充分适当的审计证据

10. 关于持续经营假设中管理层和注册会计师的责任的理解中,正确的是(　　)。

A. 管理层的责任是在编制财务报表时评估持续经营能力

B. 注册会计师的责任是在编制财务报表时评估持续经营能力

C. 如果财务报告编制基础没有明确要求管理层对持续经营能力作出评估,那么注册会

计师无需对管理层在编制和列报财务报表时运用持续经营假设的适当性获取审计证据和得出结论

D. 如果注册会计师未在审计报告中提及持续经营的不确定性,可视为对被审计单位持续经营能力的保证

11. 在管理层提出的下列未来应对计划中,最可能缓解注册会计师对持续经营能力的重大疑虑的是(　　)。

A. 申请政府补助

B. 建设新型生产线,提高生产能力

C. 研发新技术,提高生产能力

D. 计划低价出售积压存货

12. 注册会计师在执行首次审计业务时,下列关于对期初余额获取充分、适当的审计证据的目的的表述中,不恰当的是(　　)。

A. 确定期初余额是否含有对上期和本期财务报表产生重大影响的错报

B. 确定期初余额反映的恰当的会计政策是否在本期财务报表中得到一贯运用

C. 确定会计政策的变更是否已按照适用的财务报告编制基础作出恰当的会计处理和充分的列报与披露

D. 确定期初余额是否含有对本期财务报表产生重大影响的错报

13. 以下关于期初余额的审计的说法中,不正确的是(　　)。

A. 期初余额的审计包括首次接受委托和执行连续审计业务两种情况涉及的如何审计财务报表期初余额问题

B. 对于连续审计业务,注册会计师在当期审计中除关注被审计单位经审计的上期期末余额是否已正确结转至本期,或在适当的情况下已做出重新表述之外,通常很少再实施其他专门的审计程序

C. 对于首次接受委托的审计业务,注册会计师应当保持应有的职业谨慎,充分考虑期初余额对所审计财务报表的影响

D. 注册会计师接受委托进行审计时,应该对期初余额进行很详细的审计

14. A 注册会计师负责审计甲公司 2018 年度财务报表,在审计时,A 注册会计师发现前任注册会计师对上期财务报表发表了非无保留意见,并且导致出具非标准审计报告的事项对本期财务报表仍然相关和重大,则 A 注册会计师应当对本期财务报表发表(　　)。

A. 非无保留意见审计报告

B. 否定意见审计报告

C. 保留意见审计报告

D. 带强调事项段的无保留意见审计报告

15. 管理层对财务报表持续经营评估的期间应该是财务报表日后的(　　)。

A. 6 个月　　　　B. 12 个月

C. 24 个月　　　　D. 36 个月

二、多项选择题

1. 由于以下(　　)原因,需要对财务报表某些项目进行会计估计。

A. 经营活动具有内在不确定性
B. 某项资产、负债或权益组成部分的具体特征
C. 财务报告编制基础规定的计量基础或方法
D. 注册会计师无法获取充分适当的审计证据

2. 注册会计师在进行财务报表审计时，一般对期初余额(　　)。
A. 无须专门发表审计意见
B. 无须专门实施审计程序
C. 必须专门发表审计意见
D. 必须考虑其审计结论对所审计财务报表的审计意见的影响

3. 以下关于会计估计的说法中，正确的有(　　)。
A. 由于经营活动具有内在不确定性，某些财务报表项目只能进行估计
B. 会计估计的结果与财务报表中原来已确认或披露的金额存在差异，则表明财务报表存在错报
C. 作出会计估计的难易程度取决于估计对象的性质
D. 注册会计师有责任获取充分、适当的审计证据，评价被审计单位作出的会计估计是否合理、披露是否充分

4. A注册会计师负责审计甲公司2018年度财务报表，A注册会计师通过检查下列(　　)记录或文件，有可能发现关联方关系。
A. 甲公司有关投资和养老金计划的记录
B. 甲公司购买的人寿保险单
C. 甲公司在报告期内重新商定的重要合同
D. 甲公司与专业顾问的往来函件和发票

5. 注册会计师为了解被审计单位及其环境，实施风险评估和相关活动时，应当了解下列(　　)事项，作为识别和评估会计估计重大错报风险的基础。
A. 适用的财务报表编制基础的要求
B. 管理层如何识别是否需要作出会计估计
C. 管理层如何对会计估计进行精确性计量和分析
D. 管理层如何作出会计估计

6. 注册会计师应当考虑会计估计的性质，实施下列(　　)程序，以应对评估的重大错报风险。
A. 确定截至财务报表报出日发生的事项是否提供有关会计估计的审计证据
B. 测试管理层如何作出会计估计以及会计估计所依据的数据
C. 测试与管理层如何作出会计估计相关的控制的运行有效性，并实施恰当的实质性程序
D. 作出注册会计师的点估计或区间估计，以评价管理层的点估计

7. 下列各项中，可能表明持续经营能力存在重大疑虑的有(　　)。
A. 未决诉讼导致企业财产被冻结
B. 企业出售闲置的固定资产
C. 企业缺乏核心的研发人员

D. 过度依赖短期借款为长期资产筹资

8. 针对首次接受委托，为了获取期初存货余额充分、适当的审计证据，注册会计师对于存货项目可以实施的审计程序包括(　　)。

A. 监盘当前的存货数量并调节至期初存货数量

B. 对期初存货项目的计价实施审计程序

C. 对毛利和存货截止实施审计程序

D. 向第三方函证存货的期初余额

9. 如果注册会计师不能针对期初余额获取充分、适当的审计证据，注册会计师在审计报告中可能发表的审计意见包括(　　)。

A. 保留意见

B. 无法表示意见

C. 否定意见

D. 对经营成果和现金流量(如相关)发表保留意见，而对财务状况发表无保留意见

10. 下列审计程序中，可能帮助注册会计师识别关联方的有(　　)。

A. 查阅以前年度工作底稿

B. 执行交易或余额的细节测试

C. 查阅股东大会、董事会会议及其他重要会议记录

D. 查阅会计记录中数额较大的、异常的及不经常发生的交易或金额

三、判断题

1. 被审计单位的持续经营能力存在重大不确定性，这意味着以持续经营假设为基础编制财务报表是不适当的。(　　)

2. 只有被审计单位首次接受审计时才涉及期初余额的审计。(　　)

3. 注册会计师没有必要关注管理层对超出评估期间的事项或情况的处理。(　　)

4. 注册会计师应当就被审计单位所提供的关联方交易资料的真实性、完整性，向被审计单位管理层获取书面声明。(　　)

5. 实施必要的审计程序，获取充分、适当的审计证据，以确定被审计单位是否按照企业会计准则的要求识别和披露关联方及其交易是注册会计师的责任。(　　)

6. 注册会计师对期初余额进行审计，主要是为了证实期初余额是否存在对本期财务报表有重大影响的错报。(　　)

7. 当期初余额对本期财务报表可能存在重大影响，但又无法获取有关审计证据时，注册会计师应签发无法表示意见的审计报告。(　　)

8. 注册会计师审计关联方交易时重点应放在关联方交易的会计处理是否恰当上。(　　)

9. 注册会计师应当了解被审计单位的会计估计方法是否已经发生或应当发生不同于上期的变化，并了解变化的原因。(　　)

10. 注册会计师为了解被审计单位及其环境，实施风险评估和相关活动时，应当了解管理层如何对会计估计进行精确性计量和分析，作为识别和评估会计估计重大错报风险的基础。(　　)

四、分析题

1. A注册会计师负责审计甲公司2018年度财务报表，在审计过程中，A注册会计师实施风险评估程序以了解甲公司在会计估计方面是否存在重大错报风险，A注册会计师对于甲公司与会计估计相关的事项的相关资料如下：

(1) 在了解甲公司及其环境时，A注册会计师认为管理层作出的会计估计发生重大错报的可能性较大，A注册会计师决定重点关注甲公司管理层如何作出会计估计，而不再对管理层如何识别是否需要作出会计估计进行了解。

(2) A注册会计师在风险评估过程中发现甲公司的会计估计的结果与财务报表中已披露的金额存在差异，A注册会计师认为甲公司的财务报表存在错报。

(3) A注册会计师了解到甲公司管理层不具备作出点估计必要的经验和胜任能力，在进行会计估计时管理层聘请专家帮助其作出会计估计。

(4) A注册会计师了解到市场参与方假设发生的变化影响到甲公司上期公允价值会计估计的结果，A注册会计师通过了解该变化难以提供与本期会计估计相关的信息。在这种情况下，A注册会计师在对上期公允价值会计估计结果进行考虑时，着重了解该变化对上期会计估计结果的影响。

要求：不考虑其他因素，根据审计准则中与会计估计相关的规定，结合甲公司的具体情况，逐一指出A注册会计师在针对会计估计的风险评估程序和相关活动中是否存在不当之处。如果存在不当之处，请简要说明理由。

2. ABC会计师事务所于2019年1月承接了甲公司2018年度财务报表审计业务，并与其签订了审计业务约定书。甲公司2017年度财务报表由XYZ事务所审计，并出具了否定意见审计报告。甲公司同意ABC会计师事务所与XYZ事务所联系以了解与期初余额相关的情况。

要求：请根据上述资料简要回答以下问题。

(1) ABC会计师事务对期初余额的审计目标是什么？

(2) ABC会计师事务所确定期初余额对本期财务报表的影响时，应重点关注的内容有哪些？

(3) ABC会计师事务所对期初余额通常应当实施的审计程序包括哪些内容？

(4) 如果期初余额中导致XYZ会计师事务所出具非标准审计报告的事项对本期财务报表仍然相关并具有重大影响，ABC注册会计师事务所应当对本期财务报表发表怎样的审计报告？

第四篇

完成审计工作与出具审计报告

第十三章 完成审计工作与审计报告

教学目标

本章主要介绍审计完成阶段的主要工作内容及审计报告的类型和编制。通过学习，学生应理解掌握审计完成阶段的主要工作、对期后事项审计的程序及对审计意见的影响、审计报告的意见类型及其编制。

第一节 期后事项审计

完成审计工作是注册会计师在执行了对各项交易及账户余额的测试后、编制与签发审计报告前进行的综合性测试工作，是财务报表审计的最后阶段。完成审计工作阶段，注册会计师要评价审计结果，确定审计意见，提出审计报告。这一阶段所作出的决定对审计报告有着直接而重要的影响。完成审计工作的主要内容包括复核期后事项、取得被审计单位管理层申明书与律师声明书；评价审计结果、复核工作底稿；确定审计意见、与被审计单位沟通、提出审计报告等。

注册会计师在审计被审计单位某一会计年度的财务报表时，除了对所审会计年度内发生的交易和事项实施必要的审计程序外，还必须考虑所审会计年度之后发生和发现的事项对财务报表和审计报告的影响，以保证一个会计年度的财务报表的真实性和完整性。

一、期后事项的含义

期后事项是指资产负债表日至审计报告日之间发生的事项以及审计报告日后知悉的事实。这些事项或事实可能对被审计单位财务报表和审计报告产生影响。因此，注册会计师必须对期后事项引起充分的关注。

在图 13-1 中，资产负债表日（如 2018 年 12 月 31 日）是指财务报表的涵盖的最近期间截止日期；财务报表批准日（如 2019 年 3 月 5 日）是指被审计单位董事会或类似机构批准财务报表报出的日期；财务报表报出日（财务报表公布日，如 2019 年 3 月 15 日）是指被审计单位对外披露已审计财务报表的日期（对外披露可以是公开方式，如上市公司公布财务报表；也可以是非公开方式，如非上市公司将财务报表提供给使用者按照审计报告准则规定），审

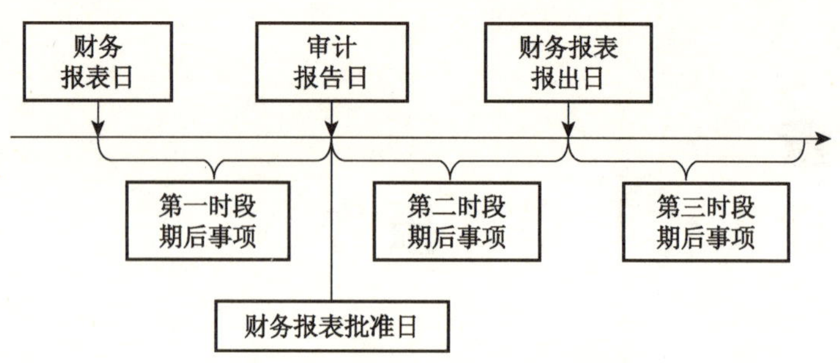

图 13-1　按时段分成的期后事项

计报告的日期不应早于注册会计师获取充分适当的审计证据(包括管理层认可对财务报表的责任且已批准财务报表的证据),并在此基础上对财务报表形成审计意见的日期。因此,审计报告日通常与财务报表批准日(如 2019 年 3 月 5 日)是同一个日期。

二、期后事项的处理

事实上,并非所有的期后事项都会对财务报表和审计报告产生影响,因此注册会计师也无须关注所有的期后事项。但是,下列两类期后事项注册会计师必须引起高度关注,因为它们有可能对财务报表和审计报告产生重大影响。

(一) 资产负债表日后调整事项

资产负债表日后调整事项是指为资产负债表日已经存在的情况提供了新的或进一步证据的事项。针对此类事项,注册会计师应当提请和要求被审计单位调整财务报表和与之相关的信息披露。此类事项通常包括:

(1) 资产负债表日已经存在的资产在资产负债表日后发生了减值或者需要调整该项资产原先确认的减值金额。例如,大额应收款项,在资产负债表日后因债务人的破产而发生的可预计的坏账损失。

(2) 资产负债表日已经存在的法律诉讼,在资产负债表日后被判决承担的巨额赔偿和罚款。

(3) 资产负债表日已经存在的固定资产、存货或已入账的销售收入,在资产负债表日后被发现与原入账价值存在重大差异。

(4) 资产负债表日已经存在,在资产负债表日后被发现存在的财务报表舞弊或差错。

(二) 资产负债表日后非调整事项

资产负债表日后非调整事项是指表明在资产负债日后发生的情况或事项。此类事项虽然对已审计的财务报表没有影响,但可能对被审计单位的未来经营产生影响。因此,被审计单位不需调整财务报表,但应当在财务报表附注中予以披露,以提醒财务报表使用者关注。注册会计师的责任就是检查被审计单位是否已对此类事项的性质、内容及其对财务状况和经营成果的影响等方面作了披露,以及披露的程度是否恰当。此类事项通常包括以下内容:

(1) 资产负债表日后才发生的重大诉讼、仲裁、承诺。

(2) 资产负债表日后才发生的巨额亏损。

(3) 资产负债表日后才发生的自然灾害重大损失。

(4) 资产负债表日后才发生的资产价格、税收政策、外汇变化。

(5) 资产负债表日后才发生的资本公积转增资本。

(3) 资产负债表日后才发行的股票、债券和其他巨额举债。

(7) 资产负债表日后才发生的企业合并或处置子公司。

(8) 资产负债表日后企业利润分配方案中拟分配的以及经审计批准宣告发放的利润或股利。

三、期后事项的审计程序

注册会计师应在接近审计报告日之时，通过实施必要的审计程序，获取充分适当的审计证据，以确定截止审计报告日发生的、需要在财务报表中调整或披露的事项是否均已得到识别。通常的审计程序有：

(1) 审阅最近的中期财务报表等相关资料，关注被审计单位的生产经营环境是否发生重大变化，以及是否发生异常的、大额的交易或事项；如果认为有必要，还应当查阅预算、现金流量预测及其他相关管理报告。

(2) 审阅董事会、股东大会及其专门委员会在资产负债表日后举行的会议纪要，或询问相关事宜，以检查被审计单位是否发生了可能影响财务报表的事项。

(3) 向被审计单位的律师或法律顾问询问有关诉讼和赔偿情况，以确定被审计单位是否有必要调整财务报表或披露该信息。

(4) 询问和了解管理层用于识别期后事项的程序，以判定其程序是否足以识别期后事项的发生情况。

(5) 向管理层询问是否发生可能影响财务报表的期后事项。

(6) 取得管理层和律师声明书，以了解其对期后事项的陈述和说明是否恰当。

另外，如果被审计单位的分支机构、子公司等组成部分的财务信息由其他注册会计师审计，则注册会计师应当考虑其他注册会计师对资产负债表日后事项是否实施了专门的审计程序，以及实施该程序的时间是否接近审计报告日。注册会计师还应当考虑是否需要向其他注册会计师告知计划的审计报告日，以便于其计划所负责的分支机构、子公司等组成部分的期后事项实施审计程序的时间，从而更好地降低审计风险。

四、注册会计师对期后事项所承担的责任

以上两类事项都有可能对财务报表和审计报告产生影响，但对于不同时段的期后事项，注册会计师的责任不同。

(一) 资产负债表日至审计报告日之间发生的事项

资产负债表日(2018 年 12 月 31 日)后至审计报告日(2019 年 3 月 5 日)是期后事项的第一个时段。对于这一时段的期后事项，注册会计师负有主动识别的义务，应当设计专门的审计程序来识别这些期后事项，并根据这些事项的性质判断其对财务报表的影响，进而确定是进行调整还是披露。

(二) 注册会计师在审计报告日后至财务报表报出日前知悉的事实

审计报告日(2019 年 3 月 5 日)后至财务报表报出日(2019 年 3 月 15 日)是期后事项的第二个时段,注册会计师针对被审计单位的审计业务已经结束,要识别可能存在的期后事项比较困难,因而无法承担主动识别第二时段期后事项的审计责任。但是,在这一阶段,被审计单位的财务报表并未报出,管理层有责任将发现的可能影响财务报表的事实告知注册会计师。当然,注册会计师还可能从媒体报道、举报信或者证券监管部门告知等途径获悉影响财务报表的期后事项。在审计报告日后至财务报表报出日前,如果知悉了某事实,且若在审计报告日知悉可能导致修改审计报告,注册会计师应当与管理层和治理层(如适用)讨论该事项;确定财务报表是否需要修改;如果需要修改,询问管理层将如何在财务报表中处理该事项。

1. 被审计单位修改财务报表时的处理

发现这一时段的期后事项后,如果经过讨论与磋商,被审计单位修改了财务报表,则注册会计师必须做好以下两项工作:

(1) 实施新的审计程序,以收集充分、适当的审计证据,验证被审计单位根据期后事项所作出的财务报表调整或披露是否符合企业会计准则和相关的会计制度的规定。例如,在资产负债日已经存在的一笔质量有争议的销售诉讼,在审计报告日后、财务报表报出日前法院作出最终判决,要求被审计单位承担退货和赔偿损失若干。此时,被审计单位就应该按照企业会计准则的规定,调整财务报表。在这种情况下,注册会计师也就必须实施新的与此相关的审计程序。

(2) 针对修改后的财务报表出具新的审计报告。应特别注意的是,新的审计报告日期不应早于董事会或类似机构批准修改后的财务报表的日期。同时,由于审计报告日的变化,注册会计师也应当将用以识别期后事项的审计程序延伸至新的审计报告日,以避免重大遗漏。此时,注册会计师需要获取充分、适当的审计证据,以验证管理层根据期后事项所作出的财务报表调整或披露是否符合适用的财务报表编制基础的规定。

特殊情况是,在有关法律、法规或适用的财务报告编制基础未禁止的情况下,如果管理层对财务报表的修改仅限于反映导致修改的期后事项的影响,被审计单位的董事会、管理层或类似机构也仅对有关修改进行批准,注册会计师可以针对有关修改将用以识别期后事项的上述审计程序延伸至新的审计报告日。在这种情况下,注册会计师可针对财务报表修改部分增加补充报告日期,从而表明注册会计师对期后事项实施的审计程序仅限于财务报表相关附注所述的修改。原审计报告日期告知财务报表使用者针对该财务报表的审计工作何时完成;补充报告日期告知财务报表使用者自原审计报告日之后实施的审计程序仅针对财务报表的后续修改。有关补充报告日期的示例如下:“除附注×所述事项的日期为(仅针对附注×所述修改的审计程序完成日期)之外,(原审计报告日)。”表明注册会计师只在审计报告日后至财务报表报出日之前对该事项负责。

2. 被审计单位不修改财务报表且审计报告尚未提交时的处理

针对具体经济业务的发生,由于对企业会计准则理解的不同,或者是出于不同经济利益的考虑,如果注册会计师认为应当修改的财务报表而被审计单位拒绝修改,在审计报告尚未提交给被审计单位的情况下,注册会计师应当按照《中国注册会计师审计准则》的规定,出具保留意见甚至否定意见的审计报告。

3. 被审计单位不修改财务报表且审计报告已经提交时的处理

不管出于何种考虑，当注册会计师认为应当修改的财务报表而被审计单位拒绝修改时，在审计报告已经提交给被审计单位的情况下，注册会计师应当通知被审计单位不要将财务报表和审计报告向第三方报出。

如果财务报表仍被公布，为了避免不必要的损失，注册会计师应当采取措施防止财务报表使用者信赖该审计报告。例如，对于上市公司，注册会计师可以通过有关传媒刊登必要的声明，来告知社会各界不要信赖该审计报告，并在必要时作出适当解释。不过，注册会计师应当以什么样的方式、采取什么样的措施，主要取决于注册会计师自身的权利和义务，以及所征询的法律意见。

（三）注册会计师在财务报表报出后知悉的事实

财务报表报出日后是期后事项的第三时段，注册会计师没有义务针对财务报表实施任何审计程序。但是，并不排除注册会计师通过媒体等其他途径获悉可能对财务报表产生重大影响的期后事项的可能性。在财务报表报出之后，注册会计师虽然没有义务针对财务报表进行查询，但一旦知悉在审计报告日已经存在、可能导致修改审计报告的事实，注册会计师仍然需要考虑是否要修改财务报表，并与管理层进行讨论。且根据管理层是否修改财务报表、是否采取必要措施确保所有收到原财务报表和审计报告的人士了解这一情况、是否临近公布下一期财务报表等具体情况采取适当的措施。

1. 管理层修改财务报表时的处理

如果被审计单位管理层修改了财务报表，注册会计师通常应当采取如下措施：

(1) 实施必要的审计程序。主要是通过查阅相关资料和复核会计处理或披露事项，以确定管理层对财务报表的修改是否适当，从而判定修改后的财务报表是否公允。

(2) 复核修改财务报表的公布措施。复核管理层采取的措施能否确保所有收到原财务报表和审计报告的人士了解这一情况，主要是为了确保有关各方能及时知悉财务报表的修改情况，以避免原财务报表和审计报告可能带来的损失。

(3) 针对修改后的财务报表出具新的审计报告。在管理层修改了财务报表之后，注册会计师理应对其出具新的审计报告，以判定修改后的财务报表是否足以消除原有报表的不当之处。并在新的审计报告中增加强调事项段，以提醒财务报表使用者注意财务报表附注中对修改原财务报表原因的详细说明，以及注册会计师出具的原审计报告。值得一提的是，新的审计报告日期不应早于董事会或类似机构批准修改后的财务报表的日期。相应地，注册会计师的相关审计程序也应当延伸至新的审计报告日。

2. 管理层未采取必要行动时的处理

也就是说，如果被审计单位管理层既没有采取必要措施确保所有财务报表和审计报告的人士了解这一情况，又没有在注册会计师认为需要修改的情况下修改财务报表。在这种情况下，注册会计师应当采取相应措施，如在权威媒体或机构发布广告等方式，以防止财务报表使用者信赖其审计报告，并将拟采取的措施告知公司治理层。至于注册会计师决定采取什么样的具体措施，应取决于自身的权利和义务，以及征询的法律意见。

3. 临近公布下一期财务报表时的处理

当注册会计师知悉在审计报告日已经存在的、可能导致修改审计报告的事实时，如果已临近公布下一期财务报表，且能够在下一期财务报表中进行充分披露，注册会计师应当根据

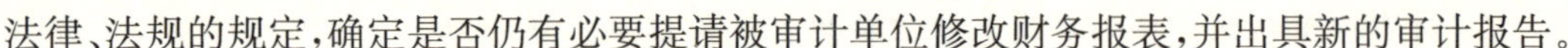

法律、法规的规定，确定是否仍有必要提请被审计单位修改财务报表，并出具新的审计报告。

第二节 取得管理层书面声明和律师声明书

注册会计师在复核被审计单位期后事项时，需要向被审计单位索取书面声明并向律师发出审计询问函。这种声明和回函记录了被审计单位管理层和律师对注册会计师查询的答复，是注册会计师从被审计单位管理层和律师处获得查询的书面证据，可以减少错误或误解的可能性。

一、被审计单位管理层书面声明

注册会计师在完成审计工作阶段出具审计报告前，应取得被审计单位书面声明，以明确会计责任与审计责任。

被审计单位书面声明是被审计单位管理层向注册会计师提供的书面陈述，用以确认某些事项或支持其他证据。被审计单位书面声明，应由被审计单位的高层管理人员(一般是董事长或总经理)签名后送交受托审计的会计师事务所。

1. 获取书面声明的意义

注册会计师获取书面声明的意义主要体现在以下两方面：

(1) 明确被审计单位管理层对其财务报表应负的会计责任。被审计单位管理层应对其财务报表的编制和提供给注册会计师的有关资料的真实性、合法性和完整性负责，并在书面声明中作出陈述。为了达到这一目的，声明应尽可能详细，以充当被审计单位管理层的提醒者。书面声明为明确被审计单位管理层的会计责任提供了依据。

(2) 有利于保护注册会计师。书面声明把管理人员对各方面审计问题的回答以书面方式记录下来，当被审计单位和注册会计师发生意见分歧和法律诉讼时，它作为书面证据，有利于保护注册会计师。

需要指出，书面声明是一种非独立来源的书面说明，不能将它视为十分可靠的证据。虽然它提供了注册会计师要求被审计单位管理层回答的某些问题的证据，但其主要作用是心理方面的，是用来保护注册会计师，并使其不致卷入由于管理层不明白自身责任而导致的潜在纠纷。

2. 书面申明的格式

书面申明应当以申明书的形式致送注册会计师。以下参考格式列示了一种声明书的范例，其背景信息：①被审计单位采用《企业会计准则》编制财务报表；②与《中国注册会计师审计准则第 1324 号——持续经营》中有关获取书面声明的要求不相关；③所要求的书面声明不存在例外情况。如果存在例外情况，则需要对本参考格式列示的书面声明的内容予以调整，以反映这些例外情况。

(致注册会计师)：

本声明书是针对你们审计广州天河股份有限公司截至 2018 年 12 月 31 日的年度财务报表而提供的。审计的目的是对财务报表发表意见，以确定财务报表是否在所有重大方面已按照企业会计准则的规定编制，并实现公允反映。

尽我们所知，并在作出必要的查询和了解后，我们确认：

一、财务报表

1. 我们已履行[插入日期]签署的审计业务约定书中提及的责任，即根据《企业会计准则》的规定编制财务报表，并对财务报表进行公允反映。

2. 在作出会计估计时使用的重大假设（包括与公允价值计量相关的重大假设）是合理的。

3. 已按照《企业会计准则》的规定对关联方关系及其交易作出了恰当的会计处理与披露。

4. 根据《企业会计准则》的规定，所有需要调整与披露的资产负债表日后事项都已得到调整与披露。

5. 未更正错报，无论是单独还是汇总起来，对财务报表的整体影响均不重大。未更正错报汇总表附在本声明书后。

6. [插入注册会计师可能认为适当的其他任何事项]。

二、提供的信息

7. 我们已向你们提供下列工作条件。

(1) 允许我们接触我们注意到的、与财务报表编制相关的所有信息（如记录、文件和其他事项）。

(2) 提供你们基于审计目的要求我们提供的其他信息。

(3) 允许在获取审计证据时不受限制地接触你们认为必要的本公司内部人员和其他相关人员。

8. 所有交易均已记录并反映在财务报表中。

9. 我们已向你们披露了由于舞弊可能导致的财务报表重大错报风险的评估结果。

10. 我们已向你们披露了我们注意到的、可能影响本公司的与舞弊或舞弊嫌疑相关的所有信息，这些信息涉及本公司的。

(1) 管理层。

(2) 在内部控制中承担重要职责的员工。

(3) 其他人员（在舞弊行为导致财务报表重大错报的情况下）。

11. 我们已向你们披露了从现任和前任员工、分析师、监管机构等方面获知的、影响财务报表的舞弊指控或舞弊嫌疑的所有信息。

12. 我们已向你们披露了所有已知的、在编制财务报表时应当考虑其影响的违反和涉嫌违反法律、法规的行为。

13. 我们已向你们披露了我们注意到的关联方的名称和特征、所有关联方关系及其交易。

14. [插入注册会计师可能认为必要的其他任何事项]。

附：未更正错报汇总表（略）

广州天河股份有限公司　　　　天河公司管理层
（盖章）　　　　（签名并盖章）
中国广州市　　　　二〇一九年×月×日

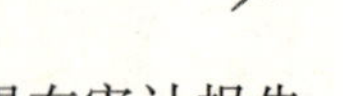

书面申明的日期应当尽可能接近对财务报表出具审计报告的日期，但不得在审计报告日后。书面申明应当涵盖针对的所有财务报表和期间。

3. 管理层不提供要求的书面声明

如果管理层不提供要求的一项或多项书面声明，注册会计师应当与管理层讨论该事项；重新评价管理层的诚信，并评价该事项对书面或口头声明和审计证据总体的可靠性可能产生的影响；采取适当措施，包括确定该事项对审计意见可能产生的影响。

如果存在下列情形之一，注册会计师应当对财务报表发表无法表示意见：

(1) 注册会计师对管理层的诚信产生重大疑虑，以致于认为其作出的书面声明不可靠。

(2) 管理层不提供下列书面声明：①针对财务报表的编制，管理层确认其根据审计业务约定条款，履行了按照适用的财务报告编制基础编制财务报表并使其实现公允反映（如适用）的责任。②针对提供的信息和交易的完整性，管理层就下列事项提供书面声明：按照审计业务约定条款，已向注册会计师提供所有相关信息，管理层允许注册会计师不受限制地接触相关信息，以及被审计单位内部人员和其他人员；所有交易均已记录并反映在财务报表中。

这是因为，如果注册会计师认为有关这些事项的书面声明不可靠，或者管理层不提供有关这些事项的书面声明，则注册会计师无法获取充分、适当的审计证据，这对财务报表的影响可能是广泛的，并不局限于财务报表的特定要素、账户或项目。在这种情况下，注册会计师需要对财务报表发表无法表示意见。

二、对律师的审计询问函

注册会计师对被审计单位或有事项进行复核时，由于注册会计师不可能像律师那样具有良好的法律技能，往往需要向被审计单位的律师（或法律顾问）进行函证，以获取其对财务报表日就已存在的以及财务报表日至其复函日这一时期内存在的或有事项的确认证据。向被审计单位律师寄发审计询问函是注册会计师获取或有事项证据的一种主要手段。

向律师发出审计询问函，律师可能由于缺少有关或有事项方面的知识，或者认为所询问事项属于机密信息而拒绝向注册会计师回答。如果被拒绝回答的问题很重要，注册会计师因为缺少有效证据可能需要对审计意见加以修改。为此，中国注册会计师执业准则要求被审计单位管理当局允许其聘用的律师向注册会计师提供与或有事项有关的资料，并鼓励律师在取得有关或有事项资料方面与注册会计师通力合作。致被审计单位律师的标准审计询问函，通常应使用被审计单位的信笺书写，并由被审计单位管理人员签名和寄出。被审计单位应对曾为其进行法律代理或咨询的所有律师寄发审计询问函。标准审计询问函应包括以下内容：

(1) 由被审计单位列具一份清单，说明律师已在很大程度上涉足的重要的未决或正面临的诉讼、索赔等事项；或函请律师准备一份这样的清单。

(2) 由被审计单位列具一份清单，说明律师已在很大程度上涉足的尚未认定的索赔等事项。

(3) 被审计单位就已列具的每一事项准备采取的法律行动、不利结果发生的可能性和可能造成的损失金额或范围大小，向律师进行调查，要求律师提供有关资料和说明。

(4) 要求律师确认未列出的或有事项及其影响，或者说明被审计单位的清单是完整的。

（5）由被审计单位以书面形式将有关责任告知律师。律师根据其职业判断，如认为有必要在财务报表上反映某一法律事项时，应通知被审计单位。此外，还要求律师直接向注册会计师说明，他本人理解这些责任。

（6）要求律师就其答复中所受限制的原因及性质进行确认，并予以说明。

审计询问函应要求律师将接近审计报告日的或有事项直接回函告知注册会计师，被审计单位律师对函证问题的答复和说明就是律师声明，它可以作为审计证据，并足以使注册会计师解释并报告有关或有事项。律师声明的格式和措辞没有定式，但律师声明的内容会直接影响注册会计师发表审计意见的类型。

注册会计师应根据该律师的职业声誉来确定律师声明的合理性。如果注册会计师熟悉该律师的职业声誉，就不需要作专门的查询，否则应查询该律师的职业背景、声誉及其在法律界的地位，并考虑从律师协会中获取信息。若这些方面都能令人满意，除非律师关于被审计单位或有事项的意见是不合情理的，注册会计师一般会接纳律师声明中的意见。如果律师声明指出或有事项产生有利结果的可能性很大，或者争论的事项并不重要，那么，注册会计师可以签发无保留意见的审计报告。如果律师声明指出或有事项可能引起不利结果，或者潜在损失发生的金额和范围都具有重大不确定性，在这种情况下，如果被审计单位的财务报表充分披露了这一不确定事项，注册会计师可签发带强调事项段的无保留意见审计报告。

倘若律师拒绝回答审计询问函，或律师声明书表明律师拒绝提供信息或隐瞒信息，或者对被审计单位叙述的情况不加修正，注册会计师应认为审计范围受到限制。这种情况下，注册会计师应根据或有事项的重要程度，对被审计单位财务报表发表保留意见或无法表示意见。

第三节／评价审计结果

一、编制审计差异调整表

在完成财务报表各项目的实质性程序后，对审计项目组成员在审计中发现的被审计单位的会计处理方法与有关会计准则的不一致，即审计差异内容，审计项目经理应根据审计重要性原则予以初步确定并汇总，并建议被审计单位进行调整，使经审计的财务报表所载信息能够真实反映被审计单位的财务状况、经营成果和现金流量。这一对审计差异内容的“初步确定并汇总”直至形成“经审计的财务报表”的过程，主要是通过编制审计差异调整表和试算平衡表得以完成的。

审计差异内容按是否需要调整账户记录可分为核算错误和重分类错误。核算错误是因企业对经济业务进行了不正确的会计处理而引起的错误。用审计重要性原则来衡量每一项核算错误，又可把这些核算错误区分为建议调整的不符事项和不建议调整的不符事项；重分类错误是因企业未按有关会计准则编制财务报表而引起的错误，如企业在应付账款项目中反映的预付账款、在应收账款项目中反映的预收账款等。

无论是核算错误还是重分类错误，在审计工作底稿中通常都是以会计分录的形式反映的。由于审计中发现的错误往往不止一两项，为便于审计项目的各级负责人综合判断、分析和决定，也为了便于有效编制试算平衡表和被审计单位编制财务报表，通常需要将这些错误分别汇总至账项调整分录汇总表、重分类调整分录汇总表和未更正错报汇总表。三张汇总表的参考格式见表 13-1、表 13-2 和表 13-3。

表 13-1　　账项调整分录汇总表

被审计单位：　　　　　　索引号：
项目：　　　　　　　　　财务报表截止日/期间：
编制：　　　　　　　　　复核：
日期：　　　　　　　　　日期：

序号	内容及说明	索引号	调整内容				影响利润表+(－)	影响资产负债表+(－)
			借方项目	借方金额	贷方项目	贷方金额		

与被审计单位的沟通：

参加人员：

被审计单位：________________________________

审计项目组：________________________________

被审计单位的意见：

____

____

____

____

结论：

是否同意上述审计调整：________________

被审计单位授权代表签字：________________日期：________

表 13-2　　重分类调整分录汇总表

被审计单位：　　索引号：
项目：　　财务报表截止日/期间：
编制：　　复核：
日期：　　日期：

序号	内容及说明	索引号	调整项目和金额			
			借方项目	借方金额	贷方项目	贷方金额

与被审计单位的沟通：
参加人员：
被审计单位：________________
审计项目组：________________
被审计单位的意见：

____
____
____
____

结论：
是否同意上述审计调整：________________
被审计单位授权代表签字：________________　日期：________

表 13-3　　　　　　　　　　　　未更正错报汇总表

被审计单位：　　　　　　　　　　　　　　　　索引号：
项目：　　　　　　　　　　　　　　　　　　　财务报表截止日/期间：
编制：　　　　　　　　　　　　　　　　　　　复核：
日期：　　　　　　　　　　　　　　　　　　　日期：

序号	内容及说明	索引号	未调整内容			
			借方项目	借方金额	贷方项目	贷方金额

未更正错报的影响：
项目　　　　　金额　　　　　百分比
1. 总资产
2. 净资产
3. 销售收入
4. 费用总额
5. 毛利
6. 净利润
结论：
是否同意上述审计调整：____________________
被审计单位授权代表签字：__________________ 日期：________

二、编制试算平衡表

试算平衡表是注册会计师在被审计单位提供未调整财务报表的基础上，考虑调整分录、重分类分录等内容后所确定的已审计数和报表反映数的表式。资产负债表、利润表的试算平衡表的参考格式见表 13-4 和表 13-5。

表 13-4　　资产负债表试算平衡表

项目	期末未审数	账项调整		重分类调整		期末审定数	项目	期末未审数	账项调整		重分类调整		期末审定数
		借方	贷方	借方	贷方				借方	贷方	借方	贷方	
货币资金							短期借款						
交易性金融资产							交易性金融负债						
应收票据							应付票据						
应收账款							应付账款						
预付账款							预收款项						
应收利息							应付职工薪酬						
应收股利							应交税费						
其他应收款							应付利息						
存货							应付股利						
一年内到期的非流动资产							其他应付款						
其他流动资产							一年内到期的非流动负债						
可供出售金融资产							其他流动负债						
持有至到期投资							长期借款						
长期应收款							应付债券						
长期股权投资							长期应付款						
投资性房地产							专项应付款						
固定资产							预计负债						
在建工程							递延所得税负债						
工程物资							其他非流动负债						
固定资产清理							实收资本(股本)						
无形资产							资本公积						
开发支出							盈余公积						
商誉							未分配利润						
长期待摊费用													
递延所得税资产													
其他非流动资产													
合计							合计						

表 13-5　　　　利润表试算平衡表工作底稿

被审计单位：__________　　索引号：__________
项目：__________　　财务报表截止日/期间：__________
编制：__________　　复核：__________
日期：__________　　日期：__________

项目		审计前金额	调整金额		审定金额
			借方	贷方	
一、	营业收入				
	减：营业成本				
	税金及附加				
	销售费用				
	管理费用				
	财务费用				
	资产减值损失				
	加：公允价值变动损益				
	投资收益				
二、	营业利润				
	加：营业外收入				
	减：营业外支出				
三、	利润总额				
	减：所得税费用				
四、	净利润				

三、复核审计工作底稿和财务报表，形成审计意见

（一）对财务报表总体合理性进行总体复核

在审计结束或临近结束时，注册会计师需要对财务报表总体合理性进行复核。通过运用分析程序，确定经审计调整后的财务报表整体是否与对被审计单位的了解一致，是否具有合理性。

在运用分析程序进行总体复核时，如果识别出以前未识别的重大错报风险，注册会计师应当重新考虑对全部或部分各类别交易、账户余额、披露评估的风险是否恰当，并在此基础上重新评价之前计划的审计程序是否充分，是否有必要追加审计程序。

（二）复核审计工作底稿

1. 项目组内部复核

1）复核人员

会计师事务所在安排复核工作时，应当由项目组内经验较多的人员复核经验较少的人员的工作。项目组需要在制定审计计划时确定复核人员的指派，以确保所有工作底稿均得

到适当层级人员的复核。对一些较为复杂、审计风险较高的领域，例如，舞弊风险的评估与应对、重大会计估计及其他复杂的会计问题、审核会议记录和重大合同、关联方关系和交易、持续经营存在的问题等，需要指派经验丰富的项目组成员执行复核，必要时可以由项目合伙人执行复核。

2）复核范围

所有的审计工作底稿至少要经过一级复核。执行复核时，复核人员需要考虑的事项包括：

（1）审计工作是否已按照职业准则和适用的法律、法规的规定执行。

（2）重大事项是否已提请进一步考虑。

（3）相关事项是否已进行适当咨询，由此形成的结论是否已得到记录和执行。

（4）是否需要修改已执行审计工作的性质、时间安排和范围。

（5）已执行的审计工作是否支持形成的结论，并已得到适当记录。

（6）已获取的审计证据是否充分、适当。

（7）审计程序的目标是否已实现。

3）复核时间

审计项目复核贯穿审计全过程，随着审计工作的开展，复核人员在审计计划阶段、执行阶段和完成阶段应及时复核相应的工作底稿。例如，在审计计划阶段复核记录审计策略和审计计划的工作底稿，在审计执行阶段复核记录控制测试和实质性程序的工作底稿，在审计完成阶段复核记录重大事项、审计调整及未更正错报的工作底稿等。

4）项目合伙人复核

项目合伙人应当对会计师事务所分派的每项审计业务的总体质量负责；项目合伙人应当对项目组按照会计师事务所复核政策和程序实施的复核负责。

项目合伙人复核的内容包括：

（1）对关键领域所作的判断，尤其是执行业务过程中识别出的疑难问题或争议事项。

（2）特别风险。

（3）项目合伙人认为重要的其他领域。

项目合伙人无需复核所有审计工作底稿。在审计报告日或审计报告日之前，项目合伙人应当通过复核审计工作底稿和与项目组讨论，确信已获取充分、适当的审计证据，支持得出的结论和拟出具的审计报告。

2. 项目质量控制复核

会计师事务所应当制定政策和程序，以明确项目质量控制复核的性质、时间安排和范围。只有完成项目质量控制复核，才可以签署业务报告。

1）项目质量控制复核人员

会计师事务所在确定质量控制复核人员的资格要求时，需要充分考虑质量控制复核工作的重要性和复杂性，安排经验丰富的注册会计师担任项目质量控制复核人员，例如，有一定执业经验的合伙人，或专门负责质量控制复核的注册会计师等。

2）项目质量控制复核范围

评价工作应当涉及下列内容：

（1）与项目合伙人讨论重大事项。

(2) 复核财务报表和拟出具的审计报告。

(3) 复核选取的与项目组作出的重大判断和得出的结论相关的审计工作底稿。

(4) 评价在编制审计报告时得出的结论,并考虑拟出具审计报告的恰当性。

对于上市实体财务报表审计,项目质量控制复核人员在实施项目质量控制复核时,还应当考虑:

(1) 项目组就具体审计业务对会计师事务所独立性作出的评价。

(2) 项目组是否已就涉及意见分歧的事项,或者其他疑难问题或争议事项进行适当咨询,以及咨询得出的结论;

(3) 选取的用于复核的审计工作底稿,是否反映了项目组针对重大判断执行的工作,以及是否支持得出的结论。

第四节 审计报告

审计报告是指注册会计师根据中国注册会计师审计准则的规定,在执行审计工作的基础上对被审计单位财务报表发表审计意见的书面文件。审计报告是审计工作的最终成果,具有法定证明效力。

一、审计报告的基本要素

(一) 标题

审计报告的标题应当统一规范为“审计报告”。

(二) 收件人

审计报告的收件人是指注册会计师按照业务约定书的要求致送审计报告的对象,一般是指审计业务的委托人,审计报告应当载明收件人的全称。注册会计师应当与委托人在业务约定书中约定致送审计报告的对象,以防止在此问题上发生分歧或审计报告被委托人滥用。对整套通用目的财务报表出具审计报告时,审计报告的致送对象通常为被审计单位的全体股东或董事会。

(三) 审计意见

审计报告的第一部分应当包含“审计意见”,并以“审计意见”为标题,该部分应当包括下列方面:

(1) 指出被审计单位的名称。

(2) 说明财务报表已经审计。

(3) 指出构成整套财务报表的每张财务报表的名称。

(4) 提及财务报表附注,包括重要会计政策的说明和其他解释性信息。

(5) 指明财务报表的日期或涵盖的期间。

如果对财务报表发表无保留意见,除非法律、法规另有规定,审计意见应当使用“我们认为，财务报表在所有重大方面按照适用的财务报告编制基础（如企业会计准则等）编制，公允反映了……”的措辞。

（四）形成审计意见的基础

审计报告应当包含标题为“形成审计意见的基础”的部分。该部分应当紧接在审计意见部分之后，并包括下列方面：

（1）说明注册会计师按照审计准则的规定执行了审计工作。

（2）提及审计报告中用于描述审计准则规定的注册会计师责任的部分。

（3）声明注册会计师按照与审计相关的职业道德要求独立于被审计单位，并按照这些要求履行了职业道德方面的其他责任。声明中应当指明适用的职业道德要求，如中国注册会计师职业道德守则。

（五）管理层对财务报表的责任

审计报告应当包含标题为“管理层对财务报表的责任”的部分。审计报告中应当使用特定国家或地区法律框架中的恰当术语，而不必限定为“管理层”。在某些国家或地区，恰当的术语可能是“治理层”。该部分应当说明管理层负责下列方面：

（1）按照适用的财务报告编制基础编制财务报表，使其实现公允反映，并设计、执行和维护必要的内部控制，以使财务报表不存在由于舞弊或错误导致的重大错报。

（2）评估被审计单位的持续经营能力和使用持续经营假设是否适当，并披露与持续经营相关的事项（如适用）。对该评估责任的说明应当包括描述在何种情况下使用持续经营假设是适当的。

（六）注册会计师对财务报表审计的责任

审计报告应当包含标题为“注册会计师对财务报表审计的责任”的部分。该应当包括下列内容：

（1）说明注册会计师的目标是对财务报表整体是否不存在由于舞弊或错误导致的重大错报获取合理保证，并出具包含审计意见的审计报告。

（2）说明合理保证是高水平的保证，但并不能保证按照审计准则执行审计在某一重大错报存在时总能发现。

（3）说明错报可能由于舞弊或错误导致。

注册会计师对财务报表审计的责任部分还应当包括下列内容：

（1）说明在按照审计准则执行审计工作的过程中，注册会计师运用职业判断，并保持职业怀疑。

（2）通过说明注册会计师的责任，对审计工作进行描述。这些责任包括：①识别和评估由于舞弊或错误导致的财务报表重大错报风险，对这些风险有针对性地设计和实施审计程序，获取充分、适当的审计证据，作为发表审计意见的基础。由于舞弊可能涉及串通、伪造、故意遗漏、虚假陈述或凌驾于内部控制之上，未能发现由于舞弊导致的重大错报的风险高于未能发现由于错误导致的重大错报的风险。②了解与审计相关的内部控制，以设计恰当的审计程序，但目的并非对内部控制的有效性发表意见。当注册会计师有责任在财务报表审计的同时对内部控制的有效性发表意见时，应当略去上述“目的并非对内部控制的有效性发表意见”的表述。③评价管理层选用会计政策的恰当性和作出会计估计及相关披露的合理

性。④对管理层使用持续经营假设的恰当性得出结论。同时，基于所获取的审计证据，对是否存在与特定事项或情况相关的重大不确定性，从而可能导致对被审计单位的持续经营能力产生重大疑虑得出结论。如果注册会计师得出结论认为存在重大不确定性，审计准则要求注册会计师在审计报告中提请报表使用者注意财务报表中的相关披露；如果披露不充分，注册会计师应当发表非无保留意见。注册会计师的结论基于审计报告日可获得的信息。然而，未来的事项或情况可能导致被审计单位不能持续经营。⑤评价财务报表的总体列报、结构和内容(包括披露)，并评价财务报表是否公允反映相关交易和事项。

注册会计师对财务报表审计的责任部分还应当包括下列内容：

(1) 说明注册会计师与治理层就计划的审计范围、时间安排和重大审计发现等进行沟通，包括沟通注册会计师在审计中识别的值得关注的内部控制缺陷。

(2) 对于上市实体财务报表审计，指出注册会计师就遵守关于独立性的相关职业道德要求向治理层提供声明，并与治理层沟通可能被合理认为影响注册会计师独立性的所有关系和其他事项，以及相关的防范措施(如适用)。

(3) 对于上市实体财务报表审计，以及决定按照《中国注册会计师审计准则第 1504 号——在审计报告中沟通关键审计事项》的规定沟通关键审计事项的其他情况，说明注册会计师从与治理层沟通的事项中确定哪些事项对当期财务报表审计最为重要，因而构成关键审计事项。注册会计师在审计报告中描述这些事项，除非法律、法规不允许公开披露这些事项，或在极其罕见的情形下，注册会计师合理预期在审计报告中沟通某事项造成的负面后果超过产生的公众利益方面的益处，因而确定不应在审计报告中沟通该事项。

(七) 按照相关要求，履行其他报告责任(如适用)

除审计准则规定的注册会计师责任外，如果注册会计师在对财务报表出具的审计报告中履行其他报告责任，应当在审计报告中将其单独作为一部分，并以“对其他法律和监管要求的报告”为标题，或使用适合于该部分内容的其他标题，除非其他报告责任与审计准则所要求的报告责任涉及相同的主题。如果涉及相同的主题，其他报告责任可以在审计准则所要求的同一报告要素部分列示。如果将其他报告责任在审计准则要求的同一报告要素部分列示，审计报告应当清楚区分其他报告责任和审计准则要求的报告责任。

(八) 注册会计师的签名和盖章

注册会计师在审计报告上签名并盖章，有利于明确法律责任。审计报告应当由项目合伙人和另一名负责该项目的注册会计师签名和盖章。

(九) 会计师事务所的名称、地址及盖章

审计报告应当载明会计师事务所的名称和地址，并加盖会计师事务所公章。根据《中华人民共和国注册会计师法》的规定，注册会计师承办的业务，由其所在的会计师事务所统一受理并与委托人签订委托合同。因此，审计报告除了应由注册会计师签名并盖章外，还应载明会计师事务所的名称和地址，并加盖会计师事务所公章。

(十) 报告日期

审计报告应当注明报告日期。审计报告的日期不应早于注册会计师获取充分、适当的审计证据并在此基础上对财务报表形成审计意见的日期。此外，注册会计师在确定审计报告日期时，还应当考虑：构成整套财务报表的所有报表(包括相关附注)已编制完成；被审计单位的董事会、管理层或类似机构已经认可其对财务报表负责。

在适用的情况下，审计报告还可能包括与持续经营相关的重大不确定性、关键审计事项、其他信息。

为了增加审计报告的信息含量，增强其相关性和决策有用性，提高审计工作的透明度，维护社会公众利益，2016 年 12 月，中国注册会计师协会颁布了《中国注册会计师审计准则第 1504 号——在审计报告中沟通关键审计事项》。该准则要求在审计报告中增设关键审计事项部分，披露审计工作中的重点难点等审计项目的个性化信息。

关键审计事项是指审计师根据职业判断，认为在当期财务报表审计中至关重要的事项。关键审计事项可能涉及注册会计师评估的重大错报风险较高的领域或识别出的特别风险、财务报表中涉及管理层重大判断（包括被认为具有高度不确定性的会计估计）的领域、当期重大交易或事项对审计的影响。

二、无保留意见的审计报告

无保留意见是指当注册会计师认为财务报表在所有重大方面按照适用的财务报告编制基础的规定编制并实现公允反映时发表的审计意见。

无保留意见的审计报告范例如下。

审计报告

天河股份有限公司全体股东：

一、对财务报表出具的审计报告①

（一）审计意见

我们审计了天河股份有限公司（以下简称天河公司）财务报表，包括 2018 年 12 月 31 日的资产负债表、2018 年度的利润表、现金流量表、所有者权益变动表以及相关财务报表附注。

我们认为，后附的财务报表在所有重大方面按照《企业会计准则》的规定编制，公允反映了天河公司 2018 年 12 月 31 日的财务状况以及 2018 年度的经营成果和现金流量。

（二）形成审计意见的基础

我们按照中国注册会计师审计准则的规定执行了审计工作。审计报告的“注册会计师对财务报表审计的责任”部分进一步阐述了我们在这些准则下的责任。按照中国注册会计师职业道德守则，我们独立于天河公司，并履行了职业道德方面的其他责任。我们相信，我们获取的审计证据是充分、适当的，为发表审计意见提供了基础。

（三）关键审计事项

关键审计事项是我们根据职业判断，认为对本期财务报表审计最为重要的事项。这些事项的应对以对财务报表整体进行审计并形成意见为背景，我们不对这些事项单独发表意见。

[按照《中国注册会计师审计准则第 1504 号——在审计报告中沟通关键审计事项》的规

① 如果审计报告不包含“按照相关法律、法规的要求报告的事项”部分，则不需要加入此标题。

定描述每一关键审计事项。]

（四）管理层和治理层对财务报表的责任

天河公司管理层（以下简称管理层）负责按照《企业会计准则》的规定编制财务报表，使其实现公允反映，并设计、执行和维护必要的内部控制，以使财务报表不存在由于舞弊或错误导致的重大错报。

在编制财务报表时，管理层负责评估天河公司的持续经营能力，披露与持续经营相关的事项（如适用），并运用持续经营假设，除非管理层计划清算天河公司、停止营运或别无其他现实的选择。

治理层负责监督公司的财务报告过程。

（五）注册会计师对财务报表审计的责任

我们的目标是对财务报表整体是否不存在由于舞弊或错误导致的重大错报获取合理保证，并出具包含审计意见的审计报告。合理保证是高水平的保证，但并不能保证按照审计准则执行的审计在某一重大错报存在时总能发现。错报可能由舞弊或错误所导致，如果合理预期错报单独或汇总起来可能影响财务报表使用者依据财务报表作出的经济决策，则通常认为错报是重大的。

在按照审计准则执行审计的过程中，我们运用了职业判断，保持了职业怀疑。同时，我们也执行了以下工作：

1. 识别和评估由于舞弊或错误导致的财务报表重大错报风险，设计和实施审计程序以应对这些风险，并获取充分、适当的审计证据，作为发表审计意见的基础。由于舞弊可能涉及串通、伪造、故意遗漏、虚假陈述或凌驾于内部控制之上，未能发现由于舞弊导致的重大错报的风险高于未能发现由于错误导致的重大错报的风险。

2. 了解与审计相关的内部控制，以设计恰当的审计程序，但目的并非对内部控制的有效性发表意见。

3. 评价管理层选用会计政策的恰当性和作出会计估计及相关披露的合理性。

4. 对管理层使用持续经营假设的恰当性得出结论。同时，根据所获取的审计证据，就可能导致对天河公司持续经营能力产生重大疑虑的事项或情况是否存在重大不确定性得出结论。如果我们得出结论认为存在重大不确定性，审计准则要求我们在审计报告中提请报表使用者注意财务报表中的相关披露；如果披露不充分，我们应当发表非无保留意见。我们的结论基于审计报告日可获得的信息。然而，未来的事项或情况可能导致天河公司不能持续经营。

5. 评价财务报表的总体列报、结构和内容（包括披露），并评价财务报表是否公允反映交易和事项。

我们与治理层就计划的审计范围、时间安排和重大审计发现等事项进行沟通，包括我们在审计中识别出的值得关注的内部控制缺陷。

我们还就已遵守与独立性相关的相关职业道德要求向治理层提供声明，并与治理层沟通可能被合理认为影响我们独立性的所有关系和其他事项，以及相关的防范措施（如适用）。

从与治理层沟通的事项中，我们确定哪些项目对本期财务报表审计最为重要，因而构成关键审计事项。我们在审计报告中描述这些事项，除非法律、法规不允许公开披露这些事项，或在极少数情形下，如果合理预期在审计报告中沟通某事项造成的负面后果超过在公众利益方面产生的益处，我们确定不应在审计报告中沟通该事项。

二、对其他法律和监管要求的报告

[本部分的格式和内容，取决于法律、法规对其他报告责任的性质的规定。本部分应当说明相关法律、法规规定的事项（其他报告责任），除非其他报告责任涉及的事项与审计准则所规定的报告责任涉及的事项相同。如果涉及相同的事项，其他报告责任可以在审计准则规定的同一报告要素部分中列示。当其他报告责任和审计准则规定的报告责任涉及同一事项，并且审计报告中的措辞能够将其他报告责任与审计准则规定的责任（如差异存在）予以清楚地区分时，允许将两者合并列示（即包含在“对财务报表审计的报告”部分中，并使用适当的副标题）。]

会计师事务所　　　　　　　　　　　　中国注册会计师：×××（项目合伙人）

（盖章）　　　　　　　　　　　　　　　　　　　　　　（签名并盖章）

　　　　　　　　　　　　　　　　　　　　　　中国注册会计师：×××

　　　　　　　　　　　　　　　　　　　　　　　　　　（签名并盖章）

中国广州市　　　　　　　　　　　　　　　　　　　　　2019 年 3 月 5 日

三、非无保留意见的审计报告

非无保留意见是指保留意见、否定意见或无法表示意见。当存在下列情形之一时，注册会计师应当在审计报告中发表非无保留意见：①根据获取的审计证据，得出财务报表整体存在重大错报的结论；②无法获取充分、适当的审计证据，不能得出财务报表整体不存在重大错报的结论。非无保留意见的类型如表 13-6 所示。

表 13-6　　非无保留意见的类型

导致发表非无保留意见的事项的性质	这些事项对财务报表产生或可能产生影响的广泛性	
	重大但不具有广泛性	重大且具有广泛性
财务报表存在重大错报	保留意见	否定意见
无法获取充分、适当的审计证据	保留意见	无法表示意见

在发表非无保留意见时，注册会计师应当对审计意见部分使用恰当的标题，如“保留意见”“否定意见”或“无法表示意见”。

如果对财务报表发表非无保留意见，除在审计报告中包含规定的审计报告要素外，注册会计师还应当将“形成审计意见的基础”这一标题标题修改为恰当的标题，如“形成保留意见的基础”、“形成否定意见的基础”或“形成无法表示意见的基础”，并在该部分对导致发表非无保留意见的事项进行描述。

（一）保留意见的审计报告

当存在下列情形之一时，注册会计师应当发表保留意见：①在获取充分、适当的审计证据后，注册会计师认为错报单独或累计起来对财务报表影响重大，但不具有广泛性；②注册会计师无法获取充分、适当的审计证据以作为形成审计意见的基础，但认为未发现的错报（如存在）对财务报表可能产生的影响重大，但不具有广泛性。

当由于财务报表存在重大错报而发表保留意见时，注册会计师应当在审计意见部分中说明：注册会计师认为，除了形成保留意见的基础部分所述事项产生的影响外，后附的财务报表在所有重大方面按照适用的财务报告编制基础编制，公允反映了……

当无法获取充分、适当的审计证据而导致发表保留意见时，注册会计师应当在审计意见段中使用"除……可能产生的影响外"等措辞。

保留意见审计报告范例如下。

审计报告

天河股份有限公司全体股东：

一、对财务报表出具的审计报告①

（一）保留意见

我们审计了天河股份有限公司（以下简称天河公司）财务报表，包括2018年12月31日的资产负债表、2018年度的利润表、现金流量表、所有者权益变动表以及相关财务报表附注。

我们认为，除"形成保留意见的基础"部分所述事项产生的影响外，后附的财务报表在所有重大方面按照《企业会计准则》的规定编制，公允反映了天河公司2018年12月31日的财务状况以及2018年度的经营成果和现金流量。

（二）形成保留意见的基础

天河公司2018年12月1日资产负债表中存货的列示金额为×元。天河公司管理层（以下简称管理层）根据成本对存货进行计量，而没有根据成本与可变现净值孰低的原则进行计量，这不符合《企业会计准则》的规定。天河公司的会计记录显示，如果管理层以成本与可变现净值孰低来计量存货，存货列示金额将减少×元。相应地，资产减值损失将增加×元，所得税、净利润和股东权益将分别减少×元、×元和×元。

我们按照中国注册会计师审计准则的规定执行了审计工作。审计报告的"注册会计师对财务报表审计的责任"部分进一步阐述了我们在这些准则下的责任。按照中国注册会计师职业道德守则，我们独立于天河公司，并履行了职业道德方面的其他责任。我们相信，我们获取的审计证据是充分、适当的，为发表审计保留意见提供了基础。

（三）关键审计事项

关键审计事项是我们根据职业判断，认为对本期财务报表审计最为重要的事项。这些事项的应对以对财务报表整体进行审计并形成意见为背景，我们不对这些事项单独发表意见。

[按照《中国注册会计师审计准则第1504号——在审计报告中沟通关键审计事项》的规定描述每一关键审计事项。]

（四）管理层和治理层对财务报表的责任

天河公司管理层（以下简称管理层）负责按照《企业会计准则》的规定编制财务报表，使其实现公允反映，并设计、执行和维护必要的内部控制，以使财务报表不存在由于舞弊或错误导致的重大错报。

① 如果审计报告不包含"按照相关法律、法规的要求报告的事项"部分，则不需要加入此标题。

在编制财务报表时，管理层负责评估天河公司的持续经营能力，披露与持续经营相关的事项（如适用），并运用持续经营假设，除非管理层计划清算天河公司、停止营运或别无其他现实的选择。

治理层负责监督公司的财务报告过程。

（五）注册会计师对财务报表审计的责任

我们的目标是对财务报表整体是否不存在由于舞弊或错误导致的重大错报获取合理保证，并出具包含审计意见的审计报告。合理保证是高水平的保证，但并不能保证按照审计准则执行的审计在某一重大错报存在时总能发现。错报可能由舞弊或错误所导致，如果合理预期错报单独或汇总起来可能影响财务报表使用者依据财务报表作出的经济决策，则通常认为错报是重大的。

在按照审计准则执行审计的过程中，我们运用了职业判断，保持了职业怀疑。同时，我们也执行了以下工作：

1. 识别和评估由于舞弊或错误导致的财务报表重大错报风险，设计和实施审计程序以应对这些风险，并获取充分、适当的审计证据，作为发表审计意见的基础。由于舞弊可能涉及串通、伪造、故意遗漏、虚假陈述或凌驾于内部控制之上，未能发现由于舞弊导致的重大错报的风险高于未能发现由于错误导致的重大错报的风险。

2. 了解与审计相关的内部控制，以设计恰当的审计程序，但目的并非对内部控制的有效性发表意见。

3. 评价管理层选用会计政策的恰当性和作出会计估计及相关披露的合理性。

4. 对管理层使用持续经营假设的恰当性得出结论。同时，根据所获取的审计证据，就可能导致对天河公司持续经营能力产生重大疑虑的事项或情况是否存在重大不确定性得出结论。如果我们得出结论认为存在重大不确定性，审计准则要求我们在审计报告中提请报表使用者注意财务报表中的相关披露；如果披露不充分，我们应当发表非无保留意见。我们的结论基于审计报告日可获得的信息。然而，未来的事项或情况可能导致天河公司不能持续经营。

5. 评价财务报表的总体列报、结构和内容（包括披露），并评价财务报表是否公允反映交易和事项。

我们与治理层就计划的审计范围、时间安排和重大审计发现等事项进行沟通，包括我们在审计中识别出的值得关注的内部控制缺陷。

我们还就已遵守与独立性相关的相关职业道德要求向治理层提供声明，并与治理层沟通可能被合理认为影响我们独立性的所有关系和其他事项，以及相关的防范措施（如适用）。

从与治理层沟通的事项中，我们确定哪些项目对本期财务报表审计最为重要，因而构成关键审计事项。我们在审计报告中描述这些事项，除非法律、法规不允许公开披露这些事项，或在极少数情形下，如果合理预期在审计报告中沟通某事项造成的负面后果超过在公众利益方面产生的益处，我们确定不应在审计报告中沟通该事项。

二、对其他法律和监管要求的报告

［本部分的格式和内容，取决于法律、法规对其他报告责任的性质的规定。本部分应当说明相关法律、法规规定的事项（其他报告责任），除非其他报告责任涉及的事项与审计准则所规定的报告责任涉及的事项相同。如果涉及相同的事项，其他报告责任可以在审计准则

规定的同一报告要素部分中列示。当其他报告责任和审计准则规定的报告责任涉及同一事项，并且审计报告中的措辞能够将其他报告责任与审计准则规定的责任(如差异存在)予以清楚地区分时，允许将两者合并列示(即包含在“对财务报表审计的报告”部分中，并使用适当的副标题)。]

会计师事务所　　　　　　　　　　　　中国注册会计师：×××(项目合伙人)
(盖章)　　　　　　　　　　　　　　　　　　　　　　(签名并盖章)
　　　　　　　　　　　　　　　　　　　　　中国注册会计师：×××
　　　　　　　　　　　　　　　　　　　　　　　　　(签名并盖章)
中国广州市　　　　　　　　　　　　　　　　　　　2019年3月5日

(二) 否定意见的审计报告

注册会计师在获取充分、适当的审计证据后，如果认为错报单独或累计起来对财务报表的影响重大且具有广泛性，应当发表否定意见。

当发表否定意见时，注册会计师应当在审计意见部分说明：注册会计师认为，由于形成否定意见的基础部分所述事项的重要性，后附的财务报表没有在所有重大方面按照适用的财务报告编制基础的规定编制，未能公允反映……

否定意见审计报告范例如下。

审计报告

天河股份有限公司全体股东：

一、对财务报表出具的审计报告①

(一) 否定意见

我们审计了天河股份有限公司及其子公司(以下简称天河集团)的合并财务报表，包括2018年12月31日的合并资产负债表、2018年度的合并利润表、合并现金流量表、合并所有者权益变动表以及相关合并财务报表附注。

我们认为，由于“形成否定意见的基础”部分所述事项的重要性，后附的合并财务报表没有在所有重大方面按照适用的财务报告编制基础的规定编制，未能公允反映天河集团2018年12月31日的合并财务状况以及2018年度的合并经营成果和合并现金流量。

(二) 形成否定意见的基础

如财务报表附注×所述，2018年12月1日，天河集团通过非同一控制下的企业合并获得对越秀公司的控制权，因未能取得购买日越秀公司某些重要资产和负债的公允价值，故未将越秀公司纳入合并财务报表的范围。按照××财务报告编制基础的规定，该集团应将这一子公司纳入合并范围，并以暂估金额为基础核算该项收购。如果将越秀公司纳入合并财务报表的范围，后附的天河集团合并财务报表的多个报表项目将受到重大影响。但我们无法确定未将越秀公司纳入合并范围对合并财务报表产生的影响。

我们按照中国注册会计师审计准则的规定执行了审计工作。审计报告的“注册会计师对财务报表审计的责任”部分进一步阐述了我们在这些准则下的责任。按照中国注册会计

① 如果审计报告不包含“按照相关法律、法规的要求报告的事项”部分，则不需要加入此标题。

师职业道德守则，我们独立于天河集团，并履行了职业道德方面的其他责任。我们相信，我们获取的审计证据是充分、适当的，为发表否定审计意见提供了基础。

（三）关键审计事项

除“形成否定意见的基础”部分所述事项外，我们认为，没有其他需要在我们的报告中沟通的关键审计事项。

（四）管理层和治理层对合并财务报表的责任

天河集团管理层（以下简称管理层）负责按照《企业会计准则》的规定编制财务报表，使其实现公允反映，并设计、执行和维护必要的内部控制，以使财务报表不存在由于舞弊或错误导致的重大错报。

在编制财务报表时，管理层负责评估天河集团的持续经营能力，披露与持续经营相关的事项（如适用），并运用持续经营假设，除非管理层计划清算天河集团、停止营运或别无其他现实的选择。

治理层负责监督公司的财务报告过程。

（五）注册会计师对合并财务报表审计的责任

我们的目标是对财务报表整体是否不存在由于舞弊或错误导致的重大错报获取合理保证，并出具包含审计意见的审计报告。合理保证是高水平的保证，但并不能保证按照审计准则执行的审计在某一重大错报存在时总能发现。错报可能由舞弊或错误所导致，如果合理预期错报单独或汇总起来可能影响财务报表使用者依据财务报表作出的经济决策，则通常认为错报是重大的。

在按照审计准则执行审计的过程中，我们运用了职业判断，保持了职业怀疑。同时，我们也执行了以下工作：

1. 识别和评估由于舞弊或错误导致的财务报表重大错报风险，设计和实施审计程序以应对这些风险，并获取充分、适当的审计证据，作为发表审计意见的基础。由于舞弊可能涉及串通、伪造、故意遗漏、虚假陈述或凌驾于内部控制之上，未能发现由于舞弊导致的重大错报的风险高于未能发现由于错误导致的重大错报的风险。

2. 了解与审计相关的内部控制，以设计恰当的审计程序，但目的并非对内部控制的有效性发表意见。

3. 评价管理层选用会计政策的恰当性和作出会计估计及相关披露的合理性。

4. 对管理层使用持续经营假设的恰当性得出结论。同时，根据所获取的审计证据，就可能导致对天河集团持续经营能力产生重大疑虑的事项或情况是否存在重大不确定性得出结论。如果我们得出结论认为存在重大不确定性，审计准则要求我们在审计报告中提请报表使用者注意财务报表中的相关披露；如果披露不充分，我们应当发表非无保留意见。我们的结论基于审计报告日可获得的信息。然而，未来的事项或情况可能导致天河集团不能持续经营。

5. 评价财务报表的总体列报、结构和内容（包括披露），并评价财务报表是否公允反映交易和事项。

我们与治理层就计划的审计范围、时间安排和重大审计发现等事项进行沟通，包括我们在审计中识别出的值得关注的内部控制缺陷。

我们还就已遵守与独立性相关的相关职业道德要求向治理层提供声明，并与治理层沟

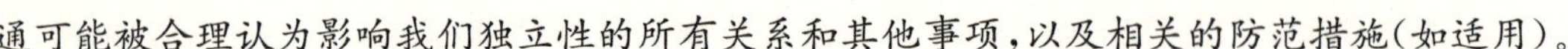

通可能被合理认为影响我们独立性的所有关系和其他事项，以及相关的防范措施（如适用）。

从与治理层沟通的事项中，我们确定哪些项目对本期财务报表审计最为重要，因而构成关键审计事项。我们在审计报告中描述这些事项，除非法律、法规不允许公开披露这些事项，或在极少数情形下，如果合理预期在审计报告中沟通某事项造成的负面后果超过在公众利益方面产生的益处，我们确定不应在审计报告中沟通该事项。

二、对其他法律和监管要求的报告

［本部分的格式和内容，取决于法律、法规对其他报告责任的性质的规定。本部分应当说明相关法律、法规规定的事项（其他报告责任），除非其他报告责任涉及的事项与审计准则所规定的报告责任涉及的事项相同。如果涉及相同的事项，其他报告责任可以在审计准则规定的同一报告要素部分中列示。当其他报告责任和审计准则规定的报告责任涉及同一事项，并且审计报告中的措辞能够将其他报告责任与审计准则规定的责任（如差异存在）予以清楚地区分时，允许将两者合并列示（即包含在“对财务报表审计的报告”部分中，并使用适当的副标题）。］

会计师事务所　　　　中国注册会计师：×××（项目合伙人）
（盖章）　　　　（签名并盖章）
中国注册会计师：×××
（签名并盖章）
中国广州市　　　　2019 年 3 月 5 日

（三）无法表示意见的审计报告

注册会计师如果无法获取充分、适当的审计证据以作为形成审计意见的基础，但认为未发现的错报（如存在）对财务报表可能产生的影响重大且具有广泛性，注册会计师应当发表无法表示意见。

在极其特殊的情况下，可能存在多个不确定事项。尽管注册会计师对每个单独的不确定事项获取了充分、适当的审计证据，但由于不确定事项之间可能存在相互影响，以及可能对财务报表产生累积影响，注册会计师不可能对财务报表形成审计意见。在这种情况下，注册会计师应当发表无法表示意见。

当由于无法获取充分、适当的审计证据而发表无法表示意见时，注册会计师应当：①说明注册会计师不对后附的财务报表发表审计意见；②说明由于形成无法表示意见的基础部分所述事项的重要性，注册会计师无法获取充分、适当的审计证据以作为对财务报表发表审计意见提供基础；③修改“审计意见”部分中财务报表已经审计的说明，改为注册会计师接受委托审计财务报表。

当注册会计师对财务报表发表无法表示意见时，审计报告中不应当包含“形成审计意见的基础”部分的下列内容：①提及审计报告中用于描述注册会计师责任的部分；②说明注册会计师是否已获取充分、适当的审计证据以作为形成审计意见的基础。

当由于无法获取充分、适当的审计证据而发表无法表示意见时，注册会计师应当对“注册会计师对财务报表审计的责任”作出的表述进行修改，仅包含下列内容：①注册会计师的责任是按照中国注册会计师审计准则的规定，对被审计单位财务报表执行审计工作，以出具审计报告；②但由于形成无法表示意见的基础部分所述的事项，注册会计师无法获取充分、适当的审计证据以作为发表审计意见的基础；③关于注册会计师在独立性和职业道德方面的其他责任的声明。

除非法律、法规另有规定，当对财务报表发表无法表示意见时，注册会计师不得在审计报告中包含关键审计事项部分和其他信息部分。

无法表示意见的审计报告范例如下。

审计报告

天河股份有限公司全体股东：

一、对财务报表出具的审计报告①

（一）无法表示意见

我们接受委托，审计天河股份有限公司（以下简称天河公司）财务报表，包括2018年12月31日的资产负债表、2018年度的利润表、现金流量表、所有者权益变动表以及相关财务报表附注。

我们不对后附的天河公司财务报表发表审计意见。由于“形成无法表示意见的基础”部分所述事项的重要性，我们无法获取充分、适当的审计证据以作为对财务报表发表审计意见的基础。

（二）形成无法表示意见的基础

我们于2019年1月接受委托审计天河公司财务报表，因而未能对天河公司2018年年初金额为×元的存货和年末金额为×元的存货实施监盘程序。此外，我们也无法实施替代审计程序获取充分、适当的审计证据。并且，天河公司于2018年9月采用新的应收账款电算化系统，由于存在系统缺陷导致应收账款出现大量错误。截至报告日，天河公司管理层（以下简称管理层）仍在纠正系统缺陷并更正错误，我们也无法实施替代审计程序，以对截至2018年12月31日的应收账款总额×元获取充分、适当的审计证据。因此，我们无法确定是否有必要对存货、应收账款以及财务报表其他项目作出调整，也无法确定应调整的金额。

（三）管理层和治理层对财务报表的责任

天河公司管理层（以下简称管理层）负责按照《企业会计准则》的规定编制财务报表，使其实现公允反映，并设计、执行和维护必要的内部控制，以使财务报表不存在由于舞弊或错误导致的重大错报。

在编制财务报表时，管理层负责评估天河公司的持续经营能力，披露与持续经营相关的事项（如适用），并运用持续经营假设，除非管理层计划清算天河公司、停止营运或别无其他现实的选择。

治理层负责监督公司的财务报告过程。

（四）注册会计师对财务报表审计的责任

我们的责任是按照中国注册会计师审计准则的规定，对天河公司的财务报表执行审计工作，以出具审计报告。但由于“形成无法表示意见的基础”部分所述的事项，我们无法获取充分、适当的审计证据以作为发表审计意见的基础。

按照中国注册会计师职业道德守则，我们独立于天河公司，并履行了职业道德方面的其他责任。

---

① 如果审计报告不包含“按照相关法律、法规的要求报告的事项”部分，则不需要加入此标题。

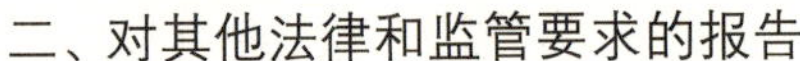

二、对其他法律和监管要求的报告

[本部分的格式和内容,取决于法律、法规对其他报告责任的性质的规定。本部分应当说明相关法律、法规规定的事项(其他报告责任),除非其他报告责任涉及的事项与审计准则所规定的报告责任涉及的事项相同。如果涉及相同的事项,其他报告责任可以在审计准则规定的同一报告要素部分中列示。当其他报告责任和审计准则规定的报告责任涉及同一事项,并且审计报告中的措辞能够将其他报告责任与审计准则规定的责任(如差异存在)予以清楚地区分时,允许将两者合并列示(即包含在"对财务报表审计的报告"部分中,并使用适当的副标题)。]

会计师事务所　　　　　　　　　　中国注册会计师:×××(项目合伙人)

(盖章)　　　　　　　　　　　　　　　　　　　　(签名并盖章)

　　　　　　　　　　　　　　　　　　　中国注册会计师:×××

　　　　　　　　　　　　　　　　　　　　　　　　(签名并盖章)

中国广州市　　　　　　　　　　　　　　　　　　2019年3月5日

(四) 在审计报告中增加强调事项段和其他事项段

为提供必要的补充信息,注册会计师可以在审计报告中增加强调事项段和其他事项段。

1. 强调事项段和其他事项段的含义

强调事项段是指审计报告中含有的一个段落,该段落提及已在财务报表中恰当列报或披露的事项,根据注册会计师的职业判断,该事项对财务报表使用者理解财务报表至关重要。其他事项段是指审计报告中含有的一个段落,该段落提及未在财务报表中列报或披露的事项,根据注册会计师的职业判断,该事项与财务报表使用者理解审计工作、注册会计师的责任或审计报告相关。

2. 增加强调事项段的情形

审计中有时会出现这样的情况,注册会计师认为有必要提醒财务报表使用者关注已在财务报表中列报或披露,且根据职业判断认为对财务报表使用者理解财务报表至关重要的事项,可以在审计报告中的增加强调事项段。增加强调事项段应同时满足下列条件时:第一,该事项不会导致注册会计师按照准则的规定发表非无保留意见;第二,该事项未被确定为将要在审计报告中沟通的关键审计事项。增加强调事项段的情形包括:

(1) 法律、法规规定的财务报告编制基础是不可接受的,但其是基于法律、法规作出的规定。

(2) 提醒财务报表使用者关注财务报表按照特殊目的编制基础编制。

(3) 注册会计师在审计报告日后知悉了某些事实(即期后事项),并且出具了新的或经修改的审计报告。

例如,被审计单位存在异常诉讼或监管行动的未来结果存在不确定性;在财务报表日至审计报告日之间被审计单位发生重大期后事项;在允许的情况下,被审计单位提前应用对财务报表有重大影响的新会计准则;被审计单位存在已经或持续对财务状况产生重大影响的特大灾难。

如果在审计报告中需要增加强调事项段,注册会计师应当采取下列措施:

(1) 将强调事项段作为单独的一部分置于审计报告中,并使用包含"强调事项"这一术语的适当标题。

（2）明确提及被强调事项以及相关披露的位置，以便能够在财务报表中找到对该事项的详细描述。强调事项段应当仅提及已在财务报表中列报或披露的信息。

（3）指出审计意见没有因该强调事项而改变。

3. 增加其他事项段的情形

如果认为有必要沟通虽然未在财务报表中列报或披露，但根据职业判断认为与财务报表使用者理解审计工作、注册会计师的责任或审计报告相关的事项，在同时满足下列条件时，注册会计师应当在审计报告中增加其他事项段：第一，未被法律、法规禁止；第二，该事项未被确定为将要在审计报告中沟通的关键审计事项。可能需要增加其他事项段的情形包括：

（1）与使用者理解审计工作相关的情形。例如，法律、法规可能要求注册会计师在审计报告中沟通与计划及范围相关的事项，或者注册会计师可能认为有必要在其他事项段中沟通与审计计划及范围相关的事项；在少数情况下，即使由于管理层对审计范围施加的限制导致无法获取充分、适当的审计证据可能产生的影响具有广泛性，注册会计师也不能解除业务约定。在这种情况下，注册会计师可能认为有必要在审计报告中包含其他事项段，解释为何不能解除业务约定。

（2）与使用者理解注册会计师的责任或审计报告相关的情形。法律、法规或得到广泛认可的惯例可能要求或允许注册会计师详细说明某些事项，以进一步解释注册会计师在财务报表审计中的责任或审计报告。

（3）对两套或两套以上财务报表出具审计报告的情形。被审计单位可能按照通用目的编制基础（如×国财务报告编制基础）编制一套财务报表，且按照另一个通用目的编制基础（如国际财务报告准则）编制另一套财务报表，并委托注册会计师同时对两套财务报表出具审计报告。如果注册会计师已确定两个财务报告编制基础在各自情形下是可接受的，可以在审计报告中增加其他事项段，说明该被审计单位根据另一个通用目的编制基础编制了另一套财务报表以及注册会计师对这些财务报表出具了审计报告。

（4）限制审计报告分发和使用的情形。为特定目的编制的财务报表可能按照通用目的编制基础编制，因为财务报表预期使用者已确定这种通用目的财务报表能够满足他们对财务信息的需求。由于审计报告旨在提供给特定使用者，注册会计师可能认为在这种情况下需要增加其他事项段，说明审计报告只是提供给财务报表预期使用者，不应被分发给其他机构或人员或者被其他机构或人员使用。

如果在审计报告中包含其他事项段，注册会计师应当将该段落作为单独的一部分，并使用“其他事项”或其他适当标题。

包含强调事项段及其他事项段的审计报告范例如下。

审计报告

天河股份有限公司全体股东：

一、对财务报表出具的审计报告[①]

（一）审计意见

我们审计了天河股份有限公司（以下简称天河公司）财务报表，包括2018年12月31日

① 如果审计报告不包含“按照相关法律、法规的要求报告的事项”部分，则不需要加入此标题。

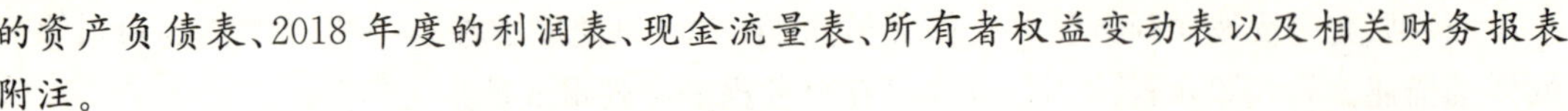

的资产负债表、2018 年度的利润表、现金流量表、所有者权益变动表以及相关财务报表附注。

我们认为，后附的财务报表在所有重大方面按照《企业会计准则》的规定编制，公允反映了天河公司 2018 年 12 月 31 日的财务状况以及 2018 年度的经营成果和现金流量。

（二）形成审计意见的基础

我们按照中国注册会计师审计准则的规定执行了审计工作。审计报告的“注册会计师对财务报表审计的责任”部分进一步阐述了我们在这些准则下的责任。按照中国注册会计师职业道德守则，我们独立于天河公司，并履行了职业道德方面的其他责任。我们相信，我们获取的审计证据是充分、适当的，为发表审计意见提供了基础。

（三）强调事项

我们提醒财务报表使用者关注，财务报表附注×描述了火灾对天河公司的生产设备造成的影响。本段内容不影响已发表的审计意见。

（四）关键审计事项

关键审计事项是我们根据职业判断，认为对本期财务报表审计最为重要的事项。这些事项的应对以对财务报表整体进行审计并形成意见为背景，我们不对这些事项单独发表意见。

[按照《中国注册会计师审计准则第 1504 号——在审计报告中沟通关键审计事项》的规定描述每一关键审计事项。]

（五）其他事项

2017 年 12 月 31 日的资产负债表，2017 年度的利润表、现金流量表、股东权益变动表以及相关财务报表附注由其他会计师事务所审计，并于 2018 年 3 月 31 日发表了无保留意见。

（六）管理层和治理层对财务报表的责任

天河公司管理层（以下简称管理层）负责按照《企业会计准则》的规定编制财务报表，使其实现公允反映，并设计、执行和维护必要的内部控制，以使财务报表不存在由于舞弊或错误导致的重大错报。

在编制财务报表时，管理层负责评估天河公司的持续经营能力，披露与持续经营相关的事项（如适用），并运用持续经营假设，除非管理层计划清算天河公司、停止营运或别无其他现实的选择。

治理层负责监督公司的财务报告过程。

（七）注册会计师对财务报表审计的责任

我们的目标是对财务报表整体是否不存在由于舞弊或错误导致的重大错报获取合理保证，并出具包含审计意见的审计报告。合理保证是高水平的保证，但并不能保证按照审计准则执行的审计在某一重大错报存在时总能发现。错报可能由舞弊或错误所导致，如果合理预期错报单独或汇总起来可能影响财务报表使用者依据财务报表作出的经济决策，则通常认为错报是重大的。

在按照审计准则执行审计的过程中，我们运用了职业判断，保持了职业怀疑。同时，我们也执行了以下工作：

1. 识别和评估由于舞弊或错误导致的财务报表重大错报风险，设计和实施审计程序以应对这些风险，并获取充分、适当的审计证据，作为发表审计意见的基础。由于舞弊可能涉及串通、伪造、故意遗漏、虚假陈述或凌驾于内部控制之上，未能发现由于舞弊导致的重大错报的风险高于未能发现由于错误导致的重大错报的风险。

2. 了解与审计相关的内部控制，以设计恰当的审计程序，但目的并非对内部控制的有效性发表意见。

3. 评价管理层选用会计政策的恰当性和作出会计估计及相关披露的合理性。

4. 对管理层使用持续经营假设的恰当性得出结论。同时，根据所获取的审计证据，就可能导致对天河公司持续经营能力产生重大疑虑的事项或情况是否存在重大不确定性得出结论。如果我们得出结论认为存在重大不确定性，审计准则要求我们在审计报告中提请报表使用者注意财务报表中的相关披露；如果披露不充分，我们应当发表非无保留意见。我们的结论基于审计报告日可获得的信息。然而，未来的事项或情况可能导致天河公司不能持续经营。

5. 评价财务报表的总体列报、结构和内容（包括披露），并评价对务报表是否公允反映交易和事项。

我们与治理层就计划的审计范围、时间安排和重大审计发现等事项进行沟通，包括我们在审计中识别出的值得关注的内部控制缺陷。

我们还就已遵守与独立性相关的相关职业道德要求向治理层提供声明，并与治理层沟通可能被合理认为影响我们独立性的所有关系和其他事项，以及相关的防范措施（如适用）。

从与治理层沟通的事项中，我们确定哪些项目对本期财务报表审计最为重要，因而构成关键审计事项。我们在审计报告中描述这些事项，除非法律、法规不允许公开披露这些事项，或在极少数情形下，如果合理预期在审计报告中沟通某事项造成的负面后果超过在公众利益方面产生的益处，我们确定不应在审计报告中沟通该事项。

二、对其他法律和监管要求的报告

[本部分的格式和内容，取决于法律、法规对其他报告责任的性质的规定。本部分应当说明相关法律、法规规定的事项（其他报告责任），除非其他报告责任涉及的事项与审计准则所规定的报告责任涉及的事项相同。如果涉及相同的事项，其他报告责任可以在审计准则规定的同一报告要素部分中列示。当其他报告责任和审计准则规定的报告责任涉及同一事项，并且审计报告中的措辞能够将其他报告责任与审计准则规定的责任（如差异存在）予以清楚地区分时，允许将两者合并列示（即包含在“对财务报表审计的报告”部分中，并使用适当的副标题）。]

会计师事务所　　　　　　　　　　中国注册会计师：×××（项目合伙人）

（盖章）　　　　　　　　　　　　　　　　　　　　　（签名并盖章）

中国注册会计师：×××

（签名并盖章）

中国广州市　　　　　　　　　　　　　　　　　　　2019 年 3 月 5 日

【知识链接】

详式审计报告

详式审计报告又称长式审计报告。它是指对审计对象所有重要事项都要作详细说明和

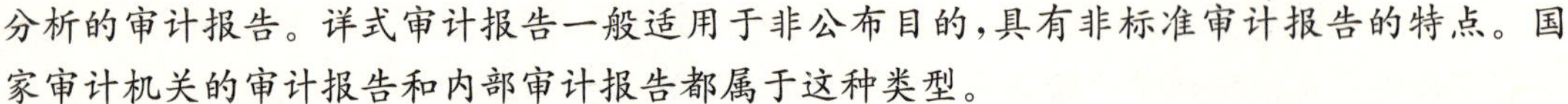

分析的审计报告。详式审计报告一般适用于非公布目的，具有非标准审计报告的特点。国家审计机关的审计报告和内部审计报告都属于这种类型。

详式审计报告没有规范的写法，没有固定的格式，一般根据被审计单位的具体情况撰写。其基本内容包括以下几个方面：

(1) 审计概况。说明审计任务的依据、审计的目的范围，被审计单位的基本情况，审计的经过等。

(2) 存在问题或违纪事实。详细列出在财务审计中发现的问题，分析这些问题造成的影响及危害。如果是财经法纪审计，还应详细列出被审计单位的违纪事实，分析其后果，并确定有关人员的责任。

(3) 审计意见或审计结论。对被审计单位财务活动情况作出评价，并对违纪行为提出审计处理意见的建议。

(4) 改进建议。对于财务管理中的薄弱环节提出改进的措施，堵塞漏洞，以利于今后的工作；

(5) 审计附件。将审计中发现的有关证据，如账簿记录、调查记录、会计报表等必要的资料附在审计报告的后面。

【关键术语】

期后事项　管理层申明书　律师申明书　账项调整分录汇总表　重分类调整分录汇总表　未更正错报汇总表　审计报告　无保留意见　保留意见　否定意见　无法表示意见

【问题思考】

1. 期后事项有哪些类型？为识别各时段期后事项，注册会计师应执行何种审计程序？
2. 获取管理层申明书有哪些作用？在将管理层申明书作为审计证据使用时，注册会计师应如何保持职业怀疑态度？
3. 审计报告分为哪些类型？
4. 在什么情况下，注册会计师可以出具标准审计报告？其标准格式是什么？
5. 在什么情况下，注册会计师可在审计报告意见段后增加强调事项段？

【实训案例】

中国证券市场第一份否定意见的审计报告

一、“渝钛白”审计案例背景

重庆渝港钛白粉股份有限公司（以下简称渝钛白公司）是在以吸收合并方式接受重庆化工厂后于1992年9月11日宣告成立的，是以社会募集方式设立的公众股份有限公司。

1993年7月12日，“渝钛白A”在深圳证券交易所上市交易。公司上市之后，起初经营业绩还算可以，但从1996年开始，公司在经营上开始出现亏损（1996年亏损1 318万元，公司未予分配）。

为了扭转亏损局面，1998年一开年，市委、市政府有关领导及银行的负责同志到渝钛白现场办公，从资金、管理、市场等方面给予继续支持。市化工局在1998年的工作安排中，力求把渝钛白公司抓紧抓好，“使其成为今年的新的增长点”，特别认为在高档钛白粉(特别是金红石形钛白粉)仍然主要靠进口的情况下，公司生产的金红石型钛白粉产品不仅可以替代进口，而且还可以出口创汇，其市场前景是光明和广阔的。

在这样的背景下，重庆会计师事务所对渝钛白公司进行了 1997 年度的审计，并于 1998 年 3 月 8 日，签发了颇有争议的否定意见审计报告。

1998 年 4 月 29 日，由于否定意见的审计报告的签发，公司被监管部门确认为连续两个会计年度的净资产均为负值，且是股东权益低于注册资本的公司，按照《深圳证券交易所股票上市规则》的有关规定，公司股票于 1998 年 4 月 30 日开始实行特别处理。

1998 年 4 月 29 日，渝钛白公司公布了 1997 年年度报告，其中在财务报告部分，刊登了重庆会计师事务所于 1998 年 3 月 8 日出具的否定意见审计报告。事实上，这份不同凡响的审计报告，对我国的证券市场以及相关的会计、审计行业都有着巨大的理论与现实意义。

二、审计案例评析

通常，在注册会计师出具的审计报告中，无保留意见的审计报告或保留意见的审计报告较为常见，发表否定意见的审计报告则不经常遇到，无论是注册会计师还是被审计单位，都不希望发表此类意见的审计报告。与无保留意见审计报告不同，审计报告标示否定意见就意味着会计报表的表达是不公允、不客观的，会计报表的可靠性是不值得信赖的。

基于此，我们首先来看一看审计报告中所指出的问题。报告指出：“1997 年度应计入财务费用的借款即应付债券利息为 8 064 万元，贵公司将其资本化计入渝钛白粉工程成本；欠付中国银行常青市分行的美元借款利息 89.8 万元(折人民币 743 万元)，贵公司未计提入账，两项共影响利润 8 807 万元。”

“我们认为，由于本报告第二段所述事项的重大影响，贵公司 1997 年 12 月 31 日资产负债表、1997 年度利润及利润分配表、财务状况变动表未能公允地反映贵公司 1997 年 12 月 31 日财务状况和 1997 年度经营成果及资金变动情况。”

从上述内容来看，导致注册会计师出具否定意见审计报告的仅仅只有两个会计事项。那么，这两个会计事项是否足以导致注册会计师出具这样的审计报告呢?

(一) 1997 年借款的应付债券利息 8 064 万元属于资本还是费用

渝钛白公司 1997 年度的亏损总额为 3 136 万元，而这笔引起争议的借款利息总额为 8 064万元，从重要性角度来说，这笔利息费用不管是否调整，渝钛白公司当年都属于亏损，只不过是亏多亏少的问题。可见，这一笔利息费用的处理，对渝钛白公司来说，表面上似乎不太重要，实际上，如果这笔 8 064 万元的会计事项按公司会计处理方法，最多只是一笔一般性的亏损，但如按照会计师事务所的方法来处理，则整个公司就将资不抵债，这属于另一种性质的亏损了。可见，该笔业务处理非常重要。

根据《企业会计准则》，固定资产价值的构成是指固定资产价值包括的范围。从理论上来说，它应包括企业为购建某项固定资产达到可使用状态前所发生的一切合理、必要的支出，其中当然包括为购建某项固定资产所发生的借款利息。但是，一旦固定资产购建完毕，并投入使用，为购建固定资产而发生的借款利息就应进入期间费用，予以资本化，这是有关会计规则重视而又非常明确规定的。不按规定处理，就会引起信息误导，产生不利的导向。

由于对 1997 年渝钛白公司的钛白粉工程究竟已进入投资回收期还是仍处在在建期不能确定，就难以解决上述争议。

渝钛白公司的总会计师认为：一般的基建项目，建设完工即进入投资回收期，当年就开始产生效益。但钛白粉工程项目不同于一般的基建项目，这是基于两个方面的因素：一方面，钛白粉这种基础化工产品不同于普通商品，对各项技术指标的要求非常严格，需要通过反复试生产，逐步调整质量、消耗等指标，直到生产出合格的产品才能投放市场。而试生产期间的试产品性能不稳定，是不能投放市场的；另一方面，原料的腐蚀性很强，如生产钛白粉的主要原料硫酸，一旦停工，则原料淤积于管道、容器中，再次开工前，就必须进行彻底的清洗、维护，并调试设备，年报中披露的900万元亏损中很大一笔就是设备整改费用。因此，总会计师总结说，钛白粉项目交付使用进入投资回报期、产生效益前，还有一个过渡期，即整改和试生产期间，这仍属于工程在建期。也就是说，公司在1997年度年报中，将8 064万元的项目建设期借款的应付债券利息进入工程成本是有依据的。

渝钛白公司为了证实总会计师的说法，还以重庆市有关部门的批复文件为依据坚持认为该工程为在建性质，而非完工项目。

在上述背景下，重庆会计师事务所坚持认为：应计利息8 064万元人民币应计入当期损益。因为，该公司钛白粉工程于1995年下半年就开始投产，1996年已经可以生产出合格产品。这一工程虽曾一度停产，但1997年全年共生产1 680吨，这一产量尽管与设计能力1.5万吨还相差甚远，但主要原因是缺乏流动资金，而非工程尚未完工，该工程应认定已交付使用。

双方各执一词。重庆会计师事务所作为一个民间机构，它既无法定权力来命令上市公司改变其做法，也无理由表示沉默，为此不得不运用审计准则中否定意见的格式，将上述问题向所有报表使用者告示，以明确各自的责任。

（二）欠付银行的借款利息89.8万美元（折人民币743万元）是否应计提入账

截至1997年年底，渝钛白公司欠付银行利息89.8万美元。对此，公司管理当局的解释为：这是1987年12月原重庆化工厂为上PVC彩色地板生产线，向中国银行重庆分行借入的美元贷款60万元造成的。该项目建成后，一直未正常批量生产。1992年，公司改制时，已部分作为未使用资产。但改制前，重庆化工厂已部分偿还了利息和本金。数年之后（1997年），该行通知公司欠付利息898万美元。本年决算期间，公司未能和银行认真核对所欠本息数额，故未予转账。公司打算在1998年度核对清楚后再据实转账。而重庆会计师事务所则坚持认为：这笔利息已经发生，应予以确认并计提入账。注册会计师的依据是：确认费用应遵循权责发生制原则。按照权责发生制原则，凡应属于本期的收入和费用，不论其款项是否已收到或支付，均作为本期的收入和费用处理。由此可见，企业未与银行对账，这是公司内部的管理问题，它不能改变会计准则规定的确认标准。根据会计准则，一笔费用肯定发生并可计算出确定的数额，应与收入配比，在当期予以确认。由于渝钛白公司坚持认为，必须在核对账目之后再予确认，注册会计师不得不以否定意见的方式否定上述做法。

（三）以上两项会计事项是否重要，是否足以构成发表否定意见审计报告的依据

审计中的基本原则之一——重要性原则，是影响签发审计报告的一个决定性因素。当未调整审计事项、未确定事项或违反一贯性原则的事项等对会计报表的影响程度在一定范围内时，注册会计师可以发表保留意见；但是如果其影响程度超过一定范围，以至会计报表无法被接受，被审计单位的会计报表已失去其价值，则只能发表否定意见。

因此,区分重要性指标,就成为注册会计师职业判断的一个重要内容。

根据我国《独立审计具体准则第10号——审计重要性》的规定,所谓"重要性",是指被审计单位会计报表错报或漏报的严重程度,这一程度在特定环境下可能影响会计报表使用者的决策与判断。可见,重要性可视为会计报表中包含的错误、漏报能否影响会计报表使用者对会计报表全面反映的整体理解的临界点,超过该临界点,就会影响其正确判断和决策。与此同时,准则还要求在考虑重要性标准时,有两个因素必须运用:被审计单位特定环境;已审报表使用者对信息的要求。

从会计规则看,重要性原则在理论上的表述是十分清晰的,但在实际中的运用还是比较抽象。这是因为,运用重要性原则更多的是需要注册会计师的职业判断。重庆会计师事务所正是根据上述两个重要因素,决定了这两个会计事项足以影响对报表的整体理解。首先,渝钛白公司是一个上市公司,1996年已出现1 000多万元的亏损,而1997年在未调整的情况下,又出现了3 000多万元的亏损,加上这两个会计事项的调整,其亏损额已高达11 943万元,调整之后的股东权益仅为3 290万元。与其原有的注册资本13 000万元相比,仅剩下25%左右,这样,其持续经营的能力就值得怀疑。其次,对会计报表使用者来说,作为证券市场的投资者,他们投资证券的意图是非常清楚的,即试图通过证券市场获得利益。如果上述两个会计事项不调整,就会严重误导依赖财务报表进行投资决策的证券买卖者。因此,从这两个因素来考虑,重庆会计师事务所的决定是合理的。

可喜的是,尽管重庆会计师事务所出具了否定意见审计报告,并与渝钛白公司的管理部门发生了严重的意见分歧,但最后股东大会还是通过方案,同意重庆会计师事务所的意见,并按此意见调整1997年度会计决算报表。即:将报表中的原资本化计入钛白粉工程的借款计应付债券利息8 064万元调整进入当期财务费用和将欠付中国银行重庆分行的美元借款利息89.8万美元(折人民币743万元)调整计提入账,两项计亏损8 807万元。加上报表中原有亏损3 136万元,渝钛白公司经重庆会计师事务所确认的1997年度亏损额为11 943万元。至此,渝钛白事件以我国首份否定意见审计报告得到投资者的理解和支持而告结束。

三、第一份否定意见审计报告对我国证券市场的启示

中国的证券市场和中国的审计行业都是在改革开放以后,根据市场经济的要求发展起来的。但是由于国内注册会计师在发展初期,对注册会计师的社会责任缺乏足够的认识,比较迁就支付审计费用的上市公司的管理部门,以致注册会计师签发的是清一色的无保留意见审计报告。

渝钛白事件的发生,产生了中国证券市场中的第一份否定意见审计报告,可以看作是中国注册会计师成熟的标志。而对企业财务报表中出现的严重虚假错报问题,注册会计师勇敢地说了"不"字,改变了以往注册会计师软弱无力的社会形象,标志着注册会计师社会责任意识的加强和中国注册会计师行业已具有一定的独立性。注册会计师事务所只要坚持了原则,保证了审计质量,不仅不会丧失客户,而且还会随着良好声誉的建立,赢得更多的客户。

我国证券市场的发展,还存在一个逐步完善的过程。在这个过程中,上市公司与注册会计师都会遇到各种阻力。例如,在渝钛白公司事件中,有关部门就曾下发批文,对上市公司的会计信息作出解释。如何面对这样的压力作出注册会计师自己的职业判断,并不是一件轻松的事。特别是在当前的经济环境中,上市公司及会计师事务所与政府部门都有着千丝万缕的联系。是屈从于有关方面的压力,还是坚持注册会计师的独立原则,是考验注册会计

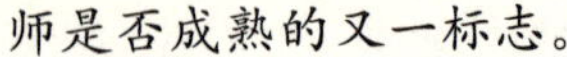

师是否成熟的又一标志。

案例思考和讨论题

1. 结合案例，谈谈为什么对财务报表使用者来说，审计报告是非常重要的？你认为在现阶段的中国资本市场，审计报告的重要程度如何？

2. 结合你所学的审计学知识和本案例，谈谈你对审计报告中的重要性这一概念的理解？哪些因素会影响注册会计师对重要性的判断？

3. 结合第一份否定意见的审计报告，谈谈你对否定意见审计报告的认识。

练 习 题

姓名______
学号______
分数______

扫二维码获得更多本章习题及案例

一、单项选择题

1. 项目合伙人对审计后的财务报表的复核时间通常为(　　)。
   A. 编制审计计划时　　B. 实施审计的过程中
   C. 审计结束或邻近结束时　　D. 出具审计报告后
2. 在审计的完成阶段,审计项目经理应通过编制审计差异调整表来汇总审计差异。以下关于审计差异调整表的说法中,不正确的是(　　)。
   A. 账项调整分录汇总表用来汇总因对经济业务进行了不正确的会计核算而引起的错误
   B. 重分类调整分类汇总表用来汇总会计核算正确未能在财务报表中正确列报的错报
   C. 未更正错报汇总表用来汇总被审计单位因各种原因拒绝调整的核算错误和重分类错误
   D. 未更正错报汇总表用来汇总那些因注册会计师认为不重要而无须建议调整的错误
3. 在编制了审计差异调整表和试算平衡表以后,注册会计师主要应根据已审财务报表和(　　)确定审计意见的类型。
   A. 账项调整分录汇总表　　B. 重分类调整分录汇总表
   C. 未更正错报汇总表　　D. 资产负债表试算平衡表
4. 当审计报告的意见段中出现"除……的影响外"的字样时,表明审计报告是(　　)。
   A. 无保留意见　　B. 保留意见
   C. 否定意见　　D. 无法表示意见
5. 下列情况中,注册会计师应当出具否定意见审计报告的是(　　)。
   A. 财务报表存在错报,但不影响财务报表使用者对报表的理解
   B. 注册会计师对个别重要的会计事项没有取得必要的审计证据
   C. 被审计财务报表虚盈实亏,被审计单位不同意调整
   D. 被审计单位内部控制极其混乱,会计记录缺乏系统性和完整性
6. 有限责任会计师事务所出具的审计报告中,负责签名并盖章的人员应当是(　　)。
   A. 对审计项目负最终复核责任的合伙人和一名负责该项目的注册会计师
   B. 事务所的主任会计师或其授权的副主任会计师或一名负责该项目的注册会计师
   C. 项目组中作为项目经理的两名注册会计师
   D. 一名负责该项目的注册会计师和任意另一名参加该项目的注册会计师
7. 注册会计师应当发表无法表示意见还是保留意见,其关键在于(　　)。
   A. 财务报表中错报性质的严重程度
   B. 被审计单位滥用会计政策的严重程度

C. 被审计单位会计估计的不合理程度

D. 审计范围受到限制的严重程度

8. 如果对影响财务报表的重大事项无法实施必要的审计程序，在不考虑其他因素的情况下，注册会计师应当（　　）。

A. 发表无保留意见

B. 发表保留意见或否定意见

C. 发表保留意见或无法表示意见

D. 发表带强调事项段的无保留意见

9. 在审计报告日后财务报告出日前，注册会计师知悉可能对财务报表产生重大影响的事实，认为应当修改财务报表而被审计单位没有修改，注册会计师应当（　　）。

A. 出具带强调事项段的审计报告

B. 解除业务约定

C. 拒绝出具审计报告

D. 出具保留或否定意见的审计报告

二、多项选择题

1. 需要向其他律师寄发询证函的事项一般包括（　　）。

A. 期后事项　　B. 关联交易

C. 或有事项　　D. 管理层对财务报表的责任

2. 确定审计差异后，注册会计师可能针对被审计单位的某位会计核算正确、报表反映不正确的错报编制重分类调整分录，如果不考虑因重分类调整分录引起的其他审计调整分录，重分类调整分录的借贷两方可能有（　　）。

A. 借贷两方都是资产项目或都是负债项目

B. 借贷两方都是利润表项目

C. 一方是资产负债表项目，一方是利润表项目

D. 一方是资产类项目，一方是负债类项目

3. 注册会计师编制的资产负债表试算平衡表的左方包含了各资产项目的（　　）。

A. 审计前的借方金额与贷方金额　　B. 审定金额的借方与贷方

C. 调整金额借方与调整金额贷方　　D. 重分类调整金额的借贷两方

4. 下面关于审计报告日的说法中正确的有（　　）。

A. 注册会计师完成审计工作的日期

B. 注册会计师正式对外签发审计报告的日期

C. 通常与管理层签署已审计财务报表的日期为同一天

D. 可能晚于管理层签署已审计财务报表的日期

5. 如果财务报表没有公允反映，注册会计师出具的审计报告可能为（　　）。

A. 无保留意见的审计报告　　B. 保留意见的审计报告

C. 否定意见的审计报告　　D. 无法表示意见的审计报告

6. 如果审计范围受到重大限制，注册会计师出具的审计报告可能为（　　）。

A. 无保留意见的审计报告　　B. 保留意见的审计报告

C. 否定意见的审计报告 D. 无法表示意见的审计报告

7. 下列情形中，注册会计师应当在审计报告中增加强调事项段的有( )。

A. 异常诉讼的未来结果存在不确定性

B. 提前应用(在允许的情况下)对财务报表有广泛影响的新会计准则

C. 存在持续对被审计单位财务状况产生重大影响的特大灾难

D. 未对期末存货实施监盘

8. 需要增加强调事项段予以说明的事项应当同时具备的条件有( )。

A. 对财务报表有重大影响

B. 可能对财务报表有重大影响，但被审计单位已作了恰当的处理和充分的披露

C. 影响注册会计师的审计意见

D. 不影响注册会计师的审计意见

9. 注册会计师应当在强调事项中指明( )。

A. 导致所发表审计意见的原因

B. 该段内容用于提醒财务报表使用者关注

C. 该段内容不影响注册会计师的审计意见

D. 重大事件对财务报表的影响程度

10. 下列情况中，可能应当对财务报表发表无法表示意见的有( )。

A. 注册会计师未能对存货进行监盘

B. 财务报表虚盈实亏

C. 未能取得被投资的单位的财务报表

D. 被审计单位内部控制混乱，会计记录缺乏系统性和完整性

三、判断题

1. 管理层书面声明不能作为形成审计意见的基础。 ( )
2. 管理层书面声明在某些情况下可以代替其他审计证据。 ( )
3. 注册会计师不能根据律师的声明形成审计意见。 ( )
4. 审计差异按照是否需要调整账户记录可分为核算差异和重分类差异。 ( )
5. 如果管理层书面声明称其销售收入全部入账，则注册会计师可以不再对销售收入的完整性进行测试。 ( )
6. 在对财务报表形成审计意见时，注册会计师应当根据已获取的审计证据，评价是否已对财务报表整体不存在重大错报获取合理保证。 ( )
7. 当被审计单位选择和运用的会计政策不符合会计准则和会计制度的要求时，注册会计师应当出具保留意见或否定意见的审计报告。 ( )
8. 审计报告的收件人一般为被审计单位的管理层。 ( )
9. 审计报告中增加的强调事项段，仅用于提醒财务报表使用者关注，并不影响已发表的审计意见。 ( )
10. 审计报告的意见段应当说明被审计单位财务报表的合法性和公允性。 ( )
11. 对财务报表报出后知悉的审计报告日已经存在并可能导致修改审计报告的事实，注册会计师应考虑是否需要修改财务报表，并根据具体情况采取措施。 ( )

四、分析题

粤星会计师事务所接受委托对天河股份有限公司2018年度财务报表进行审计。注册会计师于2019年3月18日完成了审计工作,按审计业务约定书的要求,应于2019年3月28日提交审计报告。A公司2018年度审计前的利润总额为120万元。注册会计师确定的财务报表层次的重要性水平为10万元。现假定存在以下几种情况:

(1) 天河公司在2018年变更了发出存货的计价方法,并在财务报表附注中作了充分披露。注册会计师认为变更是合法和合理的。

(2) 在某诉讼案中,天河公司被起诉侵权,原告要求赔偿75万元,至2018年12月31日胜负难以预料。诉讼案和可能的影响均已列示在财务报表附注中。

(3) 注册会计师得知天河公司2018年涉及的诉讼案于2019年3月20日判决,天河公司败诉,应向原告赔偿45万元,天河公司对判决结果没有提出异议,并在财务报表附注5中进行披露。注册会计师在3月26日完成了对该事项的审计工作,提请天河公司调整2018年度财务报表,被天河公司拒绝。

(4) 天河公司2018年7月购买某公司发行的债券,确认为持有至到期投资,成本为112万元,2018年12月31日的市价为80万元。天河公司仅在财务报表附注中揭示了该市价。

(5) 天河公司在2018年11月购入一台设备,当月投入使用,2018年未提取折旧。该设备原始价值为50万元,月折旧率为2%。

(6) 对应收账款进行函证时,其中对余额为10万元的客户A公司的函证未收到回函,注册会计师运用替代审计程序收集了充分、适当的审计证据。

(7) 天河公司利润总额中的70%是由其境外子公司提供的,注册会计师无法赴国外对子公司的财务报表进行审查,也无法通过其他审计程序进行验证。

要求:

(1) 假定天河公司不接受注册会计师的调整意见,针对上述情况,说明注册会计师分别应当出具何种意见的审计报告,并简要说明理由。

(2) 假定只存在(3)和(4)两种情况,且天河公司不接受注册会计师的调整意见,说明注册会计师应当出具何种意见的审计报告,简要说明理由,并代注册会计师编写审计报告。

参 考 文 献

1. 阿尔文·A·阿伦斯,兰德尔·J·埃尔德,马克·S·比斯利.审计学——一种整合方法[M].北京:中国人民大学出版社,2013.
2. 秦荣生,卢春泉.审计学[M].北京:人民大学出版社,2014.
3. 李晓慧.审计学:实务与案例[M].北京:人民大学出版社,2014.
4. 李晓慧.审计学:原理与案例[M].北京:人民大学出版社,2014.
5. 刘雪清,封桂芹.审计[M].北京:清华大学出版社,2012.
6. 刘明辉,史德刚.审计[M].大连:东北财经大学出版社,2015.
7. 郝北平.审计[M].上海:立信会计出版社,2012.
8. 宋常.审计学[M].北京:人民大学出版社,2014.
9. 王砚书,董丽英.审计案例[M].大连:东北财经大学出版社,2012.
10. 威廉·梅西尔,等.审计学——一种系统的方法[M].北京:清华大学出版社,2015.
11. 颜晓燕,朱清贞,陈福庭.注册会计师审计经典案例教程[M].北京:清华大学出版社,2010.
12. 杨罡.财务报表审计案例分析[M].上海:立信会计出版社,2014.
13. 赵保卿.审计案例研究[M].北京:中国广播电视大学出版社,2010.
14. 中国注册会计师协会.审计[M].北京:经济科学出版社,2015.
15. 朱锦余.审计[M].大连:东北财经大学出版社,2015.